Biedermeier in Heidelberg 1812–1853

herausgegeben von
CARL-LUDWIG FUCHS
SUSANNE HIMMELHEBER

im Auftrag des Kulturamtes
der Stadt Heidelberg

Universitätsverlag
C. WINTER
Heidelberg

Die Deutsche Bibliothek – CIP-Einheitsaufnahme
Biedermeier in Heidelberg: 1812–1853 / hrsg. von
Carl-Ludwig-Fuchs; Susanne Himmelheber. Im Auftr. des
Kulturamtes der Stadt Heidelberg. – Heidelberg: Winter, 1999
ISBN 3-8253-0984-3

Umschlagbild:
Georg Philipp Schmitt: Guido Schmitt in idealer Landschaft ruhend

ISBN 3-8253-0984-3

Imprimé en Allemagne · Printed in Germany
Satz: OLD-Satz digital, 69239 Neckarsteinach
Druck: Strauss Offsetdruck GmbH, 69509 Mörlenbach

Vorwort

Das Biedermeier – die Zeit zwischen 1815 und 1848 – ist eines der prägenden Kapitel in der Geschichte Heidelbergs. Die 1803 reformierte Universität hatte sich etabliert, zahlreiche Professoren waren mit ihren Familien nach Heidelberg gezogen und eine neue bürgerliche Gesellschaft prägte die Stadt und ihr Bild: Erziehungsinstitute wurden eröffnet, am Marstall baute der berühmte Architekt Weinbrenner ein Hospital, im Zentrum der Stadt entstand das Gebäude der Museumsgesellschaft für gesellige Zusammenkünfte, und auch der Kampf um ein eigenes Stadttheater war schließlich siegreich.

Der Schloßgarten wurde zum beliebten Ausflugsziel und die Schloßruine – unter dem Schutz des Grafen Graimberg – zum Denkmal der ruhmreichen Vergangenheit Heidelbergs. Der Tourismus begann zu blühen und mit ihm die Andenkenindustrie – Reiseführer, Veduten und Sammeltassen fanden zahlreiche Käufer.

Etliche Künstler zogen damals nach Heidelberg, sei es als Universitätszeichenmeister wie Jacob Roux, als Restauratoren der Sammlung Boisserée, wie Joseph Wintergerst, Christian Xeller und Christian Philipp Koester, oder als freie Künstler wie Georg Wilhelm Issel und Georg Philipp Schmitt.

Viele dieser Künstler waren lange Zeit wenig bekannt, bis Karl Lohmeyer sie in den zwanziger Jahren unseres Jahrhunderts wieder entdeckte und sie in seinem Buch „Heidelberger Maler der Romantik“ einem kunstinteressierten Publikum vorstellte. Seither ist über ein halbes Jahrhundert vergangen: Bislang unbekannte Kunstwerke wurden gefunden, manche der Heidelberger Künstler wurden Gegenstand kunsthistorischer Dissertationen – eine umfassende Würdigung dieser Epoche blieb Desiderat.

Einen ersten Schritt, diese Lücke zu füllen, haben nun Studierende und Absolventen des Kunsthistorischen Instituts der Universität Heidelberg unternommen. Gemeinsam mit Carl Ludwig Fuchs und Susanne Himmelheber erarbeiteten sie ein Ausstellungskonzept, das neben der Bildenden Kunst auch das Kunstgewerbe des badischen Biedermeiers vorstellt. Der Almanach ist als Begleitbuch zu dieser Ausstellung entstanden.

Die Ausstellung bildet den Abschluss vieler Heidelberger Veranstaltungen zur Erinnerung an die Revolution 1848/49. Sie zeigt einen Längsschnitt durch die Kunst im Vormärz, der widersprüchlichen und spannenden Zeit des Biedermeiers.

Ich möchte allen an der Ausstellung Beteiligten danken: den zahlreichen Leihgebern für ihr großzügiges Entgegenkommen, den Angehörigen des Kunsthistorischen Instituts und seinen Absolventen für ihren Enthusiasmus, dem Kulturamt für die kompetente Organisation der Ausstellung, den Sponsoren, Herrn Konsul Dr. Dulger, der Heidelberger Zement AG und der Heidelberger Druckmaschinen AG für die materielle Unterstützung sowie dem Universitätsverlag C. Winter für die Betreuung des Almanachs.

Beate Weber
Oberbürgermeisterin

Inhalt

Einführung

Der Name „Biedermeier", gefunden vom Heidelberger Arzt Adolf Kußmaul und seinem Freund Ludwig Eichrodt als Spitznamen für einen unfreiwillig komischen Poeten, wurde in der zweiten Hälfte des 19. Jahrhunderts, zum abwertenden Begriff für die vorausgegangene Epoche. Einer Zeit, die geprägt war vom Historismus – von Neorenaissance und Neorokoko – galt das Biedermeier als „Verlegenheitsstil". Mit Verachtung blickte man zurück auf den bürgerlichen Spätklassizismus der Jahre 1815 bis 1830, dessen Schmucklosigkeit und Funktionalität dem neuen Repräsentationsbedürfnis der Gründerzeit nicht mehr entsprachen.

Die Folge der Neostile und deren pompöses Stilgemisch führte am Ende des Jahrhunderts zum Jugendstil. Sowohl den Historismus als auch den Jugendstil zeichnete eine ornamentale Überfülle aus, die um 1900 zur Wiederbelebung des Biedermeiers führte. Eine Wiederbelebung, die auch Künstler des Jugendstils zu Neuschöpfungen inspirierte, die zu manchen kunsthistorischen Fehlurteilen führten.

In der Folge der kunsthandwerklichen Rezeption entdeckte auch die Kunstgeschichte zu Beginn unseres Jahrhunderts das Biedermeier als einen eigenen Stil und begann den bis dahin nur für das Kunstgewerbe angewandten Begriff auf Malerei, Skulptur und Architektur zu übertragen. In der „Jahrhundertausstellung" 1906 in Berlin wurde zum ersten Mal die deutsche Malerei der Biedermeierzeit als eine eigenständige Epoche gewürdigt. Neben den bekannten Heidelberger Künstlerfamilien Fohr, Fries und Rottmann, waren auch Künstler wie Christian Philipp Koester, Georg Philipp Schmitt und Georg Wilhelm Issel mit Werken vertreten.

Die Wiederentdeckung seiner Künstler verdankt Heidelberg dem damaligen Direktor des Kurpfälzischen Museums, Karl Lohmeyer, der in den zwanziger und dreißiger Jahren diese Maler des 19. Jahrhunderts in zahlreichen monographischen Ausstellungen würdigte. Die nationalsozialistische Administration beendete abrupt Lohmeyers verdienstvolles Wirken. Das Resumée seiner Forschungen zog er in seinem Buch „Heidelberger Maler der Romantik", das 1935 erschien und noch heute das Standardwerk für diese Epoche ist.

Eine Ausstellung, die sowohl die Bildende Kunst als auch das Kunstgewerbe berücksichtigt, blieb ein Desiderat.

Ein erster Schritt, an diese für Heidelberg künstlerisch so glanzvolle Epoche zu erinnern, ist die Ausstellung „Biedermeier in Heidelberg", die im

Rahmen eines Lehrauftrags am Kunsthistorischen Seminar der Ruprecht-Karls-Universität gemeinsam mit Studierenden konzipiert und erarbeitet wurde. Ein glücklicher Zufall war es, daß einige Doktoranden, die über Heidelberger Künstler gearbeitet haben, ihre Kenntnisse zur Verfügung stellten, so daß wir manche bislang unbekannte Werke in der Ausstellung zeigen können.

Nicht zuletzt aus Kostengründen wählten wir die biedermeierliche Form des Almanachs als Begleitbuch, das – hoffentlich – auch nach Beendigung der Ausstellung Liebhaber findet. Ergänzt wird der Almanach durch ein Führungsheft im Duodezformat.

Sowohl die Ausstellung als auch der Almanach verstehen sich als Anstoß zur weiteren Beschäftigung mit der Zeit des Biedermeiers – nicht nur in Heidelberg.

Carl Ludwig Fuchs / Susanne Himmelheber

Herr Gottfried Tränensimpel

Gottfried Keller und andere Poeten in Heidelberg zur Biedermeierzeit

Wer die Jahre zwischen 1815 und 1855 unter dem treuherzig klingenden Wort „Biedermeier" auf Harmlosigkeit und Idylle festschreiben wollte, hätte den Gegenstand vorweg verfehlt. Wie überall in Deutschland, ist auch in Heidelberg die Biedermeierzeit eine zwiespältige Periode, schwankend zwischen Harmoniestreben und höhnischem Nihilismus, Aufruhr und Resignation, Revolution und Restauration. Unruhe, Angst und Schwermut sprechen aus den Texten und Bildern vieler Künstler, eine massiv gefährdete Schönheit. Unter dem Lachen ist oft ein verräterisches Schluchzen vernehmbar. Nur wer sich in der Fremde und von allen verlassen fühlt, kann sich so heftig nach Hause wünschen. Irrsinn und Tod sind allgegenwärtig, Traum und Wirklichkeit verschwimmen, und im Mondschein sieht es manchmal so aus, als wäre die Welt gestorben.

Auf eine fast klischeehafte Weise verkörpert der alternde Joseph von Eichendorff, in angstvoller Beharrlichkeit das ferne Heidelberg umkreisend, den biedermeierlichen Autor, vor allem mit seinen Paradeversen aus dem Epos „Robert und Guiscard" von 1855:

„So hatten sie's in Träumen wohl gesehen,
Und jeden blickt's wie seine Heimat an,
Und keinem hat der Zauber noch gelogen,
Denn Heidelberg war's, wo sie eingezogen."

Dies eben ist die konservative Idylle als engherzige Antwort auf das Erlebnis der Revolution. Und das Fluchtbild wird noch behaglich ausgemalt, wenn der Dichter fortfährt:

„Das war das kleine Haus an Neckarstrande,
Der Greis in seiner Träume Zauberring,
Der Jägersmann, der in die duft'gen Lande
Allabendlich den Felssteig niederging."

Auch die Spätromantiker Ludwig Uhland und Gustav Schwab gehören mit ihren Heidelberg gewidmeten Texten ins Biedermeier, der Geisterseher Justinus Kerner, ebenso Zacharias Werner mit seinen Schicksalstragödien und Max Schenkendorf mit seinen patriotischen Liedern. Der junge Friedrich

Hebbel verbringt 1836 einen lyrischen Sommer in Heidelberg; Ironiker wie Karl Immermann (1831) und Karl Gutzkow (1832) haben ihren Auftritt und natürlich Berthold Auerbach, Autor der „Schwarzwälder Dorfgeschichten", der sich – ähnlich wie Ludwig Börne – als Student und auch später noch häufig in der Stadt aufhielt. Zum Biedermeier zählt der dämonisch zerrissene Nikolaus Lenau, der überall, so auch in Heidelberg 1831/32, nur Gruft und Leichentuch wahrnimmt. Fast hätte ich Joseph Victor Scheffel und ihm nahestehende Trivialpoeten wie Oskar von Redwitz und Otto Roquette vergessen. Jahrzehntelang galt dieser scheinbar heitere Lyriker einer verklärten Burschenzeit als *der* Heidelberg-Dichter, weinselig verehrt, von Studenten besungen und immer wieder nachgeahmt, doch in seinen besten Versen unerreichbar. Dabei war Scheffel, bezeichnend für seine Epoche, ein melancholisch-depressiver, schnell alternder Wirklichkeitsflüchtling.

Die Mischung dieser so unterschiedlich bedeutsamen Autoren zeigt an, dass „Biedermeier" als Kunstperiode etwa die Zeit- und Stilspanne zwischen Romantik und Realismus umfasst. Am Rand kann nicht unerwähnt bleiben, dass der Name selbst der allertiefsten Provinz entstammt und seine Entdeckung oder Erfindung eng mit Heidelberg verknüpft ist. In seinen" Jugenderinnerungen eines alten Arztes" berichtet der volkstümliche Adolf Kußmaul, wie er im Sommer 1853 auf ein 1845 erschienenes Bändchen mit Gedichten des unbekannten badischen Dorfschulmeisters Samuel Friedrich Sauter stieß. Er schickte es dem Liederdichter Ludwig Eichrodt, der auch im Heidelberger Umkreis des Studenten Scheffel eine Rolle spielte und 1880 in Lahr eine neue Ausgabe von Gottfried Nadlers Gedichten edierte. Gemeinsam schufen nun Kußmaul und Eichrodt, in Sauters ebenso naiver wie unfreiwillig komischer Manier weiterreimend, den Dorfschulmeister um in die Gestalt des „weiland Gottlieb Biedermaier" (ursprünglich also mit „ai" geschrieben), unter dessen Autorschaft sie erst in den „Fliegenden Blättern", dann in einem besonderen Buch („Biedermaiers Liederlust") eine Fülle spaßig-parodistisch gemeinter, indes hölzerner Reimereien veröffentlichten, die man sogleich als originale „Biedermaier-gedichte" begrüßte. Wie der aus so behäbigen und kleinliterarischen Federn stammende Begriff nach 1870 zur Kennzeichnung einer hochgradig dissonanten Kulturepoche aufsteigen konnte, ist ein (zu) weites Feld.

Die beiden Poeten, aus deren Schriften vor allem Erhellendes über die Stimmung im Volk und im Bürgertum, auch über Bedingungen und Verlauf der Badischen Revolution in Heidelberg zu erfahren ist, Karl Gottfried Nadler und Gottfried Keller, lassen sich nur schwer zusammendenken. Zu groß ist, bei aller Zeitzeugenschaft, der Abstand an (Nach-)Ruhm und literarischer Bedeutung zugunsten Kellers, während Nadler heute allenfalls noch als schnurriger Lokalreimer bekannt ist. Vorwiegend Harmlosigkeit und Biedersinn scheinen aus seinen pfälzischen Dialektversen zu sprechen, auch der Titel seines einzigen Gedichtbands „Fröhlich Palz, Gott erhalts!" weckt eher Unbehagen. Allerdings hat Nadler die Schwächen seiner politisierenden Mitbürger, Opportunismus und Eitelkeit karikiert und gilt daher zurecht als „Dokumentarist des Pfälzer Charakters". Und könnte es nicht auch von Widerspruchsgeist zeugen, die Volkssprache literaturfähig zu machen und im seit 1803 zwangsweise badischen Heidelberg mittels der Mundart an die verlorene Einheit der Kurpfalz zu erinnern?

Geboren 1809 als Sohn eines lutherischen Schulmeisters und Organisten in der Augustinergasse, verlor Nadler früh beide Eltern und wuchs bei Verwandten in der Steingasse und der Ziegelhäuser Landstraße auf. Ebenso literarisch wie musikalisch begabt, absolvierte er das Gymnasium, studierte Jura, wurde Advokat und Mitglied im Großen Bürgerausschuss (1838-1845), kannte folglich Heidelberg sehr genau. Politisch – vielleicht des frühen Elternverlusts wegen – stets bewahrend, gegen Unordnung und „Pöbelherrschaft" votierend, kehrte er sich, als die Badische Revolution losbrach, entschieden gegen dieselbe, indem er 1848 u.a. zwei satirische Flugblatt-Gedichte veröffentlichte. Das „Guckkastenlied vom großen Hecker" und dasjenige vom „weltberühmten Struwwel-Putsch", das bereits im Titel witzig auf Gustav von Struve anspielt. Die Texte erschienen anonym und erstmals, um überall verstanden zu werden, in Hochdeutsch:

> „Wälzen möcht' ich mich vor Trauer
> Und zerraufen meinen Bart,
> Weil das Schicksal mir so schauer-
> liche Mähr noch aufgespart.
> Ach! Ich kann ja gar nicht weinen,
> Todtenbleich muss ich erscheinen,
> Meine kalte Stirne schwitzt, –
> Denn der Herr von Struwwel – sitzt!"

Nadler kippt die linken Hauptakteure wie im Kasperle-Theater von ihren Podesten, so dass sie jämmerlich durcheinanderpurzeln. Ähnlich hat er in den besten Dialektsatiren die freiheitsberauschten Schildbürger in ihrer Hasenherzigkeit und Geltungssucht dem Gelächter ausgesetzt. In den letzten Revolutionstagen von einem „Tiger von einem Weibe" denunziert, wäre er vor seinem Haus am Karlsplatz um ein Haar „als Hauptreaktionär, Aristokrat, Jesuit, Spion etc." von Freischärlern erschossen worden. Erstaunlich wiederum, dass er auf diese lebensbedrohende Erfahrung mit dem eher harmlosen Liede vom „Hinckeldeyzug" antwortet, dessen Pointe so pfälzisch-gutmütig wie weise klingt:

> „Meenscht dann, unser Bürgerwehr
> Ging do naus, wanns gfährlich wär?"

Wenig später, im August 1849, starb der zarte Dichter an einem Lungenleiden. Seine Spießerkritik bleibt stets humoristisch eingefärbt, als erkenne er sich selbst unter den Karikierten wieder. Nie geht es ihm darum, den politischen Gegner ernsthaft zu verletzen oder gar zu vernichten. Dieser Mangel an Schärfe ist ungewöhnlich, denn Nadler lebte inmitten einer streitsüchtigen, gnadenlos polemischen Stadtgesellschaft, hinter deren Gut-Böse-Fraktionierung sich schon der Partei-Dogmatismus verbarg, nach dem Motto: Wer der „Sache des Volkes“ fernsteht, ist ein Verräter. Eine Wahlkampf-Karikatur von 1845 verspottet denn auch die Stützen der konservativen Gruppierung in Heidelberg auf infame Art. Da sitzt Rechtsanwalt Dr. Schulz, Nadlers Associé, falsch herum auf einem Esel; ihm folgt Nadler selbst, mit Krückstock und Klumpfuß abgebildet, auf einem Ziegenbock. Der jüdische Bankier Zimmern reitet auf einer Sau; der Fabrikant Philipp Jakob Landfried, ohne Hirnschale vorgeführt, ist zu Fuß unterwegs, nebst einer Schar an den Händen gefesselter Anhänger. Sie alle werden von Heidelberg gen Illenau, also in die Irrenanstalt getrieben. Gassenjungen werfen mit Steinen nach den Verlierern.

Eine politisch explosive Zeit: Die Ermordung Kotzebues und die Karlsbader Beschlüsse, Juli-Revolution, Hambacher Fest, Frankfurter Wachensturm, Februar-Revolution ... In Heidelberg tritt 1845 der konservative Bürgermeister Georg Leonhard Ritzhaupt zurück und macht dem Radikaldemokraten Christian Friedrich Winter Platz. Dessen revolutionär gestimmte Amtszeit belastet eine schwere Wirtschaftskrise, „Jahre des Misswuchses, der Teuerung, der Arbeitslosigkeit, des Straßenbettels, der Konkurse und Versteigerungen“ (so Herbert Derwein in seiner Studie über „Heidelberg im Vormärz“). Der Mittelstand verarmte, der Konkurrenzkampf in manchen Gewerben, zumal bei den Schustern und den Schneidern, wuchs. Es gab von diesen je hundert Meister in einer Stadt mit knapp 14 000 Einwohnern. Seit der Februar-Revolution stockte der Handel erst recht. Auch blieben nun die Fremden weitgehend aus und vor allem die „Herren Studenten“, von denen fast alle Wirtschaftszweige profitierten und selbst die Armen einige Brotkrumen abbekamen. Judenpogrome waren die Folge.

Abb. 1: Karikatur auf die Wahlniederlage der Konservativen, 1845.

Am 22. Oktober 1848 trifft Gottfried Keller „mit dem Dampf" in Heidelberg ein, der Stadt, in welcher zwei Jahre zuvor sein erster Gedichtband bei Anton Winter erschienen war. Der 29jährige Autodidakt kommt mit einem Züricher Staatsstipendium, um seine Geschichtskenntnisse bei den Professoren Schlosser und Häusser aufzubessern. Ein Sonderling, schrullig, von launischem Temperament, wortfaul, gelegentlich aggressiv. Die Angaben über seine Körpergröße divergieren; laut Schweizer Pass: 5 Schuh 4 Zoll. Einer seiner ersten Biographen, Adolf Frey, der Keller noch persönlich kannte, berichtet: „Er maß vom Scheitel bis zur Sohle nicht über 1,40 Meter." Selbst wenn er zehn Zentimeter größer gewesen sein sollte – Keller war auch für seine Zeit auffallend klein. Ein monumentaler Kopf saß auf einem breiten Rumpf, der in zwei kurze, schwächliche Beine auslief. Ein Kopffüßler, ein Wichtelmann, der sich selbst „meine kleine struppige Personnage" oder auch „eine ungefüge dicke Distel" nannte. Im Züricher Freundeskreis seines Förderers Adolf Follen hieß er gar das „wilde Säuding".

Adolf Muschg erinnert in seinem psychoanalytisch orientierten Keller-Buch an den Zwerg mit der Blechtrommel, Oskar Matzerath, der willentlich, aus Trotz, so klein geblieben ist. Sollte Günter Grass' junger Held dem Schöpfer des „Grünen Heinrich" ganz unverwandt sein? Als der Vater stirbt, ist Keller fünf Jahre alt. Bereits zwei Jahre später heiratet die Mutter den ersten Gesellen der Werkstatt, um die Drechslerei zu erhalten. Für den kleinen Gottfried wird die Vernunftehe, die im Lebensroman ausgespart bleibt, zum Trauma, der Geselle zum feindlichen „fremden Mann", die Mutter zur Liebesverräterin. Nach acht Jahren wird die Mesalliance geschieden. Gottfried wächst nicht mehr. Doch die Wunde wird den Muttersohn produktiv machen. Eine Karikatur aus dem Jahr 1845 zeigt ihn „unter Freischärlern", ironisch im vordersten Glied, mit Brille, Bocksbart und Zylinderhut, im (vermutlich) grünen Röcklein, auf eine mächtige Trommel einschlagend.

Sein erstes Quartier findet Keller in der „Froschau" (heute „Obere Neckarstraße 10") beim Lohndiener Ewald, „ein kleines Zimmer mit einem Schlafzimmerchen" zu 30 Gulden im Halbjahr. So nahe am Fluß wohnen fast nur arme Leute. Hochfahrend, ohne eine Spur Heimweh zu verraten, schreibt er an Mutter und Schwester: „Überhaupt ist hier ein lumpiges, liederliches Volk, alles lebt ganz und gar von den Studenten, die halbe und dreiviertels Bevölkerung sind uneheliche Studentenkinder und läuft in Fetzen herum."

Keller ist der erste und – soweit ich weiß – auch einzige Chronist, der von einer größeren Zahl unehelicher Studentenkinder berichtet. Woher wusste er davon, nach nur neun Tagen in der Stadt? Irgend jemand mag ihm das Gerücht, für das es keine Belege gibt, zugeraunt haben, und er plapperte es nach. Allerdings kamen in der ersten Hälfte des 19. Jahrhunderts in Heidelberg erstaunlich viele uneheliche Kinder zur Welt: bei Lutheranern und Katholiken oft mehr als ein Drittel eines Jahrgangs, während man unter den Reformierten, vielleicht weil es ihnen materiell besser ging, kaum Unehelіche findet. Vermutlich waren die meisten ledigen Mütter Mägde aus der Stadt und dem Umland, die in der Entbindungsanstalt umsonst aufgenommen wurden.

Bereits im März 1849 sucht Keller sich ein anderes Zimmer, „da die Leute, wo ich bin, sehr unordentliches Volk sind. Gestern hat die Frau, ein altes Weib, der Magd, welche ihren Unterrock noch flicken wollte, befohlen, sie solle zu Bett gehen, denn sie brauche das Licht zum Flöhfangen, worauf die Magd schimpfte. Da nahm die Frau den Nachttopf und warf ihn der Magd an den Kopf, und diese wiederum packte die Frau und schmiss sie hinter den Ofen, worauf der Mann aus dem Bett sprang und auf beide zusammen loshieb." Der so auf Ordnung bedachte Dichter löste in dieser Wohnung einen Zimmerbrand aus, als er auf dem Sofa einschlief, die Pfeife in der Hand.

Die neue Wohnung lag ebenfalls am Neckar, beim Kutscher Gulland in der Lauerstraße (heute Neckarstaden 62). Sie bot Keller eine vorzügliche Aussicht über Brücke, Berghang und Fluss, so dass er bis zu seinem Umzug nach Berlin im April 1850 hier wohnen blieb, freilich ohne regelmäßig die Miete zu bezahlen. Der arme Kutscher hat ihn und die Mutter noch jahrelang brieflich mit berechtigten Mietforderungen bestürmt, die Keller mit der kuriosen Begründung, Gulland habe ihm einen betrügerischen Schneider vermittelt, zurückwies. Von hier aus besuchte er die Geschichtsveranstaltungen in der Universität eher nachlässig, mit Begeisterung hingegen Jakob Henles Vorlesungen über Anthropologie: „Ich ging nun in alle Stunden und gewann zum ersten Mal ein deutliches Bild des physischen Menschen, ziemlich von der Höhe des jetzigen wissenschaftlichen Standpunktes. Besonders das Nervensystem behandelte Henle so geistreich und tief und anregend, dass die gewonnenen Einsichten die beste Grundlage oder vielmehr Einleitung zu dem philosophischen Treiben abgeben."

Mit der Philosophie kam Keller über ein Spinoza-Kolleg des jungen Privatdozenten Hermann Hettner in Berührung. Hettner las Literaturgeschichte und Ästhetik und wurde – auch das geplante historische Schauspiel betreffend – zu Kellers wichtigstem Gesprächspartner und Ratgeber. Am nachhaltigsten geprägt haben ihn jedoch die Vorlesungen, die Ludwig Feuerbach im Winter 1848/49 vor etwa hundert eingeschriebenen Bürgern, Studenten und Handwerkern nicht etwa in der Universität, die ihm verschlossen blieb, sondern im ‚links' geführten Rathaus hielt. Feuerbach sprach dreimal wöchentlich über „Das Wesen der Religion"; abends begegnete man sich am Biertisch. Die in der Tat revolutionären Gedanken des einstigen Heidelberger Studenten gipfelten darin, dass nicht die Religion den Menschen, sondern der Mensch die Religion mache: „Der Atheismus ist positiv, bejahend. Er gibt der Natur und Menschheit die Bedeutung, die Würde wieder, die ihr der Theismus genommen; er belebt die Natur und Menschheit, welchen der Theismus die besten Kräfte ausgesogen [...] Wir müssen an die Stelle der Gottesliebe die Menschenliebe als die einzige, wahre Religion setzen." Keller folgert daraus kühn:

> „Ich werde tabula rasa machen (oder es ist vielmehr schon geschehen) mit allen meinen bisherigen religiösen Vorstellungen, bis ich auf dem Feuerbachischen Niveau bin. Die Welt ist eine Republik, sagt er, und erträgt weder einen absoluten, noch einen konstitutionellen Gott."

Abb. 2: Gottfried Keller „Heidelberger Bildmanuskript", 1849.

Der so flugs in einen Materialisten Verwandelte beobachtet im Juni 1849 die Niederlage der badischen Revolutionäre gegen die Preußen vom Fensterplatz aus: „Die Feinde schossen in unsere Gasse herein, über 2000 Schritte weit, und ein Soldat fiel tot um, nicht weit von mir, auf der Brücke." Kellers Einschätzung des revolutionär gestimmten Volkes und seiner intellektuellen Führer ist ambivalent. Der Schweizer, der in Zürich in Emigrantenkreisen verkehrte, kommt naturgemäß als stolzer Demokrat nach Heidelberg und macht sich hier sogleich über die „konservativ" gewordenen Hofräte Pfeufer und Henle lustig, die er von seiner Heimatstadt her kannte. Noch am 21. Februar 1849 bekennt er vollmundig: „Ich werde fast mit jedem Tag europalustiger, da ich nun erst recht an die Revolution glaube, je schlechter es ihr geht." Doch bereits am 10. März ist ihm vor einer radikalen Veränderung eher bange, denn

> „ein roheres und schlechteres Proletariat habe ich noch nirgends gesehen als hier. Man ist nachts seines Lebens nicht sicher, wenn man allein über die Straße geht; die unverschämtesten Bettler fressen einen fast auf, und dabei brummen diese unglückseligen Geschöpfe fortwährend von Republik und Hecker. Die sogenannten Führer sind aber auch danach, nämlich die Redakteure der Winkel- und Lokalblätter. Borniertere und brutalere Kerle sind mir noch nicht vorgekommen als die deutschen Republikaner zweiten und dritten Ranges; alle bösen Leidenschaften: Neid, Rachsucht, Blutgierde, Lügenhaftigkeit nähren und pflegen sie sorgfältig im niederen Volke."

Das klingt wie eine Absage an die Scheinwelt der Politik, zumal der linken, als habe der Künstler ihre miesen Tricks ein für allemal durchschaut. Mag er am Ende des Revolutionsgeschehens (in einem Brief vom 24. Juli 1849) auch die badischen Soldaten „sehr brave Kerle" nennen, die sich „heldenmäßig" gewehrt haben, er selbst hat mit alldem nichts mehr zu schaffen, will nur noch den Freiraum behaupten, um ungestört am „Grünen Heinrich" und am bürgerlichen Trauerspiel „Therese" arbeiten zu können. Die Badische Revolution habe ihm, moniert er am 23. Juli 1849, „einige Tage Störung gebracht; indessen haben nun die Preußen eine kühle Ruhe über die Geister gebracht, welche, wenn auch nicht für die hiesigen Zustände, doch für den Unbeteiligten bequem ist."

Abb. 3: Gottfried Keller „Heroische Landschaft", 1841.

Von seinem Fensterplatz konnte Keller auch das Haus des Philosophen und radikal-demokratischen Politikers Christian Kapp beobachten, das „Waldhorn", das schräg gegenüber am Fuß des Heiligenbergs in einem weiten Garten mit exotischen Bäumen lag (Neuenheimer Landstraße 18-20). „Ich esse hier viel Trauben mit einer schönen und noblen Jungfer, welche mich in ihrem Garten und Weinberg herumführt", meldet er im Oktober 1849 harmlosen Tons der Mutter, die nichts von der Bedeutung dieser Spaziergänge ahnt. Mit der „noblen Jungfer" ist Kapps Tochter Johanna gemeint, in die Keller ebenso hoffnungslos verliebt war, wie sie in den Freund ihres Vaters, Ludwig Feuerbach. An Johanna, die bald nach München reiste, um bei Bernhard Fries Landschaftsmalerei zu studieren, hat Keller auch das Gedicht von der „Schönen Brücke" gerichtet, das sich erst in seinem Nachlass fand. Von allen Gebäuden, die einst auf Kapps Grundstück standen, ist heute nur noch ein barockes Weinberghaus vorhanden, in welchem Keller und Johanna, aber auch Kapps politische Gäste Rast zu machen pflegten, darunter Hoffmann von Fallersleben, der ebenfalls in Johanna verliebt war und sie – ihr „Unglück" voraussehend – angedichtet hat.

Daß Gottfried Kellers Beziehungen zu Frauen, seines Kleinwuchses wie seiner primären Mutterbindung wegen, hochgradig gestört, ja eigentlich blockiert waren, ist nicht überraschend. Es gab für ihn nur die Mutter-Sohn-Einheit, ein wechselseitiger Schuldzusammenhang, den er poetisch noch radikalisierte, indem er in der ersten Fassung des „Grünen Heinrich" Mutter und Sohn zugrundegehen ließ und in der zweiten Fassung den Sohn zur Liebesentsagung nötigte, um „der Mutter im Grab nicht weh" zu tun. Keller verliebte sich vorzugsweise in schlanke, hochelegante „Personnagen" (Luise Rieter, Johanna Kapp, Betty Tendering), von denen er annehmen durfte, dass sie seine Bewerbung ablehnen würden. In seiner Selbstwahrnehmung, „ein unansehnlicher armer Bursche" zu sein, bestätigt, doch vom augenblicklichen Unglück auch beflügelt, eilte er in den Schoß der Mutter zurück, die ihn – ohne sein Künstlertum zu begreifen, – lebenslang umsorgte, und in Gestalt der unverheirateten Schwester stand die Nachfolgerin schon (opfer-)bereit. „Ich bin eine unnütze Zierpflanze", notiert Keller im September 1847 in sein „Traumbuch", „die geruchlose Tulpe, welche alle Säfte dieses Häufleins edler Erde, das Leben von Mutter und Schwester aufsaugt."

In Heidelberg greift der 1842 in München als Landschaftsmaler Gescheiterte, vermutlich Johanna zuliebe, noch einmal zum Pinsel. Bald nach seiner Ankunft hatte er den „famosen" Maler Bernhard Fries, den jüngeren Bruder von Ernst Fries, aus Heidelberg stammend, in Kapps Haus kennengelernt. Im vertrauten Umgang mit ihm erlebt Keller eine kurze Phase des Aquarellierens und Experimentierens mit Ölfarben. Während er seinen Freund Fries als „großen schönen Mann, voll Feuer und Leben" und „ganz in der neuen Zeit und Welt" existierend schildert (und so ähnlich später im „Grünen Heinrich" als Maler Lys porträtiert), erscheint ihm ein anderer bedeutender Heidelberger Maler, Christian Philipp Koester, „ein Männchen von 3½ Fuß mit einem Höcker und eisgrauen Haaren", als Relikt einer entschwundenen „goetheschen" Welt. Er legt dem „konservativen Ästhetiker", der zu seiner Freude wohl noch etwas keiner als er selbst war, einige seiner Arbeiten vor. Nicht ganz zu Unrecht moniert Koester den Mangel an Einfachheit und „Stil".

Johanna Kapp besaß mindestens drei 1849 entstandene Aquarelle von Keller; zwei hatte er ihr geschenkt, das dritte hatte ihr Bernhard Fries überlassen. Nachdem Johanna 1883 in geistiger Umnachtung gestorben war, kamen die Bilder nach Zürich zurück. Das ursprünglich Fries geschenkte große Aquarell „Ideale Baumlandschaft", ein Sehnsuchtsbild von strahlender Farbqualität, hat die Kranke mit einer Schere teilweise verstümmelt. Mich interessieren vor allem die beiden für Johanna gemalten Aquarelle „Sommerlandschaft am Zürichsee" und „Idyllische Landschaft", die wie viele Arbeiten Kellers aus einzelnen Bestandteilen, zusammengesetzt, also kompiliert erscheinen. Auf dem erstgenannten Bild sieht man eine Hochgebirgslandschaft um den Zürichsee als Hintergrund, zu welchem die beiden Häuser im Mittelgrund und besonders der Blumengarten im Vordergrund nicht recht passen wollen.

Dieser Bauerngarten, üppig ausgestattet mit Stockrosen, Sonnenblumen und flatternden Wäschestücken, einem brüchigen Lattenzaun, und einem Brunnen mit zwei Schalen sowie einem Wasserkrug auf dem Stock, dürfte uns nicht mehr verständliche Anspielungen auf das Kapp'sche Anwesen enthalten, für Johanna zum Wiedererkennen gedacht, ähnlich wie auf dem Bild „Idyllische Landschaft" das hölzerne Tor und der von Kürbispflanzen umrankte Palisadenzaun unter den herbstlichen Bäumen. Ja ich vermute, dass auch die beiden von Bäumen umgebenen Häuser im Mittelgrund (ein Wohn- und ein Wirtschaftsgebäude?) den Kapp'schen Häusern entsprechen, wie sie – auf einer Zeichnung von Johannes Ruff erkennbar – inmitten exotischer Bäume am Neckarufer standen. Versteckte Anspielungen dürften auch die von Johanna Kapp selbst in das Bild eingefügten Bleistiftzeichnungen enthalten, die bislang nur als „Kritzeleien einer Geisteskranken" gelten. Man sieht z.B. im bewegten Kornfeld ein junges Paar, dahinter eine Frau mit einem Kind unter einem Sonnenschirm ... Gespenster der Jugend, verlorene Seelen, nur in Umrissen noch präsent.

Es sind stimmungsvolle, farbenfrohe Aquarelle von beachtlicher Qualität, die den Einfluss des aus Heidelberg stammenden Spätromantikers Carl Rottmann, des Meisters einer heroischen gesteigerten Landschaftskunst, unschwer erkennen lassen. Dennoch ist der Maler Gottfried Keller, der von 1834 bis 1843 neun verzweiflungsreiche Lehrjahre absolviert hat, in der Kunstgeschichte nicht existent. Hätte er sich nicht als Schriftsteller dauerhaften Ruhm erworben, sein malerisches Werk – erhalten haben sich knapp hundert Bilder – wäre gänzlich vergessen. Er selbst hat sein Scheitern als Künstler gern handwerklich, mit einem Mangel an Ausbildung erklärt: „Ich hatte zuviel Unternehmungsgeist und Gedankendrang und zu wenig Grundlage und Ausdauer." Ricarda Huch hat schärfer hingesehen: „Es kann wohl nicht bezweifelt werden, dass Keller ein leidlich guter Maler hätte werden können, mit Fug aber, dass er etwas wahrhaft Originelles und zugleich Meisterhaftes geschaffen hätte."

Dass Keller sich schließlich mit dem Erscheinen der vier Bände des „Grünen Heinrich" (1855) als Schriftsteller durchsetzen konnte, nach einem langen, von Einsamkeit, Müßiggang und materiellem Mangel geprägten Bildungsweg, ist fast ein Wunder zu nennen, zumal dieser schwierige Mensch ein passionierter Wirtshaushocker und Bierzeitungsschreiber war, der bis ins Alter viel trank, den „Rappel" bekam, Gläser umstieß, Leute vom Tisch wies und sich nicht ungern prügelte, auf der anderen Seite jedoch zu Melancholie und Selbstmitleid neigte und sich höhnisch mit „Der Tränenmeier – Herr Gottfried Tränensimpel" ansprach. Typisch für Kellers widersprüchliche, jäh zerrissene Persönlichkeit ist die Szene, die auf einem Münchner Künstlerfest 1842 spielte, in dessen Verlauf dem kleinen Mann sein Meerrohr, das ihm als Spazierstock und Schlagwaffe diente, abhanden kam. Er raste los und entriss allen, die ein Meerrohr bei sich trugen, ohne ein Wort der Entschuldigung dasselbe, um es zu untersuchen. Schließlich, berichtet der Jugendfreund Salomon Hegi, „setzte er sich an den Rand des Weges und fing heftig zu weinen an."

Vielleicht war der verschwundene Spazierstock ein Erinnerungsstück an die Heimat, an den Vater, der ja als Drechsler solche Meerrohre hergestellt haben dürfte. Vielleicht empfand er den Verlust der vertrauten Gehhilfe auch als letzte von zahlreichen Demütigungen und Niederlagen, auf die er erst mit Rippenstößen, dann mit Kindertränen reagierte. Geldsorgen und Schulden haben ihn auf seinem Weg von München über Heidelberg bis Berlin begleitet. Oft hatte er nichts zu beißen und musste fortwährend um Geld bitten: Mutter und Schwester, die Freunde, den Verleger, die Regierung in Zürich, die ihm immerhin 800 Franken pro Jahr aussetzte. Weshalb er selbst mit dieser Summe und weiteren Zuwendungen nicht auskam, ist unklar. Es gibt keine Hinweise auf eine Spielleidenschaft oder Bordellbesuche. Wahrscheinlich hat er das Geld in den Wirtshäusern gelassen, die er, besonders wenn ihn Liebeskummer plagte, Nacht um Nacht krakelend durchstreifte. Eine aquarellierte Bleistiftzeichnung von Johannes Ruff aus dem Jahr 1846 zeigt Keller vor dem „Café Frieden" in Zürich – vom Fausthieb eines Künstlerkollegen zu Boden gestreckt. Er liegt auf dem Rücken und strampelt mit den Beinchen hilflos wie ein Maikäfer; Brille und Hut hat er verloren, nur das Meerrohr hält er in komischer Drohgebärde erhoben.

Nach einem Jahr in Heidelberg, im Herbst 1849, zieht Keller eine positive Bilanz: „Ich habe endlich", schreibt er an Adolf Follen, „meine sonderbare Jugend so rund abgeschlossen – dass ich dies Jahr nicht zu meinen schlechtesten zähle." Das „pfuscherhafte Glücklichseinwollen" und das „impotente Poetenfieber" habe er überwunden, versichert er Freiligrath im September 1850. Ist er ausgerechnet im romantischen Heidelberg, zur Biedermeierzeit, durch Unglück geläutert, ein dem Fortschritt zugewandter Materialist geworden, ein vernünftiger, erwachsener Mensch, der die Gefühlsschwankungen seiner selbstverliebten Anfänge hinter sich gelassen, „objektiviert" hat? Beginnt nun, wie die Literarhistoriker verkünden, mit Nachdruck die episch-realistische Phase? Im „Grünen Heinrich" ist ja Kellers ganze verworrene Jugend zwischen Zürich, München und Heidelberg aufgehoben: der Muttersohn und abgebrannte Künstler und der Idylliker der Dorfszenen, der romantisch Verliebte und der Schweizer Biedermann, dem die spätere Verspießerung schon anzumerken ist, und man spürt beim Lesen, durch die hohe ästhetische Sublimierung hindurch, noch überall die Wärme des Erlebten.

Die Zeit, in der Keller als Schulbuchautor gebraucht wurde und ein Liebling des Bildungsbürgertums war, ist mit diesem untergegangen, so dass man seine Bücher eigentlich wieder vorbehaltlos lesen könnte, vor allem natürlich die Jugendgeschichte des Malers Heinrich Lee, der durch Widerstände zu sich selbst zu kommen versucht; der im grünen Wams des toten Vaters in die Welt hinauszieht, mit weit offenen Sinnen für alles Schöne, schwärmend besonders für die sommerliche Natur und ferne, strenge Frauenbilder, doch zu ernsthafter, geregelter Anstrengung unfähig ist und zur Strafe elend zugrundegeht. Dies aufschreibend, hat Keller sich selbst gerettet – Anlass genug, immer neu darüber nachzudenken, wie das erlittene und das gedichtete Leben, das empirische und das poetische, „zweite“ Ich miteinander zusammenhängen.

Als der frühe Stadtforscher Albert Mays 1886 daran ging, die Texte zu seiner Anthologie „Heidelberg gefeiert von Dichtern und Denkern“ zum 500. Jubiläum der Universität zu versammeln, bat er im letzten Moment auch Gottfried Keller um ein poetisches Zeugnis seines Aufenthalts. Doch der antwortete ihm postwendend, „dass sich unter meinen gedruckten und ungedruckten Sachen nichts befindet“, das sich „auf Heidelberg, seine Geschichte und Umgegend bezieht.“ Das war nicht die Wahrheit. Keller hätte Mays z.B. den originellen, in Heidelberg entstandenen Aufsatz „Die Romantik und die Gegenwart. Eine Grille“ schicken können. Die berühmte „romantische“ Landschaft und die „Gegenwart“ der Badischen Revolution werden darin bei Gelegenheit eines Spaziergangs auf dem Gaisberg gegeneinander abgewogen, und es ist keine Frage, dass – um mit Hegel zu reden – das „Zeitalter der Prosa“ angebrochen ist.

Auch das skurrile „Freischarengespräch“ wäre für Mays' Zwecke brauchbar gewesen. Die kleine, ziemlich unbekannte Szene spielt unter bramarbasierenden Kneipenhelden im Wirtshaus „Zum goldenen Stern“ in der Lauerstraße, ein paar Schritte von Kellers Wohnung entfernt, und ist – dem Leben abgelauscht – im Juni 1949 aufgezeichnet worden. Selbst das heute so berühmte, zutiefst romantische (Liebes-)Gedicht von der „Schönen Brücke“ hat Keller nicht herausgerückt. Vermutlich erschien es ihm zu persönlich (obwohl er an eine ‚gereinigte‘ Veröffentlichung zeitweise gedacht haben mag, indem er im Manuskript z.B. im 6. Vers der ersten Strophe das Wort „Liebe“ durch die blassere Bezeichnung „Freude“ ersetzte). Man muss auch bedenken, dass Johanna Kapp, als Mays' Anfrage eintraf, erst drei Jahre tot war. Außerdem hatte der alte Keller eine Abneigung gegenüber Anthologisten und war mürrisch bemüht, ein abgerundetes „Gesamtwerk“ zu hinterlassen, in dem frühe Produktionen, die er für peinlich oder für misslungen hielt, keinen Platz hatten.

„Schöne Brücke, hast mich oft getragen,
Wenn mein Herz erwartungsvoll geschlagen
Und mit dir den Strom ich überschritt.
Und mich dünkte, deine stolzen Bogen
Sind in kühnerm Schwunge mitgezogen,
Und sie fühlten meine Freude mit.“

Michael Buselmeier

Heidelbergansichten von George Augustus Wallis und Ernst Fries

Heidelberg erwachte in den ersten zwei Jahrzehnten des 19. Jahrhunderts zu einem Ort romantischen Lebensgefühls, der mit der ältesten und meistbesuchten deutschen Universität die großen Geister seiner Zeit anzog. Die Stadt in den vereinigten badischen Landen erlebte dank ihrer Universität, der Großherzog Karl Friedrich großes Interesse entgegenbrachte, einen geistesgeschichtlichen, wissenschaftlichen und literarischen Aufschwung. Die Gelehrten der Romantik wie Joseph Görres, Friedrich Creuzer, Justus Thibaut und Karl Daub waren in Heidelberg tätig, der Philosoph Georg Wilhelm Friedrich Hegel lehrte von 1816 bis 1818 in Heidelberg. Achim von Arnim und Clemens Brentano vollendeten hier ihre berühmte Sammlung *Des Knaben Wunderhorn* und Joseph von Eichendorff verbrachte ein Studienjahr an der Heidelberger Universität. Diese Zeit bedeutete für Heidelberg eine Wiederbelebung. Nachdem Stadt und Schloß 1689 und 1693 im Pfälzischen Erbfolgekrieg von den französischen Truppen zerstört worden waren und der kurfürstliche Hof 1720 unter Carl Philipp nach Mannheim gezogen war, schien die historische Bedeutung der Stadt beendet zu sein. Heidelberg wurde zu einer bürgerlichen Kleinstadt.

Doch mit der aufkommenden Romantik und ihrem neuen Verhältnis zur Natur kam es zu Beginn des 19. Jahrhunderts zu einem veränderten Bewußtsein. Die Stadt mit dem bewaldeten Neckartal und der mächtigen Schloßruine, die von vergangenen glanzvollen Zeiten der deutschen Geschichte erzählte, entsprach dem damaligen Lebensgefühl und übte eine Anziehung aus, die *„ohne den einstigen Glanz und dessen Verfinsterung“*[1] nicht zu erklären ist.

George Augustus Wallis in Heidelberg

In dieses Heidelberg kommt im Jahr 1812 der Landschaftsmaler schottischer Abstammung George Augustus Wallis. Geboren wurde er 1761 in Merton/Surrey bei London. Nach seiner Ausbildung zum Maler in England,

[1] Vgl. Jens Christian Jensen, „Heidelberg in der Bildkunst um 1800“, in: *Heidelberg im säkularen Umbruch*, hrsg. v. Friedrich Strack, Stuttgart 1987, S. 362.

über die wenig bekannt ist, zieht es ihn, wie so viele Künstler seiner Zeit, nach Italien. 1788 führt ihn seine Reise über die Schweiz zunächst nach Neapel, doch in den folgenden Jahren hält er sich hauptsächlich in Rom auf, dem damaligen Mittelpunkt der europäischen Kunst. Während dieser Zeit bildet Wallis seinen klassischen und heroischen Landschaftsstil aus, beeinflußt vor allem von in Rom lebenden deutschen Malern wie Jacob Philipp Hackert, Christoph Heinrich Kniep, Joseph Anton Koch und Asmus Jakob Carstens. Wallis wurde bekannt durch die Darstellung des damals populären Ossianstoffs in seinen Landschaften.[2] Eines dieser Ossianbilder rühmt Madame de Staël zusammen mit einem weiteren Gemälde Wallis', einer Cincinnatusdarstellung, in ihrem melodramatischen Roman *Corinna oder Italien*, der *„in jedem modischen Salon auf dem Tische lag"*.[3] Neben seiner Tätigkeit als Maler widmete sich Wallis ab etwa 1800 dem Kunsthandel in Italien, England und Spanien und kam so zu einer beachtlichen eigenen Gemäldesammlung.[4]

Nach Heidelberg kam Wallis 1812 eher zufällig, da die Kontinentalsperre, die Napoleon über Großbritannien verhängt hatte, ihm die Möglichkeit nahm, seine in Spanien gekauften Gemälde auf direktem Wege in seine Heimat zu transportieren. So war er zu einem Umweg über Deutschland gezwungen, um diese Gemälde von Stralsund aus nach England zu bringen. Weshalb sein Weg ihn nach Heidelberg führte, kann nur vermutet werden. Zum einen mag ihn die Stadt als geistig-kulturelles Zentrum angezogen haben, zum anderen befanden sich in Heidelberg zwei bedeutende und bekannte private Kunstsammlungen, die Sammlung Fries und die Sammlung Boisserée. Die landschaftliche Schönheit der Lage Heidelbergs, das damals in der Stadt herrschende rege Geistesleben und schließlich die Beziehung zu der aus Luzern stammenden Louise Delayne veranlaßten Wallis dazu, seinen Aufenthalt in Heidelberg auf mehrere Jahre auszudehnen.

Die *„so italisch anmutende Landschaft"*[5] mit ihren sanften, bewaldeten Hügeln, der imposanten Schloßruine und dem weiten Blick in die Rheinebene führte Wallis eine klassische Bildgestalt vor Augen. Das Schema einer

[2] Ossian ist ein kriegerischer Held der schottisch-gälischen Sage, der im Alter erblindet und als Barde die Taten seines Vaters verherrlicht. Berühmt wurde der Ossianstoff im 18. Jahrhundert, als der Schriftsteller James Macpherson seine eigenen Dichtungen *Fragments of ancient poetry* 1760 als Übersetzungen der alten gälischen Lieder des Ossian ausgab.

[3] Vgl. Graf Klaus v. Baudissin, „Georg August Wallis", in: *Verzeichnis der im Kurpfälzischen Museum der Stadt Heidelberg vom 15. Mai bis 15. Oktober 1921 ausgestellten Werke von Georg August Wallis, Landschaftsmaler aus Schottland, einem Entdecker des Romantischen Heidelberg 1812-1817*, hrsg. v. Karl Lohmeyer, Heidelberg 1921, S. VIII.

[4] Vgl. Monika v. Wild, *George Augustus Wallis (1761-1847)*, Frankfurt a.M. 1996, S. 171ff.

[5] Vgl. Graf Klaus v. Baudissin, *Georg August Wallis. Maler aus Schottland 1768-1847*, Heidelberg 1924, S. 32.

klassischen idealen Landschaft war von Claude Lorrain, dem berühmtesten Landschaftsmaler des 17. Jahrhunderts entwickelt worden. Charakteristisch für dieses Schema sind folgende Bildelemente: Der Bildraum wird im Vordergrund meist von Bäumen gerahmt, die eine Tiefenwirkung erzeugen. Die Landschaft fällt aus einer Höhe zu einem Gewässer ab, um sich im Hintergrund wieder aufzuschichten. Ein strahlender Himmel bewirkt eine kontrastreiche Gegenlichtsituation im Bildraum.[6] Diese Ideallandschaften sind mit einer stimmungstragenden Staffagearchitektur versehen, entweder mit klassischen Bauwerken, die an das Goldene Zeitalter erinnern, oder mit Ruinen, die in den Naturzustand zurückversinken und Erinnerungen an die ruhmreiche Geschichte beschwören. Auch in den Darstellungen klassischer idealer Landschaften in der Zeit von 1770 bis nach 1800 wird die Tradition dieser Bildgestalt deutlich, so vor allem bei Jacob Philipp Hackert, den Wallis kannte, und von dem er beeinflußt worden war.

Heidelberg von Osten gesehen mit dem Blick über die Schloßruine in die Rheinebene, aus der sich in der Ferne die Haardt-Berge erheben, entspricht diesem bevorzugten Bildtypus der klassischen idealen Landschaftsmalerei. Bereits Goethe verbindet den Anblick Heidelbergs mit der Landschaftskunst, wie folgender Eintrag vom 26. August 1797 in seinem Tagebuch deutlich macht:

> „Die Stadt in ihrer Lage und mit ihrer ganzen Umgebung hat, man darf sagen, etwas Ideales, daß man sich erst recht deutlich machen kann, wenn man mit der Landschaftsmahlerey bekannt ist und wenn man weiß, was denkende Künstler aus der Natur genommen und in die Natur hineingelegt haben."[7]

George Augustus Wallis fand schnell Zugang zur Heidelberger Gesellschaft, was ein weiterer Grund für seinen langjährigen Aufenthalt war. Er war bereits zu Beginn der Heidelberger Zeit ein angesehener Künstler und seine Gemälde waren dem lesenden Publikum durch *Corinna oder Italien* bekannt. Zwar gab es einige, die die *„Corinna"* *„nur schnell und mit Überschlagung manches artistischen Kapitels"* gelesen hatten, wie der damals am Neckar lebende Homer-Übersetzer Johann Heinrich Voß eingestand, doch Wallis besaß den Status eines weitgereisten Malers, der lange in Rom gelebt und sich dort unter den bedeutenden Zeitgenossen bewegt hatte.[8] 1807 erschien im *Cotta'schen Morgenblatt für gebildete Stände* eine rühmende Rezension seines Gemäldes *Ave Maria*. Goethe war durch Frau von Humboldt auf Wallis aufmerksam gemacht worden und kannte diesen vielleicht durch Hackert, Kniep und Tischbein zumindest dem Namen nach.[9] Zudem exi-

[6] Vgl. Jensen 1987, S. 364.

[7] Vgl. *Goethes Tagebücher*, Bd. 2, 1790-1800, Weimar 1888, S. 86, zit. nach: v. Wild 1996, S. 192.

[8] Vgl. Baudissin 1924, S. 32.

[9] Vgl. v. Wild 1996, S. 35f.

Abb. 4: Ernst Fries „Der Bankier und Kunstsammler Christian Adam Fries und Frau".

stierten Erwähnungen namhafter Romfahrer wie Carl Ludwig Fernow, August Wilhelm Schlegel, August von Kotzebue und Elisa von der Recke in ihren Briefen und Tagebüchern. Für die gebildete Heidelberger Gesellschaft muß es daher interessant gewesen sein, einen angesehenen, vielgereisten Künstler zu Gast zu haben. Dazu kommt, daß sich Wallis durch eine beachtliche Persönlichkeit und weltmännisches Auftreten auszeichnete.

In besonders freundschaftlichem Verhältnis stand Wallis zu dem Krappfabrikanten und Bankier Christian Adam Fries, dem Vater der drei späteren Maler Ernst, Bernhard und Wilhelm Fries. Er besaß eine bedeutende Gemäldesammlung, die Werke der niederländischen Malerei des 17. Jahrhunderts und der französischen Künstler Claude Lorrain und Nicolas Poussin enthielt. Zeitgenössische „moderne" Kunst, wie die von Joseph Anton Koch und Ferdinand Kobell war ebenfalls vertreten. Im Fries'schen Hause in der Rohrbacher Straße verkehrte die Heidelberger Gesellschaft. In den Besitz von Christian Adam Fries gelangten wohl vierzehn Gemälde von George Augustus Wallis, die die Bedeutung der Sammlung erhöhten.[10] Neben der Sammlung der Brüder Sulpiz und Melchior Boisserée, die sich 1810 im ehe-

[10] Die Sammlung Fries wurde 1859 versteigert, im Versteigerungsverzeichnis sind elf Wallisbilder aufgeführt. Einige Gemälde wurden wohl vorher von Fries an Kunstfreunde verkauft; vgl. v. Wild 1996, S. 35.

maligen Palais der Freiherren von Sickingen am Karlsplatz niedergelassen hatten, gehörte die Fries'sche Sammlung zu den Sehenswürdigkeiten der Stadt. Die beiden Sammlungen bildeten zwei sich ergänzende Kunstpole der Romantik. Unter den kunstsinnigen Besuchern Heidelbergs war es üblich, im Anschluß an die Sammlung Boisserée, die altdeutsche und altniederländische Malerei zeigte, die „moderne" Malerei der Sammlung Fries zu besichtigen. So geschah es auch beim Besuch berühmter Gäste wie Goethe (1814) oder Österreichs Kaiser Franz I. und dem russischen Zaren Alexander I. (1815). Öffentliche Museen im heutigen Sinne gab es zu dieser Zeit noch nicht. Kunstinteressierte waren auf Privatsammlungen des wohlhabenden Bürgertums angewiesen, denn die Kunstsammlungen der Fürsten waren nur vereinzelt der Öffentlichkeit zugänglich.

Die Heidelberganansichten von George Augustus Wallis

Sein künstlerisches Interesse richtete Wallis hauptsächlich auf die Schloßruine in ihrem landschaftlichen Umfeld. Er schuf während seines Aufenthaltes in Heidelberg verschiedene Zeichnungen bzw. Skizzen und fünf Gemälde des Schlosses. Diese Bilder machen seine neue Auffassung der Heidelbergvedute deutlich.

Abb. 5: George Augustus Wallis „Heidelberg", 1812.

Das erste Schloßgemälde entstand bereits 1812, dabei handelt es sich um eine Ansicht von Osten vom Wolfsbrunnenweg aus.[11] In diesem Gemälde wird deutlich, wie sehr Heidelberg der oben beschriebenen Bildgestalt einer idealen Landschaft entspricht.

Bereits 1620 hatte schon Jacques Fouquières 1620 für seine Ansicht den Blick von Osten gewählt, da ihm dieser eine detailgetreue Darstellung des manieristischen Schloßgartens Friedrichs V. von Salomon de Caus ermöglichte. Wallis dagegen stellt Heidelberg als idealisierte Vedute dar. Der Blick auf die Schloßruine erfolgt von einem erhöhten Standpunkt aus; dieser Aspekt ist neu im Vergleich zu bisherigen Stadt- und Schloßveduten Heidelbergs.[12] Das Gemälde ist klassizistisch in streifenartiger Schichtung aufgebaut. Die Stadt selbst ist nicht zu sehen, da nichts von dem Hauptgegenstand, der verödeten, dunklen Schloßruine ablenken soll, die sich majestätisch vor der hellen weiten Ebene erhebt. Das Wesentliche dieser ins Heroische gesteigerten Ansicht liegt in der Darstellung des Atmosphärischen und des Witterungsschauspiels. Schwarze Gewitterwolken ziehen nach links ab, die Sonne bricht hervor und erzeugt eine effektvolle Beleuchtung in Form einer goldtonigen Lichtflut, die die Landschaft wirkungsvoll in Szene setzt. Besonders außergewöhnlich ist dabei die farbliche Gestaltung des Himmels mit zart abgestuften, ineinanderübergehenden Farben. Gegen diesen hell getönten Hintergrund hebt sich das düstere Schloß ab, wodurch es in seiner Schwere zusätzlich an Bedeutung gewinnt. Mit diesem Gemälde schuf Wallis die erste Ansicht Heidelbergs als Ideallandschaft; er steigerte die naturgegebenen Züge ins Großartige und Heroische und ging damit über eine konventionelle Vedute weit hinaus.[13]

Wallis' Malerei war neu und ungewöhnlich im Vergleich zu den bisherigen Veduten eines Friedrich Rottmann oder eines Johann Jakob Strüdt, und sie fand in der Heidelberger Mal- und Darstellungstradition nicht ihresgleichen. Die außerordentliche Wirkung, die von Wallis' Schloßgemälde damals ausging, zeigt der Artikel des Professors für Ästhetik Aloys Schreiber im *Cotta'schen Morgenblatt für gebildete Stände* im Dezember 1812:

> „Doch dieses Alles gibt nur die Staffage zu einem Gemählde, welches wie ein Genius vom Himmel erscheint, und seinen Ausdruck sich von einem Sonnen-Untergange, der das düstre Gewölk mit seinen lichten Strahlen in die Berge zur linken hineindrängt, mit glücklicher Auffassung der meteorischen Erscheinungen in dieser Gegend erborgt. [...] Dieser Anblick ist bezaubernd. Man sieht, was der Künstler über die Natur vermochte. In einem der glücklichsten Momente wußte er sie aufzufassen und festzuhalten. [...]

[11] Dieses Gemälde befindet sich heute in Heidelberg in Privatbesitz.

[12] Vgl. v. Wild 1996, S. 197.

[13] Vgl. Baudissin 1924, S. 37.

Das Gepräge der Wahrheit ruht auf dem Ganzen, und doch ist das Ganze eine Phantasie, die nur ihre Veranlassung in der Wirklichkeit fand."[14]

Aloys Schreiber kündigt am Ende seines Artikels die Absicht des Malers an, zu diesem Gemälde ein Gegenstück schaffen zu wollen, das das Schloß von der Westseite zeigen wird:

„Der Künstler wird ein Nebenstück zu diesem Meisterwerke liefern. Er will das Heidelberger Schloss von der entgegengesetzten Seite aufnehmen. Gelingt ihm dieses, so werden die beyden Oelgemälde, die dem Vernehmen nach ein Eigentum des Herrn Kaufmann Fries in Heidelberg seyn sollen, ein unbezahlbares Produkt der künstlerischen Schöpferkraft von einem unsrer besten Meister in künftigen Zeiten seyn."[15]

Abb. 6: George Augustus Wallis „Das Heidelberger Schloß unter doppeltem Regenbogen", 1812.

Noch im selben Jahr vollendete Wallis das Gemälde *Das Heidelberger Schloß unter dem Regenbogen*, das sich heute im Besitz des Freien Deutschen Hochstifts in Frankfurt a.M. befindet. Das Bild zeigt eine ungewöhnliche Sicht von Westen auf das Schloß, das von einem doppelten Regenbogen überwölbt ist. Auch hier ist der Moment nach einem Gewitter gewählt, und wie im ersten Schloßbild stellt Wallis eine bestimmte Witterungserscheinung

[14] Vgl. Aloys Schreiber, „Wallis in Heidelberg", in: *Morgenblatt für gebildete Stände*, Nr. 291, 4.12.1812, S. 1163.
[15] Vgl. Schreiber 1812, S. 1164.

dar, die ein stimmungsvolles Landschaftsbild entstehen läßt. Nach klassischem Landschaftsschema ist das Bild mit einer dunklen Rahmung im Vordergrund aufgebaut, während sich im Hintergrund eine Gegenlichtsituation bildet. Der Baum im Vordergrund links und die dunklen Gewitterwolken rechts oben bilden eine Gegendiagonale zu der von links oben einbrechenden Lichtflut. Durch diese Lichtbahn wird das Schloß besonders vor dem dunklen Hintergrund hell beleuchtet hervorgehoben und erscheint nahezu wie eine Vision. Der doppelte, feierlich bekrönende Regenbogen, ein Zeichen göttlicher Verheißung, steigert diesen Eindruck. Die Stadt ist nicht zu sehen, nur das überhöht dargestellte Schloß erhebt sich aus der bewaldeten Umgebung. Der monumentale Bau verweist auf einstige Größe und läßt ferne historische Zeiten aufleuchten. Der Vordergrund mit den arbeitenden Menschen vor einer kleinen Hütte ist im Kontrast zu dem die Vergangenheit assoziierenden Hintergrund der Gegenwart zugeordnet. Eine Verbindung zur hinteren Zone und gleichzeitig zum Betrachter bilden die beiden Figuren, die in staunender Bewunderung zu der fernen Erscheinung hinaufweisen. Einen ähnlichen Eindruck vermittelt Clemens Brentanos *Lied von eines Studenten Ankunft in Heidelberg*, in dem es heißt:

„Und drüber an grüner Berge Brust,
Ruht groß das Schloß und sieht die Lust,
Und da ich auf zum Himmel schaut,
Sah ich ein Gotteswerk gebaut,
Vom Königstuhl zum heil'gen Bergesrücken
Sah ich gesprengt eine goldne Brücken,
Sah ich gewölbt des Friedens Regenbogen,
Und sah ihn wieder in Flusses Wogen."[16]

Wallis bezog sich in dieser Darstellung auf das klassizistische Landschaftsgemälde *Heroische Landschaft mit Regenbogen* von Joseph Anton Koch, das seit 1805 im Künstlercafé *Café Greco* in Rom hing, und das er dort wahrscheinlich gesehen hatte.

Während Wallis' Aufenthalt in Heidelberg entstanden noch drei weitere Schloßansichten: Das Bild kleineren Formats *Heidelberger Schloß bei Sonnenuntergang und aufziehendem Mond* aus dem Jahre 1813 hängt heute im Kurpfälzischen Museum. Auch dieses Gemälde zeichnet sich aus durch die Darstellung besonderer Lichtverhältnisse und der ausdrucksvollen Himmelsfärbung. Eine Ansicht von Osten zeigt das 1939 im Kunsthandel aufgetauchte und heute wieder verschollene Werk *Heidelberger Schloß im letzten Sonnenstrahl* (1813-1817).[17] Im Versteigerungsverzeichnis der Sammlung Fries von 1859 wird eine bis heute nicht aufgefundene Ansicht Heidelbergs

[16] Vgl. Clemens Brentano, „Lied von eines Studenten Ankunft in Heidelberg", in: *Heidelberg Lesebuch. Stadt-Bilder von 1800 bis heute*, hrsg. v. Michael Buselmeier, Frankfurt a.M. 1986, S. 18.

[17] Vgl. v. Wild 1996, S. 203.

vom Philosophenweg aus erwähnt mit dem Vermerk, daß ein *„äußerst zarter, feiner Morgenduft über das ganze Bild verbreitet“* sei.[18]

Wallis' Einfluß auf die folgende Heidelberger Malergeneration

Da eine große Anzahl seiner Gemälde in der Fries'schen Sammlung zu besichtigen war, wurde Wallis' Malerei für die junge Heidelberger Malergeneration vorbildlich. Am stärksten war ihr Einfluß auf Carl Rottmann (1797-1850), der zusammen mit Carl Philipp Fohr (1795-1818) oft im Hause Fries verkehrte und mit dem ältesten der Fries'schen Brüder Ernst (1801-1833) befreundet war. Diese drei Maler gelten wohl als die berühmtesten der Heidelberger Romantik. Karl Lohmeyer nannte sie *„das Dreigestirn der romantischen Malerei in Heidelberg“*.[19] Für ihre gemeinsame Grundausbildung war der Universitätszeichenmeister Friedrich Rottmann (1768-1816), der Vater Carl Rottmanns zuständig, denn eine Kunstschule gab es in Heidelberg nicht. Die Gründung einer Kunstakademie in Heidelberg war trotz der Bemühungen des Stechers Georg Primavesi am heftigen Widerstand der Karlsruher Landesregierung gescheitert.[20] Als Ersatz wurde das Amt des Universitätszeichenmeisters geschaffen. Friedrich Rottmann nahm diese recht begehrte Stelle im Jahre 1807 ein. Als Zeichner und Radierer schuf Rottmann neben Karikaturen und Illustrationen des zeitgeschichtlichen Geschehens hauptsächlich Landschaften. Er fertigte zahlreiche Heidelbergveduten an, die sich bei dem zunehmenden Fremdenverkehr einer großen Beliebtheit erfreuten. Seine Naturtreue anstrebenden Landschaften sind einem eher nüchternen Vedutenstil verhaftet und bieten künstlerisch nichts Ungewöhnliches. Friedrich Rottmanns Bedeutung liegt in seiner Rolle als Lehrer, der seinen Schülern die handwerklichen Grundlagen vermittelte und ihnen die Landschaftskunst nahebrachte. Für einen Universitätszeichenmeister ist der Unterricht in Landschaftskunst eher ungewöhnlich, da diese Stellung eigentlich die Lehre von fachbezogenen Illustrationen zu Architektur und Anatomie beinhaltet. Möglicherweise förderte der Karlsruher Hof eine einheimische Landschaftskunst, die dazu beitragen konnte, die neu erworbenen Landesteile zu einer Einheit zusammenzuschließen.[21] Neben diesem Unterricht

[18] Vgl. ebd., S. 204.

[19] Vgl. Karl Lohmeyer, *Heidelberger Maler der Romantik*, Heidelberg 1935, S. 231.

[20] Vgl. Arthur v. Schneider, *Badische Malerei des 19. Jahrhunderts*, Karlsruhe 1968, S. 24.

[21] Vgl. E. Rödiger-Diruf, „Friedrich Rottmann – Universitätszeichenmeister in Heidelberg“, in: *Baden und Württemberg im Zeitalter Napoleons*, Ausst. Kat. Bd. 2, Stuttgart 1987, S. 564.

Abb. 7: Carl Rottmann „Blick auf das Heidelberger Schloß", 1815.

nahmen auch die reichen Privatsammlungen einen wichtigen Platz in der künstlerischen Bildung der jungen Heidelberger Maler ein.[22]

Der Einfluß von George Augustus Wallis wird vor allem im frühen Werk Carl Rottmanns deutlich. Sein Aquarell *Blick auf das Heidelberger Schloß* (1815), im Besitz des Kurpfälzischen Museums, weist besonders in der Farbgebung und in der Darstellung von Lichtverhältnissen große Ähnlichkeit mit Wallis' Ostansicht des Heidelberger Schlosses aus dem Jahre 1812 auf. Ein direktes Lehrer-Schüler-Verhältnis ist zwar nicht nachzuweisen, doch kann davon ausgegangen werden, daß Rottmann den neuartigen, künstlerischen Elementen des weitgereisten Malers bewundernd gegenüberstand und diese übernahm und umgestaltete.

Wallis hat mit seinen in Heidelberg entstandenen Gemälden den „Blick von Osten" neu entdeckt und mit dem idealen Landschaftskonzept verbunden. Die Sicht von hier auf Schloß und Stadt wurde ein beliebtes Motiv der Heidelberger Romantik: Der Blick in die weite Rheinebene schien Ausdruck der Sehnsucht nach Unendlichkeit, und zugleich zeigte diese Blickrichtung den zerstörten, ritterburgartigen Teil des Schlosses, der – zum Bei-

[22] Neben den großen Kunstsammlungen Boisserée und Fries gab es zwei weitere, bescheidenere Sammlungen: die Sammlung des Verlagbuchhändlers Christian Friedrich Winter und die des französischen Emigranten Graf Charles de Graimberg.

spiel bei Carl Philipp Fohr – zur Verherrlichung vergangener deutscher Geschichte diente. Wallis selbst war als Engländer dieser patriotisch und religiös gestimmten romantischen Auslegung nicht verhaftet, obwohl er sicher das Gedankengut der romantischen Strömung in Heidelberg kannte.

Im Sommer 1817 verließ Wallis Heidelberg, um sich für den Rest seines Lebens bis zu seinem Tod 1847 in Florenz niederzulassen, wo er weiterhin als Maler und Kunsthändler tätig war.

Ernst Fries (1801-1833)

Ernst Fries, der jüngste des *„Dreigestirns der romantischen Malerei in Heidelberg“* wird meist in Zusammenhang mit seinen Jugendfreunden Carl Rottmann und Carl Philipp Fohr genannt. Doch es ist zu berücksichtigen, daß die drei Künstler zwar ihre erste Ausbildung zusammen in Heidelberg erhielten, in ihrer weiteren künstlerischen Entwicklung jedoch getrennte Wege gingen und wenig Parallelen aufzeigen. Ernst Fries, der 1801 in Heidelberg geboren wurde, wuchs dank des kulturellen Interesses seines Vaters in einem Elternhaus auf, das ein gesellschaftlicher Treffpunkt war und den wichtigen zeitgenössischen Geistesströmungen und einem vielfältigen künstlerischen Umfeld offenstand. Das romantische Gedankengut ist im Vergleich zu Rottmann und Fohr bei ihm weniger ausgeprägt, seine Kunst wurde häufig „sachlich“ genannt. Bereits im Alter von acht Jahren erhielt

Abb. 8: Ernst Fries „Selbstbildnis“, 1823.

Fries Unterricht beim Universitätszeichenmeister Friedrich Rottmann, der seine Schüler Werke von Wilhelm v. Kobell, Johann Jakob Strüdt, Karl Kuntz und niederländischen Meistern kopieren ließ und sie zum Studium in der Natur anregte. Aus dieser Zeit ist eine lavierte Zeichnung erhalten, die die Klingelkapelle im Murgtal mit Schloß Eberstein darstellt. Sehr wahrscheinlich diente eine Arbeit von Karl Kuntz, dem späteren Lehrer von Fries, als Vorlage. Das Blatt trägt folgende kindlich rührende Aufschrift:

> „Lieber Vater an diesem Bilde habe ich mir viele Mühe gegeben und will mier vile Mühe gegeben dass ich es imer besser lernen. dein 8 järiger Sohn.“[23]

Ein unmittelbarer Einfluß von George Augustus Wallis kann in dieser Zeit nicht nachgewiesen werden. Die Zeichnungen, die entstanden sind, während Wallis sich in Heidelberg aufhielt, sind in ihrer Zahl zu gering, um an ihnen eine eventuelle Beeinflussung erkennen zu können. Mit der Ölmalerei hat Fries wohl erst 1817 begonnen, und vielleicht kam der erste Anstoß, sich in dieser Technik zu versuchen, von Wallis.[24]

Im Jahre 1815 ging Fries für acht Monate in die Lehre des Karlsruher Hofmalers Karl Kuntz, der ihn zu einem eher sachlichen, auf realistischer Beobachtung beruhenden Stil erzog. Die Studienzeit an der Münchner Akademie 1818 in der Klasse Landschaftszeichnen und Figurendarstellung war nur von kurzer Dauer. Noch im selben Jahr kehrte er nach Heidelberg zurück, um dann in Darmstadt bei dem Hofbaumeister Georg Moller Unterricht in Optik und Perspektive zu nehmen.[25] Erste Erfolge erlangte Fries 1820 mit sechs verschiedenen Ansichten des Heidelberger Schlosses, die er selbst lithographierte. Bei diesen Blättern handelt es sich jedoch weniger um landschaftliche Ansichten, als um Darstellungen des Schlosses aus unterschiedlichen Blickrichtungen.

In den folgenden Jahren unternahm Fries wie viele seiner Malerkollegen verschiedene Wanderungen und Reisen an den Chiemsee, in die Schwäbische Alb oder an den Genfer See und schulte dabei seine Fähigkeiten durch unmittelbares Studium vor der Natur. Außerdem entstanden in diesen Jahren Portraitzeichnungen von Freunden und Verwandten. Das frühe zeichnerische Werk des Malers ist geprägt von einer nahsichtigen Detailgenauigkeit, die später in einigen Gemälden zugunsten einer idealen, weiträumigen Landschaftsauffassung zurückgenommen wird.

1823 trat Fries gemeinsam mit Johann Heinrich Schilbach und dem Stuttgarter Kupferstecher Christian Rist eine vierjährige Italienreise an. In Rom hatte er Kontakt zu den „Deutschrömern“ aus dem Künstlerkreis des *Café Greco*, so unter anderem zu Joseph Anton Koch, Johann Martin v. Rohden,

[23] Vgl. Elisabeth Bott, *Ernst Fries (1801-1833). Studien zu seinen Landschaftszeichnungen*, Heidelberg 1978, S. 191.

[24] Vgl. ebd., S. 21.

[25] Vgl. Peter Krieger, in: *Galerie der Romantik. Nationalgalerie*, Berlin 1986, S. 21.

Johann Christian Reinhart oder Ludwig Richter. 1825 brach Fries nach Massa di Carrara auf, wo er George Augustus Wallis wiedersah, der sich gleichfalls in dieser Zeit in Carrara aufhielt. Wallis machte ihn mit einer neuen Technik, dem Malen mit Asphaltfarben vertraut, weckte sein Interesse am Malerischen und Koloristischen und inspirierte ihn zu einer größeren Farbigkeit in seinen Aquarellen.[26] Anders als Rottmann und Fohr kehrte Ernst Fries im Jahre 1827 wieder in seine Heimatstadt zurück, wo er zwei Jahre später die Pfarrerstochter Luise Stockhausen aus Neckargemünd heiratete.

Durch den Italienaufenthalt setzte sich in Fries' Malerei das Schema der idealen Landschaft endgültig durch, deren Gestaltungsprinzipien sich bereits in seinem Jugendwerk angedeutet hatten, und das er nun erneut auf die Darstellungen heimischer Landschaften übertrug. Neben verschiedenen Zeichnungen, Lithographien und Aquarellen der Neckargegend entstand 1829 das Ölgemälde *Schloß Heidelberg*, das sich heute im Besitz der Berliner Nationalgalerie befindet. Auch Fries bildet das Schloß von dem inzwischen prominenten Standpunkt von Osten ab. In seinem Bildaufbau greift er mit den rahmenden Bäumen im Vordergrund und dem Blick in die Weite auf die Tradition der Ideallandschaft zurück. Der Reiz dieses Gemäldes liegt vor allem in der intimen Landschaftsschilderung und in der präzisen Ausgestal-

Abb. 9: Ernst Fries „Schloß Heidelberg", 1829.

[26] Vgl. v. Wild 1996, S. 240.

tung von Architektur und Natur. Die Landschaft ist in ein frühherbstliches Licht getaucht und strahlt in gelblichen und bräunlichen Tönen. Das romantisch idealisierte Motiv wird hier mit biedermeierlicher Sorgfalt im Detail verbunden.[27]

Mit seiner sachlichen Landschaftsauffassung nimmt Ernst Fries eine Stellung zwischen Romantik und Realismus ein. In seinen Gemälden steht er noch weitgehend in der Tradition des ausgehenden 18. Jahrhunderts, wie sie Hackert und Koch prägten, doch gleichzeitig sucht er in der Landschaftsmalerei die Wirklichkeit zu erfassen.

Ende des Jahres 1829 übersiedelte Fries mit seiner Ehefrau nach München, doch bereits 1831 kehrte er in die badischen Lande zurück, da er in Karlsruhe zum Hofmaler des Großherzogtums Baden ernannt wurde. Auf dem Höhepunkt seines künstlerischen Wirkens nahm seine glänzende Laufbahn ein tragisches Ende. Im Herbst 1833 erkrankte er an Scharlach und schnitt sich im Fieberdelirium die Pulsadern auf.

Der Maler und Restaurator Christian Philipp Koester verfaßte 1834 in seinen *Zerstreuten Gedanken-Blättern über Kunst* einen Nachruf *Zum Andenken an Ernst Fries* mit einem fünfzehnstrophigen Gedicht, in dem es heißt:

> „Gleichwie in seinem Auge scharf und klar
> Die Außenwelt sich abgespiegelt,
> So war der Kunst Geheimstes ihm entsiegelt,
> Er stellt es kraftvoll und mit Milde dar.
> […]
> Da traf ein Blitz und schmettert ihn darnieder,
> Den hochbegabten Jüngling, Mann und Meister,
> So ruhmvoll wirkend, menschlich, brav und bieder,
> Nahm's plötzlich ihn hinweg in's Reich der Geister.
>
> Die Trauerkund' betäubend fällt sie nieder,
> Durchzuckt mit dumpfen Schlag all' die Genossen;
> Nur ein Gedank' ist jedem da entflossen:
> Ihm gleichend bringt die Zeit uns keinen wieder."[28]

Ernst Fries wurde auf dem heutigen Bergfriedhof in Heidelberg beigesetzt. 1841 wurde eine Tafel zu seinem Gedächtnis am Ende des Klingenteichs aufgestellt, und der Friesenweg, der seinen Namen trägt, erinnert noch heute an die Bedeutung dieses Malers.

Samina Rahman

[27] Vgl. Krieger 1986, S. 27.

[28] Vgl. Christian Philipp Koester, *Zerstreute Gedanken-Blätter über Kunst*, Heft 2, Heidelberg 1834, S. 70-73.

Landschaftsmalerei des Biedermeiers in Heidelberg

Der Begriff Biedermeier und seine Bedeutung

Schaut dort spaziert Herr Biedermeier
Und seine Frau; den Sohn am Arm
Sein Tritt ist sachte wie auf Eier,
Sein Wahlspruch: weder kalt noch warm!
Das ist ein Bürger hochgeachtet,
der geistlich spricht und weltlich trachtet;
er wohnt in jenem schönen Haus
Und – leiht sein Geld auf Wucher aus.

Regierlich stimmt er bei den Wahlen,
Zuwider ist ihm aller Streit;
Obwohl kein Freund von Steuerzahlen,
Verehrt er sehr die Obrigkeit.
Aufs Rathaus und vor Amt gerufen,
Zieht er den Hut schon auf den Stufen;
Dann aber geht er stolz nach Haus,
Und – leiht sein Geld auf Wucher aus.

Am Sonntag in der Kirche fehlen,
Das wäre gegen Christenpflicht;
Da holt er Labung seiner Seelen
Und schlummert wenn der Pfarrer spricht;
Das führt ihn lieblich bis zum Segen,
Den nimmt der Wackre fromm entgegen.
Dann geht er ganz erbaut nach Haus
Und – leiht sein Geld auf Wucher aus.

Ach! Wandrer di gen Westen streben!
Wie rühret ihre Not sein Herz!
Wohl sieht er sammeln, doch zu geben,
Vergißt er ganz in seinem Schmerz.
‚Ihr Schicksal ruht in Gottes Händen!'
Spricht er – dann geht er auszupfänden.
Nimmt einem Schuldner Hof und Haus
Und – leiht sein Geld auf Wucher aus.

Dem Sohne bleibt, dem einz'gen Sprossen-
Denn mehr, das wäre Überfluß –,
Die Welt und ihre Lust verschlossen:
Die Sünde stammt ja vom Genuß.
Die Mutter hält ihr Küchlein sittig
Wie eine Henne unterm Fittich;
Auch er führ' einst ein christlich Haus
Und – leih' sein Geld auf Wucher aus.

O edles Haus! O feine Sitten!
Wo jedes Gift im Keim erstickt
Wo nur gepflegt wird und gelitten,
Was gern sich duckt und wohl sich schickt.
O fromme Bildung, Glaubensblüte,
Daß der Besitz dich heg' und hüte! –
Respekt muß sein in Staat und Haus:
Sonst – geht dem Geld der Wucher aus.[1]

Richard Hamann bezeichnete 1914 als erster die Malweise der dreißiger und vierziger Jahre des 19. Jahrhunderts als „Malerei der Biedermeierzeit“[2]. 1921 ging Paul Ferdinand Schmidt noch einen Schritt weiter als Hamann und faßte die Malerei der Zeit zwischen den Befreiungskriegen und der Revolution

[1] Ludwig Pfau, „Der gute Bürger“, 1846 (1874 wurde der Titel in: „Herr Biedermeier. Mitglied der besitzenden und gebildeten Klasse“ geändert), in: Willi Geismeier, Biedermeier, Leipzig 1979, S. 15.

[2] Richard Hamann, „Die deutsche Malerei im 19. Jahrhundert“, in: Aus Natur und Geisteswelt 448/49, 1914.

von 1848 unter dem Begriff des Biedermeier zusammen. Damit wurde das Biedermeier zum übergreifenden Epochenbegriff der Malereigeschichte. Die wichtigste Gattung in der Malerei des Biedermeier war das Porträt. In ihm konnten Dokumentation und Detailtreue am besten verwirklicht werden. Etliche Maler wandten sich dem Stilleben, dem Interieur und der Landschaftsmalerei zu, zu der das Industriebild gezählt wird, das der realistischen Wiedergabe der Umwelt und der Dokumentation der beginnenden Industrialisierung verpflichtet war.

In der neueren Kunstgeschichtsforschung ist neben einer generell positiven Bewertung des Biedermeiers, die aus der älteren Forschung nachwirkt, auch eine ablehnende Haltung gegenüber dem Begriff „Biedermeier" festzustellen.

Die Landschaftsmalerei im Biedermeier

In der Landschaftsmalerei spiegelte sich das kleinbürgerliche Leben des Biedermeier wider. Das Bürgertum konzentrierte sich auf das Nahe, das Beschauliche. Die Darstellung des ländlichen Lebens und einfacher bürgerlicher Schichten wurde beliebt. Die Landschaftsmalerei zeigte eine „Sonntagsstimmung", die dem Betrachter eine „heile" Welt vorgaukelte. Die Zeit wurde in den Darstellungen angehalten, es gab kaum Bewegung, die Stimmung war heiter und fröhlich und die Schönheit der Natur wurde herausgestellt. Sie wurde jedoch nicht mehr im Sinne der Romantik idealisiert und heroisiert, sondern fast dokumentarisch und detailliert wiedergegeben. Die Natur war keine Komposition der subjektiven Empfindungen des Individuums in der Natur mehr, vielmehr suchte der biedermeierliche Künstler die Landschaft objektiv und gegenstandstreu darzustellen. Damit spiegelte die Natur nicht mehr die, in der Romantik so wichtigen Gefühle und Sehnsüchte, wider. Vielmehr wurde die malerische Form zu einem Sichbescheiden mit der Tatsächlichkeit des Alltages. Es kam zu einem „Erlahmen des Fluges der bildnerischen Phantasie".[3] Rudolf Theilmann schreibt, im Biedermeier ginge es nicht mehr um die „Erhöhung der Wirklichkeit", sondern um die „Erkenntnis der Wirklichkeit".[4]

Dennoch kam es auch in der biedermeierlichen Landschaftsmalerei zur Idealisierung. Der Zugang zur Natur war ein doppelter: Auf der einen Seite stand die Natur der Befriedigung menschlicher Bedürfnisse, auf der anderen Seite war sie zum Gegenstand einer gewünschten heilen Welt geworden, in die sich der Betrachter vor der Realität flüchten konnte. Die Naturland-

[3] Vgl. Paul Ferdinand Schmidt, Deutsche Landschaftsmalerei von 1750 bis 1830, München 1922, S. 66.

[4] Vgl. Rudi Theilmann, Johann Wilhelm Schirmers Karlsruher Schule, 1971, S. 17.

schaft wurde mit den Augen des Stadtbewohners gesehen, der die Natur als einen vom Menschen durchdrungenen Lebensraum betrachtete. In der Darstellung der Landschaft wurde die Wunschvorstellung des Städters nach einem einfachen, problemlosen und naturwüchsigen Leben verwirklicht. Trotz dieser Verklärung kam es im Biedermeier zu einer Annäherung an die Alltagswelt. Damit verbunden war eine gegenstandsbetonte Darstellungsweise, die Erfassung von Einzelheiten und winziger Details, die dokumentarisch abgebildet wurden und oft nur vor den Originalen zu erkennen waren. Beispielhaft hierfür ist die Malerei Theodor Verhas' (1811-1872), der seine Ausbildung unter Ernst Fries in Karlsruhe begonnen hatte und nach dessen Tod, im Jahr 1833, sein Studium an der Münchner Akademie fortsetzte. Erst 1857 kehrte Verhas nach Heidelberg zurück. Seine wichtigsten Themen waren Veduten, vornehmlich von Heidelberg und Landschaften. Stilistisch stand er der holländischen Landschaftsmalerei des 17. Jahrhunderts und dem zeitgenössischen englischen Maler William Turner nahe. Sein „Blick durch eine Arkade des Heidelberger Schlosses auf die Stadt“ (o.J., Kurpfälzisches Museum Heidelberg) ist ein Beispiel für den Dokumentationscharakter in der Malerei des Biedermeier. Die Heiliggeistkirche ist in ihrer Architektur genau wiedergegeben, auch die Alte Brücke mit ihren zwei Türmen und der Figur des „Heiligen Nepomuk“ ist deutlich erkennbar und selbst die Dachfenster der dargestellten Häuser fehlen nicht. Dadurch unterscheidet sich

Abb. 10: Theodor Verhas „Blick durch eine Arkade des Heidelberger Schlosses auf die Stadt“.

das Biedermeier von der Romantik. Während romantische Landschaften einer verallgemeinernden Idealität und subjektiven Stimmungshaftigkeit unterworfen wurden, zugunsten derer Details weggelassen oder hinzugefügt werden konnten, steht im Biedermeier das nachprüfbar richtige und genaue Abbilden im Vordergrund. Die Landschaftsmotive sind meist genau zu lokalisieren. Nicht nur in dieser Hinsicht steht die Landschaftsmalerei des Biedermeier in der Nachfolge der Veduten- und Prospektmalerei des 18. und frühen 19. Jahrhunderts, auch in der untergeordneten Rolle, die der reinen Naturlandschaft zukommt, ähneln sich beide „Epochen“, denn in den meisten Darstellungen sind Menschen zugegen. Im Gegensatz zur Romantik, deren Staffage zur Versinnbildlichung und Bedeutungssteigerung des Dargestellten dient, sind die Figuren des Biedermeier eher harmlose und wohlerzogene Geschöpfe, wie Wanderer, Landleute, Jäger.

Abb. 11: Georg Philipp Schmitt „Hauptstraße in Heidelberg mit Tauben“.

Obwohl von der Romantik entdeckt, wurde die heimatliche Landschaft erst im Biedermeier zum Selbstzweck. In der Romantik, zur Heroisierung der eigenen Geschichte durch Stimmungssymbolik überhöht, wurde sie im Biedermeier zum Ausdruck des Bedürfnisses nach Nähe und Geborgenheit. Zugleich wurde die biedermeierliche Landschaft zum Bild der Selbstbescheidung, des Trostes mit der Gegenwart. Strebte der Romantiker nach Höherem, brauchte er die Weite, um alles erfassen zu können, so begrenzte sich der Maler des Biedermeier selbst und tröstete sich mit dem Erreichbaren. Die Landschaftsmalerei war Ausdruck zweier Pole, nämlich „dem Einnisten im vertraut Nahen und der Sehnsucht nach dem unbekannten Fernen"[5], diese Sehnsucht blieb jedoch latent.

War in der Romantik der Blick des Betrachters nur selten eingeschränkt durch am Bildrand stehende Bäume o.ä., so wurde im Biedermeier der Blick auf die dargestellte Landschaft oft eingeengt oder es wurde nur ein kleiner Ausschnitt eines größeren Ganzen wiedergegeben. Dies zeigt ein Bild von Georg Philipp Schmitt (1808-1873), einem Schüler von Christian Xeller in Heidelberg und Peter Cornelius in München. In seinem Aquarell „Hauptstraße in Heidelberg mit Tauben" (Kurpfälzisches Museum Heidelberg) wird durch die rahmenden Häuser an den Bildrändern nur ein eingeschränkter Blick auf die Hauptstraße freigegeben. Diese Einschränkung wird durch die Dachrinne im Vordergrund verstärkt, auf der zwei weiße Tauben sitzen. Durch die Öffnung zwischen Hauswand und Dachrinne ist ein Wanderer mit Hund zu sehen. Der Hintergrund wird von einer unbestimmten Landschaft ausgefüllt, die von einem Baum überragt wird. Es ist sehr ungewöhnlich, daß die Dachrinne eines Hauses den Bildvordergrund dominiert und das Bild gliedert.

Aber auch die schon erwähnte Zeichnung „Blick durch eine Arkade des Heidelberger Schlosses auf die Stadt", von Theodor Verhas, belegt diese Einengung des Blickfeldes. Durch eine Arkade des Heidelberger Schlosses wird der Blick auf die Stadt und den sich dahinter befindenden Neckar mit der anderen Uferseite freigegeben. Im Bogen der Arkade sitzt ein müder Wanderer und ruht sich aus. Im Vordergrund wirken die Arkaden mit ihren dikken Mauern beinahe übermächtig und scheinen den Betrachter von dem Genuß des gesamten Panoramas abhalten zu wollen.

Auch die Ansicht des Heidelberger Schlosses ändert sich. Hatte die Romantik den „Blick von Osten auf das Schloß" bevorzugt mit einem Ausblick auf den sich in der Rheinebene verlierenden Fluß, ein Symbol der Sehnsucht nach Unendlichkeit, wurden im Biedermeier Ansichten von der Stadt auf das Schloß wieder häufiger. Als Beispiel kann Georg Philipp Schmitts „Blick auf das Heidelberger Schloß", um 1830, (Staatliche Kunsthalle Karlsruhe) dienen. Hier blickt der Betrachter zum Schloß hoch, nicht von der Stadt aus, sondern scheinbar auf „halber Höhe" zum Schloß, denn hinter dem im Vordergrund angeschnittenen Hausdach sind nur noch vereinzelte Häuser am Schloßberg zu erkennen. Das Schloß steht im Zentrum des Bildes und hebt sich klar gegen den Himmel als Hintergrund ab. Auf der Terrasse sind einige Menschen zu erkennen. Die Landschaft und das Schloß werden dokumentarisch wiedergegeben.

In Theodor Verhas Gemälde das „Heidelberger Schloß zwischen Edelkastanien" (Kurpfälzisches Museum Heidelberg), öffnet sich am linken Bildrand eine Lücke zwischen den Bäumen, die im Vordergrund stehen und gibt

[5] Willi Geismeier, Biedermeier, S. 233.

Abb. 12: Georg Philipp Schmitt „Blick auf das Heidelberger Schloß"

den Blick auf das Heidelberger Schloß frei. Der Standpunkt ist hoch über dem Schloß gewählt.

Der Düsseldorfer Maler Johann Wilhelm Schirmer (1807-1863), stellt das Schloß aus einer ungewöhnlichen Perspektive dar. Sein Gemälde „Heidelberger Schloß", o.J. (Kurpfälzisches Museum Heidelberg), zeigt das Schloß vom Burgweg aus in seltsam steiler Perspektive. Es hebt sich hart vom Himmel ab, Menschen sind nicht zu erkennen. Noch ganz in der romantischen Tradition stehend, ist Schirmers „Abendlandschaft mit Heidelberger Schloß" (Hessisches Landesmuseum Darmstadt), aus dem Jahr 1839. Rechts schlängelt sich der Neckar auf die Rheinebene zu, im Vordergrund ist ein Weg zu erkennen, der sich zwischen Felsen den Berg hinaufwindet. Auf ihm ziehen Wanderer in ein Gespräch vertieft ihres Weges, wobei der linke von beiden mit einem Arm in Richtung des Flusses zeigt. Am rechten Bildrand ragen mächtige Bäume als Silhouette in den abendlichen Himmel hinein. Durch seine Komposition und seinen stimmungshaften Charakter steht dieses Bild noch in der romantischen Tradition.

Karl Ludwig Fahrbach, Schüler von Johann Wilhelm Schirmer, wählte für sein Gemälde „Das Schloß mit den jenseitigen Bergen" (Kurpfälzisches Museum Heidelberg) einen Standpunkt weit oberhalb des Schlosses, der es von Süden mit Blick auf den Heiligenberg zeigt. Das Schloß ist dokumentarisch

Abb. 13: Daniel Fohr „Deutschland in der Heidenzeit".

in seiner Gesamtheit dargestellt, doch der Blick des Betrachters schweift darüber hinweg zu der gegenüberliegenden Berglandschaft.

Neben den Gesamtansichten des Heidelberger Schlosses war auch der dicke Turm ein beliebtes Motiv in der romantischen Malerei. Im Biedermeier wurden nun auch andere Architekturteile des Heidelberger Schlosses dargestellt, wie z.B. das Elisabethentor von Georg Philipp Schmitt und Daniel Fohr oder der Innenhof des Schlosses mit seinen verschiedenen Bauelementen, die Verhas dargestellt hat.

Im Biedermeier kommt es zum ersten Mal zu einer Herausbildung der Freilichtmalerei. Obwohl dieser Pleinairismus erst in den späten 1840er Jahren zu einer tragenden Entwicklungskomponente wird, sind es die dem Biedermeier zugehörigen, bzw. nahestehenden Künstler, die als Wegbereiter gelten können[6]. In diesem Zusammenhang ist Daniel Fohr (1801-1862), der Bruder Carl Philipps zu nennen. Daniel Fohr studierte zuerst Theologie und wandte sich dann der Malerei zu. 1818 unternahm er eine Rheinreise mit Ernst Fries, Carl Rottmann, Christian Xeller, Karl Kuntz und Joseph Wintergerst. Nach einer Reise in die Schweiz entschloß er sich Maler zu werden. In München bildete er sich unter dem Einfluß Carl Rottmanns zum Landschaftsmaler aus, erlangte jedoch wenig Anerkennung. 1842 wurden seine

[6] Ebd., S. 232.

Kartons zur deutschen Geschichte im Münchner Kunstverein ausgestellt. Es sind vier Landschaften, die symbolisch die Geschichte Deutschlands widerspiegeln („Deutschland in der Heidenzeit", „Einführung des Christentums", „Das Mittelalter" und „Deutschland im tiefsten Verfall"). In ihrer Stimmungshaftigkeit und Symbollast erinnern diese vier Landschaften an die ossianischen Landschaften des George Augustus Wallis und entsprechen eher einer romantischen Auffassung von Landschaft. Dennoch wirken sie im Vergleich mit Landschaften der Romantik schwerfällig und rücken durch ihr Programm wieder in die Nähe des Biedermeier.

Doch diese Gemälde waren nur eine Seite des künstlerischen Schaffens von Daniel Fohr. Neben oberbayrischen See- und Berglandschaften, die sich in Aufbau und Kolorit eng an Carl Rottmann anlehnen, entstehen um die gleiche Zeit auch Ölstudien einzelner Bäume und Waldpartien, die in ihrer breiten und pastosen Maltechnik auf die spätere Entwicklung der Landschaftsmalerei des 19. Jahrhunderts einwirkten und der Malerei ihrer Zeit weit voraus waren. Beispielhaft ist die „Eichengruppe" (Kurpfälzisches Museum Heidelberg), mit ihrer erstaunlichen Frische und dem tiefblauen Himmel, vor dem sich der Baum in leuchtenden Farben abhebt.

Abb. 14: Daniel Fohr „Eichengruppe".

Zusammenfassung

Erst zu Beginn des 20. Jahrhunderts hat die Landschaftsmalerei des Biedermeier ihre Anerkennung gefunden.

Im Unterschied zur Landschaftsmalerei der Romantik scheinen die Landschaften des Biedermeier realistischer. Durch das Fehlen von Symbolik und mystischer Stimmung, wie sie in den romantischen Landschaften vorherrschend waren, wirken die Landschaften des Biedermeier weniger dramatisch und in ihrer „Sonntagsstimmung" eher harmlos. Während in der Romantik die Sehnsucht nach Unendlichkeit, nach Weite und Entfernung im Betrachter hervorgerufen wird, möchte der biedermeierliche Künstler durch seine Bilder eine Erholung vom Alltäglichen schaffen. Diese Erholung besteht in der Darstellung einer heiteren, beschaulichen Alltagswelt, fern aller Realität.

Man könnte etwas überspitzt formulieren, daß im Biedermeier durch die detaillierte und naturgetreue Darstellung der Umwelt einerseits und der Idealisierung des Alltäglichen andererseits ein Widerspruch entsteht, der kaum gelöst werden kann.

Inka Klüppelberg

Georg Wilhelm Issel (1785-1870)

Landschaftsmaler und Kunstsammler

Die Veränderung der Landschaftsmalerei im 19. Jahrhundert

Die Landschaftsmalerei des 19. Jahrhunderts ist geprägt von dem gleichzeitigen Auftreten verschiedener Richtungen im Zusammenhang mit der Suche nach neuen Ausdrucksformen. Die wichtigsten Strömungen, Klassizismus, Romantik, Biedermeier und realistische Malerei greifen wie in keinem Jahrhundert zuvor ineinander und bewirken, daß im Werk mancher Künstler mehrere Stilelemente und verschiedene Auffassungen vertreten sein können.

Diese äußern sich in der Rückbesinnung auf die Antike wie sie den Klassizisten vorschwebte, dem Versuch durch die Beschäftigung mit ästhetischen und geistigen Problemen die deutsche Kunst zu erneuern, wie dies die „altdeutschen Künstler" versuchten oder im Blick auf kosmische Zusammenhänge und der Poetisierung der Landschaft, wie sie die Romantiker anstrebten.

Der Auffassung Caspar David Friedrichs, der Maler solle nicht nur malen, was er vor sich sieht, sondern auch, was er in sich sieht, d.h. Malerei als Ausdruck von Empfindungen, steht ein neues Naturgefühl nach der Naturlehre von Rousseau gegenüber. Hat der Betrachter bei Ersterem eine komponierte und bedeutungsträchtige Landschaft vor sich, so findet er sich bei Letzterem genau wiedergegebenen Naturausschnitten und Studien gegenüber.

Eine Stellung zwischen diesen Kunstauffassungen nimmt das Biedermeier ein. Die Gemälde des Biedermeier setzen sich ab vom „Aufgehen in der Natur". Den Malern des Biedermeiers geht es vielmehr um eine genaue Naturschilderung. Der romantischen Natursehnsucht, setzen sie die Idealisierung des Kleinen, Maßvollen, das sich Bescheiden und Zurückziehen ins bürgerliche Leben entgegen.

Manche Künstler suchen die stofflichen und gefühlsmäßigen Elemente des romantischen Historismus, das romantische Naturempfinden und die strikte Wiedergabe der realen Erscheinungen also das, was wirklich sichtbar ist, zu vereinbaren. Hier könnte man Carl Philipp Fohr einordnen, der in seinen Bildern den Übergang des noch Romantisch-Mythischen zur mehr realistischen Darstellung illustriert. Auch Ernst Fries, aus der Romantik kommend, bemüht sich um eine reine Darstellung der naturgegebenen Erscheinungen.

Auf der anderen Seite stehen Künstler wie Georg Wilhelm Issel, für die von Anfang an die sachliche Erforschung und Darstellung ihrer nächsten „realen“ Umgebung im Mittelpunkt stand. Das heißt, es geht ihm um ein objektiveres Naturbild – Nicht völlig neue Sehmethoden entstehen, sondern eine Bereicherung des Vorhandenen und eine Entwicklung bis hin zu einer „originalen“ Leistung findet statt. Dies ist zum Beispiel an dem Prozeß der Loslösung der neuen Landschaftsmalerei von der alten Vedutenmalerei zu sehen. Diese ganz der Realität hingegebene Kunstauffassung muß darum auch eine Ablehnung der Historienmalerei beinhalten. Die neuen Schaffensgebiete sind Landschaft und Bildnis. Diese Kunst findet Anerkennung und wird überhaupt erst möglich durch das Erstarken des neuen Bürgertums.

Das Entstehen einer „schlichten deutschen Landschaftskunst“

Formal zeichnet sich die realistische Malerei und auch die Biedermeiermalerei durch klare Farbgebung und eine insgesamt eher lineare Malweise aus; es ist eine streng sachliche, jede Einzelheit des Naturvorbildes registrierende Malerei – man ist bemüht alles bis ins Detail, wie es sich bei genauer Betrachtung erschließt, wiederzugeben. In diesen Bildern ist nichts Undeutliches, Flüchtiges oder nicht genau Festlegbares zu erkennen.

Mit Issel vollzieht sich eine Wandlung zu einem eher „malerischen Naturalismus“, zur „schlichten deutschen Landschaftskunst“ (Lohmeyer), ein Wandel, den man als Abkehr von der detailgetreuen Wiedergabe des Vorbildes hin zu einer kreativen Auseinandersetzung mit der Wirklichkeit verstehen kann.

Diese Veränderung in der Landschaftsmalerei, die sich von der herkömmlichen Vedute wegbewegte, wird begünstigt durch das Aufkommen der Freilichtmalerei. Bis ins frühe 19. Jahrhundert wurden alle Landschaften im Atelier gemalt; nur Vorstudien entstanden in der Natur. Der englische Landschaftsmaler Constable ist einer der ersten, der unmittelbar nach der Natur im Freien malte, um die Atmosphäre und natürlichen Lichtverhältnisse wiedergeben zu können. In Frankreich wurde die Pleinairmalerei aufgenommen und fand durch die Schule von Barbizon und andere Künstlergruppen in Europa Beachtung.

Charakteristisch für die Freilichtmalerei ist das Ausschnitthafte der Landschaftsdarstellung – der Betrachter hat das Gefühl, nur einen Teil des Gesamten zu sehen – denn der Blickwinkel des Malers entspricht nun dem natürlichen Blickwinkel des menschlichen Auges. Die Landschaft wird nicht komponiert, sondern bietet sich dem Betrachter in ihrer natürlichen Eigenart dar.

Da Issel als einer der ersten in Deutschland die Freilichtmalerei konsequent ausgeübt hat – er malte Ölskizzen wie -gemälde unter freiem Himmel

– und von vornherein an einer malerischen Formgebung interessiert war, gilt er manchen als der erste deutsche Vorimpressionist.

Zugleich gibt es in seinen Bildern biedermeierliche und vor allem realistische Tendenzen, manche Landschaftsdarstellungen wirken jedoch noch romantisch.

Georg Wilhelm Issel – Ein Künstler mit Sonderstellung

Georg Wilhelm Issel wurde am 13. Oktober 1785 in Darmstadt als Sohn der Friedericke Dorothea Issel, verwitwete Zöller und als unehelicher Sohn des ersten hessischen Großherzogs Ludwig I. geboren. Diese Herkunft bedeutete für Issel Zeit seines Lebens eine gewisse Sonderstellung – er wurde heimlich vom Hof gefördert und war bei Hof angestellt, er mußte nie seinen Unterhalt mit der Malerei verdienen.

Issel erhielt eine gute Ausbildung, er besuchte das fürstliche Pädagogium in Darmstadt und begann 1803 das Studium der „Rechtsgelehrsamkeit" in Gießen. In dieser Zeit begann er autodidaktisch zu malen und wurde von den Frankfurter Malern Radl und Schütz gefördert. 1806 wurde Issel Beamter am hessischen Hof und 1809 badischer Kammersekretär. Seine Tätigkeit als Beamter kann ihn zeitlich nicht sehr in Anspruch genommen haben, da er sich bereits zu dieser Zeit intensiv mit Malerei und Literatur beschäftigte und begann, eine eigene Kunstsammlung anzulegen. 1810 entdeckte er bei einem Aufenthalt in Heidelberg den damals 14jährigen Carl Philipp Fohr. Er nahm ihn mit nach Darmstadt, um ihn zu fördern und ermöglichte ihm unter anderem eine Studienfahrt nach Italien.

Ab 1813 begannen Issels Studienreisen auf Kosten seines Vaters, des Großherzogs von Hessen, weniger als Diplomat denn als Künstler. Seinem Wunsch, sich ganz der Malerei zu widmen, wurde wohlwollend entsprochen. Er behielt seinen Titel als Hofkammersekretär, hatte also ein festes Gehalt und bekam regelmäßig Reisezuschüsse aus der geheimen Kabinettskasse. Auf seinen Reisen übte er sich nicht nur in der Landschaftsdarstellung, sondern vertiefte auch seine kunstgeschichtlichen und denkmalpflegerischen Studien und begann, bedeutende Gemälde für das Darmstädter Museum zu erwerben. Über Issels Reisen weiß man recht genau Bescheid, da er in reger Korrespondenz mit dem Kabinettsekretär Ernst Schleiermacher in Darmstadt stand. Ihn informierte er immer recht genau über seine Tätigkeit und seine nächsten Reiseziele.

Zwischen 1813 und 1820 unternahm er mehrere längere Studienreisen, unter anderem nach Paris, München, Oberbayern, in die Schweiz, nach Italien, in den Schwarzwald, ins Rheinland, an den Bodensee, nach Wien, später nach Prag, Dresden, Berlin und Weimar, wo er mit Schinkel und Goethe zusammentraf. Außerdem hielt sich Issel längere Zeit an der Bergstraße, in Auerbach und in Heidelberg auf. Während dieser Reisen entstanden vielfältige Landschaftsstudien und Stadtansichten, und er baute Freundschaften zu verschiedenen Malern und Kunstsachverständigen auf, hielt sich jedoch vom Akademiebetrieb fern; er ging in Galerien und ließ sich dort inspirieren, hauptsächlich studierte er jedoch direkt an der Natur. Auch betrieb er weiterhin seine denkmalpflegerischen Tätigkeiten: er verfaßte über den Wormser Dom das „Verzeichnis der erhaltungswürdigen Denkmäler deutscher Bildhauerkunst aus dem Kreuzgang".

1818 wurde Issel zum Hofrat ernannt; jedoch seine Bewerbung für die Stelle des Museumsleiters in Darmstadt wurde 1820 abgelehnt. Man förderte Issel zwar, sah ihn aber bei Hofe lieber als „Maler auf Reisen". Dies war wohl die größte Enttäuschung seines Lebens, da er seine Aufgabe hauptsächlich in der denkmalpflegerischen und kunstsammelnden Tätigkeit sah. Seine Bilder waren für ihn nur Studien zu seiner eigenen Freude – er stellte sie nie aus und war auch nicht an ihrem Verkauf interessiert.

1820 heiratete er Victoria von Chrismar aus Freiburg, lebte mit ihr zunächst in Worms, wo er sich denkmalpflegerischen Tätigkeiten und Archivarbeiten widmete und übersiedelte 1822 nach Konstanz. 1827 kaufte er das Gutshaus Egg gegenüber der Insel Mainau, das er auch mehrmals malte und lebte dort mit seiner Familie bis 1835. Von dort aus unternahm er immer wieder Reisen in die Schweizer Alpen und in den Schwarzwald.

1830 wurde er vom Darmstädter Hof zum Hofmaler ernannt. Issel scheint sehr rastlos gewesen zu sein, denn es zog ihn auch vom Bodensee wieder weg; er verkaufte Gut Egg und übersiedelte 1836 nach Freiburg. In dieser Zeit entstanden viele Ölstudien aus dem Schwarzwald, eine Gegend, die erst von Issel malerisch erschlossen wurde.

1844 zog er nach Heidelberg, wo er bis zu seinem Tode lebte. Aus Altersgründen begab er sich nun nicht mehr auf Reisen und malte in seiner letzten Lebensphase Bilder in der näheren Umgebung, vor allem im Neckartal.

Am 15. August 1870 starb Issel 85jährig in Heidelberg. Issel genoß ohne Zweifel eine Sonderstellung, wie sie kein Maler seiner Zeit hatte. Bemerkenswert ist, daß Issel in einer Zeit großer politischer, gesellschaftlicher und wirtschaftlicher Umwälzungen weitgehend unbeeinflußt von diesen äußeren Geschehnissen lebte und arbeitete, was wohl vor allem durch die Förderung des Hofes, die er zeitlebens

Abb. 15: Anselm Feuerbach „Bildnis Georg Wilhelm Issel".

genoß, zu erklären ist. Aus dieser Sonderstellung ergab sich jedoch auch seine schwierige Postion zwischen offiziellem Beamten des Darmstädter Hofes und freiem Künstler und Kunstgelehrten, der immer um Anerkennung kämpfen mußte.

Issels Werk – Die Natur als Lehrmeisterin

Von Issel sind etwa 200 Bilder (Ölgemälde und Ölskizzen) erhalten. Er malte ausschließlich in Öl, auch flüchtige Skizzen, die unter freiem Himmel entstanden. Charakteristisch für ihn ist, daß er sich ausschließlich auf die Landschaftsmalerei konzentrierte; es sind nur wenige Figurenstudien erhalten.

Issel wird als Autodidakt bezeichnet, er beschreibt selbst in einem Brief daß er „auf dornenvollem Wege unter geisttötenden Beschäftigungen den mechanischen Teil der Kunst" erlernte. Lohmeyer nennt ihn „den Entdecker schlichter deutscher Landschaftskunst" zum einen wegen der Wahl ungewöhnlicher Motive und Ausschnitte zum anderen wegen der realistischen, nicht komponierten Darstellungen, in denen er mit der vorhandenen Tradition nicht brach, sondern auf ihr basierend etwas Neues schuf. Andererseits hielt er sich vom Akademiebetrieb fern und nahm „die Natur als einzige Lehrmeisterin".

Dennoch war Issel von anderen Malern und auch von der herrschenden Kunst beeinflußt worden, auf seinen zahlreichen Studienreisen kam er mit vielen Malern in Kontakt.

In seinen frühen Gemälden kann man den Einfluß der Frankfurter Landschaftsmalerei des ausgehenden 18. Jahrhunderts erkennen und die venezianische Vedutenmalerei eines Canaletto oder Belotto. Hier sind vor allem Issels frühe Architekturbilder, die Pariser Stadtansichten zu nennen, wie die Ansicht von Ste. Etienne du Mont.

Dieses Bild ähnelt in seiner durchsichtigen Klarheit venezianischer Vedutenmalerei, bricht aber mit der „Vedutentradition" eine ganze Stadt in Aufsicht darzustellen. Die Gebäude sind aus der Nähe und mit sichtbarem Interesse an der Architektur wiedergegeben, und zwar von einem realen Betrachterstandpunkt aus. Hier ist noch ein „linearer Naturalismus", der fast biedermeierlich wirkt, deutlich sichtbar, den Issel bald zugunsten einer „malerischen Form" aufgibt.

Bei seinen Aufenthalten in Paris studierte er die Werke Poussins und Claude Lorrains, von deren historischen Landschaften er Kopien anfertigte, jedoch ohne Staffage.

Gleichfalls beeinflußt wurde er von der Münchner Landschaftsmalerei, und zwar von den Malern Domenico Quaglio Dillis, Dorner und Wagenbauer. Auch bei diesen Malern, vor allem bei Dillis, zeigt sich ein malerischer Realismus und der Sinn für eine sachliche Schilderung und plastische Bestimmtheit. Jedoch fehlt bei Issel die Dramatisierung der Landschaft – er

Abb. 16: Georg Wilhelm Issel „Ste. Etienne du Mont, Ste. Barbe und das im Bau begriffene Pantheon in Paris", 1815.

malt idyllischer. Der Landschafts- und Tiermaler Wagenbauer, mit dem Issel befreundet war, stattete einige Landschaften Issels mit Tierstaffagen aus.

Trotz verschiedener Einflüsse, hat Issel hauptsächlich nach der Natur gemalt; in seinen Bildern ist ein genaues Beobachten der Landschaft und seine Bemühung nach einer möglichst authentischen „realistischen" Wiedergabe spürbar.

Issel wählte meist ungewöhnliche Motive für seine Bilder, nicht die bedeutenden Sehenswürdigkeiten oder malerischen Aussichten fesselten ihn, sondern er entwickelte bei seiner Motivauswahl einen eigenen Blick und war damit immer ein wenig abseits vom Weg. Lohmeyer schreibt:

„Und es ist ein feiner Zug, daß von diesem so vielfach mit Heidelberg und seiner Kunst in Beziehung getretenen Maler nur wenige eigentliche Schloß- und Stadtbilder gefertigt wurden. War doch dies Motiv, ihm, dem Schilderer der Natur in all seiner Schlichtheit, ein zu triviales, zuviel von anderen Künstlern aus aller Welt breitgetretenes, denn zeitgemäße Moden, der Mode voraus und überlegen, hat er niemals mitgemacht. Und, wenn er schon etwas malte, mußte es auch hier etwas Besonderes sein, sei es nun das Neckartal bei Schlierbach, seien es die roten Steinbrüche bei Neckargemünd oder dessen Stadtbild und weiter hinauf Hirschhorn, das noch unentdeckt damals schlummerte, und dem seine Liebe wieder ganz gehört hat."

Issel wählte Landschaftsmotive, die vor ihm noch nicht gemalt worden sind, wie den Schwarzwald, die Gegend Triberg mit dem Wasserfall. Nicht nur die Motive waren für seine Zeit ungewöhnlich, auch die ausgewählten Ausschnitte. Seine Freude am Kleinen und Unbedeutenden und das scheinbare Fehlen von Komposition zusammen mit dem Versuch naturtreu wiederzugeben, gibt vielen seiner Bilder eine gewisse Intimität – jedenfalls war es unzeitgemäß, Landschaften in dieser Weise wiederzugeben. In diesem Sinne könnte er als modern gelten, wenn er auch auf einer sehr traditionellen Basis arbeitete, das heißt, nie mit alten Ansätzen und Traditionen gebrochen hat.

Vor allem in seinen frühen Gemälden und Ölskizzen mit ihrem zum Teil unfertigen, flüchtigen Charakter lassen sich moderne Tendenzen erkennen. Was für die Landschaftskunst in Süddeutschland einzigartig war, war daß er sowohl flüchtige, als auch detaillierte Studien vor der Natur schuf. Die Natur war sein Vorbild.

In Issels Werk gibt es zwei Schwerpunkte: Zum einen das objektive Erfassen von Landschaften und Einzelmotiven, wie Bäumen und Felsen, wobei ihn vor allem die Charakterisierung des Stofflichen interessierte und zum anderen sein Interesse an den realen Licht- und Witterungsverhältnissen, den wechselnden atmosphärischen Erscheinungen, die er malerisch umzusetzen versuchte. So verstand Issel es meisterhaft, mit sanftem Licht durchflutete Waldlichtungen darzustellen, die ganz den Charakter einer „paysage intime" haben.

Seine Landschaften wirken jedoch nie dramatisch, nicht von Naturereignissen gepeitscht, diese künden sich höchstens an, zum Beispiel wird die Atmosphäre vor einem Gewitter malerisch festgehalten.

Besonders interessant und am Fortschrittlichsten im Sinne der Entwicklung der Malerei des 19. Jahrhunderts sind seine Wald- und Baumstudien. Er hat durch genaue Beobachtung versucht, das Wesen der Bäume wiederzugeben, und man spürt bei diesen Studien das Interesse an der Natur und am Wachstum ab. Die Bilder wirken zum Teil fast graphisch. Hier wird besonders deutlich, daß er sich für die Natur, wie sie sich ihm objektiv bot, interessierte, was auch an dem skizzenhaften Charakter seiner Werke deutlich wird. Trotzdem wirken die Studien nicht wie wissenschaftliche Beobachtungen, sondern lassen einen „lyrisch gestimmten" Maler vermuten (A. von Schneider). Aufgrund seiner Baumstudien kann man Issel als Wegbereiter einer realistischen Landschaftsmalerei bezeichnen.

Issels Malweise mußte den Anforderungen der Freiluftmalerei gerecht werden: Er fertigte mit Bleistift eine Vorzeichnung an, das heißt das darzustellende Motiv wurde flüchtig skizziert. Für seine Landschaften trug er meist einen grünen oder gelblich-grünen Farbton auf, auf den er aus Grün- und Gelbtupfern die Vegetation heraushob. Das Kolorit seiner Landschaften variiert in einer Skala von graugrünen bis gelbgrünen Tönen bis hin zu einem rötlichen Grün der Dächer und dem Blau des Himmels.

Der Farbauftrag ist sehr unterschiedlich: Zum Teil sind Details liebevoll ausgeführt oder aber ein kräftiger Pinselduktus und ein „körniger Farbauftrag" sorgen dafür, daß manche Bilder „unfertig" wirken. Für die Darstellung von Sonnenlicht verfügt er über sehr große Variationsmöglichkeiten in der Farbgebung.

Abb. 17: Georg Wilhelm Issel „Buchenstämme", 1817.

In seinem späteren Werk, etwa ab 1820 hat er die Wiedergabe verschiedener Lichtverhältnisse nicht mehr weiterentwickelt, sondern bevorzugt hauptsächlich heitere Wetterstimmungen. Es handelt sich um farbig sehr reizvolle Darstellungen in denen Vorder- bis Hintergrund sehr deutlich dargestellt sind, die aber nicht mehr wie seine früheren Bilder den erlebten Augenblick wiederspiegeln. Seine späteren Werke verlieren das Skizzenhafte, und auch Detailstudien sind nicht mehr so häufig. Es handelt sich um kleinformatige, fertige Bilder, die Ruhe und etwas Friedlich-Idyllisches ausdrücken. Vom Motivischen her bevorzugt er weite Landschaftsausschnitte mit einzelnem Haus, ganzen Ortschaften oder Burgruinen, denen man anmerkt, daß sie mit der Liebe eines besorgten Denkmalpflegers wiedergegeben sind. Trotz seiner Absicht, Architektur und Landschaft sachlich dokumentierend wiederzugeben, findet Issel immer wieder zu eigenwilligen Bildausschnitten und ungewöhnlichen Darstellungsmitteln, womit er sich wesentlich von den Vedutenmalern oder „rein technischen Bauaufnahmen" abhebt.

Obwohl man Issel biedermeierliche und auch romantische Tendenzen zuschreiben kann, ist seine Darstellungsabsicht realistisch: er strebt eine unverfälschte Wiedergabe von Wirklichkeit und eine optisch nachvollziehbare Übereinstimmung mit der Natur an.

Issel als Kunstförderer und Kunstsammler

Bei der Beurteilung von Issels künstlerischem Werk muß man berücksichtigen, daß es neben seiner eigentlichen Zielsetzung, nämlich ein Museum zu leiten oder eine Anstellung als Landeskonservator zu erhalten, entstand. Sein künstlerisches Werk war für ihn etwas privates, er verstand seine Bilder zwar durchaus als künstlerische Leistungen, was auch die Übersendung vieler Werke nach Darmstadt erkennen läßt, er verkaufte sie jedoch nicht, er arbeitete nicht auf Auftrag und stellte seine Bilder auch nie öffentlich aus.

Issel war mit den geistesgeschichtlichen Strömungen seiner Zeit sehr gut vertraut. Er pflegte vielfältige Beziehungen zu Künstlern, Gelehrten und Literaten, kannte die unterschiedlichen Auffassungen und Theorien und war sehr weltoffen.

Er förderte verschiedene junge Künstler, vor allem Carl Philipp Fohr, den er mit nach Darmstadt nahm, um ihm eine gute Ausbildung zu ermöglichen. Nach dessen Tod trug er einen Großteil der Fohrschen Zeichnungen und Aquarelle für das Darmstädter Museum, das heutige hessische Landesmuseum zusammen. Ferner förderte er Friedrich Moosbrugger, Reinhard Sebastian Zimmermann und den jungen Anselm Feuerbach, dem er einen Parisaufenthalt ermöglichte.

Abb. 18: Georg Wilhelm Issel „Zwei Bauernbuben", 1817.

Auf all seinen Reisen war er bemüht, Werke für das Darmstädter Museum und auch für seine eigene recht umfangreiche Sammlung zu erwerben. So gelangten durch seine Ankäufe wertvolle Kunstwerke nach Darmstadt, vor allem Glasmalereien und Tafelbilder – zum Beispiel das Gemälde „Die Elster auf dem Galgen“ von Pieter Bruegel d.Ä. und Werke von Jacopo Bassano, Salvator Rosa und dem Meister der „Darmstädter Passion“.

Auch als Kunstgelehrter und Denkmalpfleger war er tätig. Seine „Abhandlung über die Nützlichkeit und Gemeinnützigkeit von deutschen Volksmuseen“, veranlaßte Ludwig I. 1821 die großherzoglichen Sammlungen als Staatseigentum zu öffnen, zur Unterhaltung und Belehrung des Publikums. Ferner setzte sich Issel für die Bewahrung altdeutscher Baukunst ein. Seine Bemühungen bewirkten, daß Ludwig I. ein Denkmalschutzgesetz erließ. Issel selbst stellte ein Verzeichnis aller erhaltungswürdigen Baudenkmäler auf.

Seine denkmalpflegerischen und kunsthistorischen Tätigkeiten unterstrichen seinen Wunsch nach der Leitung eines Museums. So war die Ablehnung dieser Bewerbung für Issel sicher die schlimmste Enttäuschung seines Lebens.

Dennoch setzte er sich zeit seines Lebens weiter für die Museumsarbeit in Darmstadt ein und wurde mit seiner Malerei zum Bahnbrecher einer neuen Landschaftsauffassung in Deutschland.

Anneka Metzger

Carl Philipp Fohr: Die narrative Bildfolge als Erzählmodus

Zwei unbekannte Zeichnungen Fohrs aus Privatbesitz

Fohrs umfangreiches zeichnerisches Werk ist vielfach Gegenstand von Untersuchungen gewesen. Stimmen, die den Frühvollendeten zu einer verklärten Figur romantischen Kunstschaffens stilisierten, wichen in den letzten Jahrzehnten einer sachlichen Aufarbeitung seines Werkes. Ein umfassendes kritisches Werkverzeichnis steht leider noch aus, doch wurde anläßlich Fohrs 200. Geburtstages 1995 der wichtige Bestand des Hessischen Landesmuseums Darmstadt im Rahmen einer Darstellung zugänglich gemacht.[1]

Angesichts der nur zehn Jahre währenden Schaffensphase Fohrs gehören seine Arbeiten zu den Kostbarkeiten musealer und privater Sammlungen. Zudem markieren sie einen Höhepunkt schöpferischer Kunstleistung des frühen 19. Jahrhunderts, die sich an die Seite der wichtigsten Werke des Zeitraums gestellt sieht. Selten tauchen Werke Fohrs im nationalen oder internationalen Kunst- und Auktionsmarkt auf. Das Wenige wird einer genauen Betrachtung unterzogen und erreicht, je nach Güte der Ausführung, hohe Zuschlagpreise, wie sie für die Kunst der Romantik nicht immer garantiert werden können.

Im Dezember 1992 wurden auf einer Nürnberger Auktion zwei angebliche Zeichnungen von Fohr angeboten.[2] Das zunehmende Fälschungsunwesen, das auf den Kunstmärkten auch vor Handzeichnungen Deutscher Romantiker nicht halt macht, ließ eine eingehende Prüfung der signierten Blätter hinsichtlich Echtheit und Autorschaft Fohrs angeraten erscheinen. Darüberhinaus vermittelten die Zeichnungen in Motivwahl und Ausführung nicht die landläufig bekannte Handschrift Fohrs, da sich im Angebot keine der mit spitzem Bleistift oder in lavierter Feder ausgeführten Landschaften fand, sondern zwei unspektakuläre, anekdotisch-bäuerliche Genreszenen. Der Ausruf der Zeichnungen blieb während der Auktion ohne Resonanz.

[1] Peter Märker (Bearb.), Carl Philipp Fohr. Romantik – Landschaft – Historie. Katalog der Zeichnungen und Aquarelle im Hessischen Landesmuseum Darmstadt und Gemälde aus Privatbesitz, Heidelberg 1995.

[2] Auktionshaus König, Auktion 86 vom 15.12.1992, Kat.-Nr. 2934, Zuschlag im Nachverkauf.

Nachfolgend soll eine Bestandsaufnahme der Bilddaten, der auf den Blättern mitgeteilten Begebenheiten und eine Untersuchung der zum Einsatz gekommenen zeichnerischen Diktion noch ohne Berücksichtigung einer vorbehaltlosen Zuschreibung unternommen werden. Die beiden Blätter werden zunächst wie Werke eines unbekannten Zeichners des 19., mutmaßlich frühen 19. Jahrhunderts betrachtet, der mit *Fohr* signiert hat. Eine kunsthistorische Einordnung der solchermaßen gewonnenen Ergebnisse beleuchtet abschließend die beiden singulären Blätter im Kontext des Fohr'schen Gesamtœuvres, schlägt eine Abgrenzung von Karikatur-, Genrebegriff und narrativem Moment vor und beabsichtigt damit einen erweiterten Blick auf das Werk Fohrs zu geben.

Abb. 19: Carl Philipp Fohr „Die Besoffenen".

Bestandsaufnahme Blatt 1

Die Besoffenen

Feder in Braun, auf dünnem, leicht gebräuntem Papier. Keine Bleistiftspuren;
Ringsum ungleichmäßig beschnitten; Höhe: 90 mm (links) bis 91 mm (rechts);
Breite: 77 mm (oben) bis 80 mm (unten);
Handschriftl. Bezeichnung unten links (Feder in Braun): *Die Besoffenen.*
darunter, Mitte (Feder in Braun): *Fohr inventit*
Rückseitig wenige Bleistiftspuren;
Alt montiert auf bläulich-graues-Papier (11,2 × 9,8 mm), vermittels ca. 10 mm breiter, rückseitiger Klebung an der oberen, rückseitigen Blattfläche. Das Montagepapier mit getuschter doppelter Rahmung.
Die innere Rahmungslinie ca. 1 mm stark, mit ca. 2-3 mm Abstand umlaufend zur Darstellung.
Die äußere Linie ca. 2 mm stark (beschnitten), mit ungleichmäßigem Abstand zwischen ca. 7-11 mm umlaufend zur Darstellung; das Papier zwischen Bildrand und äußerer Rahmungslinie durch Lichteinwirkung hellgrau-beige ausgebleicht.
Handschriftl. oben Mitte alt bezeichnet (zwischen den beiden getuschten Rahmungslinien): *Juhe*
Das gesamte Ensemble aus Blatt und Montageblatt auf modernem hellblauem Karton (20. Jahrhundert, 104 × 121 mm) vermittels Klebung an der oberen Kante montiert.

Dieses nach dem gleichen Verfahren, zusammen mit der zweiten Darstellung (s.u.) auf einem größeren, hellbraunen, dünnen Karton montiert (322 × 245 mm); offensichtlich loses Blatt aus einem Sammelalbum für Handzeichnungen: handschriftlich mit Tusche oben rechts bezeichnet: 77, unten rechts mit Bleistift: 8, darunter *Carl Fohr.*

Das Blatt *Die Besoffenen* des mit *Fohr inventit* signierenden Zeichners zeigt eine anekdotisch mitgeteilte, ländliche Genreszene. Im Vordergrund schreiten zwei männliche Figuren, nahsichtig gegeben. Die Gehrichtung ist linksrechts orientiert; das wein- oder bierselige Duo hat unsicheren Schrittes ein im Hintergrund rechts angedeutetes Wirtshaus verlassen. In der geöffneten Tür des Wirtshauses steht eine weitere Person, den beiden Dahintorkelnden amüsiert nachschauend. Die beiden Hauptfiguren sind mit treffender Detailliebe geschildert. Die rechte Person führt großen Schritts die dahinter torkelnde Person mit sich, die sich, in weniger guter körperlicher Verfassung befindet. Beide Personen behelfen sich mit einem Gehstock unterschiedlicher Länge. Beide Personen tragen Odenwälder Tracht: Der rechte trägt als Kopfbedeckung den weitverbreiteten Dreimaster (Dreispitz), den er weit in den Nacken geschoben hat. Über das einreihig geknöpfte Hemd ist der zeittypische, kragenlose Männerrock (Mutzen) mit Ärmelaufschlägen und langen, doppelten Schößen geworfen.[3] Die von dem Zeichner hier wiedergegebene hirschlederne Kniehose war ebenfalls seinerzeit in ganz Deutschland verbreitet. Ihr auffallendstes Merkmal ist der geknöpfte Latz. Weiße Strümpfe und Schnallenschuhe vollenden den Anzug.

Der linke Mann trägt eine Pelzmütze. Dieses Kleidungsstück war vornehmlich den jüngeren Bauernburschen vorbehalten und ebenso in den ländlichen Regionen Deutschlands bis in die 70er Jahre des 19. Jahrhunderts weit verbreitet. Er ist in eine gestreifte Stoffweste gekleidet, die über einem langärmeligen Hemd getragen wird.[4] Im Hintergrund sind silhouettenhaft die Ausläufer einer Mittelgebirgslandschaft angedeutet. Das Stück freien Himmels verbleibt zeichnerisch unbehandelt.

Der zeichnerische Vortrag des Blattes insgesamt ist heiter und skizzenhaft. Ganz ohne Vorzeichnung hingeworfen, verrät es eine genaue Beobachtungs- und Merkfähigkeit des Künstlers. Die Figuren sind spielerisch, dabei in den Verkürzungen realistisch erfaßt. Der wehende Rock der Person rechts mit seinen wehenden Schößen ist gekonnt um die Figurendarstellung gelegt. Das Hemd spannt sich über den beleibten Bauch, verstärkt durch die konvexe Linie von Knopfreihe und Schattenschraffuren. Von besonderer Behandlung zeugt die minutiöse Wiedergabe des ledernen Hosenlatzes: Wie das gesamte Blatt ohne bemühtes Nachdenken hingelegt, wird die derbe Textur und Spannung an den angedeuteten Knöpfen fast vernehmlich. Der Federstrich

[3] Vgl. Hans von der Au, Odenwälder Tracht, Darmstadt 1953, S. 23, zur Männertracht allgemein s. S. 17f., zu den einzelnen Trachbestandteilen S. 21-30.

[4] Zu Pelzmütze und Stoffweste vgl. v.d. Au, S. 24f. und S. 29, vgl. Anm. 1.

changiert zwischen deutlich gefaßter, selbstbewußt gesetzter Kontur bei der Figurendarstellung und nervös-nachlässig angedeuteter Verschattung am Buschwerk und in den Partien des hinterfangenden Gebirges. Mit Nachdruck sind die Schlagschatten einer von links gedachten Beleuchtung unter Schuhwerk und Gehstock gesetzt. Die Einzelkontur verdichtet sich an diesen Stellen zu einer malerisch anmutenden Schattenbehandlung, die an lavierte Federzeichnungen erinnert.

Abb. 20: Carl Philipp Fohr „Der Bestrafte".

Bestandsaufnahme Blatt 2

Der Bestrafte

Feder in Braun, auf dünnem, leicht gerbräuntem Papier. Keine Bleistiftspuren;
Ringsum ungleichmäßig beschnitten; Höhe: 92 mm (links) bis 93 mm (rechts),
Breite: 76 mm;
Handschriftl. bez. unten Mitte: *Der Bestrafte. Fohr inventit.*
Rückseitig Bleistiftspuren: Skizze einer stark beleibten, tanzenden Person, beide Arme seitl. nach oben werfend, links daneben eine zweite Person angedeutet.
Alt montiert auf bläulich-graues Papier (123 × 103 mm), vermittels ca. 10 mm breiter Klebung an der oberen, rückseitigen Blattfläche; Das Montagepapier mit getuschter doppelter Rahmung.
Die innere Rahmungslinie ca. 1 mm stark, mit ca. 2-3 mm Abstand umlaufend zur Darstellung.
Die äußere Linie ca. 2 mm stark (beschnitten), mit ungleichmäßigem Abstand zwischen ca. 7-11 mm umlaufend zur Darstellung; das Papier zwischen Bildrand und äußerer Rahmungslinie durch Lichteinwirkung hellgrau-beige ausgebleicht.
Handschriftl. oben Mitte alt bezeichnet (zwischen den beiden getuschten Rahmungslinien): *Auve*
Weitere Montage wie Blatt 1, s.o.

Die mit *Der Bestrafte* betitelte und mit *Fohr inventit* signierte Zeichnung ist eine Fortsetzung von Blatt 1. Schrieb der Künstler über das erste Blatt *Juhe* so nennt er das zweite *Auve.* Die aus Blatt 1 bekannten Zechgenossen wähnen sich nunmehr, die Stätte heimischer Behaglichkeit und Sicherheit erreicht zu haben. Doch sie werden von der mißgestimmten Gattin des beleibteren Herrn auf das unsanfteste in Empfang genommen. In der Mitte der kleinteiligen Darstellung sieht man die Hausherrin mit roher Gewalt auf den zu Boden gegangenen Zechbruder einschlagen, wohl mit einem Pantoffel. Der solchermaßen Gepeinigte sucht, beide Hände schützend an den Kopf gelegt, die Wucht der mit der erhobenen Linken ausgeführten Schläge dadurch zu mildern. Der Hut liegt links neben ihm. Sein angetrunkener jüngerer Begleiter, vielleicht ein Sohn des zankenden Paars, steht rechts im Hintergrund, mit leicht hintenüber gebeugtem Körper. Mit einer stillen Geste des Wehklagens und Bejammerns beschreibt ihn der Zeichner zur Tatenlosigkeit genötigt, halb resignierend an die rückwärtige Wand gelehnt.

Mit großer Detailliebe sind trotz der Flüchtigkeit der Zeichnung Interieur und Hausrat dargestellt: Am linken unteren Bildrand beobachtet die Hauskatze das Geschehen. Sie buckelt bedrohlich und verrichtet erschrocken angesichts der Ereignisse ihre Notdurft. Am rechten Bildrand ist ein dreibeiniger Schemel angeschnitten, davor liegen Essensreste, ein Apfel und ein Stück trockenes Brot. Ganz rechts steht ein weiteres Sitzmöbel mit gedrechselten Beinen an den Rand der Darstellung gesetzt. In die Hintergrundwand ist die grob gezimmerte Holztür eingelassen: Ein quadratisches, gesticktes Tuch oder ein Kalenderblatt ziert dieselbe. Links im Bild trennt ein Zimmervorhang Wohn- und Schlafbereich voneinander. Der Vorhang ist mit einem ungleichmäßigen Muster versehen. Dahinter kommt eine dreigeschossige Stollentruhe mit bemalten oder plastisch eingelassenen Füllungen zum Vorschein, dereinst Ausstattungsgut bäuerlicher Haushalte. Auf dieser steht nicht näher definierbarer Hausrat. Einziges Zeugnis für die leidliche Prosperität der Bewohner ist eine Wanduhr. Da auf dem Ziffernblatt drei Zeiger zu ermitteln sind, läßt sich die Uhrzeit als halb acht oder halb zehn lesen.

Diskussion der Autorschaft Fohrs

Die Darlegung zeigt, daß beide Blätter von demselben Künstler entworfen sind. Fohrs Signatur gibt einen Anhaltspunkt auf seine Autorschaft ist jedoch wie viele andere Fälle zeigen, höchstens ein Indiz unter vielen. Unter den Handzeichnungen von Fohr im Hessischen Landesmuseum Darmstadt fällt eine unscheinbare Werkgruppe ins Auge, die eine große formale und stilistische Verwandschaft zu der hier umrissenen Bildfolge darstellt.[5] Die 45 kleinformatigen Blätter, allesamt kaum größer als ca. 40 × 70 mm, stehen in der gleichen Tradition eines anekdotisch mitgeteilten, wohl beobachteten Bauerngenres und sind nahezu identisch mit der hier publizierten Bildfolge

[5] Veröffentlicht bei Märker 1995, S. 263-273, Kat.-Nr. 218-263, s. Anm. 1.

alt montiert. Eine weitere formale Übereinstimmung liefert der doppelt umlaufende Einfassungsrahmen und die Qualität des Montagepapiers. Die Darmstädter Blätter sind allerdings mit grau-brauner Tusche gezeichnet. Dieser Umstand mag den klimatischen Verhältnissen unterschiedlicher Lagerung und Lichteinwirkung zuzuschreiben sein. Unter den 45 Darmstädter Zeichnungen befindet sich ein Blatt *Betrunkene in der Wirtsstube*, das eine unmittelbare Verwandschaft mit der hier erörterten Suite zeigt.[6] Fohr hat das Blatt eigenhändig mit *Die Betrunkenen* unterschrieben. Die Handschrift ist identisch mit den Bezeichnungen *Die Besoffenen* und *Der Bestrafte*.

Ein weiteres Indiz für die Autorschaft Fohrs ist die auffällige und grammatikalisch unkorrekte, lateinische Bezeichnung *Fohr inventit*. Hier zeigt sich wie recht sein Biograph Dieffenbach hat, wenn er schreibt:

> „Weil es aber wegen der Unterrichtsstunden, denen er in dem Gymnasium beiwohnte, an Zeit fehlte, die Gegenstände des Unterrichts selbst wenig Reiz für ihn hatten; so fand er ein großes Vergnügen darinn, während der Lehrstunden komische Scenen, die er auf der Strase gesehen, auf das Papier zu werfen [... Dies bewirkte auch ...] daß er in intellektueller Ausbildung ziemlich merklich zurückblieb [...] Daher bereute er auch in späteren Zeiten, wo er fühlte, was ihm zum Theil durch eigene Schuld abging, (besonders Kenntniß der deutschen Sprache, der Geographie und Geschichte,) häufig seine Unaufmerksamkeit [...] und ob er gleich die Regeln der Orthographie sich nachher noch zu eigen gemacht hatte, so entwichen ihm doch nicht selten [...] ziemlich derbe Fehler."[7]

Abb. 21: Karl Barth „Carl Philipp Fohr".

Fohr wählt in Unkenntnis der richtigen Perfektform *Fohr invenit* eine eigene Konstruktion, die fälschlicherweise vom substantivischen *inventio* abgeleitet ist und auf die Beibehaltung des *-t-* beharrt. Mit genau dieser einmaligen Verballhornung ist ein anderes Darmstädter Blatt von Fohr signiert worden, das auch sonst motivische Übereinstimmungen zu den beiden unbekannten Blättern zeigt: Das aufwendig gouachierte Aquarell *Betrunkene*

[6] Ebd., S. 272, Kat.-Nr. 258, s. Anm. 1.

[7] Ph. Dieffenbach, Das Leben des Malers Karl Fohr, Darmstadt 1823, S. 13f.

Rekruten auf dem Weg zur Schenke[8] hat der Künstler in gleicher Weise mit *Fohr invent[it]* bezeichnet. Bedauerlicherweise ist das Blatt alt beschnitten, so daß sich nur bruchstückhaft das Verbum *invent* erhalten hat. Auf der Grundlage des ausführlich Dargelegten muß es jedoch zu *inventit* ergänzt werden.[9]

Abschließend sei noch ein Blatt aus den Sammlungen des Kurpfälzischen Museums Heidelberg zum Vergleich herangezogen, welches zugleich die zeitliche und motivische Nähe zum Blatt *Der Bestrafte* ansichtig werden läßt. Auf der unter *Z 3375* inventarisierten *Studentenszene mit Zimmerwirtin* begegnet dem Betrachter die Hausherrin, die bis in die Behandlung karikaturhafter Gesichtszüge hinein, eine stilkritisch unumstößliche Verbindung zu den Darmstädter und hier betrachteten unbekannten Blättern Carl Philipp Fohrs schafft.[10]

Während Jensen die Szene mit der Zimmerwirtin in das Jahr 1812 datiert schlägt Märker für ähnliche Genreszenen die Wintermonate 1813/14 vor. In jedem Fall gehören sie ins Frühwerk Fohrs.

Kunsthistorische Einordnung

Fohr steht mit seinen zeitgenössichen Genreszenen in einer spätholländischen Tradition, die ohne die Kenntnis der englischen satirischen Graphik eines Hogarth oder Gillray nicht gedacht werden kann.[11] Neben der holländischen Landschaftskunst des 17. Jahrhunderts erfreute sich die Darstellung des bäuerlich-derben Genres im frühen 19. Jahrhundert einiger Beliebtheit. Adriaen Brouwers Wirtshausszenen gehören zu den häufig durch Druckgraphik weit verbreiteten Kunstpreziosen. Wichtiger als diese Tradition ist der bedeutende Einfluß von Fohrs Lehrer Friedrich Rottmann (1768-1816). Rottmann hatte einen Hang zur Darstellung volksnaher Satireszenen, die auch vor mitunter Obszönem nicht haltmachte: Zankende, prügelnde, sich entleerende oder sich übergebende Zechgenossen sind ebenso Gegenstand seiner Kunst, wie in erotischer Andeutung verharrende Kupplerszenen.[12] Der für seine Biederkeit und perspektivisches Unvermögen bekannte Kleinmeister offenbart sich in seinen mehrdeutigen Satireszenen als frischer Zeichner, sicherer Beobachter und mutig-geistreicher Arrangeur vielfiguri-

8 Hessisches Landesmuseum Darmstadt Inv.-Nr. HZ 1173, veröffentlicht bei Märker 1995, S. 280-282, Farbabb. XIV, S. 114.

9 Märker 1995, S. 280.

10 Veröffentlicht in: Kat. Heidelberg: Carl Philipp Fohr. Skizzenbuch der Neckargegend – Badisches Skizzenbuch, Heidelberg 1968, S. 63, Nr. 92.

11 Märker 1995, S. 260.

12 Vgl. Hessisches Landesmuseum Darmstadt, HZ 5584, *Lockere Tischgesellschaft*, unveröffentlicht.

Abb. 22: Carl Philipp Fohr „Betrunkene in der Wirtsstube“.

ger Menschengruppen, die in allen Peinlichkeiten ihres irdischen Daseins geschildert sind.[13] Der junge Zeichenschüler Fohr dürfte diesen Darstellungen bei seinem Lehrer häufig begegnet sein und sah sich ermutigt zu ähnlichen Alltagsschilderungen. Wenngleich Rottmanns Blätter deutlich wertend sind, bisweilen antiklerikale oder antifeudale Züge offenbaren, verhält sich Fohr demgegenüber künstlerisch unpolitisch und weist in den besprochenen Arbeiten einen sozialkritischen, oder gar zynisch hinterfragenden Ansatz von sich.[14] Fohr beläßt es bei der Schilderung erlebter oder ihm mitgeteilter Begebenheiten aus dem Alltagsleben und versteht diese gleichwohl mit treffender Pointierung vorzulegen. Rottmanns Wirtshausszenen hingegen lehnen sich in unverblümter Direktheit an die Hogarthsche Tradition an: Die ungeschönte Direktheit erinnert unmittelbar an dessen seit 1735 durch Kupferstich weitverbreitete Szenen aus dem Leben eines Wüstlings.[15]

Die Sichtung des Fohrschen Gesamtwerks zeigt, daß den beiden Zeichnungen *Die Besoffenen* und *Der Bestrafte* innerhalb des Œuvres noch unter einem weiteren Gesichtspunkt eine besondere Stellung zukommt. Im Gegensatz zu allen vergleichbaren Blättern des Künstlers, die mit Bedacht die Schilderung alltäglicher Szenen nach einem gedachten *Vorher* und *Nachher*

[13] Zu Rottmanns Karikaturen s. auch: Erika Rödiger-Diruff, Friedrich Rottmann – Universitätszeichenmeister in Heidelberg, in: Baden-Württemberg im Zeitalter Napoleons, Bd. 2, Stuttgart 1987, S. 561-582, zu den Karikaturen S. 570f.

[14] Märker 1995, S. 260, s. Anm. 1.

[15] *The Rake's Progress.* Hierzu auch: Rödiger-Diruff 1987, S. 570, s. Anm. 20.

Abb. 23: Carl Philipp Fohr „Die Frau des Hauswächters in ihrer Stube".

zeichnerisch erfassen[16], stellen die beiden neu zugeschriebenen Arbeiten einen singulären Fall im Kontext der Forschungen zu Fohr dar: Eine beliebige Erzählung wird im besprochenen Fall nicht zu einem nachvollziehbaren *Vorher-Nachher* auf ein und demselben Blatt subsummiert, sondern für Fohr einzig, in einer narrativen Bildfolge aus zwei einzelnen, sich aufeinander beziehenden Blättern mitgeteilt[17]. Fohr entwickelt mittels wörtlicher Übernahme der unter Blatt 1 *Die Besoffenen* eingeführten Protagonisten, einen Spannungsbogen, der vom Betrachter aufgriffen unter Blatt 2 *Der Bestrafte* einem fortgesetzen Erzählmoment zugeführt wird. Dies verrät zugleich etwas über die Intention Fohrs bei der aus dem Gedächtnis geschriebenen Entwicklung der beiden Blätter, die sich mit den Aussagen Dieffenbachs deckt.[18] Dessen Bericht läßt die Interpretationen zu, daß seine zeitgenössischen Genremotive ohne die Annahme eines Rezepienten als eigenbrötlerische Fingerübungen sich kaum heranziehen lassen. Fohr hat die

[16] Märker 1995, S. 260, s. Anm. 1.

[17] Dazu auch: Thomas Jäger, Die Bilderzählung. Narrative Strukturen in Zyklen des 18. und 19. Jahrhunderts – von Tiepolo bis Rethel –, Petersberg 1998, zugleich phil. Diss. Marburg 1997.

[18] Dieffenbach 1918, S. 31f., s. Anm. 7.

Blätter im Hinblick auf eine beim Betrachter Heiterkeit provozierende oder solches erhoffende Wirkung angelegt und sah darin für sich selbst auch die eigentliche Legitimation dieser anekdotischen Bildfolge. Die beiden Arbeiten bewegen sich qualitativ in den Grenzen des durch vielseitige künstlerische Orientierung geprägten Frühwerks, verweisen aber weit darüber hinaus auf sein Zeichentalent, das sich hier von jeder akademischen Programmatik befreiend, zu überspitzt amüsanter Alltagsschilderung fähig war.

Patrick Heinstein

Christian Philipp Koester (1784-1851)

Biographie und künstlerische Entwicklung Koesters

Beschäftigt man sich mit dem Œuvre Christian Philipp Koesters, so wird man bis zu einem gewissen Grad der Feststellung Karl Lohmeyers zustimmen müssen, *„daß noch nicht genug Werke Koesters wieder aufgefunden sind, um ein abschließendes Urteil sich zu erlauben.“*[1] Aus Briefen, Tagebüchern und sonstigen privaten Aufzeichnungen ist bekannt, daß der Künstler nahezu das Doppelte an Ölgemälden gefertigt hat, als bisher zum Vorschein gekommen sind. Da sich schon zu seinen Lebzeiten viele der selten datierten und signierten Gemälde in Privatbesitz befanden, erlitt Koester das Schicksal zahlreicher Maler des 19. Jahrhunderts, deren eigentliche Bedeutung erst lange nach ihrem Tode erkannt wurde. Zudem ging ein großer Teil der Gemälde im Zweiten Weltkrieg verloren oder wurde zerstört. Aus diesen Gründen blieb das Werk des Malers innerhalb der kunstgeschichtlichen Forschung zunächst weitgehend unbeachtet: Im Sammelwerk *„Malerwerke des 19. Jahrhunderts“* von Friedrich von Boetticher aus den Jahren 1891-1901 wird Koester nicht, in dem Buch von Beringer[2], das speziell der Malerei des 19. Jahrhunderts gewidmet ist, wird er nur kurz erwähnt. Eine Ausnahme bildet die Aufnahme Koesters in das Künstlerlexikon von Nagler im Jahre 1839.[3] Erst Karl Lohmeyer geht in seiner grundlegenden Darstellung über die *„Heidelberger Maler der Romantik“* aus dem Jahre 1935 ausführlicher auf den Künstler und einzelne seiner Gemälde ein. Er schreibt:

> „Denn neben Issel war gerade Koester der feingebildetste und auch geistreichste Maler des Heidelberger Romantikerkreises“[4]

[1] Karl Lohmeyer, Heidelberger Maler der Romantik, Heidelberg 1935, S. 138; zur Biographie und zum Werk Koesters: Thomas Rudi, Christian Philipp Koester (1784-1851). Maler und Restaurator. Monographie mit kritischem Œuvreverzeichnis, Frankfurt a.M. 1999.

[2] Josef August Beringer, Badische Malerei im 19. Jahrhundert, Karlsruhe 1913, S. 23; ders., ²1922, S. 11.

[3] G.K. Nagler, Neues allgemeines Künstler-Lexicon oder Nachrichten von dem Leben und den Werken der Maler, Bildhauer, Baumeister, Kupferstecher, Formschneider, Lithographen, Zeichner, Medailleure, Elfenbeinarbeiter etc., Bd. 7, München 1839, S. 126; ders., Bd. 8, ²1906, S. 22f.

[4] Lohmeyer 1935, S. 195.

und kommt zu folgendem Schluß:

> „Seine Stärke lag in der Landschaft, wenn er auch vorzügliche Porträts nebenher schaffen konnte.“[5]

Das Kurpfälzische Museum in Heidelberg besitzt die umfangreichste Sammlung von Ölgemälden, das Kupferstichkabinett in Berlin die größte Sammlung von Zeichnungen und Ölskizzen Koesters: Von insgesamt 26 erhaltenen Gemälden und sieben Ölskizzen sind nur sechs Gemälde datiert, von 58 Zeichnungen lediglich drei. Angesichts dieser Tatsache ist es überaus schwierig, die große Anzahl der undatierten Werke aufgrund stilistischer Merkmale jeweils eindeutig auf ein Jahrzehnt oder gar ein Jahrfünft festzulegen – so gibt es beispielsweise kein Gemälde, das mit Bestimmtheit in die Zeit, in der sich Koester in Berlin aufhielt (1824-1830), datiert werden könnte. Daher ist es problematisch, einen Überblick über Koesters künstlerische Entwicklung zu gewinnen.

Christian Philipp Koester wurde am 13. Februar 1784 auf dem „*Ramser-Hof*“ in Friedelsheim an der Weinstraße geboren.[6] Er war das sechste Kind und der vierte Sohn des kurpfälzischen „*Ehegerichtsrates*“ und Notars Philipp Christian Wilhelm Koester (1744-1805) und dessen Gattin Maria Charlotte, geborene Wernborner (1750-1834), einer Tochter des Mediziners Johann Christian Wernborner aus Wiesbaden.[7]

Über Kindheit und Jugend Koesters, etwa seine Schulbildung, ist nichts bekannt. Von seinen Eltern dürfte er wohl den ersten Unterricht erhalten haben. Es ist wahrscheinlich, daß Koester später das Gymnasium in Mannheim oder Heidelberg besuchte.[8] Nach Mayer muß Koester schon in seiner Kindheit ein starkes Interesse für die Kunst entwickelt haben. Dank des relativ wohlhabenden Elternhauses stellte es für ihn wohl kein Problem dar, seinen Neigungen nachzugehen.[9]

Am 28. November 1799 wurde Koester an der Universität Heidelberg immatrikuliert, um Kameralwissenschaft zu studieren.[10] Hier kam er zum erstenmal mit Heidelberger Malern in Kontakt, insbesondere mit dem aus der Schweiz kommenden Vedutenmaler Johann Jakob Strüdt (1773-1807), mit

[5] Ebd., S. 199.

[6] Nähere Angaben zur Familie: Siehe die Ahnentafel von Friedrich August Pietzsch, in: Klaus Mugdan (Hrsg.), Koesteriana, Festgabe für Georg Poensgen zum 70. Geburtstag am 7.12.1968, Heidelberg 1968, S. 60f.

[7] Protestantisches Kirchenbuch Wachenheim, 1784, o.S.

[8] Vogelsang, Tagebuch 1794-1996 [von Carl August Koester, d.V.], in: Leininger Geschichtsblätter 1910, S. 50-86.

[9] Adolf Mayer, Meine Erinnerungen an den Maler Christian Köster, in: Neues Archiv für die Geschichte der Stadt Heidelberg und der Kurpfalz, Bd. 13, Heft 1, Heidelberg 1925, S. 5.

[10] Gustav Toepke, Die Matrikel der Universität Heidelberg, Bd. IV, Heidelberg 1903, S. 372.

dem ihn bald eine tiefe Freundschaft verband. Strüdt, der seine Ausbildung bei Ferdinand Kobell an der Mannheimer Zeichnungsakademie erhalten hatte und als einer der ersten Freiluftstudien betrieb, scheint in dieser Zeit der Lehrer Koesters auf dem Gebiet der Landschaftsmalerei gewesen zu sein, wie einige vedutenhaft genaue Ansichten Heidelbergs, die um 1800 entstanden sind, nahelegen. Ende des Jahres 1801 verlobte sich Strüdt mit der älteren Schwester Koesters, Christiane Louise (1782-1818), in Friedelsheim.[11] Diese Verbindung wurde jedoch schon im Mai 1803 wegen des schweren Lungenleidens Strüdts gelöst.[12] Gleichwohl blieb er der Familie Koester bis zu seinem Tode am 7. August 1807 in Friedelsheim eng verbunden.[13]

In den Jahren 1800/01-1803 bildete sich Koester wahrscheinlich autodidaktisch zum Landschaftsmaler aus: In München studierte er die Werke Claude Lorrains, in Mannheim soll er, auch unter der Anleitung Strüdts, eingehende Naturstudien betrieben haben.[14]

Zwischen 1804 und 1810 sind die ersten signierten und datierten Ölgemälde Koesters überliefert; sie stellen beide das Eisenhüttenwerk in Eisenberg dar.

Es kann davon ausgegangen werden, daß Koester bei seinen häufigen Aufenthalten in Heidelberg schon sehr früh mit den Brüdern Boisserée und deren Freund Johann Baptist Bertram zusammengekommen ist; sie waren am 31. März 1810 von Köln nach Heidelberg gezogen.[15] Der erste Restaurator dieser Sammlung war der Porträtmaler Friedrich Epp, der um 1785 in Mannheim geboren wurde und dort am 16. Januar 1813 starb; nun konnte Koester die vakante Stelle als Restaurator der Sammlung übernehmen. Dies war mit großer Wahrscheinlichkeit der Grund dafür, daß Koester im Herbst 1813 mit seiner Mutter und der Schwester Charlotte nach Heidelberg übersiedelte und eine Wohnung in der Hauptstraße 187 am *„Thurm der Heilig-Geist Kirche“* mietete.[16]

Der erste nachweisliche Kontakt zwischen Koester und den Boisserées ist durch einen auf Pfingsten 1813 datierten Brief belegt; darin beschreibt

[11] Elias Mayer, Einige Erinnerungen aus meinem Leben (nicht veröffentlicht), nach: Pietzsch 1968, S. 44, s. Anm. 6; Angaben nicht verifizierbar, da Original verschollen.

[12] Ebd., S. 44, s. Anm. 11; Angaben nicht verifizierbar, da Original verschollen.

[13] Sterberegister des Rathauses Friedelsheim 1807, Nr. 9; Lohmeyer 1935, S. 34.

[14] Friedrich August Schmidt (Hrsg.), Neuer Nekrolog der Deutschen, Bd. XXIX, Weimar 1853, S. 901; Mayer 1925, S. 5 und S. 7. Die oft in der Literatur aufzufindende Behauptung, daß Koester an den Kunstakademien in München und Mannheim studiert habe, kann nicht bestätigt werden; Rudi 1999, S. 29, s. Anm. 80.

[15] Christiane Prestel, Der Karlsplatz in Heidelberg, Diss. phil. Heidelberg 1983 (Peter Anselm Riedl [Hrsg.], Veröffentlichung des Kunsthistorischen Instituts der Universität Heidelberg zur Heidelberger Altstadt, Heft 16), S. 166.

[16] Gemeindearchiv Friedelsheim, Rechnungsbelege, nach: Pietzsch 1968, S. 45, s. Anm. 28; Angaben nicht überprüfbar, da Belege verschollen.

Koester den Lebenslauf Friedrich Epps[17] und gibt Vorschläge für die Restaurierung der HEILIGEN VERONIKA MIT DEM SCHWEISSTUCH[18]. Spätestens zu diesem Zeitpunkt muß Koester als Restaurator und Nachfolger Epps bei den Boisserées tätig gewesen sein. Seine erste größere Arbeit für S. Boisserée war im Juni 1814 eine KOPIE DES MARIENKOPFES VON GIACOMO FRANCIA.[19]

Abb. 24: Jakob Schlesinger „Bildnis des Malers Christian Philipp Koester".

Koester lernte auch Goethe bei dessen Besuchen der Gemäldesammlung in den Jahren 1814 (24.9.-11.10.) und 1815 (21.9.-7.10.) kennen. Nach seiner Abreise von Heidelberg bat ihn S. Boisserée in dem Kapitel über *„Heidelberg"* in der geplanten Schrift *„Aus einer Reise am Rhein, Main und Neckar"* neben dem Maler Fuchs auch Koester zu erwähnen, denn er würde unvergleichlich besser als dieser restaurieren und sei eigentlich mehr Künstler, Fuchs dagegen mehr Dekorateur.[20]

[17] Köln, Historisches Archiv der Stadt Köln, Nachlaß Sulpiz Boisserée, Best. 1018/173, 2; Eduard Firmenich Richartz, Die Brüder Boisserée. Sulpiz und Melchior Boisserée als Kunstsammler. Ein Beitrag zur Geschichte der Romantik, Bd. 1, Jena 1916, S. 92, s. Anm. 41. Koester berichtet über Epps Eindruck von der Sammlung Boisserée: „Er sah Eure Bilder zum erstenmahl 1810. Von dieser Stunde an drängt sich auch alles zu Euch hin. Da bestimte er sich allmählig zum Erhalter und Vervielfältiger altdeutscher Kunst und verabschiedete nicht ohne Rührung, wie ich glauben muß, die frühern Plane von so manch' groß und schön ausgedachtem Bild, meist religiösen Gegenstands [...]."

[18] Meister der Heiligen Veronika, DIE HEILIGE VERONIKA MIT DEM SCHWEISSTUCH, um 1420, Öl auf Leinwand über Holz, 78,1 × 48,2 cm, München, Alte Pinakothek, Inv.-Nr.: 11866, in: Bayerische Staatsgemäldesammlungen (Hrsg.), Alte Pinakothek München. Erläuterungen zu den ausgestellten Gemälden, München 1983, S. 338f.

[19] Hans J. Weitz (Hrsg.), Sulpiz Boisserée, Tagebücher 1808-1854, Bd. I, Darmstadt 1978, S. 151.

[20] Brief vom 27. Oktober 1815, in: Mathilde Boisserée (Hrsg.), Sulpiz Boisserée, Briefwechsel / Tagebücher, Bd. 2, Göttingen 1970, S. 71. Maximilian Heinrich Fuchs (1767-1846): Maler und Restaurator; zwischen 1804 und 1807 retuschierte er verschiedene Gemälde der Sammlung Wallraf, um sie anschließend in Wallrafs Auftrag zu verkaufen; häufig wurde er auch für die Sammlung der Brüder Boisserée beschäftigt (Elga Böhm, De Noel und Ramboux – zwei Kölner Museumskonservatoren des 19. Jahrhunderts,

Am 16. Dezember 1816 schreibt Goethe an S. Boisserée, daß das *„Rhein- und Mainheft“* schon in den Händen des Setzers sei:

„Die Liebhaber, welche die ältern Kunstwerke retten und sammeln, werden höchlich gepriesen, den Künstlern, die jene alte Art wieder hervorsuchen, wird ein Spiegel vorgehalten, den wir recht hübsch plan zu schleifen und gut zu polieren gesucht haben.“[21]

In dem Kapitel *„Heidelberg“* seines Aufsatzes *„Aus einer Reise am Rhein, Main und Neckar in den Jahren 1814 und 1815“* bemerkt Goethe, daß er sich Umrißzeichnungen einiger Gemälde aus der Sammlung Boisserée wünsche und fährt fort:

„Indem wir nun diesen Wunsch äußern, so haben wir um desto mehr zu bedauern, daß ein junger talentvoller Mann, der sich an dieser Sammlung gebildet, zu früh mit Tode abgegangen. Sein Name, Epp, ist noch allen denjenigen wert, die ihn gekannt, besonders aber den Liebhabern, welche Kopien alter Werke von ihm besitzen, die er mit Treue und Fleiß aufs redlichste verfertigt hat. Doch dürfen wir auch deshalb nicht verzweifeln, indem ein sehr geschickter Künstler, Herr Koester, sich an die Besitzer angeschlossen und der Erhaltung einer so bedeutenden Sammlung sich gewidmet hat. Dieser würde sein schönes und gewissenhaftes Talent am sichersten bethätigen, wenn er sich zu Ausführungen jener gewünschten Umrisse und deren Herausgabe bemühte.“[22]

Am 28. März 1819 zogen die Brüder Boisserée mit ihrer Kunstsammlung nach Stuttgart; damit endete Koesters Tätigkeit als Restaurator für diese Gemäldegalerie.[23]

Im Mai 1823 stellte Koester zum erstenmal in der *„Kunst- und Industrieausstellung“* in Karlsruhe mehrere Gemälde aus, u.a. das Bild Der Kirchhof bei Friedelsheim, das später von der Ausstellungsleitung angekauft und verlost wurde. Seitdem ist es verschollen.[24] Die Beschreibung im Schornschen Kunstblatt lautet:

„Koester (in Heidelberg). Der Kirchhof bei Friedelsheim. Wer kennt nicht Grey's herrliche Elegie auf einem Dorfkirchhofe? Sie erscheint hier noch tiefer und ergreifender in Farben. Links, auf einem Hügel, ein altes Kirchlein mit einigen Kreuzen und Leichensteinen; rechts eine Mauer mit einem Häuschen (wahrscheinlich die Wohnung des Totengräbers). Dahinter ein dunkler Bergwald. Am Hügel wandelt, neben zwei abgestorbenen Bäumen, ein Hirt hin, und betet für die Ruhe der Toten. Am Himmel zieht ein Gewitter vorüber, aber durch das Gewölk bricht ein freundlicher Strahl. Man kann dem Künstler Härte in den Übergängen vorwerfen, und daß er nicht immer den Unterschied zwischen Licht und Lokaltönen gehörig beachtet habe; demungeachtet ist es ein

in: Heinz Althöfer [Hrsg.], Das 19. Jahrhundert und die Restaurierung. Beiträge zur Malerei, Maltechnik und Konservierung, München 1987, S. 320).

21 Ernst Beutler (Hrsg.), Johann Wolfgang Goethe, Gedenkausgabe der Werke, Briefe und Gespräche, Bd. 21, Zürich 1951, S. 207.

22 Ders., Bd. 12, 1949, S. 590.

23 Prestel 1983, S. 167.

24 Ausst. Kat. Karlsruhe 1823, Nr. 30, S. 5; Schorns Kunstblatt 4, 1823, Nr. 62 (4.8.1823), S. 248.

treffliches Bild, und wir möchten es, das Technische abgerechnet, dem berühmten Kirchhofe von Ruisdael vorziehen."[25]

In den Jahren von 1824 und 1830 war Koester als Restaurator der Sammlung Solly, eine der bedeutendsten Sammlungen, die in der geplanten Königlichen Gemäldegalerie in Berlin ausgestellt werden sollte, tätig.

Dort schrieb er zwischen 1827 und 1830 drei Hefte mit dem Titel „*Ueber Restauration alter Oelgemälde*"; sie erschienen bei Christian Friedrich Winter in Heidelberg und fanden sofort nach dem Erscheinen in Fachkreisen große Anerkennung. Am 14. Mai 1827 wurde der erste Band ausführlich im Kunstblatt von Schorn besprochen und sehr gelobt.[26]

Trotz des Angebotes einer Anstellung auf Lebenszeit bei der Königlichen Gemäldegalerie in Berlin verließ Koester Ende 1830 nach sechsjähriger Tätigkeit und nach Beendigung seiner Restaurierungsarbeiten Berlin, um nach Heidelberg zurückzukehren.[27] Christian Daniel Rauch schreibt in einem Brief vom 4. September 1831 nach einem Besuch bei Koester in dessen Atelier im „*Waldhorn ob der Bruck*" in Heidelberg:

„Christians Sinn schweifft aber immer aus dieser schönen Gegend nach dem ebenen Berlin hin daß die Mutter durch meinen Besuch fürchtete es könne seine Sehnsucht in Heimweh wieder verwandeln."[28]

Nach dem „*Neuen Nekrolog der Deutschen*" soll der Grund für das Abschlagen der ihm in Berlin angebotenen Stellung die „*Liebe zu seiner alten Mutter*"[29] gewesen sein, die er bis zu ihrem Tode (1834) pflegte.[30]

Es muß davon ausgegangen werden, daß Koester in dieser Zeit ein allgemein bekannter Restaurator gewesen ist, da er trotz mehrerer Angebote ab 1830 in Heidelberg blieb, „*ohne sich von ferneren glänzenden Anträgen auf Restauration an anderen Galerien verlocken zu lassen.*"[31]

Im Jahre 1833 erschien bei Christian Friedrich Winter in Heidelberg Koesters erste Schrift der „*Zerstreute[n] Gedanken-Blätter über Kunst*", die als Zugabe zu der Publikation „*Ueber Restauration alter Oelgemälde*" verstanden werden sollte. Im Frühjahr 1834 folgte der zweite Band mit dem

25 Schorns Kunstblatt 4, 1823, Nr. 48 (16.6.1823), S. 191; Charis. Rheinische Morgenzeitung für gebildete Leser 3, 1823, Nr. 72 (16.6.1823), o.S.

26 Schorns Kunstblatt 8, 1827, Nr. 39, S. 153f.; vgl. Brief Sulpiz Boisserées an Koester vom 8.4.1827, in: Boisserée, Briefwechsel / Tagebücher, Bd. 1, 1970, S. 496f.

27 Friedrich August Schmidt (Hrsg.), Neuer Nekrolog der Deutschen, Bd. XXIX, Weimar 1853, S. 902.

28 Peschken-Eilsberger (Hrsg.), Christian Daniel Rauch. Familienbriefe 1796-1857, München 1989, Nr. 115, S. 327f.; SMB-PK, ZA I/GG N 1. Rauch, C.I.5, o.S.

29 Schmidt 1853 (Hrsg.), Bd. XXIX, 1853, S. 902.

30 Mayer 1925, S. 6.

31 Schmidt 1853 (Hrsg.), Bd. XXIX, 1853, S. 902.

gleichen Titel.[32] Darin gedenkt Koester des erst kurz zuvor verstorbenen Ernst Fries (11. Oktober 1833) und Carl Philipp Fohr.[33] Auffallenderweise beschäftigt sich Koester in diesen Schriften, trotz der tiefgreifenden politischen, wirtschaftlichen und gesellschaftlichen Umwälzungen, die Deutschland im Zeitalter Napoleons, der Restauration und der Revolution von 1848 erschütterten, lediglich mit einzelnen Künstlern und dem Kunstleben seiner Zeit – er muß sein Leben weitgehend unbeeinflußt von diesen äußeren Geschehnissen geführt haben. Seit 1839 wohnte Koester bis zu seinem Tode in der „*Neckarstraße am Zimmerplatz*" in Heidelberg, der heutigen Unteren Neckarstraße 30 am Jubiläumsplatz.[34] In den folgenden Jahren unternahm Koester zahlreiche Reisen, die ihn u.a. nach Rotterdam, Leyden, Haarlem, Amsterdam, Utrecht, Düsseldorf, Köln und München führten.[35] Am 27. November 1851 starb er unerwartet im Alter von 67 Jahren an den Folgen eines Schlaganfalls.[36]

Die Werke Koesters – soweit sie erhalten sind bzw. aufgefunden werden konnten oder durch Abbildungen in der Literatur oder Fotografien zu belegen sind – legen eine Gliederung des Œuvres in drei Perioden nahe, die in etwa auch drei Abschnitten im Leben des Künstlers entsprechen: 1810-1819, 1819-1824, 1830-1851.

Zwischen 1810 und 1819 sind sowohl die Landschaften als auch die Porträts in Komposition, Malweise und Farbwahl den altdeutschen und altniederländischen Gemälden eng verwandt, die seit dem Jahre 1810 in der Sammlung der Brüder Boisserée in Heidelberg ausgestellt waren. Da Koester mit den Boisserées befreundet war, war er schon vor seiner Anstellung als Restaurator im Jahre 1813 mit allen Bildern ihrer Sammlung vertraut. Bis 1819 übte Koester dort seine Tätigkeit als Restaurator aus. In dieser Zeit wurde seine eigene Naturwiedergabe durch den täglichen Umgang mit den mittelalterlichen Gemälden erheblich beeinflußt. So baut Koester seine Landschaften meistens nach dem Vorbild des 15. Jahrhunderts in drei Zonen auf, die häufig ohne vermittelnde Übergänge bildparallel angeordnet sind und zusätzlich durch die jeweilige Farbwahl voneinander getrennt werden: Der Vordergrund ist dunkelbraun, der Mittelgrund grün und der Hintergrund hellblau gefärbt. Auch die vertreibende Malweise ist derjenigen mittelalterlicher Arbeiten eng verwandt: Es herrscht eine glatte Oberfläche

32 In den folgenden Jahren erschienen die Bände: Bd. 3, Berlin 1839; Bd. 4, Berlin 1840; Bd. 5, Berlin 1842; Bd. 6, Mannheim 1848.

33 Koester 1834, S. 70-82.

34 Adreßbuch Heidelberg 1839, S. 23; s. auch folgende Jahrgänge bis 1851. Eine am 25.11. 1951 installierte Gedenktafel erinnert an Koesters Wohnort.

35 Rudi 1999, S. 44.

36 Sterberegister der evangelisch-protestantischen Gemeinde zu St. Peter und Providenz in Heidelberg, 1851, S. 223 Nr. 111; Tagebucheintrag Sulpiz Boisserées am 30.11.1851, in: Boisserée, Tagebücher, Bd. IV, 1985, S. 823; Mayer 1925, S. 2.

vor, bei der einzelne Pinselstriche der einheitlichen Gesamtwirkung untergeordnet werden.

In vielen Gemälden werden das Atmosphärische bzw. verschiedene Lichtphänomene betont; wahrscheinlich hat Koester sich in dieser Zeit sowohl eingehend mit den klassizistisch-idealen Gemälden des Schotten George Augustus Wallis (1770-1847) als auch mit der Sammlung des Bankiers Christian Adam Fries in Heidelberg auseinandergesetzt, in der neben Gemälden von Wallis größtenteils ideale Landschaften zu sehen waren, u.a. von Poussin, Lorrain, Koch und Ferdinand Kobell.[37] Wallis, der zeitweise in Rom lebte, hielt sich von 1812 bis 1816/17 in Heidelberg auf und übte dort großen Einfluß auf Heidelberger Maler wie Carl Rottmann und Ernst Fries aus. Bei seinen Darstellungen des Schlosses wählte er hauptsächlich effektvolle Beleuchtungen und schuf so ausgesprochene Stimmungsbilder, die das Interesse der Heidelberger Künstler am Malerischen und Koloristischen wecken sollten.

Von nicht zu unterschätzender Bedeutung für Koesters Verständnis einer realistischen Landschaftsschilderung dürfte Georg Wilhelm Issel (1785-1870) gewesen sein, der seit 1844 in Heidelberg lebte, jedoch schon seit 1810 dort vorübergehend tätig gewesen war. Neben einer sachlichen „Faktenbeschreibung", die für seine Landschaften und frühe Architekturwiedergaben charakteristisch ist, widmete Issel der Vergegenwärtigung licht- und witterungsbedingter Phänomene besondere Aufmerksamkeit.[38] Es handelt sich hier im wesentlichen um ein dokumentarisches Interesse an den Bauten, für das eine genaue Detailbeobachtung kennzeichnend ist.

Die in der zweiten Periode zwischen 1819 und 1824 entstandenen Gemälde Koesters zeichnen sich durch eine zunehmend locker werdende und zügigere Pinselschrift aus. Erst mit dieser Malweise hat Koester die altdeutschen und altniederländischen Vorbilder gänzlich überwunden.

Koester hat sich nachweislich mit der Kunst Caspar David Friedrichs auseinandergesetzt, der er möglicherweise in den Jahren 1821 bzw. 1823, als er sich in Dresden aufhielt, zum erstenmal begegnete. Seine Gemälde sind sowohl in der Motivwahl als auch dem Stimmungsgehalt eng mit denen Friedrichs verwandt.

Im ersten Heft der *„Zerstreute[n] Gedanken-Blätter über Kunst"* aus dem Jahre 1833 äußert sich Koester eher skeptisch über die Kunst Friedrichs. Er spricht von dessen *„sentimentaler Behandlung der Landschaft"*[39], von der noch nicht sicher sei, wie die Zeit ihr Urteil schließlich fällen werde. Gleichwohl kommt Koester mit dem Gemälde ALTE BRÜCKE IN HEIDELBERG MIT

[37] Vgl. Lohmeyer 1935, S. 164f.

[38] Vgl. Andreas Franzke, Georg Philipp Schmitt (1808-1873). Ein Heidelberger Maler des 19. Jahrhunderts, Karlsruhe 1977, S. 9.

[39] Koester 1833, S. 1.

Abb. 25: Christian Philipp Koester „Alte Brücke in Heidelberg mit der Nepomukfigur".

der Nepomukfigur (um 1824) in Stimmung und Komposition, also der typischen Polarität von Nähe und Ferne, der Naturanschauung Friedrichs sehr nahe: Die Figur des Heiligen ist so weit in den Vordergrund versetzt, daß sie fast die gesamte Höhe des Gemäldes einnimmt. Dabei bildet sie in ihrer dunklen grauschwarzen Färbung einen starken Kontrast zu dem in Orangetönen gehaltenen Himmel, der sich über die Hälfte der Komposition erstreckt. Der Horizont ist dadurch relativ niedrig. Das um 1818 entstandene Gemälde Frau vor der untergehenden Sonne[40] von Friedrich wird durch eine ähnliche Kompositionsweise charakterisiert.

Mit der folgenden, unvollendeten Arbeit, Berglandschaft mit Mann und Frau bei Sonnenuntergang (nach 1830), bekundet Koester gleichfalls die von den Werken Friedrichs ausgehenden neuen Impulse, die für viele Künstler der Zeit vorbildhaft wurden. Diese Ölskizze wird von Horizontalen bestimmt, die nur durch den Baum und die relativ klein dargestellten Personen miteinander verklammert werden, die sich auf einer flach gewölbten Hügelkuppe im Mittelgrund befinden.

Koesters Interesse galt dabei den atmosphärischen Erscheinungen, so daß der Himmel bei der Darstellung mehr als die Hälfte der gesamten Komposition einnimmt.

[40] Caspar David Friedrich, Frau vor der untergehenden Sonne, Öl auf Leinwand, 22 × 30 cm, ohne Bezeichnung (um 1818), Essen, Museum Folkwang, Inv.-Nr.: G 45, in: Helmut Börsch-Supan, Caspar David Friedrich, München 1980, S. 108 Nr. 20.

Abb. 26: Christian Philipp Koester „Berglandschaft mit Mann und Frau bei Sonnenuntergang".

Die Gemälde der letzten Periode Koesters, der Jahre nach seiner Tätigkeit in Berlin, zwischen 1830 und 1851, zeigen meist eine Ansicht einer in der Ferne hell von der Sonne beschienenen Landschaft, die durch sich über die ganze Bildhöhe erstreckende Baumstämme im Vordergrund „vergittert" wird. Für diese Gemälde ist die große Polarität von Nähe und Ferne charakteristisch.

Besonders ausgeprägt ist dies bei dem auf Holz ausgeführten Gemälde BLICK AUF LAUSANNE UND DEN GENFER SEE (nach 1832), bei dem durch den in dunklen Brauntönen gehaltenen und sehr nahe an den Betrachter herangerückten Bereich des Vordergrundes die Distanz zu der hell in der Sonne leuchtenden Hintergrundlandschaft vergrößert wird. Dabei bilden die Zone des Vordergrundes und die Baumkronen eine zweite, bildparallele Rahmung, zwischen der sich das eigentliche Motiv befindet.

Wie hier deutlich zu erkennen ist, befindet sich Koester auf der Höhe des Kunstbewußtseins seiner Zeit in der Auseinandersetzung mit den Bildmitteln Caspar David Friedrichs: Einführung von Identifikationsfiguren, Aufhebung der Unterscheidung der drei Bildgründe, potentielle Fortsetzbarkeit des Bildausschnitts durch Verzicht auf formale und motivische Begrenzung der Seiten.

Bei seinen Ölskizzen gibt Koester fast völlig den Bezug zur Landschaft auf und stellt verschiedene Wolkenformationen als reine Bewegungsformen dar (Stratuswolken, Cumuluswolken, Cirrostratuswolken). Damit entspricht er dem am Anfang des 19. Jahrhunderts beginnenden sowohl wissenschaftlich als auch künstlerisch motivierten Interesse für unterschiedliche Wolkenbildungen. Noch bevor der englische Meteorologe Luke Howard seine einflußreichen Untersuchungen zur systematischen Analyse und Nomenklatur der Wolken in den Jahren 1818-1820 veröffentlichte („*Climate of London*"), wurden Wolken innerhalb der Naturstudien zum autonomen

Abb. 27: Christian Philipp Koester „Wolkenstudie".

Bildmotiv der europäischen Malerei. In den zahlreichen Wolkenstudien, die von Turner, Constable, Dahl und Blechen, um nur die ersten zu nennen, gefertigt wurden, erscheinen Wolken nicht mehr wie früher innerhalb von Landschaften, in denen sie lediglich als Stimmungsträger oder Beleuchtungseffekt dienten, sondern als zentrale, oft auch als einzige Motive. Das bevorzugte bildnerische Medium war dabei die Ölstudie oder das bewußt skizzenhaft belassene Gemälde.

Bei den Zeichnungen ist die Federzeichnung in Tusche über Bleistift das von Koester bevorzugte technische Medium, während Aquarell, Pastell und Gouache quantitativ eine relativ geringe Rolle spielen.

Der Hauptteil der Zeichnungen besteht aus direkt vor dem Motiv entstandenen Naturstudien, die in der Regel jedoch eine betont komponierte, bildmäßige Wirkung anstreben. Koester neigt dazu, das Nebensächliche mit der gleichen Sorgfalt zu behandeln wie das im Zentrum des Interesses Stehende. Diese Liebe zum Detail, die Koester mit großer Wahrscheinlichkeit in der Kunst des Mittelalters (Kupferstiche) entdeckte, läßt die ganze Zeichnung oftmals als Addition vieler Einzelelemente erscheinen. Koesters Interesse an atmosphärischen Stimmungen und Erscheinungen wird auch bei den Zeichnungen deutlich; mehrmals stellt er unterschiedliche Wolkenformationen dar. Daneben finden sich zahlreiche Einzelstudien, in denen sich Koester dem Thema des Baumes widmet. Neben Details wie Baumkronen, beschäftigt er sich in vielfacher Weise mit dem strukturellen Aufbau des Baumes. Zur Betonung der Plastizität wendet Koester neben filigranen Kreuzlagen auch Parallelschraffuren an. Daneben verwendet er rasch gesetzte, großzügig geführte Schraffuren bei Partien, die für ihn von geringerem gegenständlichen Interesse sind; dabei achtet er, und das ist für die sonstige Darstellungsweise Koesters untypisch, nicht allzusehr auf Details. An den Stellen, an denen die Darstellung summarisch sein darf, verwendet Koester, statt der sonst sehr exakt nebeneinander gesetzten, zusammenfassende Schraffuren, die lediglich die allgemeine Situation des Darstellungsgegenstandes andeuten und die vorhandenen Lichtverhältnisse erfassen. Bei den Pflanzendarstellungen wird die lineare Struktur der Umrißzeichnung betont, die Binnenzeichnung dagegen vernachlässigt, so daß Koester hier der Zeichenweise der Nazarener sehr nahe kommt.

Zusammenfassend läßt sich feststellen, daß eine kunsthistorische Einordnung Koesters mehrere Probleme zu respektieren hat: Zum einen sind von dem ursprünglich relativ umfangreichen Œuvre des Künstlers nur etwa die Hälfte der Gemälde überliefert, so daß eine abschließende Beurteilung dem Maler nur annähernd gerecht werden wird. Auf der anderen Seite können bei seinen Gemälden mehrere unterschiedliche Stilmerkmale festgestellt werden, die eine eindeutige Zuordnung zu einer bestimmten künstlerischen Richtung nicht möglich machen. Wird, trotz aller Schwierigkeiten, der Versuch unternommen, die Stellung Koesters in der Kunst der ersten Hälfte des 19. Jahrhunderts näher zu bestimmen, so können die Kunstwerke der Romantiker, Nazarener und der frühen Realisten als Bezugspunkte dienen. Als ein Maler des Übergangs läßt sich Koester ebenso von den Landschaften Friedrichs inspirieren, wie auch von der sich neu entwickelnden realistischen Kunstanschauung. Gerade in diesem merkwürdigen stilistischen Zwiespalt liegt der künstlerische Reiz der Werke Koesters.

Koester als Restaurator der Sammlung Boisseree in Heidelberg und der Königlichen Gemäldegalerie in Berlin

Ein neuer geistiger Mittelpunkt entstand in Heidelberg, als am 31. März 1810 die Brüder Sulpiz und Melchior Boisserée mit ihrem Freund Johann Baptist Bertram von Köln in die Neckarstadt zogen.[41] Dort wohnten sie im Palais Sickingen am Karlsplatz.[42] Ihre in Köln begonnene und im Jahre 1827 schließlich etwa 216 Gemälde umfassende Sammlung altdeutscher und altniederländischer Meister traf in Heidelberg erst gegen Ende des Jahres 1810 ein.[43] Sie hatten diese Bilder erwerben können, da nach dem Reichsdeputationshauptschluß von 1803 viele Kunstgegenstände aus Kirchenbesitz der Säkularisation zum Opfer gefallen waren und zu geringen Preisen verkauft wurden. So konnten die Brüder Boisserée im Laufe der Zeit eine systematische Sammlung mittelalterlicher Malerei anlegen. Dabei war ihr höchstes Ziel, die ihrer Meinung nach versinkende deutsche Kultur vor ihrem Unter-

41 Herbert Levin, Die Heidelberger Romantik, München 1922, S. 125.

42 Friedrich Strack, Das Palais Sickingen-Boisserée und seine Bewohner, in: Heidelberger Jahrbücher XXV, 1981, S. 138.

43 Georg Poensgen, Die Begegnung mit der Sammlung Boisserée in Heidelberg, in: Goethe und Heidelberg, Heidelberg 1949, S. 153.

gang zu retten. In Paris hatten sie sich bei Friedrich Schlegel die ihrer Ansicht nach für das Anlegen einer solchen Sammlung notwendigen Kenntnisse und Kriterien erworben. Ihre Absicht war, die von Schlegel vertretene These von einer eigenständigen deutschen Malerei wissenschaftlich zu belegen; jedes Bild ihrer Sammlung wurde datiert und einem bestimmten Maler zugeschrieben.[44]

Der Umzug nach Heidelberg stellte die Sammler vor die Aufgabe, am Ort Maler zu finden, die für die Restaurierungsarbeiten an den Gemälden geeignet waren. Folgende Künstler arbeiteten in Heidelberg bis zum Jahre 1819 als Restauratoren für die Sammlung: Friedrich Epp (1810-1813), Christian Philipp Koester (1813-1819), Johann Jakob Schlesinger (1816-1819), Joseph Wintergerst (1816-1819) und Johann Christian Xeller (1817-1819).[45]

Sulpiz Boisserée gelang es, sowohl mit großem diplomatischem Geschick und inständigem Werben als auch mit den Plänen zur Wiederherstellung des Kölner Domes, Goethe für die Sammlung zu interessieren. Der Dichter besuchte zweimal die Sammlung – er hielt sich vom 24. September bis zum 11. Oktober 1814 und im folgenden Jahr vom 21. September bis 7. Oktober in Heidelberg auf. Doch war es weniger die religiöse Ausstrahlungskraft der Gemälde, die Goethe gefangen hielt, als die Art der Darstellung und die überraschend intensive Leuchtkraft der Farben, die ihn faszinierten.[46] Mit Goethes Anerkennung der Boisseréeschen Sammlung begann die glanzvollste Zeit der Bildergalerie. Die Reihe bedeutender Gäste riß seitdem im Hause am Karlsplatz nicht mehr ab.[47]

1819 zogen die Boisserées mit ihrer Sammlung nach Stuttgart. Leider gibt es weder über die Gemälde, die von Koester in Heidelberg restauriert worden sind, noch über dessen angewandte Restaurierungsmethoden präzise Angaben in den Quellen. Auch an den Bildern selbst, die bis heute mehrmals restauriert wurden, sind keinerlei Spuren von Restaurierungen, die eindeutig Koester zugeschrieben werden können, nachweisbar.[48] Nach einem Brief

[44] Prestel 1983, S. 166.

[45] Lohmeyer 1935, S. 173-202.

[46] „Eine ganz neue und bisher unbekannte Welt von Farben und Gestalten" drängte Goethe „aus dem alten Gleise seiner Anschauungen und Empfindungen" (Wolfgang Herwig [Hrsg.], Goethes Gespräche. Eine Sammlung zeitgenössischer Berichte aus seinem Umgang auf Grund der Ausgabe und des Nachlasses von Flodoard Freiherrn von Biedermann, Bd. 2, Zürich / Stuttgart 1969, Nr. 4071, S. 961).

[47] Strack 1981, S. 141.

[48] Freundliche Auskunft von Dr. Thomas Brachert, Nürnberg, Institut für Kunsttechnik und Konservierung und von Dr. Gisela Goldberg, München, Bayerische Staatsgemäldesammlungen. Die mit dem Klassizismus begonnenen Versuche, durch Zeichen, Inschriften und detaillierte Berichte alle restauratorischen Maßnahmen dokumentarisch festzuhalten, waren nicht von Dauer, so daß bis weit in die zweite Hälfte des 19. Jahrhunderts hinein Unklarheit über Art und Notwendigkeit einer exakten Dokumentation herrschte (Heinz Althöfer, Restaurierungsdokumentation im 19. Jahrhundert, in:

Gottfried Kellers muß Koester jedoch mit allen Gemälden der Sammlung vertraut gewesen sein:

> „Er hat seiner Zeit die ganze Boisseréesche Sammlung restauriert; er erzählte mir die ausführliche Geschichte derselben, denn Stück für Stück ist durch seine Hände gegangen."[49]

Abschließend muß festgestellt werden, daß die Zusammenarbeit zwischen den Boisserées und Koester sehr harmonisch gewesen sein muß und die Restaurierungsergebnisse in den Grenzen der damaligen Erkenntnisse der Materie sehr gelungen. Koester erinnerte sich noch ein Jahrzehnt später daran:

> „Die Verbindung mit Männern, welche sich ganz dem Kunststudium und der Verwaltung einer großen Sammlung hingaben, belebte das Interesse noch mehr, forderte die Einsicht und stärkte alle Kräfte, welche auf diesen Gegenstand gerichtet waren. Tag für Tag erhöhten sich die gegenseitigen Forderungen und Leistungen. Man war erfreut über die gelungenen Erfolge."[50]

Zwischen 1824 und 1830 war Koester an der Königlichen Gemäldegalerie in Berlin als Restaurator tätig. Im Jahre 1823 erhielt Johann Jakob Schlesinger einen Ruf nach Berlin, um dort die Gemälde der neuangekauften Sammlungen und die aus verschiedenen Schlössern nach Berlin gebrachten Bilder, die der dortigen Königlichen Gemäldegalerie eingereiht und im geplanten Neubau von Schinkel untergebracht werden sollten, zu restaurieren.[51] Wahrscheinlich holte Schlesinger Koester als erfahrenen Restaurator und Mitarbeiter nach Berlin. Im März 1824 war im Gebäude der Akademie der Künste ein Restaurierungsatelier für die Behandlung der Gemälde, die in dem zu gründenden Museum ausgestellt werden sollten, eingerichtet worden; im August 1826 wurde es in die Behrensstraße 66 verlegt.[52] Am 24. März 1824 kam Koester in Berlin an, um die Gemälde der 1821 erworbenen Sammlung Solly zu restaurieren.[53] Schlesinger und Koester arbeiteten nun für die Berliner Sammlung zusammen mit anderen Restauratoren und Helfern.

Von allen in der Königlichen Gemäldegalerie beschäftigten Restauratoren begründeten Koester und Schlesinger, die als *„Leiter des Geschäfts"*[54] bezeichnet wurden, Charakter und Ruf des Berliner Ateliers, in dem mit hoher

Heinz Althöfer [Hrsg.], Das 19. Jahrhundert und die Restaurierung. Beiträge zur Malerei, Maltechnik und Konservierung, München 1987, S. 327).

49 Carl Helbling (Hrsg.), Gottfried Keller. Gesammelte Briefe, Bd. 1, Bern 1950, S. 213f.

50 Koester 1827a, S. VI.

51 Peter Griesinger, Christian Xeller. Ein Biberacher Landschaftszeichner der Romantik. 1784-1872, Biberach 1966, S. 63.

52 Berlin, Geheimes Staatsarchiv-Preußischer Kulturbesitz Berlin (GStA-PK), Rep. 137 II D (Handakten Wilhelms von Humboldt), Nr. 6, Vol. I, 1829, S. 56: Brief Waagens vom 9. Juni 1829 an Dähling, Rauch, und Wach.

53 Berlin, Staatliche Museen zu Berlin-Preußischer Kulturbesitz, Zentralarchiv (SMB-PK, ZA) I/GG N 1. Rauch, C.I.3, o.S.

54 GStA-PK, Rep. 137 II D, Nr. 6, Vol. I, 1829, S. 38f.

Verantwortung und Sorgfalt dem Originalzustand eines jeden Bildes Rechnung getragen wurde, *„denn Schlesinger lebte nur für dieses Institut, dessen Gedeihen ihm so am Herzen lag, wie wenn es sein Eigentum gewesen wäre“*[55]. In einem Brief an Hirt, der mit Schinkel für die Einrichtung der Gemäldegalerie verantwortlich war, empfiehlt der Kunsthistoriker Gustav Friedrich Waagen[56] im Namen Schinkels Koester und Schlesinger. Dieses Schreiben ist insofern von großer Wichtigkeit, als hier auf internationaler Ebene Restauratoren und ihre ethischen Auffassungen miteinander verglichen und bewertet werden.[57] Dabei rückt Waagen die Restaurierungsmethoden Koesters und Schlesingers entschieden von denen der berühmten Italiener des Faches ab:

> „Wie sehr ich mich auch schon früher von den ausgezeichneten Eigenschaften, welche unsere Hrr. Schlesinger und Köster im Fache der Restauration von Gemälden besitzen, überzeugt hatte, bin ich doch auf meiner Reise durch Italien nach Vergleichung ihrer Arbeiten mit denen in den ersten Gallerien daselbst, von welchen ich hier nur die Großherzogliche zu Florenz, so wie die Päbstliche zu Bologna nennen will, so wie mit den Restaurationen der berühmtesten Leute in diesem Fach, als eines Palmaroli, eines Camucini, welcher letztere die gepriesene Gallerie Borghese zu Rom restaurirt hat, erst recht inne geworden, welch einen Schatz wir an diesen Leuten besitzen, und von welcher Wichtigkeit es uns sein muß uns dieselben für unser Geschäft zu erhalten. So sehr nämlich jene Italiäner unsere Restauratoren in der Größe der Forderungen für ihre Arbeiten übertreffen, so weit müßten sie denselben sowohl in dem Planmäßigen, Systematischen der Restauration, als in Sorgfalt und Gewißenhaftigkeit der Behandlung nachstehen; denn während die Hrr. Schlesinger und Köster von der ersten Vorarbeit an ihr Augenmerk vorzüglich darauf richten den ursprünglichen Charakter eines jeden Bildes möglichst zu erhalten und zu ergänzen, sich demnach auf alle Weise mit ihrer Restauration daran anzuschließen und da hinnein zu versetzen, wird durch die Restauration des Palmaroli, oder Camucini mehr, oder weniger von dem originellen Charakter der Bilder verwischt, und das Ganze derselben ihrer eignen Weise angepaßt und dazu herabgezogen.“[58]

Von den insgesamt 1198 Gemälden, die im Jahre 1830 im Königlichen Museum Berlin ausgestellt wurden, stammten 677 Gemälde aus der Sammlung Solly.[59] Koester ist in einem handschriftlichen Verzeichnis von Waagen bei

[55] Eduard Magnus, zit. nach: Friedrich Johann Hildenbrand, Maler Jakob Schlesinger, 1792-1855, Landau 1922 (Sonderdruck aus Pfälzer Land, Unterhaltungsbeilage zum Landauer Anzeiger, 1922, Nr. 13), S. 4.

[56] G.F. Waagen (1794-1868), einer der ersten Kunstwissenschaftler, kam im Juni 1823 zu der mit der Aufstellung der Sammlung Solly befaßten Kommission als Gehilfe hinzu.

[57] Ulrich Schießl, Der Maler und Restaurator Jakob Schlesinger (1792-1855) und seine kleine Abhandlung „Ueber Tempera-Bilder und deren Restauration“, in: Die Kunst und ihre Erhaltung. Festschrift für Rolf E. Straub, Worms 1990, S. 101.

[58] Friedrich Stock, Urkunden zur Einrichtung des Berliner Museums, in: Jahrbuch der Preußischen Kunstsammlungen 58, 1937 (Beiheft), S. 76f.

[59] Alheidis von Rohr, Edward Solly, Geschäftsmann, Kunstsammler, Kunsthändler, in: Jahrbuch Preußischer Kulturbesitz 1969, Bd. 7, Berlin 1970, S. 149.

134 Bildern dieser Sammlung als Restaurator verzeichnet, von denen noch 85 in Museen nachgewiesen werden konnten bzw. die im Krieg verloren oder zerstört worden sind.[60]

Aufgrund der von Koester restaurierten Gemälde wird ersichtlich, welche große Verantwortung ihm übertragen und welches Vertrauen in sein Können als Restaurator gesetzt wurde. Unter den Künstlern sind nach heutiger Zuschreibung nicht geringere als: Alessandro Allori, Christoph Amberger, Giovanni Bellini, Albert Bouts, Robert Campin, Lucas Cranach d.Ä., Petrus Christus, Lorenzo di Credi, Allart van Everdingen, Francesco Francia, Taddeo Gaddi, Jan Gossaert, Adriaen Isenbrant, Liberale da Verona, Filippino Lippi, Quinten Massys, Filippo Mazzola, Meister LS, Jacopo Palma und Santa Croce.

Über einzelne, an den Gemälden vorgenommene Restaurierungsmaßnahmen Koesters schweigen die schriftlichen Quellen ebenso wie die Bilder selbst. Nur anhand einzelner Anmerkungen Koesters in seiner Restaurierungsschrift werden die Erfolge ersichtlich, die die Restauratoren bei ihrer täglichen Arbeit erlebt haben mußten:

> „Beim Zusammenbringen alter Bilder aus der Eykischen Schule war es ein rechter Schmaus, wenn man ihnen die Haut abzog und die Farben nach einander wie Edelsteine zum Vorschein kamen. Der Schlag war so groß, daß Manche, selbst Künstler, ihren Augen kaum trauten und die Farben als modern ansprechen wollten. Allein es war nicht bloße Farbmaterie, was man sah, vielmehr die gediegenste, vollendetste Malerei. Das Mißtrauen konnte keinen Bestand gewinnen, weil man wohl fühlte, daß das Compliment für unser heutiges Colorit doch zu groß wäre.“[61]

Die Restaurierungen Koesters und Schlesingers müssen alle Erwartungen übertroffen haben. Im Abschlußbericht Humboldts vom 21. August 1830 an den König heißt es:

> „Das Restaurationsgeschäft war schon seit Jahren in Gang gesetzt und erfreute sich auch schon der von dem Maler Schlesinger und seinem Gehülfen Köster und Xeller befolgten Methode. [...] Eine sehr verständige, nur das wahrhaft von der Hand des Meisters herrührende sichtbar zu machen bemühte Restauration zeichnet die Gemälde der hiesigen Sammlung vorzüglich vortheilhaft aus.“[62]

Über die von Koester möglicherweise angewandten Restauriermethoden geben seine Schriften Auskunft.

[60] Siehe Liste bei Rudi 1999, S. 269-292.

[61] Koester 1830, S. 12.

[62] Wilhelm von Humboldt, zit. nach: Alfred von Wolzogen, Aus Schinkels Nachlass. Reisetagebücher, Briefe und Aphorismen, Bd. III, Berlin 1862, S. 303f.

Koesters Schrift „*Ueber Restauration alter Oelgemälde*"

Koester schrieb die drei Bände „*Ueber Restauration alter Oelgemälde*" während seines sechsjährigen Aufenthaltes in Berlin. Sie erschienen sukzessiv in den Jahren 1827, 1828 und 1830 bei Christian Friedrich Winter in Heidelberg und umfassen im Oktavformat insgesamt 134 Seiten. Dabei kann der Mangel an Systematik – es fehlen Kapitel bzw. Überschriften – aus der Entstehungsgeschichte erklärt werden.

Im zweiten Band von 1828 folgt am Schluß der dreizehnseitige Aufsatz „*Ueber Tempera-Bilder und deren Restauration*" von Jakob Schlesinger.[63]

Die Schrift Koesters eröffnet, neben den im Jahr 1828 herausgegebenen Werken von Friedrich Lucanus[64] und Christian Friedrich Prange[65], die Reihe der Handbücher zur Gemälderestaurierung. Es handelt sich um die ersten Fachpublikationen, die einen umfassenden Einblick in die Restaurierungspraxis dieser Zeit geben. Sie streben eine vollständige Beschreibung der handwerklichen Methodik an und werden von theoretischen Überlegungen begleitet, die heute noch durchaus Gültigkeit besitzen.[66]

Wichtig für die Beurteilung der Schrift Koesters ist deren Untersuchung auf Rezepte und Angaben zu den Materialien und Methoden, die er für die Arbeit des Restaurators empfiehlt.

An den Ausführungen von Reinigung und Retusche läßt sich die Restaurierungsvorstellung Koesters erkennen, weil sie mehr als andere Arbeiten

[63] Schießl versetzte diesen Aufsatz irrtümlicherweise in Koesters drittes Heft von 1830 (Schießl 1990, S. 97).

[64] Friedrich Gottfried Hermann Lucanus (1793-1872): Apotheker in Halberstadt; daneben als Kunstsammler, Restaurator, Kunstkritiker und Denkmalpfleger tätig; Studium der Naturwissenschaften in Göttingen und Berlin; 1823: Übernahme der Apotheke seines Vaters; 1828: Gründer des ersten westelbischen Kunstvereins; 1833-1851: Landtagsabgeordneter; Mitglied der Ministerialkommission für die Beaufsichtigung und Erhaltung der altertümlichen Kunstwerke und Kustos der Domschätze in Halberstadt (Cornelia Weyer [Hrsg.], Friedrich Lucanus, Anleitung zur Restauration alter Oelgemälde und zum Reinigen und Bleichen der Kupferstiche und Holzschnitte, Leipzig 1828, Reprint Stuttgart 1996 (Ulrich Schießl [Hrsg.], Bücherei des Restaurators, Bd. 2), S. 7-10; Cornelia Wagner, Arbeitsweisen und Anschauungen in der Gemälderestaurierung um 1800, München 1988 [Veröffentlichung des Instituts für Kunsttechnik und Konservierung im Germanischen Nationalmuseum, Bd. 2], S. 55 Anm. 6). Das Problem der Gemälderestaurierung um 1800 ist von Wagner in dieser grundlegenden Arbeit ausführlich behandelt worden. Darin hat sich die Autorin das Sichten und Auswerten von historischen Quellenschriften über die Gemälderestaurierung zur Aufgabe gemacht. Vgl. auch: dies., Die restauratorische Bibliothek im Jahre 1828, in: Zeitschrift für Kunsttechnologie und Konservierung 2, 1988, Heft 2, S. 336-344.

[65] Christian Friedrich Prange (1756-1836): Universitätszeichenlehrer; seit 1787: Professor der bildenden Künste an der Universität Halle; Herausgeber des „Magazins der Alterthümer", der ältesten deutschen archäologischen Zeitschrift.

[66] Wagner 1988, S. 7.

vom subjektiven Ermessen des Restaurators und von Zeiteinflüssen abhängig sind. Damit geben sie Auskunft, welches Interesse Koester dem einzelnen Kunstwerk bezüglich seiner originalen Erscheinung entgegenbringt.

Jede Restaurierung bedingt eine Auseinandersetzung mit dem, was als „*Original*" bezeichnet wird, da eine Veränderung des zu restaurierenden Objekts sowohl im ästhetischen Bereich als auch auf materieller Ebene die Folge ist.[67] Deshalb gibt das Spektrum der Restaurierungsmaßnahmen, die in einer Epoche bevorzugt werden, einen Einblick in ihr Originalverständnis. So weist der Zustand eines Gemäldes nach der Restaurierung in den meisten Fällen ästhetische Veränderungen auf, die als beabsichtigtes Ergebnis der getroffenen Maßnahmen angesprochen werden können. Gehen Lucanus und Prange in ihren Schriften in erster Linie auf die verschiedenen Techniken einer Restaurierung ein, legt Koester dagegen größeren Wert darauf, die Problematik einer Restaurierung aus ethischer Sicht zu erläutern:

> „Der Zweck der Restauration ist, verletzte Kunstwerke ihrem ursprünglichen Zustand wieder gleich zu machen, oder näher zu bringen; ich sage näher zu bringen, weil dieses Geschäft auch seine natürlichen Schranken hat, worüber man nicht hinausgehen kann noch soll. Denn es giebt Gemälde, die der Art der dem Grad nach verdorben sind für immer; andere lassen sich bis auf einen gewissen Punct hin wieder zurecht bringen, aber nicht völlig."[68]

Koester stellt sich damit gegen die bis dahin übliche Methode, beschädigte Bilder nach Maßgabe des Zeit- oder Individualstils aufzufrischen. Die Aufforderung, Eingriffe an Gemälden so gering wie möglich zu halten oder ganz zu vermeiden, sind Ankündigungen eines modernen Restaurierungsverständnisses, in dem unsachlich motivierte Maßnahmen keinen Raum mehr einnehmen dürfen.[69] Koester ist unter den Autoren der Restaurierungsliteratur um 1820/30 derjenige, der ein ungewöhnlich differenziertes Bild der Originalerscheinung entwirft. So gibt er zu bedenken, daß schon die verschiedenen Arten des Reinigens die Textur der Malerei schwächen könnten.

> „Darunter verstehe ich das ganz Eigene, ich möchte sagen Buchstäbliche, wie Einer seine Sache hinmalt und ausführt, jene sichtbare Lage der Farbmaterie, jene fein fühlbaren Spuren aller der Verfügungen mit Farbe und Pinsel. Das kann weder restauriert noch copirt werden, da jeder Mensch doch nur in seiner eigenen Haut steckt."[70]

Als „goldene Regel" für die Arbeit des Restaurators empfiehlt er:

> „Lieber zu wenig, als zu viel. [...] Die Achtung vor dem Ueberlieferten muß bei diesem Geschäft alle Unternehmungen leiten."[71]

[67] Im Folgenden s. Wagner 1988, S. 21.
[68] Koester 1827a, S. IX.
[69] Wagner 1988, S. 15.
[70] Koester 1830, S. 15; Wagner 1988, S. 23.
[71] Koester 1830, S. 25.

So schützt Koester, im Unterschied zu den meisten seiner Zeitgenossen, ursprüngliche wie altersbedingte Schwächen einer Malerei,

> „z.B. die durchscheinenden Conturen, die Originalcorrecturen, theilweise Verdunkelungen, auffallende Härten und Disharmonien, welche aus sorgloser Behandlung, auch aus Untugend der Pigmente erwachsen seyn können. Da diese Ergebnisse dem Meister angehören, insofern sie aus der Eigenthümlichkeit seiner Methode hervorgingen, so dürfen sie nicht angetastet, vielmehr muß der Grundsatz der Integrität des Originals gewissenhaft befolgt werden."[72]

Auch werden verbessernde Änderungen innerhalb des Gemäldes abgelehnt:

> „Noch weit weniger zulässig wäre es, eine Veränderung in einem Bilde vorzunehmen des bessern Geschmackes wegen. Der Restaurator weiß nicht, was er thut, wenn er sich den geringsten Frevel dieser Art erlaubt; denn man will nicht seinen Geschmack oder den seiner Zeit, sondern den alten, er sey beschaffen, wie er wolle. Der Restaurator darf als solcher nur Geschmäcke, aber keinen Geschmack haben."[73]

Ebenso definiert Koester das Ausmaß einer Retusche,

> „daß die fehlenden Stellen genau dem äußern und innern Zusammenhang anzupassen sind, ohne daß hiebei die angränzenden gesunden Theile ergriffen und mit in die Retusche gezogen werden."[74]

An anderer Stelle schreibt er:

> „Das unnöthige Ueberschreiten einer Retusche ist immer aus der schwierigen Forderung herzuleiten, einen beschädigten Fleck mit seinen oft sonderbaren Zufälligkeiten ganz alterthümlich treu aufzumalen, haltbar und unsichtbar einzuschalten. Der gewöhnliche Restaurator geht da, um sein mangelhaftes Thun zu verbergen, über die gesunden Theile hin und läßt seine Farbe allmählig in Rauch aufgehen."[75]

Koester stellt hohe Anforderungen an die malerischen Qualitäten, an Einfühlungsvermögen und die Kenntnisse der verschiedenen Stilrichtungen. Verlangt nämlich ein Gemälde mehr als ein paar kleine Retuschen, dann gilt es, *„dem Werk mit verwandtem Geist bis ins Herz zu blicken, und es gewissermaßen wie sein eigenes Kind zu überschauen."*[76] Wenn eine Totalretusche, also die Ergänzung eines Gemäldes ohne sichtbare Abgrenzung gegenüber dem überlieferten Originalbestand notwendig sei, bedürfe es im Unterschied zu allen anderen Retuschiermethoden einiger *„Kunstgriffe"*, um die Bildoberfläche in allen Eigenheiten, in ihrer *„Art von Gebild"* oder *„Marmorierung"*, zu imitieren: sowohl *„kleine Tüpfchen und Flecken von verschiedenem Grundriß und Ausdehnung"*, als auch das Krakelee, das *„Netz, feiner oder gröber"*, mit dem das Bild *„bald in unregelmäßigen Quadraten, Trian-*

[72] Ders. 1827a, S. 24.
[73] Ders. 1828, S. 11.
[74] Ebd., S. 21.
[75] Ders. 1830, S. 9.
[76] Ders. 1827a, S. 10.

geln, Halbzirkeln, oder sonst launenartiger Form, gitterartig überzogen" ist, müssen *„wegen der allgemeinen Harmonie"* mit *„Sicherheit und Treue"* nachgeahmt werden.[77] Bei großen verputzten Bildpartien rät Koester, sie harmonisierend mit Lasurfarben zu übergehen.

Koester unterscheidet zwei Methoden der Retuschierung: eine italienische[78] und eine deutsche. Aus der zeitlichen Übereinstimmung eines sehr kritischen Artikels Koesters[79] über die Reinigungs- und Retuschierverfahren in Italien mit der Tätigkeit eines der berühmtesten Restauratoren der damaligen Zeit, Pietro Palmaroli[80], in Dresden, kann eine direkte Reaktion auf dessen Methoden gefolgert werden. Im Jahre 1826 war Palmaroli als einzigem der möglichen Kandidaten Schlesinger, Bellmaison aus Paris und dem in Florenz tätigen deutschen Maler Johann Metzger der Auftrag erteilt worden, die Gemälde der Dresdener Galerie zu restaurieren. Nach zeitgenössischen Quellen[81] muß er sich dabei unterschiedlich farbiger Punkte oder Striche bedient haben, um Fehlstellen, verputzte Bildpartien oder störende Fleckenbildungen mit der Umgebung harmonisieren zu können. Diese Art der Retusche, die auf die heute vor allem in Italien geübte Tratteggio-Retusche vorausweist, war den Restauratoren in Deutschland zu dieser Zeit noch unbekannt, so daß sich eine lebhafte Diskussion um die Qualität der Arbeiten Palmarolis entwickelte.[82] Koester lehnte diese Vorgehensweise ab:

> „Die Italiener aber übertupfen gewöhnlich um der Retuschen willen, mit denen sie nicht fertig werden können, das halbe, oft das ganze Bild Punkt für Punkt, wodurch jeder freie Pinselzug und jede sonstige Eigenthümlichkeit der alten Malerei verloren geht."[83]

Auf diese Weise brächten sie

> „das Gemälde mit ihren Retuschen in Uebereinstimmung, anstatt umgekehrt zu verfahren, wodurch denn dieses ihr unglückliches Machwerk allerdings gut maskirt, dafür aber das Gemälde zu einer einzigen ungeheuern Retusche umgewandelt wird. Es scheint dieses fast unglaublich, ist aber ganz buchstäblich wahr. Mit unsäglicher Mühe

77 Ebd., S. 29f.; Wagner 1988, S. 50.

78 Koester 1827b, S. 284: „Italienisch nennt man diese Manier darum, weil fast alle restaurierten Bilder, die aus Italien kommen und der italienischen Kunst angehören, in dieser traurigen Manier hergestellt sind."

79 Ebd., S. 283f. Diesen Artikel übernahm Koester wörtlich in sein zweites Restaurierungsheft von 1828, S. 21-25.

80 Pietro Palmaroli (um 1778-1828): Maler und Restaurator; er restaurierte zwischen Juni 1826 und September 1827 in der Dresdener Galerie 54 Gemälde (Christoph Schölzel, Das Wirken Pietro Palmarolis in Dresden, in: Zeitschrift für Kunsttechnologie und Konservierung 8, 1994, Heft 1, S. 1-24).

81 Tagebucheintrag Schinkels am 12.10.1824 anläßlich eines Besuches im Atelier Palmarolis in Rom (Schölzel 1994, S. 12, s. Anm. 6).

82 Ebd., S. 12 und S. 17-19.

83 Koester 1828, S. 22.

wird durch dieses trockene, trübe Miniaturgetüpfel dem Bild der Geist ausgesogen, besonders hinsichtlich des Colorits, dem es alle Blüte raubt."[84]

Den deutschen Restauratoren gesteht Koester *„mehr malerischen Sinn und Pinsel"* zu, denn *„man sucht sich bald in der angrenzenden Gegend zu verlieren und die Theile zu schonen, welche keiner Herstellung bedurften."*[85]

Koester erwartet vom Restaurator, daß er sowohl die Technik der alten Meister beherrschen als auch kunsthistorisches Wissen besitzen müsse. Da er vorwiegend auf alte Werke zu reagieren habe, *„das alte werkstattliche Verfahren und Benehmen"* jedoch nicht *„pünktlich überliefert"* sei, sei er umso mehr zu verantwortungsvoller Materialwahl verpflichtet:

„der Restaurator hat es mit keinem neuen und neuesten Geiste zu thun; sein Reich ist nicht von dieser Welt. Das ist das Mühevolle seines Berufs, daß er nicht in dem Strom seiner Zeit lustig und leicht dahinschwimmen darf, sondern sich unablässig zurückarbeiten muß in den Geist und Leib der alten Schulen hinein."[86]

Der Restaurator ist damit in Koesters Sinn zur Kenntnis und Rekonstruktion originaler Maltechniken, also zu historisierendem Verhalten, aufgefordert. Ebenso sollte der Idealismus bei der Arbeit des Restaurierens eine wichtige Rolle spielen:

„Im Uebrigen gebricht dem Restaurator ein mächtiger Hebel, welcher die selbständige Kunstausübung in Bewegung setzen hilft – der Ruhm. Er kann sich kein sichtbares Denkmal für die Nachwelt stiften; vielmehr lös't er sein eigenstes Wesen auf, um es tropfenweis in die Glieder seiner adoptirten Kinder rinnen zu lassen, die er mehr liebt, als sich selbst. Still und fleißig geht sein Wirken von Statten. Spurlos bleibt, was er gethan. Je reiner er das verehrte Werk von dem Wust der Entstellung enthüllt, je sicherer er ihm seine Glieder wieder eingerenkt hat, um so weniger wird man seiner dabei gedenken. Und wenn ihm die schwierigste Aufgabe gelungen, so versteht sich dieses nur wie von selbst. So wenig wie im Sittlichen darf die gute That laut gerühmt werden. Fleiß, Geduld, Selbstverleugnung sind seine Tugenden. Es ist ein strenger Orden!"[87]

Im dritten Band schreibt Koester:

„Der Restaurator, welcher sein Geschäft täglich und treulich übt, ist ein geplagter Mann, der sein Kreuz auf sich nimmt. Er giebt sein eigenes Kunstleben der Belebung und Erhaltung Anderer hin, wofür er mindestens der äußeren Sorgen überhoben werden sollte."[88]

Daneben müsse, so Koester weiter, der Restaurator mit einem enormen Zeitaufwand für seine Arbeit rechnen, der leicht zu Pfuschereien führe:

„Das Arbeiten im Taglohn, wenn es nicht auf fürstliche Rechnung geht, führt leicht zu Knickereien. Das stückweise Arbeiten, verursacht ein immer neues Gehandel und Ge-

[84] Ebd.
[85] Ebd., S. 24.
[86] Ebd., S. 34.
[87] Ders. 1827a, S. 49f.
[88] Ders. 1830, S. 27.

tandel, verführt auch wohl einmal Einen, die Zeit in Anschlag zu bringen, welches doch bei diesem Geschäft durchaus nicht seyn sollte."[89]

Immer wieder weist Koester auf die Tugenden des Restaurators hin, die er unbedingt besitzen müsse: den „*feinen Takt*"[90] dem Kunstwerk gegenüber, „*Geduld ohne Ende*"[91], „*Ordnung, Reinlichkeit, Accuratesse*"[92] und „*feines Abwägen und Dafürhalten. Das ist der Genius, welcher über dem ganzen Geschäftsgang walten muß!*"[93]

Den Gemälden, die sich in einem sehr schlechten Zustand befinden und nicht mehr restauriert werden können, steht Koester ehrfurchtsvoll gegenüber. Er versteht sie als historische Dokumente, die nicht mehr verändert werden sollten: „*Es giebt nun einmal Bilder, welchen nicht mehr aufzuhelfen ist, die wir dennoch nicht außer Acht lassen können als schätzbare Fragmente, erhabene Ruinen.*"[94] Mit dieser Achtung vor dem Original kommt Koester der heutigen Restaurierungsauffassung sehr nahe.

Auch plädiert er für die Erhaltung der Originalrahmen, die zu seiner Zeit unbedenklich gegen neue ausgetauscht wurden.[95] Er spricht sich dafür aus, alle die Teile zu bewahren, die wie der „*Zierrahmen*" in „*kunstabsichtlicher Verbindung*"[96] mit dem Gemälde stehen. Koester bezieht sich also auf alle die Teile, die Dokumente einer ästhetischen Absicht sind.

Neben einem ausführlichem Einblick in die zeitgenössische Praxis und Problematik der Gemälderestaurierung, stellt die Schrift Koesters ein frühes Dokument eines ausgeprägten beruflichen Selbstverständnisses dar. Koester hofft, Erfahrungen und theoretische Überlegungen weiterreichen zu können und Berufsanfänger zur Nachahmung und eigenem Nachdenken anzuregen. Daß nur im Falle erwiesener Notwendigkeit und dann mit den besten verfügbaren Mitteln restauriert werden soll, sind Konsequenzen einer im Kern modernen Restaurierungsgesinnung, wie sie sich an der Schrift Koesters zeigen läßt. Nach Wagner kann deshalb die Zeit um 1830 – die Zeit der ersten Schriften über die Gemälderestaurierung – als Durchbruchszeit eines heute noch gültigen naturwissenschaftlich-geisteswissenschaftlich gestützten Restaurierungsverständnisses betrachtet werden.[97] Es handelt sich um eine Phase des Umbruchs, in der sich die Tätigkeiten des ausgebildeten Kunstmalers allmählich von der bis dahin festen Einbindung der Instandsetzungsarbeiten lösten. Erst jetzt wurden stichhaltige Argumente für die Spezialisierung und Ablö-

[89] Ebd., S. 27.
[90] Ders. 1827a, S. III.
[91] Ders. 1830, S. 30.
[92] Ders. 1827a, S. 43.
[93] Ebd., S. 41.
[94] Ders. 1828, S. 29.
[95] Ebd., S. 23.
[96] Ebd., S. 19.
[97] Wagner 1987, S. 304.

sung des Restaurierungsgeschäfts zu einem eigenen Berufsstand deutlich. Dadurch rückten Maler und Restaurator weiter auseinander. Die Restaurierungstechnik war nicht mehr Teil der zeitgenössischen Technologie der Malerei, sondern wurde die spezielle Aufgabe eines neuen Berufsstandes. Koester hat mit seiner Schrift zu dieser Entwicklung beigetragen.

Thomas Rudi

Abb. 28: Christian Philipp Koester „Der gesprengte Turm des Heidelberger Schlosses".

Hic gaudet mors …

Der wissenschaftliche Blick im Werk des Künstlers Jacob Wilhelm Christian Roux (1771-1830)

Im Heidelberger Goethejahr findet sich ein breit gestreutes kulturelles Angebot, das zu einer Auseinandersetzung mit dem Weimarer Dichter und Universalgelehrten auffordert. Die wenigen Besuche Goethes in der Nekkarstadt wurden zum Anlaß genommen, wiederholt auf dessen hier verbrachte Tage anzuspielen, die Einflüsse auf das Lebenswerk zu skizzieren und seine komplexen wissenschaftlichen Untersuchungen zur Farbenlehre in einer Ausstellung zu präsentieren. Es wirft ein bezeichnendes Licht auf den Stand der Goetheforschung, daß ein Heidelberger Zeitgenosse des Dichters, der 25 Jahre mit ihm in einem teils intensiven, wissenschaftlich-künstlerischen und persönlichen Austausch stand, dabei unberücksichtigt bleibt: Die Rede ist von dem in Jena geborenen, 1816 und 1819-1830 in Heidelberg wirkenden Jacob Wilhelm Christian Roux, der mit der Vielseitigkeit seines Schaffens die wohl am meisten unterschätzte Künstlerpersönlichkeit im Heidelberg des angegebenen Zeitraums ist.[1] Dieser vielbeschäftigte Künstler, der zudem in seinen Publikationen als Kunstschriftsteller zu Problemen der Wachsmalerei und physikalischen Farbenlehre leidenschaftlich Stellung bezog, ist der meistbeschäftigte Porträtist im Heidelberg der 1820er Jahre und zugleich Deutschlands führender anatomischer Zeichner im ersten Drittel des 19. Jahrhunderts. Als Professor für *anatomische Zeichnungskunst* 1819 an die Heidelberger Universität berufen, ist er der Begründer eines akademisch-künstlerischen Lehrfachs, das wegen seiner weit über die Zeit hinausreichenden, spezifischen Ausrichtung zunächst kaum Resonanz in einschlägigen Künstlerkreisen fand. Die versäumte Auseinandersetzung mit Roux markiert eine bestehende Forschungslücke, die als ein Desiderat interdisziplinär angelegter Forschung gesehen werden muß und die es nicht nur im Hinblick auf den Topos *Goethe und Heidelberg* zu schließen gilt.

Eine ab dem 21. Oktober 1999, d.h. zeitgleich mit dieser Heidelberger Ausstellung, in Weimar und danach in Jena gezeigte Schau macht erstmals

[1] An der Bauhaus-Universität Weimar entsteht gegenwärtig die kunstwissenschaftliche Dissertation des Verfassers: *Idylle, Abbild und Sektion. Jacob Wilhelm Christian Roux (1771-1830). Ein Künstler und Naturwissenschaftler der Goethezeit* (Arbeitstitel).

mit den 1771-1818 in Thüringen verlebten Schaffensjahren Roux' bekannt und bietet anhand der ausgestellten Originale, des Katalogbeitrags nebst Teilabdruck des druckgraphischen Werkverzeichnisses Anlaß zu einer ersten, regional übergreifenden Auseinandersetzung mit dem Schaffen dieses vielseitigen Künstlers.[2]

In nur wenigen künstlerischen Lebenswerken des 19. Jahrhunderts *freut sich der Tod, dem Leben zu helfen*.[3] Dieses Motto grüßt in langer Tradition den Eintretenden im Gebäude des Anatomischen Instituts zu Heidelberg. Der Sinnspruch versteht sich als Mahnung und Aufforderung zugleich und leitet über zur Auseinandersetzung mit dem Werk Jacob Roux', der es in besonderer Weise verstand, Naturwissenschaft und traditionelles Kunstschaffen zu einer symbiotischen, spannungsreichen Einheit zu führen. Mit ihm betritt erstmals 1816 ein Künstler die Bühne des Heidelberger Kunstgeschehens, der sich den landläufig vergröbert rezipierten, nur scheinbar antinomischen Maßstäben voneinender streng geschiedener romantischer und klassizistischer Kunsttraditionen entzieht. Als wichtigster Heidelberger Vertreter eines virtuosen Akademismus bedient er sich fast aller Gattungen traditioneller Kunst und mag gerade wegen dieser Heterogenität seines Lebenswerks von der Forschung vollkommen unberücksichtigt geblieben sein: Denn, so zeigt es sich bei einer kritischen Annäherung an sein Gesamtwerk, ein Blick auf einen Teilbereich seines Schaffens kann ohne die Berücksichtigung der angrenzenden Werkaspekte nicht ausreichend geleistet werden und würde nurmehr Fragmentarisches zu Tage fördern; dies ergäbe ohne die Relation zum Gesamten ein unvollständiges, kaum geschlossenes Bild.

Erstmals wurde Roux von dem Heidelberger Kunsthistoriker Alfred Peltzer 1906 erwähnt.[4] Dem Romantiker-Forscher Karl Lohmeyer gebührt das Verdienst, Werke Roux' 1914 und 1919 in Heidelberg ausgestellt und das Porträtschaffen des Künstlers einer größeren Öffentlichkeit ins Bewußtsein gebracht zu haben.[5] In Lohmeyers Publikation *Heidelberger Maler der Ro-*

[2] Vgl. Patrick Heinstein, *Kunst und Wissenschaft als symbiotisches Prinzip. Jacob Wilhelm Christian Roux (1771-1830). Rezeptionsgeschichte – Beziehungen zum Kreis der Weimarer Klassik – Druckgraphisches Werkverzeichnis 1792-1818*, in: [...] *Wie zwey Enden einer großen Stadt* [...] *Die „Doppelstadt Jena-Weimar" im Spiegel regionaler Künstler 1770-1830.* Ausst. Stadtmuseum Weimar, 21.10.-9.11.1999, danach Stadtmuseum Jena, 11.11.-12.12.1999.

[3] Der vollständige lateinische Sinnspruch lautet: Hic gaudet mors succurrere vitae. Zur Heidelberger Anatomie siehe auch: Goerttler, Klaus: *Hic gaudet mors succurrere vitae. Hier freut sich der Tod, dem Leben zu helfen*, in: Heidelberger Jahrbücher XXXV, Berlin / Heidelberg / New York 1991, S. 95-112.

[4] Alfred Peltzer, *Heidelberg in der Kunstgeschichte des 19. Jahrhunderts*, Heidelberg 1906, S. 35 und S. 41-43.

[5] Karl Lohmeyer (Bearb.), *Meisterporträts aus Heidelberger Besitz.* Ausstkat. Städt. Sammlungen Heidelberg 1914; ders., *Heidelberger Maler der Romantik*, Ausstellungskat. Städt. Sammlungen Heidelberg 1919.

mantik[6], greift dieser im wesentlichen auf Peltzer zurück und begründet zugleich einen bis heute anhaltenden Irrtum, durch den Roux in das künstlerische Umfeld der Heidelberger Romantik gerückt wird. Lohmeyer beleuchtet nur sehr schemenhaft die Vielseitigkeit des Künstlers und mißdeutet sie, auf der Grundlage einer einseitig zugrundegelegten, romantischen Kunstprogrammatik. Sein Blickwinkel auf das Roux'sche Werk unter dem Kapitel *Universitätszeichenlehrer* ist der im Ansatz richtige Versuch einer Darstellung, die bei gründlicher Betrachtung zu kurz greift. An dem Forschungsstand des Jahres 1935 hat sich seither kaum etwas geändert.[7] Gründe dafür mögen auch in den historischen Bedingungen der Kriegs- und Nachkriegszeit zu suchen sein: Roux' Werk umspannt eine breit gefächerte Ost- und Westdeutsche Schaffensphase. Mit der deutschen „Wiedervereinigung" konnte die längst fällige Aufarbeitung dieser und ähnlich gelagerter Künstlerbiographien vorangetrieben werden.

Jacob Roux durfte bereits auf ein reiches künstlerisches Lebenswerk zurückblicken, als er im April 1816 zum ersten Mal in Heidelberg eintrifft. Der 45jährige Künstler war in seiner Heimatstadt Jena und durch seinen zeitweiligen Wohnsitz in Weimar zu einer festen künstlerischen Größe als Poträtist und Landschaftsradierer geworden. Daneben war er zu einem auf nationaler Ebene viel beachteten anatomischen Illustrator avanciert. Er hatte sich nach anfänglichen Unterweisungen vorwiegend autodidaktisch zum Künstler ausgebildet und ein fächerübergreifendes naturwissenschaftliches Studium in Jena absolviert. 1795 machte er die Bekanntschaft des Professors für Botanik August Johann Georg Carl Batsch (1761-1802) und kam mit dem wissenschaftlich einflußreichen Arzt und Anatomen Justus Christian Loder (1753-1832) in eine nähere Berührung von dem er in der Folge für eine enge künstlerisch-wissenschaftliche Zusammenarbeit gewonnen wurde. Sowohl Batsch als auch Loder waren von Goethe hochgeschätzte Wissenschaftlerpersönlichkeiten. Der Dichter war in seiner Funktion als Staatsminister mit der Oberaufsicht der wissenschaftlichen Einrichtungen der Jenaer Universität betraut und zog die Genannten des öfteren in der Behandlung unterschiedlichster Fachfragen zu Rate. In Loders Vorlesungen hörte Goethe Anatomie und konsultierte ihn bei seinen vergleichenden kraniologischen Untersuchungen zum *Os intermaxillare*. Roux arbeitete ab 1797 als Zeichner für Loders *Anatomische Tafeln*, die zwischen 1794 und 1803 in mehreren Lieferungen erschienen sind. Das weithin beachtete Werk hatte es sich zur Aufgabe gemacht, alle wesentlichen anatomischen Zusammenhänge auf 182 Abbildungstafeln zu einem erschwinglichen Preis weiten Kreisen anschaulich darzulegen. Es gilt noch heute als die umfangreichste Kompilation des

[6] Erschienen Heidelberg 1935. Zu Roux siehe S. 70-73.

[7] Einen biographischen Abriß zu Roux' Leben im Zusammenhang mit seiner Tätigkeit als Professor in: Dagmar Drüll, *Heidelberger Gelehrtenlexikon.* 1803-1932, Berlin / Heidelberg / New York / Tokio 1986, S. 226

anatomischen Wissens der Goethezeit, dem dank Roux' wissenschaftlicher und künstlerischer Mitarbeit eine große Verbreitung und Akzeptanz zuteil wurde und es in den Rang eines Standardwerks erhob.[8] Daneben betätigt sich Roux als einfühlsamer und vielbeschäftigter Porträtist und wird mit Aufträgen seitens der in Weimar residierenden großherzoglichen Familie, bedeutender Gelehrter, Dichter- und Bürgerpersönlichkeiten betraut. Der Künstler findet insbesondere in der Zarentocher Maria Pawlowna (1786-1859), die in das Weimarer Großherzogtum eingeheiratet hatte, eine großzügige Förderin. Für seine Verdienste um Kunst und Wissenschaft 1806 zum *Dr. phil.* promoviert, erhält Roux nach Intervention Goethes eine Anstellung als Zeichenmeister an der Universität Jena. 1813 unternimmt er zusammen mit seiner Familie eine Kunstreise in die Schweiz und findet sich 1816 zu einem fast einjährigen Aufenthalt in Heidelberg ein. Goethe empfiehlt ihn an Sulpiz Boisserée:

> „Herrn Dr. Roux, den Überbringer, empfehle ich bey'm Eintritt zu freundlicher Aufnahme. Er wird sich bald als gebildeter Mann und schätzbarer Künstler bewähren. Freundlichst begrüßend / sich selbst empfehlend / Göthe / Weimar d. 26. März 1816."[9]

Zuvor war Goethe an den Künstler herangetreten, um ihn mit der Illustration seiner *Italienischen Reise* zu betrauen. Das Unternehmen scheiterte; die Gründe dafür lassen sich anhand vorliegender Quellen nicht mehr eruieren.[10]

Neben dem Empfehlungsschreiben Goethes, wird ihm der Eintritt in Heidelberg durch seinen Schwager Johann Caspar Gensler (1766-1821) erleichtert, der eine Stellung als Professor an der juristischen Fakultät der Universität Heidelberg bekleidet.[11] Über Roux' erstes Wirken im neuen gesellschaftlichen Umfeld berichtet Sulpiz Boisserée anläßlich einer Zeichnung der *St. Rochuskapelle bei Bingen* die er in des Malers Skizzenbuch entdeckt. Boisserée schreibt am 3. Dezember 1816 an Goethe:

> „[...] ich mußte dabei gleich Ihrer gedenken, darum bat ich sie [d.i. die Landschaft, Anm. d. Verf.] auszuführen und ich hoffe, Sie werden dieselbe gern unter Ihren landschaftlichen Erinnerungsblättern aufnehmen. Der brave Mann läßt sich Ihnen bestens empfehlen, es geht ihm hier ziemlich wohl. Er hat viele Gegenden gezeichnet und besonders vom hiesigen Schloß mehrere große Blätter gar schön entworfen. Auch einige Bildnisse hat er gemalt unter denen ihm dann vorzüglich die Kinder in Pastellfarben gelungen sind und vielen Beifall erworben haben."[12]

[8] Zu Roux' Jenaer Schaffen siehe ausführlich Lit. Anm. 3.

[9] Zit. nach: Goethes Werke, Weimarer Ausgabe, IV. Abteilung, Bd. 26, S. 306, Weimar 1902.

[10] S. Anm. 9 und 1 a.a.O.

[11] Zu Gensler s. Drüll 1986, S. 82, s. Anm. 9.

[12] Zit. nach: Sulpiz Boisserée. Briefwechsel / Tagebücher, 2. Bd., S. 148. Nachdruck der 1. Ausg. v. 1862, Göttingen 1970.

Von den Eindrücken und der landschaftlichen Umgebung Heidelbergs berichtet Roux mit dem Impetus des Landschaftsmalers an seinen väterlichen Gönner, Goethes „Urfreund“ Karl Ludwig von Knebel (1744-1834) ins heimatliche Jena:

„Es ist freilich nur, die Gegend hier hat wegen der dunklen, hohen mit dichtem Wald bewachsenen Berge etwas düsteres, und mancher Fremde kann sich nicht so leicht daran gewöhnen. Wir Jenenser vermissen unsere freundlichen Wiesen sehr, man muß Berge ersteigen, wenn man Aussicht haben will [...] Hat man die Berge erstiegen, so übersieht man eine sehr weite Ebene, die ganz in der Entfernung mit den Rheingebürgen und den Vogesen begränzt ist. In dieser Ebene schlängelt sich der Rhein in mannigfaltigen Krümmungen fort. Der Untergang der Sonne ist von hiesigen Bergen ein großartiger Anblick, und überhaupt für einen Landschaftsmaler gibt es hier sehr viel Schönes.“[13]

Roux liefert im weiteren Verlauf des Schreibens einen unverklärten, fast intim anmutenden Einblick in das gesellschaftliche Miteinander der gelehrten Kreise des biedermeierlichen Heidelberg:

„[...] bei all diesen [landschaftlichen] Schönheiten könnte ich mich doch schwer entschließen hier zu wohnen und noch weniger meine Frau, denn es fehlt hier sehr an Geselligkeit. Nur wenige Familien kommen zusammen, und die meisten leben getrennt, ohne eben Freunde zu sein. Thibauts besuchen wir oft, und mit ihm besteige ich allein manchmal die hiesigen Berge. Er ist ein sehr geistreicher Mann, und man lernt in seiner Gesellschaft.“[14]

Die von Roux mitgeteilten Dissonanzen innerhalb der Professorenschaft beziehen sich auf die bekannte Teilung der Heidelberger Gelehrten in zwei Lager einer vermehrt rationalistischen und einer romantischen Wissenschaftshaltung. Diese Teilung zog sich quer durch die Fakultäten, mit Schwerpunkt um den Historiker Georg Friedrich Creuzer (1771-1858), als Anhänger einer gleichsam romantisch-symbolischen Mythen- und Geschichtsdeutung und der Gruppe um den Dichter Johann Heinrich Voss (1751-1826). Der in Heidelberg seit 1805 als Sinekure-Professor residierende Voss fand hingegen in dem Mediziner Friedrich Tiedemann

Abb. 29: Jacob Wilhelm Christian Roux „Porträt Johann Heinrich Voss“.

[13] Freies Deutsches Hochstift Frankfurt a.M. Brief v. 27.6.1816. Hs 13259, erstmals abgedruckt bei Heinstein 1994, S. 498, s. Anm. 1.

[14] Ebd.

(1781-1861) und dem Theologen H.E.G. Paulus (1761-1851) Wegstreiter einer vermehrt rationalistischen Grundhaltung, die fakultätenübergreifend herrschte. Jacob Roux bewegte sich innerhalb beider Gruppen.

Die Kunstlandschaft, die Roux bei seinem Aufentalt 1816 in Heidelberg vorfand, war einerseits bestimmt von der jungen Generation eines Carl Rottmann (1797-1850), Ernst Fries (1801-1833) und Carl Philipp Fohr (1795-1818) und andererseits von den ebenfalls jüngeren, vermehrt akademisch orientierten Künstlern wie Christian Philipp Koester (1784-1851) und Johann Jakob Schlesinger (1792-1855), die beide als Restauratoren für die Bildersammlung der Brüder Boisserée tätig waren. Da zudem der künstlerisch weniger bedeutende Zeichenlehrer Friedrich Rottmann im Sommer 1816 verstorben war, traf Roux auf ein weites künstlerisches Betätigungsfeld, das er mit der Ausführung zahlloser Porträtaufträge zu bestellen wußte.[15]

Seine Bekanntschaft mit dem Heidelberger Verleger Joseph Engelmann ließ den Plan für eine Herausgabe *malerischer Neckar- und Rheingegenden* gedeihen. Roux begibt sich daraufhin im August 1816 auf eine Reise entlang des Rheins bis Bonn und liefert die Vorlagen zu seinen weit verbreiteten Radierungen, die in dem Ansichtenwerk *Malerische Ansichten des Rheins, der Mosel, des Haardt und Taunusgebürges* an die Öffentlichkeit gelangen.[16] Die Mitwirkung weiterer Zeichner wie Xeller und Fries an diesem wichtigsten Werk der Rheinromantik, führt zu einer bis heute fälschlicherweise vorgenommenen Eingruppierung Roux' in das Umfeld der Heidelberger Romantik, mit der dieser jedoch weder alters- noch gesinnungsmäßig auf einer gemeinsamen künstlerischen Ebene stand.[17] Gleichwohl wird das vom Verleger als Gemeinschaftsarbeit angepriesene Prachtwerk von der zeitgenössischen Presse sehr wohlwollend, aufgenommen:

> „Niemand macht wohl die Rheinreise ohne Schreibers Handbuch und niemand sollte dieses Handbuch besitzen ohne Roux' Ansichten“[18]

oder:

> „Die Radiernadel des Hr. Roux hat Löbliches geleistet. und ohngefähr 2/3 dieser Blätter sind von bester Auswahl und von genialer Ausführung.“[19]

[15] Ein Zusammentreffen mit Charles de Graimberg (1774-1864) ist nicht überliefert, siehe hierzu auch den Beitrag in dieser Publikation von Anja-Maria Roth.

[16] Auch unter dem Titel *Vollständiges Gemälde der Rheinlande von Schafhausen bis Holland.* Heidelberg um 1820/21.

[17] Eine eingehende Untersuchung von Roux' Landschaftsauffassung im Abgleich zur romantischen Sicht bei Fries soll nicht Gegenstand dieser Kurzdarstellung sein; dies wird vielmehr in der Dissertation des Verfassers ausführlich behandelt.

[18] *Literarisches Wochenblatt* (Leipzig) 1818, Nr. 42, S. 336, zit. nach: Heinstein 1994, S. 500, s. Anm. 1.

[19] *Der Spiegel* (Mainz) 9.3.1824, Nr. 30, S. 119, zit. nach: Heinstein 1994, S. 500, s. Anm. 2.

Nach der Rückkehr des Künstlers nach Jena im Frühjahr 1817, kommt es zu intensiven Zusammentreffen mit Goethe, dem er im Sommer bei dessen Untersuchungen zu den entoptischen Farbphänomenen assistiert.[20] Goethe schätzte weit mehr Roux' Fähigkeiten als naturwissenschaftlich orientierter Künstler und Lehrer denn als Landschafter. In diesem Licht ist auch der vehemente Einsatz Goethes für den Künstler bei der Einrichtung einer Kunstschule in Jena zu betrachten, die unter Roux' Leitung ins Leben gerufen werden soll.[21] Neuerliche Verzögerungen und immer wieder aufgeschobene Verhandlungen bei der Verwirklichung des Projekts ließen Roux über seinen Schwager Gensler mit der badischen Regierung in Karlsruhe in Verhandlung treten, um über eine Einstellung Roux' als Professor an der Heidelberger Universität nachzudenken. Die Stelle des Universitätszeichenmeisters Friedrich Rottmann war seit dessen Ableben vakant und nur interimistisch vom bereits 1818 verstorbenen Julius Springer besetzt.[22] Gensler weiß Roux' Vielseitigkeit für die angestrebte Heidelberger Anstellung bei der badischen Regierung mit Bedacht in ein rechtes Licht zu rücken:

> „Roux hat für Unterricht den Vorzug, daß er in allen Fächern der Kunst zu zeichnen, zu mahlen p., nicht ohne Auszeichnung erfahren, als Landschafts-, als Portraits-Mahler u. als Kupferstecher beliebt ist, dort in allen Formen u. Farben, insonderlich auch durch anatomische Kenntniße besonders fähig, anatom. Zeichnungen zu fertigen“[23]

Die Bemühungen sind von Erfolg gekrönt. Da die finanziellen Mittel für die Einrichtung der neuen Professorenstelle nicht im ausreichenden Maße zur Verfügung stehen, verzichtet Gensler zu Gunsten Roux' auf eine anstehende Gehaltszulage und ebnet somit den Weg für Heidelbergs erste kunstgeschichtliche und kunstpraktische Professur.[24] Der zunächst mit dieser Stellung verbundene Zeichenunterricht am Heidelberger Gymnasium wurde von Roux nicht widerspruchslos akzeptiert, da er um eine zeitliche Einengung der für eigene künstlerische Arbeiten benötigten Zeit fürchtete. Er schreibt daraufhin von Jena an seinen Schwager:

> „Wenn meine Bitte erhört wird, und man bewilligt 800 fl ohne daß ich den Unterricht am Gymnasium zu geben habe, so kannst du in meinem Namen es zusagen, u. deine Frau kann hernach gleich nach einer Maler Wohnung suchen. Nur nicht im kalten Thale, wo es den Winter dunkel ist, sondern mehr nach dem Mannheimer Thor zu.“[25]

[20] Vgl. dazu Goethes Tagbücher, in: Goethes Werke (Weimarer Ausgabe), Bd. 6, S. 66-68, 73, 79, 84 und S. 90, Weimar 1894.

[21] *Goethes Werke*, Weimarer Ausgabe, Teil III, Tagebücher, Bd. 6, S. 265.

[22] Karl Lohmeyer, *Heidelberger Maler der Romantik*, S. 69, Heidelberg 1935.

[23] Gensler an Staatsrat Eichrodt, Brief v. 4.2.1819, Generallandesarchiv Karlsruhe, Abt. 205, Fasz. 249f.

[24] Ebd.

[25] Brief Roux' an Gensler v. 19.2.1819, ebd.

Goethe war von der Entwicklung völlig überrascht und schreibt an Roux:

„Ew. Wohlgeboren Entschluß, Jena mit Heidelberg zu vertauschen, ist mir in diesem Augenblick um so unerfreulicher, als ich eben von Serenissimo [d.i. Großherzog Carl August von Sachsen-Weimar-Eisenach. Anm. d. Verf] den Auftrag erhalte mit ihnen die Einrichtung einer bedeutenderen Kunstschule zu Jena nach früheren Ideen zu besprechen. Indem mir nun aber leid thut, dieses Geschäft unterbrochen zu sehen, so werde ich mich jedoch jederzeit erfreuen zu vernehmen, wenn es Ihnen auch am Neckar recht wohl gehe."[26]

Am 16. April 1819 nimmt Roux von Goethe in Weimar persönlich Abschied[27] und übersiedelt wenige Tage später mit seiner Familie nach Heidelberg. Seine Ernennung wird bereits am 19. April 1819 öffentlich angezeigt:

„Seine Königliche Hoheit haben gnädigst geruhet, den Doctor der Philosophie und Lehrer der anatomischen Zeichnungskunst in Jena, Jacob Roux als Professor bey der Universität Heidelberg anzustellen."[28]

Von der beschwerlichen, mehrtägigen Reise gezeichnet, trifft der Künstler mit Frau und Tochter in Heidelberg ein, genau beobachtet von der hier wie allerorten auf Klatsch und Tratsch bedachten Einwohnerschaft. Zur lebendigen Skizzierung des zeitgenössischen Heidelberger Gesellschaftsbildes sei in diesem Zusammenhang eine Bemerkung von Carl Thibaut mitgeteilt:

„Die Madam, der Herr und Mamsel Tochter Roux waren vor acht Tagen bey uns, die Madam ist seit der Reise so mager wie ein Erbsenreisig geworden. Aber ihre Mamsel Tochter hat gesagt, daß ihre Madam Mutter wie eine Dampfnudel aufgegangen sey."[29]

Seine Amtsgeschäfte als Professor tritt Roux im folgenden Semester an, konnte jedoch wegen der Einrichtung seines praktischen Unterrichts die angekündigten Vorlesungen über *Geschichte der Mahlerkunst* zunächst noch nicht halten.[30] Weder seine Lehrmethode noch deren Inhalte sind bislang Gegenstand einer wissenschaftlichen Untersuchung gewesen. Die erste Heidelberger Professur in einem kunsttheoretischen Fach wird gemeinhin erst für die zweite Jahrhunderthälfte angenommen und in ihrer heutigen Bedeutung als kritische Wissenschaft richtigerweise ab 1893 mit dem Lehrstuhlinhaber Henry Thode in Verbindung gebracht.[31] Dies bedarf einer Korrektur.

[26] Zit. nach: *Goethes Werke* (Weimarer Ausgabe), IV. Abteilung, 31. Bd., Weimar 1906, S. 95.

[27] *Goethes Werke* (Weimarer Ausgabe) Bd. 7, Weimar 1895, S. 37.

[28] *Großherzogliches Staats- und Regierungsblatt*, Karlsruhe, 19.4.1819, S. 78.

[29] Carl Thibaut an seinen Vater, Brief v. 5.5.1819. Zit. nach: Rainer Polley, Anton Friedrich Justus Thibaut (AD 1772-1840) in seinen Selbstzeugnissen und Briefen. 2 Teile, Frankfurt a.M. / Bern 1982 (zugl. Rechtshistorische Reihe, Bd 13/1 und 2, hrsg. v. H.-J. Becker u.a.), Teil 2, S. 374.

[30] Notiz Roux' v. 6.6.1819, Universitätsarchiv Heidelberg, Akten der philosophischen Fakultät, Sign. H-IV-102/15, Bl. 65.

[31] Zu Thode s. Drüll 1986, S. 268, s. Anm. 9.

Roux' *theoretisch-praktischer Unterricht im Figuren und Landschaftszeichnen*[32] kann zwar ebensowenig auf der Grundlage heutiger Wissenschaftsmethodik betrachtet werden, wie sein *Unterricht im Nachzeichnen anatomischer Gegenstände, nach Zeichnungen und nach der Natur.*[33] Doch mit seinen Vorlesungen zur *Geschichte der Malerei*, die er für 1821 ankündigt, muß Roux als der Vorläufer kunsthistorischer Lehre an der Universität Heidelberg anerkannt werden, die sich erst sehr viel später zu einer eigenständigen Wissenschaftsdisziplin hier etablieren sollte.[34]

Zu den wenigen namentlich bekannten Schülern Roux' an der Universität gehört der mit ihm verwandschaftlich verbundene Archäologe Josef Anselm Feuerbach, der Vater des Malers Anselm Feuerbach. Er berichtet 1823:

> „Vorzüglich viel verdanke ich Roux. Sein Eifer, mich in Kunstkenntnis weiterzubringen, beschämt mich, und ich sinne vergebens hin und her, wie ich ihm alles, was er mir tut, wenigstens mit einer kleinen Freude vergelten können. [...] Daß Anatomie für jeden Kunstkenner ganz unentbehrlich ist, ja sein erstes Studium sein sollte, ist mir jetzt erst so recht klar geworden."[35]

Roux folgt offenbar einer seit langem ausgeübten akademischen Tradition, die eine Beherrschung anatomischer Zusammenhänge als Grundlage für die zeichnerische Erfassung des menschlichen Körpers postuliert. Darüber hinaus verläßt er aber den Pfad eines in seiner Zeit verhafteten Akademismus und bildet als Lehrer explizit Wissenschaftsillustratoren aus, unter denen sein heute ebenfalls vergessener Heidelberger Schüler Franz Xaver Wagner herausragt.[36]

Als anatomischer Illustrator knüpft Roux in Heidelberg an seine herausragenden Jenaer Arbeiten für

Abb. 30: Jacob Wilhelm Christian Roux „Bildnis einer unbekannten Heidelbergerin".

[32] S. Anm. 30, H-IV-102/16, Bl. 34
[33] Ebd.
[34] Ebd.
[35] Josef Anselm Feuerbach an seinen Vater, Brief v. 10.11.1823, Pfälzische Landesbibliothek Speyer, Handschriftenabteilung, Nachlaß Feuerbach. Zit. nach: Heinstein 1994, S. 502, s. Anm. 1.
[36] Vgl. Heinstein 1994, S. 504, s. Anm. 2.

Loder an.[37] Friedrich Tiedemann (1781-1861) ist in Heidelberg seit 1816 Lehrstuhlinhaber für Anatomie. Tiedemanns Stellung ist in seiner Zeit nahezu unangefochten und wird von Zeitgenossen wie folgt bewertet:

> „Prof. Dr. Tiedemann ist einer der hochgefeierten Namen deutscher Gelehrten und seine Verdienste sind so gross und so wohl begründet, dass sie ihm nicht nur im Vaterlande die allgemeine Achtung erwerben, sondern dass er dem Besten und Vorzüglichsten, was das Ausland in seinen Fächern aufzuweisen hat, an die Seite gestellt werden darf, ja und selbst in diesem Vergleiche tritt Tiedemann's rastlose Thätigkeit in ein noch helleres Licht, indem er, da wo Frankreich's und England's Anatomen und Naturforscher im Ueberflusse der Hülfsmittel gleichsam schwelgen, bei verhältnissmäßig geringen Quellen dasselbe leistetete und sich auf gleiche Höhe schwang."[38]

Seit 1821 illustriert Jacob Roux alle anatomischen Veröffentlichungen Friedrich Tiedemanns: Beginnend mit den Abbildungen verschiedener Säugetiergehirne[39] und den vielbeachteten, weithin gelobten Uterustafeln[40], zeichnet er die 40 Großfolio-Illustrationen zu Tiedemanns Prachtwerk *Tabulae arteriarum corporis humani*, die in Karlsruhe zwischen 1822 und 1824 erschienen sind. Mit seiner Arbeit für die *Tabulae arteriarum* festigt sich der Ruf des Künstlers, der zeitgenössische Fachrezensenten zu dem Urteil führte *„daß man ihn gegenwärtig wohl den größten anatom. Zeichner in Deutschland nennen kann"*.[41] Weitere Arbeiten für Tiedemann[42], den Gynäkologen Franz Carl Joseph Naegele (1778-1851)[43] und den Geologen Carl Caesar von Leonhard (1779-1862) folgen[44] und geben Zeugnis von einem aus der Zeit herausragenden, künstlerisch-naturwissenschaftlichen Schaffen.

Der dem Künstler eigentümliche wissenschaftliche Blick zeigt sich im gesamten Œuvre. Einzig die konservativ gehaltenen Landschaftsveduten ausgenommen, durchdringt Roux mit der Präzision, die den ausgebildeten Na-

[37] Bei der Beurteilung der wissenschaftlichen Exaktheit der anatomischen Arbeiten Roux', konnten Prof. Dr. Klaus Tiedemann vom anatomischen Institut der Universität Heidelberg, und Dr. Gunther von Hagens gewonnen werden, denen für ihre großzügige Hilfe hier schon einmal herzlich gedankt sei.

[38] Kilian, H.F.: *Die Universitaeten Deutschlands in medicinisch-naturwissenschaftlicher Hinsicht betrachtet ...*, Heidelberg / Leipzig 1828, S. 161f. Zu Tiedemann vgl. u.a. Drüll, S. 269, zu Ackermann ebd., S. 1, s. Anm. 9.

[39] *Icones cerebri simiarum et quorundam manualium rariorum*, Heidelberg 1821.

[40] *Tabulae nervorum uteri*, Heidelberg 1823.

[41] *Isis*, Heft 1, 1824, Sp. 160.

[42] *Hirn des Orang-Outangs mit dem des Menschen verglichen*, in: *Zeitschrift für Physiologie*, Zweiter Band, 1. Heft, Darmstadt 1826, Abbildungstafel 4.

[43] *Das weibliche Becken betrachtet in Beziehung auf s. Stellung u.d. Richtung seiner Höhle*, Karlsruhe 1825 und die unter Naegele 1830 entstandene medizinische Dissertation von Eli von Haber *Casum rarissimum partus, qui propter exostosin in pelvi absolvi non potuit ...*, Heidelberg 1830.

[44] *Die Basalt-Gebilde in ihren Beziehungen zu normalen und abnormen Felsmassen*, 2 Bde. und Atlas, Stuttgart 1832. Das Werk konnte erst nach Roux' Tod veröffentlicht werden.

turwissenschaftler verrät, die Bandbreite des konventionellen bildnerischen Schaffens. Dieser wissenschaftliche Blick ist es, der den Künstler während seiner Heidelberger Zeit zu Publikation kunstpraktischer Untersuchungen veranlaßt, die vornehmlich von bildkonservatorischen Belangen handeln. Bereits 1826 veröffentlicht er zusammen mit seinem Heidelberger Kollegen, dem Pharmazeuten Philipp Lorenz Geiger (1785-1836) die chemischen Untersuchungsergebnisse eines Fragments pompejanischer Wandfresken, die ihn zu einer umfassenden Analyse von Aufbau und Technik römischer Malerei veranlassen.[45] In seinen eigenständigen Publikationen verficht er eine konservatorische Stellung, die für eine Verbesserung zeitgenössischer Maltechniken mit Vehemenz eintritt. Eigene Beobachtungen führen ihn zur Entwicklung einer Wachsmalerei in Abgrenzung zur klassisch überlieferten Enkaustik, die dem Künstler wegen des umständlichen Einbrennens der Farben verbesserungswürdig erscheint. Roux setzt sich durch seine Veröffentlichungen einer kontroversen und teils unsachlich geführten Diskussion aus. Seine Arbeitsproben werden trotz Teilnahme an den seinerzeitig maßgeblichen Kunstausstellungen in Karlsruhe, Frankfurt und Berlin mit Interesse, jedoch ohne die von ihm erhoffte allgemeine Zustimmung rezipiert. Der in der Öffentlichkeit, insbesondere in den Rezensionen seiner Schriften erhobene Vorwurf, sein angekündigtes Malverfahren nicht veröffentlicht zu haben, wirkt gerechtfertigt, ist jedoch nur in Kenntnis der bislang unveröffentlichten Quellen richtig zu deuten: Der Künstler stirbt noch vor der 1831 geplanten Publikation seines nunmehr optimierten Malverfahrens und hinterließ dadurch für die Forschungen einen Raum weitreichender Spekulationen. Daß Roux in seinen maltechnologischen Überlegungen tatsächlich ein aus konservatorischer Sicht ungewöhnlicher Erfolg beschieden sein sollte, ließ sich zu seinen Lebzeiten empirisch nicht belegen. Die Alterungs- und Lichtbeständigkeit und damit der Erfolg oder Mißerfolg dieser und ähnlicher Verfahren kann bekanntermaßen nur aus einer hinlänglichen zeitlichen Distanz zwischen Entstehung und Begutachtung einer Arbeitsprobe ermittelt werden. Eine wissenschaftliche Begutachtung der Roux'schen Wachsmalerei sollte erst in aller jüngster Zeit erfolgen; sie fördert gleichsam ungewöhnliche und eindeutige Ergebnisse zu Tage: So zeigte es sich, daß die einzig überlieferte Arbeitsprobe, das Bildnis des Heidelberger Theologen Paulus, sich in einem ungewöhnlich frischen Erhaltungszustand befindet und

[45] Ph.L. Geiger, *Magazin für Pharmazy*, Bd. 14, 1826, S. 41-63 und S. 135-176. Zu Geiger vgl. Drüll 1986, S. 80f., s. Anm. 9 und ausführlich bei Ute Thomas, *Die Pharmazie im Spannungsfeld der Neuorientierung: Philipp Lorenz Geiger (1785-1836). Leben, Werk und Wirken – Eine Biographie*, Diss. Marburg 1985, zu Roux S. 284-286 und S. 474-478.

170 Jahre nach seiner Entstehung modernsten naturwissenschaftlichen Analysemethoden unterzogen werden konnte.[46]

Gegen Ende seines Lebens begibt sich Jacob Roux auf das anspruchsvolle Terrain der physikalischen Farbenlehre. Mit dem ihm eigenen wissenschaftlichen Blick, strengt er empirische Untersuchungen zur Mischung von Spektralfarben und farbigen Pigmenten an. Angelehnt an Goethes Farbenlehre, bezweifelt der studierte Mathematiker und Physiker die Gültigkeit des Newtonschen Farbensystems.[47] Seine Ergebnisse werden von der Forschung kaum zur Kenntnis genommen, eine von Hegel erbetene Rezension erscheint nicht; man hatte augenscheinlich mit den Auseinandersetzungen um die Goethesche Farbenlehre eine fortgesetzt physikalische Diskussion von wissenschaftlicher Seite bereits als abgeschlossen betrachtet. Als Roux' Verdienst muß jedoch eine eigenständige, von ihm entwickelte Zusammenführung von additiver und subtraktiver Farbmischung anerkannt werden, die vermittels zerriebener Glaspigmente eine neuartige Sichtweise vorschlägt, jedoch Maßstäben moderner physikalischer Erkenntnisse nicht standzuhalten vermag. Roux tritt 1829 vor die in Heidelberg tagende *Versammlung deutscher Naturforscher und Ärzte*, das bedeutendste deutsche Wissenschaftsforum der Zeit, und legt in mehreren Experimenten seine Erkenntnisse dar. Universalgelehrte wie der schwedische Chemiker Jöns Jacob Berzelius (1779-1848) und der bedeutende englische Forscher Sir Humphry Davy (1778-1829) zeigen sich interessiert und bieten eine wissenschaftliche Unterstützung an. Roux bemerkt in diesem Zusammenhang:

> „Auf Veranlassung zeigte und erklärte ich auf hiesiger Versammlung der Naturforscher und Ärzte in der physikalisch-chemischen Sektion meine Versuche und ich fand an einigen Physikern heftige Gegner, aber mehrere Gelehrte, die mit zugegen waren, stimmten mir bei und suchten sich genau davon zu unterrichten."

Gleichsam als Credo seiner lebenslangen Bemühungen fügt er im gleichen Schreiben hinzu:

> „Mir ist um Wahrheit zu thun, jede gründliche Gegenbemerkung werde ich dankbar anerkennen, weil dadurch die Wissenschaft, die mir als Künstler so nahe liegt, nur gewinnen kann."[48]

[46] An dieser Stelle sei ganz besonders Prof. Dr. Michael Hesse vom Kunsthistorischen Institut Heidelberg für die vielfach teilhaftig gewordene Unterstützung gedankt. Ein weiterer großer Dank gilt dem Doerner-Institut/München, insbesondere Herrn Dr. Jürgen Koller und Herrn Dr. Andreas Burmester für ihre großzügige und ungewöhnliche wissenschaftliche Unterstützung. Ebenso gedankt sei der Theologischen Fakultät der Universität Heidelberg, die sich mit den Probenentnahmen und dem Transport des Bildes nach München sofort einverstanden erklärte.

[47] Jacob Roux, *Die Farben*, Heft 3, Heidelberg 1829.

[48] Roux an A. v. Lindenau v. 24.3.1830, Sächs. Landesbibliothek Dresden, Mscr. Dresd. h 37, Bd. 167, Nr. 37.

Neben seiner Lehrtätigkeit wird er 1829 mit der Restaurierung des Dekkenfreskos in der Aula der Heidelberger Universität betraut und gibt damit wohl eine der frühesten Proben konservatorischen Handelns nach modernwissenschaftlichen Grundsätzen ab.[49]

Als Bildnismaler war er zu Lebzeiten geachtet und geschätzt und befriedigte das Bedürfnis eines prosperierenden Bürgertums nach Selbstdarstellung und dezentem Zurschautragen des Erreichten. Roux' Bildnisse stehen hierin ganz in der Tradition der Zeit und eröffnen einen Blick auf den Porträtierten, ganz unter Verzicht erläuternder Standesinsignien und aufwendigen Beiwerks: Das Selbstbewußtsein des Menschen im Biedermeier ist vielmehr durch die bloße Erteilung eines Porträtauftrags hinlänglich dokumentiert und bedarf kaum weiterer Ausstattung. In seinen Kinderporträts empfiehlt sich Roux als verblüffend einfühlsamer Berichterstatter des kindlichen Wesens; die Gelehrtenporträts, insbesondere die Frauenbildnisse offenbaren einen realistisch-psychologisierenden Zug, der einige seiner Bilder an die Seite reifsten klassizistischen Kunstschaffens stellt. Wieder andere Porträts hingegen zeugen von einem ausgeübten Tagesgeschäft, das in seinem Charakter von seriell anmutender Produktion vermehrt den nüchternen Anlaß nach zusätzlichem Broterwerb unterstreicht. Diesem Eindruck folgt eine zeitgenössische Bemerkung von Wilhelmine Bardua, die zusammen mit ihrer Schwester, der Porträtmalerin Caroline Bardua, Heidelberg 1827 bereist:

> „Heute haben wir nun auch den alten Professor Roux und den Landschaftsmaler Fries besucht. Bei ersterem fanden wir ein gutes und mehrere schlechte Porträts, die Heidelberger sind aber sehr für ihn eingenommen."[50]

Eine andere überlieferte Begebenheit bietet einen zugleich anekdotischen und fast anrührenden Blick auf Heidelbergs Zeitalter der Empfindsamkeit und Roux' seinerzeit durchschlagende Wirkung als Porträtmaler: Der Heidelberger Theologieprofessor Friedrich Heinrich Christian Schwarz (1766-1837) war in Ansehung der treffenden Ähnlichkeit seines von Roux gemalten Bildnisses zutiefst gerührt in Tränen ausgebrochen! Die Kunde davon sollte schnell in der jeder intimen Neuigkeit aufgeschlossenen Heidelberger Gesellschaft Verbreitung finden. So treibt sie den scharfzüngigen Dichter Johann Heinrich Voss sogleich zu einem mit ironischem Gestus vorgetragenen Vierzeiler, der den solchermaßen Angerührten einer kaum vorstellbaren Lächerlichkeit preisgeben mußte:

> „Wie aus einem Spiegel holtest Du / Mein lächelnd Angesicht, o Seelenmaler Roux! / Schau meiner Rührung Tränenopfer hier ! / Für Lächeln dankt dies Weinen Dir."[51]

[49] Akten Universitätsarchiv Heidelberg, G II/79/5 v. 9.7.1829. Vgl. hierzu auch: Fritz Hirsch, *Von den Universitätsgebäuden in Heidelberg*, Heidelberg 1903, S. 85f.

[50] Zit. nach: Johannes Werner, *Die Schwestern Bardua*, Leipzig 1929.

[51] Zit. nach: Julius Reichlin-Meldegg, Paulus und seine Zeit, Stuttgart 1853, S. 249.

Abb. 31: Jacob Wilhelm Christian Roux „Heidelberg".

Am 22. August 1830 stirbt Jacob Roux überraschend, inmitten rastloser Kunst- und Lehrtätigkeit, im Alter von 59 Jahren. Die Witwe des Dichters, Ernestine Voss, berichtet ihrem Sohn:

> „Was uns alle sehr aufgeregt hat, ist das plötzliche Hinscheiden des guten Roux. Er ist so recht an gänzlicher Erschöpfung gestorben, und hat sich so tapfer gewehrt, seine lezten Kräfte zusammen zu halten. Kaum konnte er noch gehen, da hat er sich noch angestrengt nach dem Schloßweg hin zu gehen und ins Museum, daß waren 5 Tage ehe er einschlief. Später hat ihn Lehmann auf dem Sofa sitzend gefunden, wo er geklagt hat, er sey gar zu schwach, die Stiefel wären ihm so schwer. – In der Nacht auf Sonntag ist er sanft eingeschlafen."[52]

Sowohl die Schriften Roux' als auch sein einst international beachtetes anatomisches Illustrationswerk teilten fortan das Schicksal einer fortschreitenden wissenschaftlichen Entwicklung am Beginn des modernen Industriezeitalters. Allenfalls für Wissenschaftshistoriker bietet sich vom heutigen Standpunkt ein Zugang zu den naturwissenschaftlichen Leistungen der Goethezeit. Jacob Wilhelm Christian Roux gehört in diesem Kontext zu jenen seltenen Künstlerpersönlichkeiten, die sich der Antinomie von Kunst

[52] Brief v. 25.8.1830. Zit. nach: Heinstein 1994, S. 508, s. Anm. 1.

und Wissenschaft in einer fortschrittlich-modern anmutenden Gesinnung zuwandten und naturwissenschaftliche Erkenntnis und künstlerisches Handeln nicht als antagonistisches Kräftespiel sondern als ein dem Ganzen gleichermaßen förderliches Miteinander zu sehen und danach zu handeln vermochten. Diese seit der Renaissance verstärkt gepflegte Tradition, nach der neue wissenschaftliche Erkenntnis nach einem interdisziplinären Abgleich durch Nachbardisziplinen verlangt, um in der Folge weiterem schöpferischen Tun einen Weg zu ebnen, ist für die Kunstgeschichte der Goethezeit ein Desiderat. Die Modernität des wissenschaftlichen und künstlerischen Handelns von Jacob Roux, betrachtet im Kontext seiner konservativ-akademischen Grundhaltung, wirft zudem ein Licht auf einen heutzutage vernehmbaren Wissenschaftsskeptizismus, in dessen Tradition sich die nicht stattgehabte Rezeption von Roux' Lebenswerk uneingeschränkt findet. Sein schwer zugängliches, seit seinem Tod 1830 nicht mehr beachtetes und ausgestelltes Œuvre sollte es wert sein, sich ihm unter den angesprochenen Aspekten zu nähern. Durch eine größere Ausstellung seiner Werke – vorzugsweise an den Stätten seines Wirkens in Jena und Heidelberg – könnte heute wieder ein Zugang zu dem vielfältigen Wirken dieser interessanten Künstlerpersönlichkeit geschaffen werden.

Patrick Heinstein

Die Nazarener: Joseph Wintergerst und Christian Xeller

„Sie trugen nemlich lange gescheitelte Haare alla Nazareno wie die Italiener solche zu bezeichnen pflegten. Daher der, der ganzen Sekte später beigelegte Nahmen der Nazarener, womit man sowohl die Sekte als ganze und ihre Richtung in der Kunst zu bezeichnen pflegte."

So beschreibt 1822 J.M. Wagner die *„langhaarigen Ultrakatholiken"*[1], nicht gerade wohlwollend. Die ursprünglich wertfreie Beschreibung der Römer angesichts einer Haartracht, die sie an Christusdarstellungen erinnerte und die keine Neuprägung, sondern bereits im 17. Jahrhundert, wenn nicht gar früher, in Rom üblich war, machten sich die in Rom ansässigen und „etablierten" deutschen Künstler zu eigen, um die seltsamen Neuankömmlinge zu charakterisieren, und zugleich ihr Unverständnis diesen gegenüber auszudrücken. Der Name blieb den Malern, die sich selbst „Lukasbrüder" nannten, und wurde zur gängigen Bezeichnung jener Kunstrichtung, die in Wien begann, ihre Ausprägung in Rom erhielt und schließlich über die Alpen zurückwandern sollte.

Ausgangspunkt Wien

1806 treffen Friedrich Overbeck[2] und Franz Pforr[3] zum Studium der Malerei in Wien ein.

Die 1725 gegründete Akademie ist das Kunstzentrum des gesamten deutschsprachigen Raumes. Direktor ist seit 1795 Heinrich Friedrich Füger (1751-1818), der einen Klassizismus mit barockem Erbe vertritt – eine Folge des längeren Fortdauerns des Barocks in Wien. Die Akademie steht unter staatlicher Aufsicht und ist straff organisiert. Sie ist der einzige Ausbildungsort in Österreich, an dem der Künstler oder Architekt nach bestandener Ab-

[1] Jens Christian Jensen, I Nazareni – Das Wort, der Stil, in: Klassizismus und Romantik in Deutschland, Gemälde und Zeichnungen aus der Sammlung Georg Schäfer, Schweinfurt, Ausstellung im Germanischen Nationalmuseum Nürnberg, Nürnberg 1966, S. 47.

[2] Geb. 3.7.1789 in Lübeck, gest. 12.11.1869 in Rom.

[3] Geb. 5.4.1788 in Frankfurt a.M., gest. 16.6.1812 Albano Laziale.

schlußprüfung das sogenannte Schutzzeugnis erhält, ohne das eine Beschäftigung nur schwer möglich ist.[4]

Der Akademiebetrieb stößt auf Widerstand der beiden befreundeten Maler, die ab 1808 einen Kreis Gleichgesinnter um sich scharen, zu dem vier weitere junge Maler gehören: Ludwig Vogel (1788-1879) und Johann Konrad Hottinger (1788-1828), die kurze Zeit später den Bund wieder verlassen werden, sowie Joseph Sutter[5] und Joseph Wintergerst (1783-1867). Am 10. Juli 1809 folgt nach einjährigem Bestehen des Freundeskreises die Gründung eines Freundschaftsbundes, der nach dem spätmittelalterlichen Patron der Malergilden, dem hl. Lukas benannt wird und dessen Begründer sich selbst Lukasbrüder nennen[6]. Die Lukasbrüder kritisieren die Natur- und Lebensferne, die Gefühlsarmut und Theorielastigkeit der Akademie-Malerei.[7]

Der geistige Führer der Malergruppe ist Overbeck. Bereits 1808 verfaßt er die Schrift „Drei Wege zur Kunst“,[8] die als Manifest der Nazarener gelten kann. Overbeck unterscheidet drei mögliche Darstellungsweisen in der Kunst: die erste beschäftigt sich mit der Natur und den Dingen des Alltags, für diesen Weg steht Albrecht Dürers Werk. Der zweite Weg ist derjenige des Sublimen, Großen und Phantastischen, der Weg Michelangelos. Er vergleicht die beiden auch mit Tag und Nacht, mit Wirklichkeit und Träumerei. Der dritte Weg ist dem Wahren, Schönen und Idealen verpflichtet, das Raffael verkörpert – diesem Weg sucht Overbeck selbst zu folgen.

Dem vorherrschenden, an der klassischen Antike ausgerichteten Kunstverständnis, das eine objektiv-kühle Erfassung der Welt anstrebt, wird eine subjektiv-gefühlbetonte Kunstauffassung gegenübergestellt. Die Ablehnung der napoleonischen Herrschaft und ihrer Kunstdoktrin, steht in engem Zusammenhang mit der Sehnsucht der jungen Künstler nach dem „Goldenen Zeitalter“ – der Epoche um 1500, in der die Harmonie zwischen Religion, Künstler und Volk bestand, die jetzt verloren scheint.

In seinem 1772 erschienenen Aufsatz „Von deutscher Baukunst“, betont Goethe die Leistungen der gotischen Architektur am Beispiel des Straßbur-

[4] Zum Wiener Akademiebetrieb, vgl. Rudolf Bachleitner, Die Nazarener, München 1976, S. 21ff., Herbert Schindler, Nazarener, Regensburg 1982, S. 18ff. und Keith Andrews, The Nazarenes, A Brotherhood of German Painters in Rome, Oxford 1964, S. 5ff.

[5] Joseph Sutter, geb. 28.11.1781 in Wien, gest. 14.5.1866 in Linz.

[6] Vgl. Jens Christian Jensen, Über die Gründung des Lukasbundes, in: Der Wagen, ein lübeckisches Jahrbuch, Lübeck 1958, S. 112ff.

[7] Overbeck schreibt an seinen Vater (27.4.1808): „Das sklavische Studium auf den Akademien führt zu nichts. Wenn seit Raphaels Zeiten [...] kein Historienmaler mehr gewesen sei, der so das rechte gefunden hätte, so ist nichts andres Schuld daran, als die trefflichen Akademien. Man lernt einen vortrefflichen Faltenwurf malen, eine richtige Figur zeichnen, lernt Perspektive, Architektur, kurz alles, und doch kommt kein Maler heraus. Es fehlt in allen neueren Gemälden [...] Herz, Seele, Empfindung.“ Howitt, I, S. 71.

[8] Vgl. Schindler 1982, S. 20ff.

ger Münsters. Damit beginnt eine zögerliche Wiederentdeckung und Aufwertung der Gotik, die, v.a. während der napoleonischen Besetzung als bewußte Gegenhaltung, in das Kunstverständnis der Zeit eindringt und den Weg zur Neogotik bereitet, in deren Folge der Kölner Dom oder das Ulmer Münster vollendet werden.

Novalis fordert 1799 in seiner Schrift „Die Christenheit oder Europa" die Besinnung auf die religiöse Substanz der europäischen Kultur. Er beschwört ein idealisiertes Mittelalterbild, in dem der Glaube noch nicht dem Rationalismus gewichen sei, der der französischen Revolution den Weg bereitet hätte.

Ludwig Tieck erzählt in seinem Künstlerroman „Franz Sternbalds Wanderungen" von 1798 die Geschichte Franz Sternbalds, eines Gesellen in Albrecht Dürers Werkstatt, der sich auf Wanderschaft in die Niederlande und nach Italien begibt, also in jene Länder, die auch Dürer bereiste. Im siebten Kapitel wird die Konzeption eines Altarbildes als höchstes Ziel eines Künstlers beschrieben. Sternbald wirft dem Protestantismus die Zerstörung und Verbannung alles Schönen aus Kirche und öffentlichem Leben vor. Ähnlich wie bei Novalis läßt sich eine Linie von der Reformation bis zur Revolution in Frankreich ziehen.

Auch die weit verbreitete religiöse Erbauungsliteratur des Pietismus, wird zur Quelle nazarenischer Kunstauffassung, die in ihrer verständigen, erzählfreudigen Malerei zur Glaubensstärkung im Volk beitragen will.

Eingedenk all dieses mag die nun einsetzende Entwicklung nicht „totaliter aliter", sondern im Kontext der Zeit nachvollziehbar erscheinen.

Rom, San Isidoro

Die Lukasbrüder brechen 1810 nach Rom auf – allen voran Overbeck und Pforr, die Akademie und sonstige Ärgernisse hinter sich lassend, getragen von der Sehnsucht endlich nach ihrer eigenen Manier leben und arbeiten zu können. In Rom beziehen sie das ehemalige Franziskanerkloster San Isidoro. Die jungen Maler richten Ateliers in den verlassenen Klosterzellen ein; es entsteht eine Art christliche Bruderschaft, der franziskanischen Lebensauffassung von Bescheidenheit und Demut verpflichtet. San Isidoro wird zum eigentlichen Geburtsort der nazarenischen Kunst, denn hier nehmen die theoretischen Überlegungen, die in Wien aufgeworfen wurden, konkrete Formen an. In dieser ersten und intensivsten Phase, von der Euphorie des Aufbruchs beherrscht, werden die Grundlagen des Nazarenischen Stiles geschaffen.

Im Jahr 1810 beendet Pforr die Arbeiten des 1808/09 in Wien begonnen Historienbildes „Der Einzug Rudolfs von Habsburg in Basel 1273".[9] Be-

[9] Öl auf Leinwand, 90,5 × 118,9 cm, Städelsches Kunstinstitut Frankfurt a.M., Inv.-Nr. HM 51.

merkenswert ist die stilisierte Darstellung bei teilweisem Wegfall der korrekten Perspektive und Größenverhältnisse. Der historische Vorgang wird in die Zeit Dürers transferiert und mit der um 1500 charakteristischen Kleidung und Architektur versehen. Die Geschichte wird idealisiert und den Vorstellungen des Malers angeglichen. Die ganze Szenerie wird zu einer Phantasiewelt, die einen Märchencharakter annimmt. Das Bestreben die zwei nazarenischen Ideale, altdeutsche Malerei, von Pforr bevorzugt,[10] und italienische Malerei um 1500, von Overbeck vertreten, zu vereinen, und damit den Gegensatz von Nord und Süd zu negieren, läßt sich am Beispiel der drei korrelierenden Freundschaftsbilder verdeutlichen, die in dichter Folge entstanden sind. Im ersten portraitiert Overbeck Franz Pforr 1810.[11] Overbecks altdeutsches Idyll verliert sich in einer mediteranen Landschaft mit gotischer Stadtansicht. Das ein Jahr später entstandene Diptychon „Sulamith und Maria"[12] ist Pforrs Gegengeschenk. Die linke Hälfte zeigt Sulamith in einer idealisierten italienischen Landschaft mit deutlicher Marienikonographie; im Hintergrund betritt diesen „hortus conclusus" ein Mann, der die Züge Overbecks trägt. Die rechte Bildhälfte zeigt Maria in altdeutschem Interieur. Die beiden Frauengestalten – Sulamith mit dunklem und Maria mit blondem Haar- verkörpern das jeweilige Ideal Overbecks und Pforrs; diese knappe Lösung verweist auf das 1811 von Overbeck begonnene aber erst 1828 fertiggestellte Freundschaftsbild „Italia und Germania",[13] das ursprünglich den Titel „Freundschaft" trug. Man sieht die dunkelhaarige Italia vor einer italienischen Landschaft mit Lorbeerkranz im Haar und die blonde Germania mit Blütenkranz im Haar vor einer gotischen Stadtansicht sitzend – dieses Gemälde ist wohl der prägnanteste Ausdruck nazarenischer Kunstideale.

In Wilhelm Heinrich Wackenroders 1798 postum erschienenem Roman „Herzensergießungen eines kunstliebenden Klosterbruders" heißt es: „*Und siehe! Da standen abgesondert von allen Raffael und Albrecht Dürer Hand in Hand leibhaftig vor meinen Augen.*" Franz Pforr hält diesen Augenblick

[10] Pforr schreibt bereits 1808 nach einem Besuch in der Wiener Gemäldegalerie: „Bilder von Tintoret[o], Paul Veronese, Maratti ja selbst welche von Carraccis, von Coreggio, Guidi [Reni] und Tizian, die wir sonst angestaunt hatten, machten nur eine sehr schwache Wirkung noch, wir sahen oft ein kaltes Herz hinter kühnen Pinselstrichen und schönen Farben verborgen [...] Wir eilten in die deutsche Schule der alten Meister, wie angenehm überraschte sie uns, wie lieblich und rein sprach hier jede Empfindung uns an." Howitt, I, S. 82.

[11] Öl auf Leinwand, 55,5 × 44,5 cm, Museum für Kunst und Kulturgeschichte der Hansestadt Lübeck, Inv.-Nr. G 54.

[12] Öl auf Holz, 34,5 × 32 cm, Germanisches Nationalmuseum, Nürnberg, Sammlung Schäfer. Vgl. Grote, S. 76f.; Bachleitner 1976, S. 52ff.; Schindler 1982, S. 80f.

[13] Öl auf Leinwand, 94 × 104,3 cm, Bayerische Staatsgemäldesammlungen, München, Inv.-Nr. WAF 755. Vgl. Bachleitner 1976, S. 55ff.; Nazarener 1981, S. 176f.; Schindler 1982, S. 82f.

1810 in einer Zeichnung fest, in der „Dürer und Raffael vor dem Thron der Kunst“[14] knien. Wiederum ist die Überwindung des Gegensatzes Nord – Süd Gegenstand der Malerei.

Ab 1811 treffen weitere Maler aus den deutschen Ländern ein, die den Themenkreis der Nazarener u.a. um antike Mythologie und europäische Dichtung erweitern, zu denen auch Peter Cornelius[15] gehört. Unter dem Eindruck des frühen Tods von Pforr 1812 konvertiert Overbeck zum Katholizismus, dem Beispiel anderer Lukasbrüder folgend.

In den folgenden Jahren sichert der Auftrag für die Fresken der „Casa Bartholdy“, der Villa des preußischen Konsuls Jacob Salomon Bartholdy, 1816 auf dem Pincio, nahe des Klosters San Isidoro, errichtet, den relativ unbekannten Lukasbrüdern künstlerische Anerkennung und Aufträge in der Folgezeit. Unter der Leitung Overbecks arbeiten Peter Cornelius, Friedrich Wilhelm Schadow[16] und Philipp Veit[17] an der Darstellung der alttestamentlichen Josephsgeschichte, in der von den Nazarenern wiederbelebten Freskotechnik. Nach Abschluß der Arbeiten in der „Casa Bartholdy“ 1817, beauftragt noch im selben Jahr der Marchese Carlo Massimo die Nazarener mit der Freskierung seines Casinos. Wiederum unter der Leitung Overbecks werden die Dichter Ariost, Dante und Tasso verherrlicht. Neben Cornelius und Veit wirken u.a. Schnorr von Carolsfeld[18] und Joseph Führich[19] an den Arbeiten mit. Beide Freskenzyklen zeigen eine starke Anlehnung an die italienische Kunst um 1500.

Das Ende der Lukasbrüder in Rom

Bereits 1818 kehrt Cornelius nach Deutschland zurück, um im Auftrag Kronprinz Ludwigs von Bayern, mit der Dekoration der Glyptothek in München zu beginnen. Daneben wird er auch die Leitung der Düsseldorfer Akademie übernehmen. Ein Jahr später verläßt Schadow Rom und wird ab 1826 Cornelius' Nachfolger in Düsseldorf. Nach Beendigung der Arbeiten im Casino Massimo 1827 verlassen die übrigen Bundesbrüder bis Ende 1829 Rom. Nur Overbeck bleibt bis zu seinem Tode 1867 in Rom.

[14] Radierung von G.C. Hoff nach einer verlorenen Zeichnung Pforrs, 13,7 × 21,4 cm, Städelsches Kunstinstitut, Frankfurt a.M., Inv.-Nr. 57162. Vgl. Grote, S. 88; Nazarener 1977, S. 36.

[15] Peter Cornelius, geb. 23.9.1783 in Düsseldorf, gest. 6.3.1867 in Berlin.

[16] Friedrich Wilhelm Schadow, geb. 7.9.1788 in Berlin, gest. 19.3.1862 in Düsseldorf.

[17] Philipp Veit, geb. 13.2.1793 in Berlin, gest. 18.12.1877 in Mainz.

[18] Julius Veit Hans Schnorr von Carolsfeld, geb. 26.3.1794 in Leipzig, gest. 24.5.1872 in Dresden.

[19] Joseph Führich, geb. 9.2.1800 in Kratzau (Nordböhmen), gest. 13.3.1876 in Wien.

Mit der Auflösung des Lukasbundes beginnt aber erst der eigentliche „Siegeszug“ der Nazarener, die ihr Gedankengut aus Rom mitnehmen und es nördlich der Alpen, jetzt als Akademieprofessoren oder in ähnlich einflußreicher Stellung, verbreiten können. Neben Cornelius und Schadow, erhält Schnorr von Carolsfeld 1827 einen, durch Cornelius vermittelten, Ruf nach München, Veit wird ab 1830 Direktor des Städelschen Kunstinstituts, Führich erhält 1834 eine Konservatorenstelle in Wien. In der Folgezeit wird der Lehrbetrieb der unter nazarenischer Leitung stehenden Akademien grundlegend umgestaltet. Der Förderung der Kreativität dient die Einrichtung von Meisterklassen – eine Neuerung, die bis heute Bestand hat.

Ein Merkmal nazarenischer Kunst ist die Vereinfachung von Inhalt und Form, die die Verständlichkeit der Bildmotive und eine emotionale Reaktion des Betrachters anstrebt. Formal wird dieses Ziel durch die an der Akademie erlernte Fähigkeit der Zeichnung, verbunden mit der klaren Umrißlinie, erreicht.

Die Nazarener haben in vielerlei Hinsicht Einfluß auf die Kunst nachfolgender Generationen und prägen deren Kunstbetrachtung. Die noch heute anzutreffende Auffassung, nazarenische Kunst sei tendenziös religiös-verklärt oder gar Kitsch, ist ungerechtfertigt.

Joseph Wintergerst

Joseph Wintergerst wurde am 3. Oktober 1783 in Wallerstein (bzw. Schrezheim bei Ellwangen), als Sohn des Malers Anton Wintergerst geboren; er starb am 25. Januar 1867 in Düsseldorf. 1804 besucht er zunächst die Münchner Akademie, dann siedelt er nach Wien über. 1808 schloß er sich als erster Overbeck und Pforr an.[20] Etwa zur gleichen Zeit schreibt Overbeck an Kestner:

> „So lebten wir eine geraume Zeit in unserer Zurückgezogenheit, bis wir einen Dritten fanden, einen Schwaben, Namens Wintergerst, der sich ganz mit uns verstand und sich an uns anschloß. Daß Sie diesen Grossmächtigen kennten! Ein deutscher Michel Angelo, wenn ihm das Glück günstig ist.“[21]

Abb. 32: Friedrich Johann Overbeck „Joseph Wintergerst“.

[20] Vgl. Schindler 1982, S. 19. Zur Biographie vgl. Nazarener 1977, S. 399 und Nazarener 1981, S. 274

[21] Howitt, I, S. 127.

Wintergersts erstes bekanntes Gemälde „Zuführung der Hagar“[22], hat Overbeck zu diesem Vergleich veranlaßt. In der Tat weist dieses am Anfang seiner künstlerischen Bemühungen stehende Werk, in seiner impliziten Monumentalität, einen Gegensatz zum wohlgefällig italienisierenden Stil Overbecks oder zum gotisch-zierlichen eines Pforrs auf.[23] Pforr schreibt über Wintergerst 1810:

> „Seit einiger Zeit studirte auf der Akademie ein junger Mensch, aus Schwaben Namens Wintergerst. Er machte starke Fortschritte, war sonst still und bescheiden und ertrug gelassen die Verachtung von manchem wohlunterstützten Müßiggänger wegen seiner dürftigen Lebensart, denn er lebte sparsam von einigen Stunden, die er im Zeichnen gab, damit er so viele Zeit als möglich zu seinen Studien bekam. Er wurde mit uns bekannt und schloß sich sogleich mit der größten Innigkeit an uns. In allem was er machte, zeigte er einen grossen Sinn für das Erhabene der Kunst; wir riethen ihm die Bearbeitung der Geschichte des alten Testaments an; mit wie vielem Dank nahm er es an, und der Erfolg bewies, daß unser Rath gut war. Er machte sogleich etwas in dieser Art, wobei wir über die Grösse der Charaktere und die Würde des Ausdrucks erstaunten.“[24]

Vor der Abreise der Freunde nach Italien Ende 1809, muß Wintergerst Wien verlassen, um sich in München nach besseren Verdienstmöglichkeiten umzusehen, jedoch in der Hoffnung bald nach Rom folgen zu können. Pforr:

> „Wintergerst, verließ [uns], um nach München zu gehen, wo er einige Hoffnung hatte, Unterstützung zu einer Reise nach Rom zu erhalten. Ehe er abreiste, zeigte er noch seine erlangte Geschicklichkeit an mehreren Bildern, besonders an einem, welches den Prometheus vorstellte, wie er die Pandora mit der gefährlichen Büchse ausschlägt, die Figuren waren kolossal.“[25]

Am 25. Herbstmond (September) 1809, dem Abend vor Wintergersts Abreise, zu der Vogel an seine Eltern schreibt: „*Dieser ist nun unser erster Apostel, der ausgesandt ist*“,[26] beschließen die Freunde ein Ordensdiplom aufzusetzen, das ihre Freundschaft, angesichts der drohenden Auflösung der Bruderschaft, manifestieren soll. Wintergerst wird der Mahnspruch: „*Moralisch auf die Menschen zu würcken, / Liebe zu strenger Wahrheit und seinen Freunden / sollen die Gesetze des Künstlers sein*“, mit auf seinen Weg nach München gegeben.[27]

[22] Öl auf Leinwand, 87 × 68 cm, Berlin, Nationalgalerie, Inv.-Nr. NG A 477.

[23] Vgl. Jens Christian Jensen, Das Werk des Malers Josef Wintergerst, in: Zeitschrift des deutschen Vereins für Kunstwissenschaft, Bd. XXI, Berlin 1967, S. 20-58, bes.: S. 22f.; Grote, S. 82; Nazarener 1981, S. 274.

[24] Howitt, I, S. 84f.

[25] Ebd., S. 86f. Vgl. Prometheus und Pandora, Feder / Tusche, Pinsel / Lavierungen auf Papier, 36 × 25,9 cm, Ellwangen/Jagst, Geschichts- und Altertumsverein, Inv.-Nr. 1395/44. Die Zeichnung ist, wie die Zuführung der Hagar, in jenem monumentalen Stil ausgeführt, der die Freunde zum Vergleich mit Michelangelo anregte. Vgl. Jensen 1967, S. 24f.

[26] Howitt, I, S. 101.

[27] Ebd., S. 102.

Die enge Freundschaft zwischen Overbeck und Wintergerst verdeutlicht auch ein Portrait, von Overbecks Hand, das den jungen Wintergerst, energisch-gespannt, darstellt,[28] in der Tradition der nazarenischen Freundschaftsbilder. Overbeck kann im November 1810 den Freunden Sutter und Wintergerst mitteilen, daß es ihm nunmehr möglich sei, die Reise der beiden nach Rom finanziell zu unterstützen; sein Brief endet:

> „Welch ein süßer Gedanke, einst mit euch die Wunder Raphaels und Michel Angelo's in den Stanzen und der göttlichen Sixtina anstaunen zu können und im Anblick dieser Herrlichkeiten unsern Bund zu erneuern!" [29]

Am 23. Februar 1811 bricht Wintergerst endlich nach Rom auf, wo seine Ankunft am 3. April bei *„edlem Wein aus Orvieto"* gefeiert wird.[30] Er nimmt in San Isidoro Quartier und wird zum „guten Geist des Lukasbundes".[31] Wintergerst, der gebürtige Katholik, pflegt den kranken Pforr bis zu dessen Tod. Overbeck konvertiert durch die Vermittlung Wintergerst zum Katholizismus. Im Februar des Jahres 1813 muß er, aus finanziellen Zwängen, Rom wieder verlassen. Schwer fällt ihm der Abschied von den Freunden.

Zusammen mit Christian Xeller begibt er sich auf die Heimreise nach Deutschland, auf der er Heidelberg kennenlernt. Er nimmt dann eine Stelle als Zeichenlehrer in Aarau an und ist ab 1815 in gleicher Position in Ellwangen tätig. Für 1816/18 sind wiederum Aufenthalte in Heidelberg und Stuttgart bekannt, in denen er die Sammlung Boisserée betrachten konnte. Um 1815/17 zeichnet er in Heidelberg seinen Schüler Jakob Götzenberger.[32] 1816 entsteht ein Hauptwerk Wintergersts „Die Versöhnung Ludwigs von Bayern mit Friedrich dem Schönen".[33] In einem spätgotischen Kirchenraum spielt die dicht gedrängte Versöhnungsszene, in der einzelne Personen die Züge der Lukasbrüder Overbeck, Pforr, Sutter und anderer tragen. Das Gemälde ist dem altdeutschen Bildverständnis Pforrs verpflichtet, sowohl in der Wahl des Themas, als auch in der Ausführung. Im gleichen Jahr entsteht eine Darstellung der „Heiligen Familie mit Elisabeth und dem Johannesknaben",[34] die an Mantegna erinnert und sich im Kurpfälzischen Museum in Heidelberg befindet. Die detailverliebte Darstellung und die offensichtliche Beschäftigung mit mittelalterlichen Symbolgehalten überrascht den Be-

[28] Öl auf Papier, 16,3 × 12,8 cm, um 1810, Hamburg, Kunsthalle, Inv.-Nr. 1231. Vgl. Nazarener 1977, S. 157f.

[29] Howitt, I, S. 164f.

[30] Ebd., S. 167.

[31] Jensen 1967, S. 21.

[32] Bleistift, 38 × 27,6 cm (oval), Ellwangen/Jagst, Geschichts- und Altertumsverein, Inv.-Nr. 1395/179; Jensen 1967, S. 27.

[33] Öl auf Leinwand, 106 × 129 cm, Lübeck, Behnhaus, Inv.-Nr. 1931-178; vgl. Jensen 1967, S. 27ff.

[34] Öl auf Holz, 54,5 × 40,6 cm, Heidelberg, Kurpfälzisches Museum, Inv.-Nr. G 2094; vgl. Jensen 1967, S. 54.

Abb. 33: Joseph Wintergerst „Scheiden des Rittertums", 1818.

trachter formal und inhaltlich. Wintergersts zweites Hauptwerk „Scheiden des Rittertums"[35] – seit Ende des zweiten Weltkrieges verschollen – ist um 1818 in Heidelberg (?) entstanden, eine Vermutung für die das Heidelberger Schloß im Hintergrund und die offensichtliche Nähe zu Bildmotiven aus der Sammlung Boisserée sprechen. Es zeigte eine allegorische Verherrlichung des Spätmittelalters. Das neuerwachte Interesse der Romantiker am deutschen Mittelalter stieß auch in Heidelberg auf regen Widerhall, so daß hier Wintergerst manche Anregung empfangen konnte. In Heidelberg befindet sich noch ein weiteres, um 1822 entstandenes Historienbild „Graf Rudolf von Habsburg und der Priester",[36] das auf Pforr zurückgeht, der Schillers Ballade von dem späteren deutschen König bereits 1809/10 darstellte.[37] Er-

[35] Öl, nähere Angaben nicht bekannt, ehem. Dessau, Privatbesitz, verschollen. Abbildung bei Karl Lohmeyer, Heidelberger Maler der Romantik, Heidelberg 1935, S. 186.

[36] Öl auf Holz, 50,3 × 63,3 cm, Heidelberg, Kurpfälzisches Museum, Inv.-Nr. G 2056; vgl. Jensen 1967, S. 37ff.

[37] Franz Pforr, Der Graf von Habsburg und der Priester, Öl auf Leinwand, 45,5 × 54,5 cm, Städelsches Kunstinstitut, Frankfurt a.M., Inv.-Nr. 959. Vgl. Nazarener 1977, S. 61.

Abb. 34: Joseph Wintergerst „Jakob und Rahel am Brunnen“, 1833.

zählt wird, wie Rudolf einem Priester sein Pferd zur Verfügung stellt, damit dieser trockenen Fußes durch die Furt gelangen kann.

1822 wird Wintergerst durch Vermittlung Cornelius' Elementarlehrer der Zeichenklasse und ab 1824, bis zu seiner Pensionierung, Inspektor der Düsseldorfer Akademie, zu dessen Aufgaben auch Verwaltungstätigkeiten gehören.[38] In Düsseldorf beginnt Wintergersts zweite Schaffensphase, die quantitativ und qualitativ bescheidener ausfällt.

Erstmals kann das bislang verschollen geglaubte Gemälde[39] „Jakob und Rahel am Brunnen“[40] aus dem Jahr 1833 wieder gezeigt werden. Es wurde 1834, nach der Ausstellung in der Berliner Akademie, von Kronprinz Friedrich Wilhelm von Preußen erworben und befindet sich heute in Privatbesitz. Die Darstellung folgt Genesis 29,1-10. Jakob, auf der Flucht vor Esau, kommt an einen Brunnen an dem Hirten lagern. Sie warten auf Rahel, die für ihren Vater das Vieh hütet. Die Begegnung der beiden ist Teil des göttlichen

[38] Vgl. Jensen 1967, S. 22.

[39] Vgl. ebd., S. 58.

[40] Öl auf Leinwand, 51,1 × 53,3 cm, signiert und datiert unten links: J. Wintergerst 1833, München, Privatbesitz.

Heilsplanes; der Beginn des Stammes Israel. Wintergerst illustriert gewissenhaft die entsprechenden Textstellen. Im Zentrum Jakob und Rahel, die demutsvoll ihr Haupt vor dem Blick Jakobs senkt. Sie scheint gerade mit ihrer Herde angelangt zu sein. In ihrer Begleitung befindet sich ein Hirtenjunge. In der linken Bildhälfte am verschlossenen Brunnen sitzt im Vordergrund eine Hirtin, hinter ihr ein Hirtenpaar mit Kind. Die gebirgige Landschaft im Hintergrund zeigt ein Kastell und weitere, silhouettenhafte Architektur. Links hinter den Bäumen versinkt die Sonne. Das Gemälde, ausgewogen in der Komposition und – für Wintergerst nicht selbstverständlich – räumliche Tiefe vermittelnd, verrät doch einige anatomische Unkorrektheiten, z.B. bei der vorn sitzenden Hirtin. Auch scheint es keinen wirklichen Raum zwischen der linken Personengruppe zu geben. Diese, den Gesamteindruck kaum beeinträchtigenden Defizite finden sich auch in anderen Werken Wintergersts, die nicht rein technisch, sondern betont subjektiv-emotional verstanden werden sollen, wenn man dem Maler gerecht werden will. Früheren Generationen gelang diese Differenzierung nicht immer.

Die schonungslose Einschätzung seiner Malerei, zeigt das Empfehlungsschreiben Cornelius', der Wintergerst immer freundschaftlich verbunden blieb, hierin heißt es:

> „Joseph Wintergerst ist ein Mann, dem sein reges Streben nach dem höheren in der Kunst zwar nicht gelungen ist, aber der für dasselbe eine jugendliche Liebe und Begeisterung in seiner Seele erhält.“[41]

Ähnlich vernichtende Geschmacks-Urteile über Wintergerst finden sich bei anderen Zeitgenossen: *„Wintergerst, der als Inspektor der Akademie allgemein geachtet, als Künstler aber ohne alle Bedeutung ist“* oder *„Dazu kam, daß Cornelius nicht daran dachte, tüchtige Künstler als Lehrer neben sich zu stellen. So setzte er 1822 die Anstellung Wintergersts als Elementarlehrer durch.“*[42] Auch die kunsthistorische Forschung tat sich lange Zeit schwer mit Wintergerst.[43] Nicht zuletzt diese Einschätzungen ließen sein Werk in Vergessenheit geraten, das eine neue Bewertung verdient.

[41] Jensen 1967, S. 22.

[42] Zit. nach: ebd., S. 22.

[43] Vgl. Ludwig Grote, Die beiden Hauptwerke von Joseph Wintergerst, in: Zeitschrift für bildende Kunst, Bd. 61, 1927/28, S. 383-386. Grote charakterisiert das „Scheiden des Rittertums“: „Romantisch im Thema wie kein zweites Bild, aber in der Epigonenromantik eines de la Motte Fouqué, der kühnen und großen Gedanken der Frühzeit in kleine gangbare Taschenbuchmünze umsetzte.“ Ebd., S. 385. Vgl. auch: Carl Georg Heise, Joseph Wintergerst von Wallerstein, Ein vergessener Maler der Romantik, in: Der Wagen, ein lübeckisches Jahrbuch, Lübeck 1931, S. 52-59.

Christian Xeller

Abb. 35: Christian Xeller „Selbstbildnis“, 1808.

Christian Xeller wurde am 18. August 1784 in Biberach a.d. Riß, als Sohn des Weißgerbers Abraham Xeller geboren; er starb am 23. Juni 1872 in Berlin. Über seine Jugend schreibt er:

> „Bis in mein 18. Jahr trieb ich meines Vaters Handwerk, die Weißgerberei. Ich hatte nie Gelegenheit, Künstler oder Kunstwerke zu sehen, wodurch ich etwa aufgeregt worden wäre. Auch war es nicht, daß mir meine Profession mißfallen hätte, sondern wohl hauptsächlich die Lust zum Reisen, welche mich die Gelegenheit ergreifen ließ, bei einem Miniaturmaler namens Finkel aus dem Allgäu diese Kunst zu lernen. Ich zeigte ihm mancherlei Versuche, wie sie Jungen in der Knabenzeit zu machen pflegen, und seine persönliche Neigung zu mir bewog ihn, mich mit auf seine Reise zu nehmen.“[44]

Joseph Finkel, ein unbedeutender Maler aus Immenstadt, trifft Xeller 1802. Nach gemeinsamer Wanderung durch den Südwesten Deutschlands, die ihn auch nach Heidelberg führt, entschließt sich Xeller die Akademie in Düsseldorf zu besuchen, wo er 1804 eintrifft. Dort lernt er Cornelius kennen – der Beginn einer lebenslangen Freundschaft. Ein Jahr später entsteht sein erstes Selbstportrait, das den energischen, jungen Künstler zeigt und sich heute in Heidelberg befindet.[45] Das noch ungeformte zeichnerische Talent äußert sich in diesem frühen Werk. 1806 verläßt er die Akademie und begibt sich wieder auf Reisen.

Am 30. August 1811 brechen Cornelius und Xeller gemeinsam von Frankfurt aus nach Rom auf. Auf ihrer Reise halten sie sich für ca. zwei Wochen in Heidelberg auf, wo sich Ludwig Roeck, ein Freund Overbecks, über die beiden am 10. September 1811 in einem Brief an Overbeck äußert: „Mit ihm [Cornelius] zugleich kommt ein Freund von ihm, Namens Xeller, der als Landschafts- und Portrait-Maler viel Talent hat.“[46] Am 14. Oktober 1811

[44] Peter Griesinger, Christian Xeller. Ein Biberacher Landschaftszeichner der Romantik, Biberach a.d. Riß 1966, S. 12.

[45] Kohle auf Papier, 30,5 × 44,8 cm, Kurpfälzisches Museum Heidelberg, Inv.-Nr. 2347. Vgl. Griesinger 1966, S. 105.

[46] Howitt, I, S. 184.

werden sie in Rom von Overbeck begrüßt.[47] Über ihre Ankunft in Rom berichtet Xeller verwundert:

> „Am 14. Oktober endlich nachmittags drei Uhr fuhren wir durch die Porta Popolo in die heilige Stadt ein und hatten somit das Ziel unserer Wanderung erreicht. Es war uns ganz wunderbar und neu, hier wieder Deutsch zu hören. In dem Gasthaus, in dem alle Deutschen abstiegen, sprechen Wirt und Kellner deutsch und bei Tische fast jeder. Sobald ein Neuling ankommt, weiß es die ganze Malerzunft, und wie auf der Universität wird der neue Fuchs examiniert, ist also noch so recht der alte akademische Schlendrian."[48]

Bereits am nächsten Tag besichtigen sie mit Overbeck den Vatikan. Sie beziehen in der Nähe des Klosters Quartier und gehören bald zum Kreis der Lukasbrüder. 1812 konvertiert Xeller zum Katholizismus. Seine Entscheidung begründet er: *„weil jedem Individuum die Aufgabe gestellt ist, an sich selbst mit dem Bessern anzufangen, um zur allgemeinen Vervollkommnung zu gelangen."* Er und seine Freunde seien um die *„Wiedergeburt einer neueren und besseren Zeit für die Kunst"* bemüht[49]. Da das Stipendium des württembergischen Königs aufgebraucht ist, bricht er Anfang 1813 gemeinsam mit Wintergerst, den er während seines Aufenthaltes kennen und schätzen lernte, zur Rückreise nach Deutschland auf – *„die beiden goldenen Jungen von altem Schrot und Korn"*, wie Overbeck sie bezeichnete[50].

Nach Aufenthalten in Nürnberg, München, Frankfurt und Aschaffenburg, läßt er sich ab Februar 1817 in Heidelberg nieder. Bereits vor seinem zweiwöchigen Aufenthalt im Herbst 1811 macht er die Bekanntschaft Sulpiz Boisserées, den er in Frankfurt kennenlernt[51] und mit dem er weiterhin in Kontakt bleibt. 1816 koloriert er für Sulpiz Boisserée, im Auftrag Goethes, einen Kupferstich der heiligen Veronika aus der Sammlung Boisserée. Noch im selben Jahr wird er als Restaurator bei den Boisserées fest angestellt; daneben erteilt er Zeichenunterricht:

> „Zu guten Zeichenstunden für die jüngeren Hausbewohner bot der treue Freund Maler Xeller die Hand, und zwei Parterrestuben waren, eine von den Knaben, die andere von den Mädchen, immer fleißig und zweistündig besetzt."[52]

Bis 1825 bleibt Xeller in Heidelberg; hier entstehen verschiedene Landschaften und Portraits.

[47] „Herr Cornelius und Hr. Xeller kamen" Overbeck in sein Tagebuch, Howitt, I, S. 183.

[48] Griesinger 1966, S. 23.

[49] Ebd., S. 26.

[50] Howitt, I, S. 276.

[51] *„Montags abends kamen wir nach Frankfurt, hier fanden wir Xeller und Cornelius."* Sulpiz Boisserée, Tagebücher 1808-1854, im Auftrag der Stadt Köln, hrsg. v. Hans-J. Weitz, Darmstadt 1978, I/1, S. 59.

[52] Aus den Erinnerungen der Töchter des Heidelberger Verlegers Winter, Griesinger 1966, S. 32.

Das Portrait der Hulda Ullmann geb. Méreau,[53] Tochter der Dichterin Sophie Brentano, ist ein Beispiel für Xellers höchst subtile Portraitkunst. Hulda Ullmann, mit dem Universitätsprofessor Carl Ullmann verheiratet, gehört zum Kreis angesehener Heidelberger Bürger, der sich gerne von Xeller portraitieren läßt. Selbst Hegel bildet keine Ausnahme, wenngleich sein Portrait nur noch als Stichreproduktion erhalten ist.[54] Es gelingt Xeller mit wenigen Strichen sowohl Charaktere als auch Atmosphären zu erfassen.

Abb. 36: Christian Xeller „Bildnis Hulda Ullmann".

Dies gilt auch für zwei Bleistiftzeichnungen des Heidelberger Schlosses. Die erste zeigt es im Hintergrund einer „Landschaft mit schießendem Jäger".[55] Die zweite entsteht vor 1825 und zeigt das Heidelberger Schloß vor einer buschigen Szenerie thronend.[56] Die Zeichnung wird, auf seiner Reise nach Berlin, von Xeller, mit einem beiliegenden Gedicht von Marianne von Willemer, an Goethe übergeben. Marianne hatte 1815 zusammen mit Goethe das Heidelberger Schloß besichtigt; von jenem Tag an entbrannte sie zu ihm in anhänglicher Liebe, die Goethe allerdings nicht erwiderte. Die erste Strophe klingt wie eine Beschreibung von Xellers Zeichnung:

„Euch grüß ich, weite lichtumfloßne Räume,
Dich, alten reichbekränzten Fürstenbau,
Euch grüß ich, hohe, dicht belaubte Bäume,
Und über Euch des Himmels tiefes Blau."[57]

Eher nüchtern und ein wenig amüsiert beschreibt Xeller hingegen die Begegnung mit dem Dichterfürsten:

[53] Pastell, 34 × 28,5 cm, um 1825, Staatliche Kunsthalle Karlsruhe, Inv.-Nr. 2108. Vgl. Staatliche Kunsthalle Karlsruhe, Katalog und Bildband Neuere Meister, 19. und 20. Jahrhundert, Karlsruhe 1971/72, S. 302f. und S. 520.

[54] Georg Wilhelm Friedrich Hegel, Stichreproduktion nach Xeller, von Bollinger um 1830, vgl. Lohmeyer, S. 180; Griesinger 1966, S. 131.

[55] Bleistift und Feder auf Papier, 18,3 × 18,9 cm, Kurpfälzisches Museum Heidelberg, Inv.-Nr. Z 2387, Griesinger 1966, S. 148.

[56] Bleistift auf Papier, 10,9 × 14,2 cm, Nationale Forschungs- und Gedenkstätten Weimar; Griesinger 1966, S. 132.

[57] Nach: ebd., S. 39.

Abb. 37: Christian Xeller „Das Heidelberger Schloß“, um 1820.

„Ich hatte beim Anmelden Brief und Zeichnung übergeben lassen durch Herrn Ekkermann. Wir hätten nicht ungünstiger kommen können. Er hatte seinen Mittagsschlaf noch nicht gehalten und war [...] sehr mürrisch über gewisse Dinge, die vorgefallen und ihn sehr verstimmt haben sollen. [...] Es ist doch ein fatales Ding, so ein Renommee zu haben, um sich von Fremden angaffen zu lassen. [...] Das Beste an der Sache war mir [...] ihn persönlich mit all den Bildern [...] zu vergleichen.“[58]

In Heidelberg werden Carl Rottmann um 1817 und Georg Philipp Schmitt um 1824 seine Schüler. Sein Einfluß auf beide, die ihr zeichnerisches Talent an Xeller schulen konnten, ist nicht zu bestreiten. In einem Brief an Georg Philipp Schmitt berichtet Xeller über sein Kunstverständnis:

„[...] was mir bei aller Kunst die unerläßlichste Bedingung ist: Nämlich das Leben, die Seele oder der Geist derselben was hier fast einerlei bedeutet. Alle führen dies Wort im Munde aber die wenigsten führen es durch Werk und Tat aus; auch ist es eine Eigenschaft die sich nicht mit Händen greifen läßt noch mit Worten beschreiben und welches nur auf dem Weg innerer Erkenntnis durchgeführt und richtigem Sinn erfaßlich und durch die Anschauung verständlich ist.“[59]

[58] Ebd., S. 37.
[59] Andreas Franzke, Georg Philipp Schmitt, Karlsruhe 1977, S. 132f.

Leben, Seele, Geist, innere Erkenntnis – Xeller faßt hier nicht nur das charakteristische seiner Malerei zusammen, sondern gibt diese „nazarenischen Ideale“ an seinen Schüler weiter.

Schlesinger und Koester, die beiden anderen Restauratoren der Sammlung Boisserée, die bereits 1823 Heidelberg verlassen um an den Königlichen Sammlungen in Berlin zu wirken, vermitteln ihn 1825 ebenfalls nach Berlin, wo er am gesellschaftlichen Leben regen Anteil nimmt und mit Hegel, den Arnims und Schinkel verkehrt.

Über Xellers Abreise, die ihn u.a. über Weimar führt, notiert der Universitätsbibliothekar Kayser in sein Tagebuch:

> „Xellers Abreise nach Berlin, um wie Schlesinger und Koester an der Ausbesserung der Gemählde in der K. Bilder = Galerie zu arbeiten. Wir verlieren den Umgang mit einem treuen, biedern Menschen recht ungern. Seit langer Zeit war er, außerordentliche Fälle nicht gerechnet, jeden Sonntag unser Gast, und es fehlte uns etwas, wenn er fehlte. Was mich besonders schmerzen mußte, ist, daß, wenn diese Gelegenheit zu einem bedeutenden Erwerb sich nicht aufgethan hätte, er den Zeichnungsunterricht beym Gymnasium übernommen hätte. Ich hatte mir alle Mühe gegeben, seine Ernennung dazu zu bewirken, und, als er endlich ernannt war, nahm er die Ernennung nicht an. Es that ihm recht wehe, aus der Mitte so vieler aufrichtigen Freunde zu scheiden.“[60]

Nach Schlesingers Tod 1855 übernimmt er die Leitung der Werkstätten. 1836 und 1843 unternimmt er Reisen nach Paris und Venedig. Er stirbt 1872 in Berlin.

Xellers Werk, das nur wenig bekannt ist, bleibt meist im Schatten seines Jugendfreundes Cornelius, der die Werke Xellers wiederholt lobte und seiner Schüler Rottmann und Schmitt, mit denen er zeitlebens freundschaftlich verbunden blieb. Anders als Wintergerst, genießt Xeller Ansehen und Wertschätzung seiner Zeitgenossen. Seine herausragende Leistung bleibt sicherlich die Zeichnung, die in den Heidelberger Jahren ihre reifste Ausprägung findet und das Talent eines in Vergessenheit geratenen Malers beweist.

Michael Kohnen

[60] Lohmeyer, S. 179.

Das Leben des Heidelberger Malers Georg Philipp Schmitt*

erzählt von seinem Urenkel

Am 28. Oktober 1808 wird dem französischen Steuerkontrolleur Simon Joseph Schmitt in Spesbach sein sechstes Kind, ein dritter Sohn, Georg Philipp geboren. Der Vater, ein ehemaliger Franziskaner, war 1797 seinem Kloster entflohen, wirkte bis 1808 als Steuereinnehmer, zog nach dem Tod seiner Frau 1820 nach Heidelberg, wo er zunächst promovierte, dann habilitierte und schließlich als Dozent für Philosophie wirkte. Über Georg Philipps Jugend, liegt völliges Dunkel. Nach dem Umzug nach Heidelberg besuchte er noch kurze Zeit das Heidelberger Gymnasium. Der Vater hatte als Mitglied des Lehrkörpers und als kunstinteressierter Mann von Geist in Heidelberg rasch Kontakt zu interessanten Leuten geknüpft und war auch finanziell so gestellt, daß er ein offenes Haus führen konnte. Dabei hat er die Bekanntschaft des Malers Johann Christian Xeller (1784-1872) gemacht, den er als Lehrmeister seines Sohnes Georg Philipp gewann. Xeller hat den Buben bis 1825 gebildet und künstlerisch betreut. Es muß ein fast väterliches Verhältnis bestanden haben, wie man aus den erhaltenen Briefen der späteren Zeit noch herauslesen kann.

Den entscheidenden künstlerischen Anstoß für seine Entwicklung findet Georg Philipp mit noch nicht siebzehn Jahren, als er durch die Vermittlung Xellers, dessen Jugendfreund Peter von Cornelius (1783-1867) vorgestellt wird, der Gefallen an dem Talent des Jungen findet und ihn mit nach München nimmt, wo er sein Schüler an der dortigen Akademie der bildenden Künste wird. Ehrenvoll und entscheidend gewiß, aber nach unseren heutigen Auffassungen, wie früh! Indessen hat sich Georg Philipp Schmitt dort doch gut eingelebt und einige Freundschaften geschlossen, worunter wir besonders den gleichaltrigen Maler Schraudolph, den älteren Freund Ferdinand Fellner und den nur wenig älteren Philipp Foltz nennen möchten. In den Selbstbildnissen von 1827/28 erkennen wir deutlich eine Weiterentwicklung. Als begabter Schüler erhält er ein kleines Stipendium in Höhe von 150 Gulden.

* Der vorliegende Text ist die gekürzte Fassung einer Biographie, die der Verfasser zuerst veröffentlichte in: Andreas Franzke, Georg Philipp Schmitt, Karlsruhe 1977.

Nicht zufrieden mit der Entwicklung seines ehemaligen Schülers ist Xeller, der den Einfluß von Peter Cornelius nicht gut heißen kann:

„Ich kann nicht verbergen, daß die Richtung, welche du genommen hast, mir keineswegs gefällt und der naive Natursinn, welcher mich in Deinen Jugendanfängen ergötzte durch die Cornelische Schule keineswegs kultiviert wurde, vielmehr eine ganz allgemeine Tendenz genommen, der die meisten unserer jungen Künstler folgen [...] Stelle dir nicht vor, daß der Künstler wie der Student auf der Universität nach Vollendung des Studiums fertig ist. Bei jedem fangen die Schwierigkeiten erst an sich zu häufen, je mehr er gelernt hat. Glaube mir lieber Philipp, ich selbst habe alle diese Irrfahrten selbst mit gemacht und habe an den verkehrten Prinzipien heute noch zu laborieren, sie los zu werden, was bei weitem mehr Mühe kostet als die guten sich anzueignen.

Wer sich der Kunst widmet, darf keine Nebenabsicht haben, um etwa im weltlichen Sinn sein Glück machen zu wollen. Vermagst du dich nicht aus reiner Liebe zu der Sache zu solcher Gesinnung und Resignation erheben, die ein echter Künstler haben muß, so ist auch nicht verloren, wenn du heute ein ehrliches Handwerk ergreifst.

Ich habe in der Zeit meines hiesigen Aufenthaltes manches neue gelernt und erfahren, so daß ich mich jetzt mehr geeignet fühle als damals Dein Lehrer und Führer zu sein. Da aber die wahre Bildung in der Kunst doch durch den eigenen Trieb geleitet, durch eigenes Forschen gefördert und vollendet wird, so habe ich den Glauben, daß wenn der rechte Trieb in Dir rege ist, du Dich durch kein Hindernis abschrecken läßt, den einmal begonnenen Weg zu verfolgen, wo wir uns dann zu nicht geringer Freude auf verwandtem Wege begegnen werden."

Soweit der Brief des väterlichen Freundes und ehemaligen Heidelberger Lehrers Xeller.

Abb. 38: Georg Philipp Schmitt „Selbstbildnis", 1827.

Nach fünfjährigem Akademiebesuch läßt sich Georg Philipp Schmitt 1830 als „freier Maler" in Heidelberg nieder und wird hier bis zu seinem Tod im Jahr 1873 über vier Jahrzehnte wirken.

In seinem „Register oder Tagebuch über Einnahmen und Ausgaben von G.Ph. Schmitt, Maler in Heidelberg" sind neben Ausgaben für Malutensilien, Zeichenpapier und Schreibbücher auch Ausgaben für Handschuhe, Hüte und das für den Dandy typische „Weixelstöckchen" [sic!] zu finden, wobei dem Stöckchen im April 1831 ein vergoldeter Silberknauf aufgesetzt wird. Jetzt richtet er sich seine eigene Welt ein. Seine ersten Aufträge sind nicht zahlreich, erst am 20. Dezember zahlt ein Herr von Pleßen 11 Gulden für eine Miniatur, und dabei bleibt für den Monat noch genug, um wenigstens die Kosten für die Mittagessen von 10 Gulden 18 Kreuzern abzudekken. Man erfährt aus dem Journal, daß eine Überfahrt über den Neckar 36 Kreuzer gekostet hat, ein halbes Dutzend Bleistifte aber nur 24 Kreuzer. Für einen vergoldeten Rahmen zahlte man konstant 5 Gulden 24 Kreuzer und im Juli erhielt er für den Unterricht in Malen 6 Gulden. Für „Logis" zahlte er 40 Gulden. Die monatlichen Ausgaben für das Mittagessen schwankten zwischen 10 Gulden 18 Kreuzern und 17 Gulden 25 Kreuzern. Eine Reise nach Karlsruhe kostete hin und zurück 8 Gulden 48 Kreuzer, und er verzehrte dort für 5 Gulden und kaufte einen Stein zum Lithographieren für 6 Gulden ein.

Seine höchsten Honorare: am 27. Februar 1831 für ein Ölporträt in Lebensgröße von der verstorbenen Mutter eines Frl. Schelven 165 Gulden, am 12. August des selben Jahres von Frau Dr. Kisselbach für ihr lebensgroßes Porträt 102 Gulden (einschließlich des Goldrahmens) sowie am 2. September 1831 80 Gulden für das Porträt des Sohnes vom Intendanten des Hamburger Nationaltheaters.

Schmitt geht auf Bälle, macht kleine Reisen in die Residenzstadt, kauft eine lateinische Grammatik und Vorlesungsverzeichnisse der Universität, tritt in die Museumsgesellschaft ein, gönnt sich kleine Extraausgaben wie ein kleines Porzellangefäß für 12 Gulden. Auch die Musik kommt nicht zu kurz, er leiht sich eine Gitarre und zahlt für 4 Monate 1 Gulden und 30 Kreuzer Leihgebühr. In jener Zeit werden wohl auch die Freundschaften zu den Heidelberger Malern Christian Philipp Koester, Eduard von Steinle und vor allem zu dem Dichter Justinus Kerner entstanden sein.

Im März 1833 begegnet er seiner späteren Frau Eva Kaysser, einer Heidelberger Bäckerstochter, an sie richtet er folgendes Gedicht:

An Evchen

Wie bin ich doch vor Wonne trunken,
in der Geliebten holden Näh.
Wie bin ich frei und unumwunden
von dieser Erde bittrem Weh.
Ach! daß mich nie ein Schicksal trennte
von Ihr, die mein Gemüt so hebt,
ach, daß ich ewig weilen könnte,
um sie, da mein Herze bebt.

Im Dezember 1833 heiraten die beiden, im darauffolgenden Februar wird ihr erstes Kind, Guido, geboren. Vier nachgeborenen Töchtern folgt im Februar 1847 noch einmal ein Sohn, Nathanael, der wie sein Vater den Geist der Romantiker-Familie Schmitt weitertragen wird. Von ihm allein wird die Familie fortgesetzt, da Guido und die vier Schwestern ledig bleiben. In der glücklichen Harmonie der Familie entfaltet sich Georg Philipp Schmitt nun vollends, und sicher gehören diese Jahre zu seinen künstlerisch aktivsten. Er wird bekannter und hat genügend Aufträge.

In jene Zeit fällt auch – aufgrund seiner Sammelfreude – der Beginn der Freundschaft mit dem Grafen Charles de Graimberg. Mit ihm begründet er die Heidelberger Kunst- und Altertumsammlung, die in dem heutigen Kurpfälzischen Museum aufgehen wird. Hier wird er neben seiner Tätigkeit als Mitsammler auch zum Restaurator, und wir denken dabei an den Eintrag im „Register“ vom Dezember 1830: „Ein Büchelchen über Restauration – ein Gulden 30 Kreuzer –“. Neben den schon in München erworbenen Kenntnissen hat es sich bestimmt bezahlt gemacht. Im Jahr 1844 wird er zum hauptamtlichen Experten der Graimbergischen Kunstsammlung bestimmt.

Glücklicherweise hat sich eine Beschreibung seiner Sammlung erhalten, in der die Bilder, so wie sie zu Hause hingen, aufgezählt und aufgemalt sind. Sie befindet sich in einem Brief des jüngsten Sohnes Nathanael an den Bruder Guido in England. In der Reihenfolge finden sich da die Ehebrecherin von Veronese (heute noch in Familenbesitz), ein Christus von van Dyck, eine Landschaft von Wirtz, Kühe von Caspar Roos, eine Landschaft von Poussin, ein Stilleben von de Heem, mehrere Niederländer, ein Dürer-Aquarell und zwei kleine „Dürerchen“ (wie Nathanael sie nennt; Holzschnitte, vernichtet 1944), außerdem ein Basaiti (1496), zwei Robert Flinck, ein Gemälde von Gaul, eines von van der Meulen und schließlich eine büßende Magdalena von Correggio, von Teniers zwei Säufer (1944 vernichtet), ein Knabenporträt von Holbein d.J., Gemälde von Pourbus, Murillo und Loth. Außerdem eine größere Anzahl altdeutscher Bildnisse ohne Signatur. Nathanael hatte dazu noch die ganzen Bilder und ihre Standorte hübsch aufgezeichnet.

Lohmeyer bestätigt in seiner Monographie aus dem Jahre 1926 diese Angaben. Auch vermittelte Georg Philipp in andere Kunstsammlungen, so nach Darmstadt 1842 einen Rembrandt (Christus am Marterpfahl).

Die größte Freude mag dem Vater das Talent seiner beiden Söhne Guido und Nathanael gewesen sein, das er von früher Jugend an streng schulte, wie er denn überhaupt neben seiner Liebe auch Strenge als Vater und Lehrer walten ließ. Den Sohn

Abb. 39: Georg Philipp Schmitt „Der malende Guido vor dem Hintergrund der Heidelberger Heiliggeistkirche und des Schlosses“.

Abb. 40: Guido Schmitt „Dreimalerbild. Georg Philipp, Guido und Nathanael Schmitt".

Guido hält er solange bei sich zuhause, bis er im Jahr 1856 den Besuch seines ehemaligen Lehrers Schnorr von Carolsfeld erhält, der von den Bildern Guidos sehr angetan ist. Nachdem er das „schöne Talent", den „Schönheitssinn und die correcte Zeichnung" sehr lobt und einer erfreulichen Entwicklung für fähig gehalten hat, fährt er fort:

„Möge der Vater Schmitt, die Freude erleben, den Sohn, den er bisher so gut und treu geführt hat auf den Bahnen zu erblicken, welche der junge Künstler allerdings nur außer dem väterlichen Haus, inmitten eines großartigen und regen Kunstlebens finden kann."

Sprach's, siegelte und unterschrieb es am 26. August 1856 als Königlich Sächsischer Galeriedirektor und Professor an der Akademie der Künste. Doch Georg Philipp müßte nicht der Sohn seines Vaters sein, wenn er seinen Sohn Guido nicht doch noch bis 1859 bei sich behielte. Dann läßt er ihn ziehen, und er geht nach England, wo er berühmt als Kinderporträtist und Porträtist des Hochadels wird, sechsundzwanzig Jahre lang bleibt, dann nach Heidelberg zurückkommt, wo er 1922 mit neunundachtzig Jahren stirbt.

Außer seinen beiden Söhnen hat Georg Philipp Schmitt unter anderen seinen Bruder Franz und Felix Faller als Schüler. Neben seinen hauptsächlich dem Sammeln für die Graimbergische Sammlung, aber auch für sich selbst geltenden innerdeutschen Reisen, die ihn bis Basel und Freiburg führen (hier wird er als Kunsthändler oft genannt und gekannt), reist er nunmehr nach Belgien, Luxemburg und Frankreich und erweckt dabei in seiner zweiten Lebenshälfte eher einen unruhevollen Eindruck.

Interessante Erlebnisse vermitteln ihm seine Reisen nach England, wo sich der Sohn Guido als Kunstporträtist eine Namen gemacht hat. Schon im Juli 1860 fährt er zum ersten Mal hinüber und Lohmeyer hatte 1926 noch ein Tagebuch vorliegen, in dem er von dieser Reise berichtet. In England wird er durch seine Bilder, die durch Vermittlung Guidos auf Ausstellungen kommen, bekannt und kann sie dort gut verkaufen. Ein ziemlich umfangreicher Briefwechsel von Guido mit den Eltern ist noch erhalten und darin jubelt der Sohn immer, wenn wieder ein Bild des Vaters zu guten Preisen erworben wurde.

Im Jahr 1863 kann Georg Philipp Schmitt, auch durch Guido unterstützt, mit seiner Familie endlich in ein eigenes Haus am Klingenteich 6 ziehen, am Bergeshang gelegen. Von hier hat man einen wunderschönen Blick auf den Neckar. In dem nach seinen Plänen angelegten Garten baut er sich ein kleines Malerhäuschen, wo er nun seine letzten Bilder malen kann. Bis in die zwanziger Jahre unseres Jahrhunderts war der Garten noch schön erhalten, und so manches Mal mag auch der Dichter Alfred Mombert, der bis 1940 dort lebte, aus seinen rosenumrankten Lauben, den alten barocken Steinfiguren und dem kleinen altertümlichen Brunnen poetische Anstöße empfangen haben.

Das Leben Georg Philipps geht zur Neige! Wie über seine ersten Lebensjahre ein Schleier gebreitet ist, so ist auch seine letzte Lebenszeit ins Dunkel gehüllt. Weniges hat sich aus den Erzählungen der Söhne, nicht aus den Tagebüchern erhalten. Aus der Trauerrede für ihn, der am 19. Januar 1873 sein Leben endete, wissen wir, daß er ein schweres Leiden gehabt und einen langen Kampf gekämpft hat.

Guido Honold

Franz Jakob Goetzenberger

„Dies quarta Novembris (1802) natus et eadem baptizatus est Franciscus Jacobus filius legitimus Michaelis Goetzenberger civis et auleacrum opificis et Elisabethae natae Hecklerin conjugum."

Mit diesen Worten verzeichnet das Geburt- und Taufverzeichnis der katholischen Heilig-Geist-Kirche (Jesuitenkirche), die Geburt des zweiten Sohnes des Tapezierers Michael Goetzenberger und seiner Frau Elisabeth, geborene Heckler. Die Familie wohnte in der Kettengasse. Einer der Paten war der Medizinalrat Jacob Goetzenberger, dessen schönes Bildnis von Georg Philipp Schmitt im Kurpfälzischen Museum ausgestellt ist.

Seine erste Ausbildung erhielt Jakob Goetzenberger bei Joseph Wintergerst in Heidelberg. 1820 bezog er die Akademie in Düsseldorf, wo er Schüler von Peter Cornelius wurde. Cornelius, der gleichzeitig in Düsseldorf an der Akademie lehrte und in München im Auftrage Ludwigs I. arbeitete, schrieb diesem über die Arbeiten in der Glypthotek: „Mit den Freskoarbeiten geht es in diesem Jahr besser und rascher als im vorigen. Der Andrang junger Künstler ist so stark, daß ich nun für keinen mehr eine Stelle habe und manchen fortschicken muß, so daß mir eine Auswahl bleibt und ich die Fähigeren bloß einsetzen kann." Zu letzteren gehörte Jakob Goetzenberger, der bald zum Lieblingsschüler avancierte.

Abb. 41: Franz Jakob Goetzenberger „Madonna mit Kind".

1825 als 23jähriger erhielt Goetzenberger den

Abb. 42: Franz Jakob Goetzenberger „Musikabend bei Thibaut“, um 1830.

Auftrag zur Ausmalung der Universitätsaula in Bonn. Der Vorbereitung dieses Werks, das ihn bis in die dreißiger Jahre beschäftigte, dienten Reisen nach Neapel, Rom und Florenz. 1834 folgt die Ernennung zum badischen Hofmaler und zugleich zum Inspektor der Galerie im Mannheimer Schloß, im selben Jahr heiratet seine Schwester Luise den Heidelberger Dichter Gottfried Nadler. Mit Schwester und Schwager besucht Goetzenberger den Singabend bei Thibaut und hält einen solchen Abend im Bilde fest.

Im Auftrag der Freifrau von Herding malt Goetzenberger in den folgenden Jahren die Niersteiner Kapelle aus, ein Auftrag der ihm Gelegenheit gibt zu zeigen „was er bei seinem Meister, aber auch schon selbständig durch seine italienischen Studien erreicht hatte [...] er erhebt sich hier zu wahrhaft monumentaler Größe.“ (Karl Lohmeyer) Neben den Bonner Fresken begründen die Niersteiner Wandmalereien fortan Goetzenbergers Ruhm.

Als 1842 das Gebäude der Trinkhalle in Baden-Baden, ein Werk des Architekten Heinrich Hübsch, fertiggestellt ist, plant die badische Regierung, die Rückwand mit Themen aus der Sagenwelt des Schwarzwaldes zu schmücken. Sowohl Moritz von Schwind als auch Goetzenberger werden um Entwürfe gebeten. Letzterer gewinnt die Ausschreibung, wohl aus Kostengründen: Während Schwind 62 000 Gulden veranschlagt, begnügt Goetzenberger sich mit 8000 Gulden.

„Seine Hoheit ist sehr unzufrieden mit mir und haben die Malereien in der Badener Trinkhalle dem wenigst Nehmenden hintangegeben. Das ist nun eine Virtuosität, in der ich mich gern übertreffen lasse", resümiert Moritz von Schwind nach seiner Niederlage. Seine Trinkhallenfresken ließ Goetzenberger als Radierungen reproduzieren, außerdem fertigt er kleine Kopien in Öl an, die sich zum Teil im Kurpfälzischen Museum befinden.

Über diese glücklichen Jahre Goetzenbergers schreibt sein Jugendfreund Wilhelm Chezy:

> „Er war ein lebensfroher Bursche, um ein gutes Dutzend von Wintern jünger als sein Taufschein aus den ersten Jahren des Jahrhunderts. Doch hatte insofern die Zeit auf ihn gewirkt, daß seinen stets sprudelnden Übermut ein ziemlich gesetztes Wesen vor den Augen der Welt verhüllte. Er kleidete sich nach der herrschenden Mode ohne künstlerische Absonderheiten, trug einen runden Hut, kurzes Haar und einen einfachen Schnurrbart. Zu Baden schmiegte sich Goetzenberger – etwas spät – in das süße Joch. Die Erkorene war eine Polin von französischer Herkunft. Wir nannten sie nur die Marmorbraut, weil ihr schönes Gesicht in der Tat einfärbig weiß war, eingerahmt von schwarzem Haar. Im December 1846 habe ich ihn zu Mannheim in seiner Häuslichkeit besucht. Ich fand einen wohlzufriedenen Gatten und Vater. Der Maler war ein glücklicher Mann – und ein paar Jahre darauf wurde er ein armer Schelm, getrennt von Weib und Kind."

Tatsächlich hat Jakob Goetzenberger den Gipfel seiner Karriere erreicht – „als durch einen leidigen Zufall alte Sünden ans Tageslicht kamen" (Lohmeyer): 1851 wird Goetzenberger wegen Kindesabtreibung verurteilt und ins Großherzogliche Zuchthaus nach Bruchsal gebracht. Mit der Auflage Baden zu verlassen, wird er begnadigt. Er läßt sich von seiner Frau scheiden, emigriert nach England und gibt sich dort als politischer Flüchtling aus.

In England entstehen zahlreiche Sagenbilder als Wandschmuck für Landschlösser – aber auch als Porträtmaler ist Goetzenberger hier tätig. 1864 kehrt Götzenberger nach Deutschland zurück, er zieht zu seiner Familie nach Darmstadt, wo er 1866 stirbt.

> „Im Freischöpferischen erreicht er die Tiefe, die beziehungsreiche Gewalt und Herbigkeit seines Lehrers nicht, übertraf ihn aber an Schmiegsamkeit und Schönheit des farbigen Ausdrucks, so daß Cornelius ein Madonnenbild des 25jährigen Goetzenbergers als eigenes Werk einem kurländischen Liebhaber verkaufte. Goetzenberger ist formal und inhaltlich unser bedeutendster (badischer) Vertreter der klassisizistisch romantischen Figuralmalerei." (J. Beringer)

Guigone Rollet

Die Sammlung der Brüder Boisserée und ihres Freundes Bertram

„Von ihrer Sammlung lasse mir viel erzählen; niemand sieht sie, ohne den bleibendsten Eindruck davon zu behalten. Die wundersame Wirkung, die ein solcher Schatz [...] ausüben wird, ist gar nicht zu berechnen: denn man kann es immer als ein Evangelium ansehen, das frisch und neu gepredigt wird, ich mochte es gar gern auch mir wieder verkündigen lassen."[1]

Mit diesen Worten würdigte Goethe, die Sammlung Boisserée, die er gut kannte.

Die beiden Brüder Sulpiz (1783-1854) und Melchior Boisserée (1796-1851) hatten zusammen mit ihrem Freund Johann Baptist Bertram (1775-1841) zu Beginn des 19. Jahrhunderts eine bedeutende Sammlung mittelalterlicher Kunstwerke zusammengetragen. Sulpiz und Melchior waren die Söhne eines wohlhabenden, katholischen Kölner Kaufmanns und erhielten neben einer sehr religiösen Erziehung zunächst eine kaufmännische Ausbildung im väterlichen Betrieb und später in Hamburg. Der zwei Jahre ältere Sulpiz zeigte bereits früh Interesse an Literatur. Dies wurde in Hamburg durch die Bekanntschaft mit dem Buchhändler Perthes und dem Philosophen Reimarus verstärkt. Nach Köln zurückgekehrt freundete sich Sulpiz mit Johann Baptist Bertram an, der seine Begeisterung für Literatur und Philosophie teilte und ihn zur Aufgabe seiner kaufmännischen Ausbildung zugunsten eines Studiums bewegte.

Zusammen mit dem Bruder Melchior unternahmen die Freunde 1803, anstatt dem elterlichen Wunsch folgend einen Studienaufenthalt in Jena zu verbringen, eine heimliche Reise nach Paris, wo damals in einer umfangreichen Ausstellung die Beutekunst Napoleons gezeigt wurde. Die Tatsache an einem Ort die „berühmten Kunstwerke der alten und christlichen Zeit vereinigt [zu finden], die man sonst auf einer weiten Reise in verschiedenen Ländern und Städten hatte aufsuchen müssen"[2], begeisterte den jungen Sulpiz. Beeindruckt war er auch von der Möglichkeit, durch die Präsentation von Kunst in einer Ausstellung öffentliche Meinung und Geschmack zu beein-

[1] Goethe an Sulpiz Boisserée, Weimar den 12.8.1819, W.A. IV, Bd. 31, 1905, Nr. 247.

[2] Sulpiz Boisserée, Briefwechsel / Tagebücher I, Faksimiledruck nach der 1. Auflage von 1862, Göttingen 1970, S. 21.

Abb. 43: Carl Bégas „Sulpiz Boisserée“.

flussen, wenngleich ihm die Verknüpfung mit den Inhalten der Napoleonischen Kulturpolitik in diesem Fall mißfiel.

Außerdem wurde für die drei Freunde während ihres Parisaufenthaltes die Bekanntschaft mit Friedrich Schlegel prägend. Durch eine schwere Krankheit Sulpiz' weitete sich die Reise auf ein gutes halbes Jahr aus, worüber eine enge Beziehung der drei zu Schlegel entstand. Er wurde ihr Lehrer und begleitete sie auf einer ausgedehnten Wanderfahrt nach Köln zurück, aus der Schlegels „Briefe einer Reise durch die Niederlande und die Rhein-Gegenden“ hervorgingen. Schlegel bekam in Köln vorübergehend eine Gastdozentur und setzte auf diese Weise die Bildung seiner jungen Freunde in Kunst, Literatur und Philosophie fort. Es entwickelte sich rasch ein durchaus für beide Seiten sehr befruchtendes Verhältnis. Die Boisserées und Bertram nahmen ihrerseits nicht unbeträchtlichen Einfluß auf Schlegels Beurteilung der altdeutschen und religiösen Kunst.

Zu dem Zeitpunkt, als die Boisserées und Bertram mit Schlegel nach Köln zurückkehrten, tauchten infolge der Säkularisation auf dem Kunst- aber vor allem auch auf dem Trödelmarkt viele mittelalterliche religiöse Kunstwerke aus enteigneten Klöstern auf.

Sulpiz gibt für den Beginn ihrer Sammlung in seinen Lebenserinnerungen folgende Beschreibung:

> „[...] alles was wir von Kunstwerken sahen und hörten, erinnerte an den ungeheuren Schiffbruch, aus dem die einzelnen Schätze geborgen worden; wieviel Köstliches konnte in dem Sturm untergegangen seyn, wie Vieles konnten die bewegten Wellen noch an den Strand spülen. In der Stimmung mußte der Wunsch, zu retten was noch zu retten war gleich auftauchen und zur That werden, so bald nur die Gelegenheit sich darbot, diese führte einer jener glücklichen Zufälle herbei, welche im menschlichen Leben oft so entscheidend wirken. Denn es geschah in den ersten Monaten nach unserer Rückkehr, als wir mit Schlegel auf dem Neumarkt, dem Platz der Stadt spazierten, dass wir einer Tragbahre mit allerlei Geräthe begegneten, worunter sich auch ein altes Gemälde befand, auf dem die goldenen Scheine der Heiligen von ferne leuchteten. Das Gemälde, die Kreuztragung mit den weinenden Frauen und der Veronika darstellend, schien nicht ohne Vorzüge. Ich hatte es zuerst bemerkt und frage nach dem Eigentümer, der wohnte in der Nähe, er wußte nicht wo das große Bild zu lassen, und er war froh es für den geforderten Preis los zu werden. Nun hatten wir für die Unterbringung

Abb. 44: Meister der Lyversberger Passion, Umkreis „Kreuztragung Christi“, um 1470.

zu sorgen; um Aufsehen und Spottreden zu vermeiden, beschlossen wir das bestaubte Altertum, durch eine Hintertüre in unser elterliches Haus zu fördern. Als wir dort anlangten, erschien durch ein eigenes Zusammentreffen unsere alte Großmutter an der Thüre, und nachdem sie das Gemälde eine Weile betrachtet hatte, sagte sie zu dem etwas verschämten neuen Besitzer: ‚Da hast Du ein bewegliches (rührendes) Bild gekauft, da hast Du wohl daran gethan!‘ Es war der Segensspruch zu dem Anfang einer folgenreichen Zukunft“.[3]

Es handelte sich bei dieser ersten Akquisition um eine großformatige Darstellung der Kreuztragung aus dem Umkreis des Meisters der Lyversberger Passion von ca. 1470.

Wenn auch mittelalterliche Kunst zu jener Zeit eher verpönt war, so waren die Boisserées nicht ihre einzigen Sammler. In Köln bemühte sich auch Ferdinand Franz Wallraf um die Erhaltung und Sammlung der Kunstwerke aus den Beständen der Klöster und Kirchen. Seine Sammlungsmethode war jedoch sehr viel weniger systematisch als jene der Boisserées und ähnelte mehr dem Zusammentragen außergewöhnlicher Kunstgegenstände, vergleichbar den Kuriositätenkabinetten.

[3] Ebd., S. 29f.

Abb. 45: Friedrich Rottmann „Einzug der Russen in Heidelberg 1815" (links Palais Sickingen).

Zu Beginn ihrer Tätigkeit erwarben die Boisserées vornehmlich Kölner Kunst von eher unbekannten Meistern, die sie zum Teil auch wieder verkauften oder mit Wallraf tauschten. Schon bald hatte die Sammlung einen beträchtlichen Umfang gewonnen und forderte einen angemessenen Ausstellungsraum. Angezogen von der landschaftlichen Lage und vor allem von dem romantisch geprägten geistigen Klima zogen sie 1810 nach Heidelberg, wo sie das ehemalige Palais der Sickingischen Familie am Karlsplatz bezogen. Dies bot im ersten Stock Räume, in denen sie die Sammlung, unterbringen und der Öffentlichkeit zugänglich machen konnten. Durch gezielte ständige Zukäufe bis ca. 1820 umfaßte die Sammlung schließlich über 250 Bilder, die nach den Worten Sulpiz Boisserées eine „vollständige Entwicklungslinie der Malerei vom 13.-16. Jahrhundert"[4] wiedergaben, darunter Werke von Hans Memmling, Jan van Eyck, Hugo van der Goes, Israel von Meckenem, Lucas van Leyden, Mabuse, Albrecht Dürer, Holbein, Albrecht Altdorfer und Lucas Cranach.

[4] Vgl. ebd., S. 96ff.

Die Sammlung zog große und prominente Besucherscharen an. Die Eintragungen der Gäste lesen sich wie ein „who is who“ des frühen 19. Jahrhunderts: Ludwig von Bayern, Metternich, der König und die Königin von Württemberg, Gneisenau, Freiherr vom Stein, die Kaiserin-Mutter aus Rußland, Goethe, Schelling, Jean Paul, Schinkel, Canova, Thorvaldsen, Passavant, die Gebrüder Grimm, von Humboldt, Uhland, Ranke und andere.

Damit hatte sich die Idee der Boisserées erfüllt: die Sammlung sollte öffentlich zugänglich sein, als ein Gegenstand der nationalen Bildung und Rückbesinnung auf die christlich deutsche Vergangenheit gelten und eine kulturpolitische Einflußnahme auf die Zeitgenossen ermöglichen.

Langfristig wünschten die Sammler, dass ein deutscher Bundesstaat oder Fürst die Sammlung aufkaufen und museal ausstellen würde. Dabei war entscheidend für die Kontinuität ihrer Idee, dass das Ensemble als Ganzes so wie es chronologisch geplant und angelegt worden war, auf einen neuen Eigentümer übergehen würde. Mit den Jahren waren die Boisserées, die ihr ganzes Leben und den größten Teil ihres Erbes in die Sammlung investiert hatten, auch wirtschaftlich immer stärker auf eine Veräußerung angewiesen, aus der sich dann auch eine Rente für den Rest ihres Lebens bestreiten ließe.

Auch dieser Wunsch schien sich zunächst zu erfüllen. Ab 1815 bekundete der Preußische Staat, in erster Linie auf Schinkels Betreiben, Interesse an der Sammlung. Schinkel hatte erkannt: „Die Sammlung hat das eigentliche Verdienst, eine als Kunstepoche bisher ganz verloren gegangene, große und herrliche Zeit für die Kunst wieder an den Tag gebracht zu haben, die Epoche der altniederrheinisch-deutschen Kunst.“[5]

> „Schon die historische Ordnung dieser Sammlung ist etwa so über alles Wichtiges, dass dadurch, meinem Gefühl nach, eine ganz neue Ordnung der Dinge in dem ganzen Wesen des Sammelns und Aufstellens für die Welt hervorgehen wird.“[6]

Dem folgten Angebote aus Frankfurt, von Kronprinz Ludwig von Bayern sowie von Kaiser Franz aus Wien. Allerdings kam es zu keinem Abschluss, sondern die Aussichten auf Verkäufe verliefen sich in ergebnislosen Verhandlungen.

Als das württembergische Königspaar Kaufinteresse äußerte, entschlossen sich die Boisserées und Bertram 1819, die Sammlung nach Stuttgart zu verlegen. Sie benötigten dringend adäquate Ausstellungsräume. Diese fanden sie in Stuttgart, wo ihnen kostenfrei die großzügigen Räume eines ehemaligen Offizierspavillons in zentraler Lage, zur Verfügung gestellt wurden. Die Besucherzahlen entwickelten sich an dem neuen Präsentationsort so, dass an

[5] Schinkel in einem Brief an den Staatsminister Freiherrn von Altenstein, Heidelberg, 6.8.1816, in: A. v. Wohlzogen, Aus Schinkels Nachlaß. Reisetagebücher, Briefe und Aphorismen, 4 Bde., Berlin 1862-1864.

[6] Schinkel in einem Brief an Daniel Rauch, Berlin, 14.11.1816, in: Friedrich Eggers und Christian Daniel Rauch, Bd. 1, Berlin 1873, S. 174.

manchen Tagen sogar Personen abgewiesen werden mussten. Die Sammler trafen in Stuttgart zunächst auf eine gesellschaftlich anregende Atmosphäre.

In diese Zeit fällt die Edition der Lithographien Strixners.

Neben der Bildpublikation gelang es außerdem, durch Cotta in dem überregionalen „Kunst-Blatt“ ein, die altdeutsche Kunst befürwortendes, Sprachrohr zu gewinnen.

Trotz dieser Erfolge rückte aus verschiedenen Gründen der Verkauf an den württembergischen König wieder in unabsehbare Ferne. Eine Künstlerkommission in Stuttgart stellte fest, dass sich die Sammlung als Anschauungs- und Lehrmaterial zum Studium von Künstlern nicht eigne.

Schinkel würdigte zwar die Gemäldesammlung der Boisserées:

> „Nach allem, was ich auf dieser Reise erfahren und gesehen, leuchtet es mir vollkommen ein, wie es zugegangen, dass die Kunstwerke der altniederländischen Schule, indem sie nach langer Zeit endlich wieder in Betracht und ans Licht gezogen wurden, plötzlich und allgemein einen so hohen Werth gewinnen konnten. Einestheils der wirkliche innere Gehalt dieser Werke, dann das höchst interessante Verhältnis, in welchem sie sowohl in artistischer als historischer Hinsicht mit den Werken des Altertums, des frühesten Mittelalters der italienischen und späteren altniederländischen Kunstperiode stehen, und endlich die durch wunderbares Schicksal und das Zusammentreffen besonderer Ereignisse entstandenen Seltenheit dieser Werke, alle diese Umstände vereint sind es, aus denen sich jenes Steigen des Werthes natürlich erklären läßt.“[7]

Aber zum Nachteil der Boisserées wandelte sich der Zeitgeschmack allmählich und senkte das Interesse an der Sammlung wieder. Die Meinung der Vertreter des Klassizismus setzte sich stärker durch und damit der allgemeine Wunsch nach breitgefächerten, chronologisch und nüchtern angelegten Sammlungen von Gemälden, sowohl von nordeuropäischer als auch von italienischer bzw. südeuropäischer Kunst.

Unter Vermittlung des Malers Cornelius ergab sich schließlich doch noch die Möglichkeit des Verkaufs an den inzwischen zum König gekrönten Ludwig von Bayern. Zu einem geringeren Preis als bei den ersten Verhandlungen vereinbart ging die Sammlung 1827 unter strengster Geheimhaltung an ihn über. König Ludwig äußerte gegenüber den Boisserées: „Wenn man das Geld im Spiel verliert und für Pferde ausgibt, meinen die Leute, es wäre recht, es müsse so seyn; wenn man es aber für Kunst verwendet, sprechen sie von Verschwendung!“

Die Sammlung wurde vorübergehend in Schloß Schleißheim untergebracht, wo sie nur mit vorheriger Zustimmung des Königs zugänglich war. Damit wurde der Wunsch einer ständig und unentgeltlich zugänglichen Ausstellung nicht erfüllt. Nach der Fertigstellung des Neubaus der Pinakothek wurde die Sammlung, für die Boisserées besonders schmerzlich, auseinandergerissen. Nur ein Teil wurde in der Pinakothek ausgestellt; der Rest

[7] Schinkel in einem Bericht über die Ergebnisse der Studienreise an den Staatsminister Freiherrn von Altenstein, Berlin, 15.10.1816, in: A. v. Wohlzogen, Berlin 1862-1864.

wurde in Schloß Schleißheim und in anderen bayrischen Gemäldesammlungen in Nürnberg, Augsburg und Bamberg untergebracht. Alexander Pagenstecher schilderte das tragische Schicksal der Sammlung:

„Im Winter 1819 wurde ich in dieses Heiligtum zuerst eingeführt. Und in der Tat, es war ein Heiligtum. In einfach schmucklosen Gemächern waren die Bilder aufgestellt, immer nur wenige und zusammengehörige in einem Raum, dessen einziges Fenster sein ganzes Licht auf das Bild fallen ließ. Zuerst trat man in ein galerieartiges Vorgemach, dessen Wände mit den uralten, lebensgroßen Standbildern von Aposteln und Heiligen, auf Goldgrund, von architektonischer Ornamentik dicht eingefaßt, bekleidet waren. Es war eine Vorhalle zugleich der Kunst und der Andacht. Denn diese altniederdeutschen Bilder [...] tragen so entschieden das Gepräge jener mystischen Zeit, sind in gemütvoller Tiefe und charaktervoller Wahrheit so kräftig ausgeprägt, dass jene uralte Vergangenheit, jenes zugleich hoch spiritualistische und rohmaterielle Mittelalter, jene wunderbare Zeit der sublimsten Gläubigkeit und verwegensten Tatkraft durch ihre bloße Anschauung zur unmittelbaren Wirkung kommt.

Beim Anblick dieser majestätischen Apostelgestalten, dieser bis in den Tod getreuen Heiligen, deren ernste, unbeugsame Gesichtszüge, deren klare, tiefe Augen uns fassen und unsere Seele durchdringen, fühlen wir die inkarnierte Macht jener Welt umbildenden altkatholischen Geister: Wir schauen eine Offenbarung, die jetzt nur noch ein historisches Moment ist, wir atmen Luft, die in der Gegenwart nicht mehr weht. Im Jahre 1820 sah ich die Sammlung wieder im königlichen Schloß zu Stuttgart, auch hier in gesonderten Zimmern. Ich sah sie mit dem selben Gefühl, wie anderthalb Jahre zuvor in Heidelberg.

Zum dritten Male sah ich sie 31 Jahre später in München, verloren in der großen Pinakothek, unter tausenden von Bildern aller Art, über- und untereinander, zwar schon systematisch geordnet, aber die Weihe war fort."[8]

Eine solche Wirkung auf den Betrachter zu erzielen, wie es bei Pagenstecher geschah, entsprach der Absicht. Es sollte nicht bloß ein nüchternes Betrachten, ein historisches Nachvollziehen der vergangenen Kunst sondern ein seelisches Vertiefen, eine inhaltliche Identifikation und idealerweise eine, religiöse Andacht stattfinden. In einer Zeit der Kriegswirren, der politischen Umwälzungen und der Irritation von Werten und Normen, sollte die kulturelle Identität des eigenen Landes gestärkt werden. Schlegel schrieb, dass die „alten Sinnbilder, die durch Tradition gegeben und geheiligt sind" den „frommen Geist der alten Zeit"[9] wiederbeleben sollten. Diese Auffassung entsprach dem Sendungsbewußtsein der Sammler. Bertram äußerte in einem Brief an Boisserée:

„[...] der Bildersaal [wird] wirklich und wahrhaft zur Kirche; mitten in dieser leichtsinnigen, eitlen Umgebung vertiefen wir uns immer wieder mehr in die ehrwürdigen Überreste einer besseren Vergangenheit und in das alte Köln in seiner frommen, gottesfürchtigen Pracht und Herrlichkeit".[10]

[8] Alexander Pagenstecher, S. 82.

[9] Schlegel, Briefe auf einer Reise durch die Niederlande, Rheingegenden, die Schweiz und einen Teil von Frankreich, in Ansichten und Ideen von der christlichen Kunst, hrsg. v. H. Eichner, München / Paderborn / Wien 1959, S. 151f.

[10] Brief vom 1.5.1811, vgl. dazu: Firmenich / Richratz, S. 132.

Abb. 46: Carl Rottmann „Kopie nach D. Bouts (‚Die Perle von Brabant') und H. Memling (‚Sieben Freuden Mariae')", 1819.

Durch die Betrachtung der alten Kunst und die Übertragung ihrer Werte auf die Gegenwart, sollte eine moralische Erneuerung der Nation stattfinden – ganz besonders aber auch eine Besinnung der Künstler auf die alte, christliche Kunst. Diese wurde als die „Wahre" angesehen, und durch intensives Studium, verbunden mit Nachempfinden, sollte sie den künstlerischen Stil der zeitgenössischen Maler heben, entgegen der „laulich-liederlichen Nachlässigkeit", die scheinbar durch die Kopie der Renaissancekunst drohte.

Auf dem Nährboden der Romantik und dem erstarkten Nationalgefühl erfolgte die erhoffte Einflußnahme. Schriftsteller wie Tieck, Schlegel und Goethe hielten sich bevorzugt in der Gemäldegalerie auf, um sich angesichts der Heiligenbildnisse vergangener Zeiten für ihre eigenen Werke inspirieren zu lassen.

Georg von Dillis trieb anhand der Boisseréeschen Bilder Farbstudien. Er war sowohl von deren Intensität als auch von deren extremer Haltbarkeit begeistert und hoffte, Erkenntnisse zu gewinnen, welche die zeitgenössischen Maltechniken verbessern würden.

Nicht zuletzt wurde auch Carl Rottman durch die Sammlung, die er schon als 16jähriger studierte, beeinflußt. Er war begeistert von der Farbgebung der alten Meister und von ihrer stilisierenden Darstellungsweise der Natur. Seine Kreise zog das Lebenswerk der Boisserées nicht nur in seiner eigenen Zeit. Nicht allein, dass uns heute die Meisterwerke der mittelalterlichen Kunst durch die unermüdliche Sammeltätigkeit erhalten sind, sondern auch für moderne Museumskonzeptionen ist der Anspruch einer allgemein zugänglichen Gemäldegalerie mit öffentlichen Bildungsauftrag richtungsweisend gewesen.

Allem voran ist die chronologische Präsentation von Kunst, die für den Betrachter die Möglichkeit eröffnet, Zusammenhänge zwischen verschiedenen Schulen und Entwicklungslinien zu erkennen, heute die übliche Ausstellungsweise. Darüber hinaus haben die Boisserées außerordentlich gut die Kunst beherrscht, ihre Gemälde in Szene zu setzen und damit den größtmöglichen Eindruck bei den Besuchern zu erzeugen:

„Ich habe diese Sammlung in Stuttgart zu Anfang des Jahres 1825 gesehen. Ich kann nicht leugnen, dass sie auf mich den lebhaftesten Eindruck gemacht hat. In den einzelnen Räumen war die Beleuchtung mit Kunst eingerichtet. Jedes bedeutende Gemälde hatte ein besonderes Gemach. Alle waren an dunkelgrauen Wänden aufgestellt, welche den Farbenglanz bewunderungswürdig erhuben. Diese Herren hatten nicht nur das Geschick, diese Gemälde zu entdecken und auszuwählen, sondern auch sie geltend zu machen. Alle die, wie ich diese Sammlung besucht haben, erinnern sich ohne Zweifel der Ungeduld, welche sie zu bestehen hatten, die Türen des großen schwarzen Kastens, welcher das Gemälde enthielt, aufgehn, dann den Vorhang wegziehen und endlich den halbdurchsichtigen Schleier verschwinden zu sehen. In der Zwischenzeit erzählte man Euch mit recht liebenswürdiger Herablaßung mancherlei Umstände, welche sich auf jedes einzelne Gemälde bezogen. Ihr vernahmet seine Geschichte, den Eindruck, welchen es auf diesen oder jenen Kenner, auf eine und die andere Person gemacht hatte: und sogar die Eindrücke und unbefangenen Urteile gemeiner Leute wurden nicht übergangen.“[11]

Wenngleich diese Art der Heranführung an Kultur dazu neigt, den Betrachter zu bevormunden, ist dies dennoch eine Praxis, die manchen heutigen Museen ein bißchen fehlt, die mit übertriebener Nüchternheit geradezu abschrecken und den vollkommenen Kunstgenuß und das Verständnis einschränken.

Selbst die Idee für eine der neueren Errungenschaften, das Museumscafé, ist bei den Boisserées schon vorhanden. Schinkel schildert, dass bei einem seiner Besuche, er und die anderen Besucher beim Betrachten der Bilder „mit Wein und Gebackenem regaliert wurden.“

Marianne von Manstein

[11] Graf Athanasius Raczynski, Geschichte der neuen deutschen Kunst, Berlin 1836, S. 83.

Johann Nepomuk Strixners Lithographien nach Werken der Sammlung Boisserée

Die Sammlung der Brüder Sulpiz und Melchior Boisserée und ihres Freundes Johann Baptist Bertram, die ab dem Jahr 1820 von Johann Nepomuk Strixner lithographiert wurde, umfaßte Werke der Kölner Malschule, altniederländische und altdeutsche Gemälde. Dank der Säkularisation um 1800 war es den Sammlern gelungen, in relativ kurzer Zeit zahlreiche sakrale Gemälde zu erwerben. Die Technik des Steindrucks war erst wenige Jahre zuvor erfunden worden. Strixners Werke zählen zu den frühesten Lithographien und besitzen neben ihrer künstlerischen auch eine historische Bedeutung.

Im Jahr 1797 entwickelte Alois Senefelder in München ein Flachdruckverfahren, die Steindrucktechnik oder Lithographie. Senefelder nutzte die chemischen Eigenschaften des Solnhofer Kalksteins, Wasser und Fett gleichermaßen zu binden.

Zunächst wird die geschliffene Steinplatte entsäuert, mit fetthaltiger Farbe zeichnet man dann auf den Stein, bevor man ihn mit Gummiarabicum ätzt. Dadurch werden die von der Zeichnung freien Stellen noch aufnahmefähiger für Wasser, während die Fettsäuren der Farbe in den Stein eindringen und gebunden werden. Abschließend wäscht der Lithograph die Steinplatte aus und färbt sie ein. Die Farbe haftet nur an den vorgezeichneten Stellen, von den feuchten Partien wird sie abgestoßen. Der Stein ist bereit für den Druck in der Lithopresse, der Druck kann häufig wiederholt werden. Zu den verschiedenen lithographischen Verfahren zählen die Feder- und die Pinselmanier, die Kreidetechnik, das Schabkunstverfahren und die Graviermanier.

Nepomuk Strixner (1782-1855) hatte mit Alois Senefelder zusammengearbeitet und in dessen Werkstatt reiche Kenntnisse im Steindruck erworben. In den Jahren 1807/08 lithographierte er Dürers Randzeichnungen zum Gebetbuch des Kaisers Maximilian, diese in Federtechnik ausgeführten Blätter sind Strixners früheste publizierte Lithographien. In den Jahren 1810 bis 1816 lithographierte er gemeinsam mit Friedrich Piloty d.Ä. eine Reproduktionsfolge von Zeichnungen Alter Meister aus dem Besitz der Königlichen Sammlung, München. Ab 1815 war Strixner Mitarbeiter an dem lithographierten Galeriewerk der Königlichen Gemäldesammlungen in München und Schleißheim. Später – nach der Edition der Sammlung Boisserée – beteiligte sich Strixner an der „Pinakothek München“.

Der Erfolg der Lithographien nach den Dürerschen Randzeichnungen bahnte den Weg zu den folgenden Unternehmungen, ein Weg der auch eine zunehmende technische Perfektionierung bedeutete: von der einfachen Federmanier bis zur aufwendigen Kombination von Kreide- und Federmanier. Die genannten Serien, sind wie die Lithographien nach der Sammlung Boisserée, in einer Reihe mit anderen reproduzierenden Lithographien der Zeit zu sehen. Erst in ihrer späteren Entwicklung löste sich die Lithographie vom reproduzierenden Charakter – obwohl auch die Reproduktionen eigenständige Kompositionen nicht ausschließen, wie wir im folgenden an drei Blättern nach der Sammlung Boisserée zeigen werden.

Schon während ihres Aufenthaltes in Heidelberg hatte die Sammlung Boisserée zahlreiche Besucher angezogen, mit den Lithographien sollte ein noch breiteres Publikum erreicht werden. Da die Brüder Boisserée auf der Suche nach einem potenten Käufer waren, war ein weiteres Motiv für die Publikation die Werbung. Nepomuk Strixner, den man mit dieser Aufgabe betraute, siedelte auf Einladung der Boisserées nach Stuttgart über. Als Ludwig I. von Bayern die Sammlung erwarb, folgte Strixner ihr nach München und setzte dort seine Lithographiefolge fort. Im Jahr 1836 war sie beendet. Sie gilt in technischer und künstlerischer Hinsicht als eines der Hauptwerke der frühen Lithographie.

Über Art und Umfang der Lithographienfolge gab es genaue Vorstellungen, die die Sammler in der Ankündigung benennen. Insgesamt planten sie die Edition von 144 Blätter, die in 48 Lieferungen erscheinen sollten. Drei bis vier Lieferungen mit je drei Lithographien pro Jahr, sollten veröffentlicht werden. Letztlich erschienen jedoch nur 116 Blätter in insgesamt 38 Lieferungen.

Nicht nur über die Quantität sondern auch über die Qualität gab es genaue Vorstellungen, so entschied man sich für das große Format, um dem Charakter der Gemäldevorlagen gerecht zu werden. Die malerische Wirkung der Lithographien sollte durch das Aufziehen auf grünlich-graues Papier gewährleistet werden. Das Medium der Lithographie ermöglichte nicht nur das große Format, sondern auch eine weitaus malerischere Wirkung als der Kupferstich. Man plante pro Lieferung je ein Werk der Kölner Malschule, der altniederländischen und der altdeutschen Malerei zu präsentieren – dieses Prinzip wurde allerdings nur bis zur sechsten Lieferung durchgehalten.

Die Lithographien sind mit dünnen schwarzen Linien eingerahmt, so daß zwischen den Darstellungen und diesen Linien ein Rand entsteht. Alle Blätter sind einheitlich bezeichnet: Links unten steht jeweils der Künstler, dem die Brüder Boisserée das Gemälde zugeschrieben haben. Unten in der Mitte aller Blätter findet sich die Bezeichnung „Gedruckt unter Direction Strixner in Stuttgart“ bzw. „in München“. Rechts sind jeweils die lithographierenden Künstler – meist Strixner selbst – und das Erscheinungsjahr angegeben: „Nep. Strixner del: 1820“.

Die von Strixner in der Lithographienfolge angewandte Kombination von Feder- und Kreidemanier erlaubte zum einen eine Präzision der Darstellung,

Abb. 47: Meister der heiligen Veronika „Veronika mit Schweißtuch“, 1420.

Abb. 48: Johann Nepomuk Strixner „Die heilige Veronika“.

die vor allem bei den detailreichen altniederländischen Gemälde von großem Vorteil war. Zum andern erreichte Strixner damit eine differenzierte Umsetzung der Farbwerte des Originals in die Tonwerte der Lithographie. Dadurch bleibt auch in den Reproduktionen der malerische oder zeichnerische Charakter des Originalgemäldes in gewissem Umfang erhalten.

Außerdem verwandte Strixner eine zusätzliche Tonplatte und erzielte damit einem Effekt ähnlich der Weißhöhung. Anstelle des mittelalterlichen Goldgrundes, verwandte er eine gelbliche Tonplatte, so blieb etwas vom Charakter des Gemäldes erhalten. Die gelbe Farbe ist teilweise auf den Bildern in verschiedene Töne abgestuft. Zunächst wurde mit der gelben Platte gedruckt und in einem zweiten Schritt die grauen und schwarzen Farbtöne darüber gedruckt.

Nepomuk Strixner behandelt die Originalkompositionen unterschiedlich, wie wir im folgenden an drei Beispielen veranschaulichen wollen: „Die Beweinung Christi“ nach Albrecht Dürer zeigt den vom Kreuz genommenen Christus, der von Johannes gehalten wird, umgeben von einer Gruppe Trauernder. Eine Gebirgslandschaft mit Kalvarienberg und der Stadt Jerusalem bildet den Hintergrund. Im Vordergrund befindet sich die Familie des Stifters und eine übergroße Dornenkrone. Diese Lithographie folgt der Vorlage bis in die Details. Nur auf die Darstellung der Stifter verzichtet Strixner, da diese nicht im Zusammenhang mit dem Bildgeschehen stehen. Trotz der Treue zum Original schafft Strixner eine eigenständige Komposition.

Beim Blatt „Die heilige Veronika mit Schweißtuch", dem berühmtesten Gemälde der Altkölner Malschule, verändert Strixner die Komposition nicht. Den Goldgrund des Originals setzt er mit Hilfe der oben erwähnten gelben Tonplatte um. Vor diesem Hintergrund wird die heilige Veronika in schwarzen und grauen Tönen in Feder- und Kreidemanier mit auffallend vielen Weißhöhungen wiedergegeben.

Bei anderen Blättern benutzt Strixner Details der Gemäldevorlagen, um daraus eigene Kompositionen zu machen. Ein gutes Beispiel für dieses Vorgehen ist die heilige Katharina aus dem Passionsaltar des Arnold von Siegen von Bartholomäus Bruyn d.Ä. Im Original ist die heilige Katharina Teil eines Flügelaltars. Sie befindet sich auf dem rechten Flügel gemeinsam mit dem heiligen Johannes vor einer Brüstung hinter der sich die Landschaft erstreckt.

Strixner löst die Figur der heiligen Katharina aus der Komposition und gibt sie als Dreiviertelfigur wieder. Gerahmt von den Säulen der Brüstung und hinterfangen von der Landschaft wirkt die Darstellung geschlossen – sie ähnelt manchen Bildnissen der Romantik. Obwohl Strixner hier eine eigene Kompositon gelungen ist, kann man auch bei diesem Blatt die Treue zum Original beobachten.

Abb. 49: Johann Nepomuk Strixner „Die heilige Katharina".

Strixners persönlicher Stil verleiht den Figuren eine größere Körperlichkeit. Im Vergleich mit den Originalen kann man deutlich erkennen, daß zwischen Vorlage und Reproduktion mehrere Jahrhunderte liegen. Die enge Bindung der Lithographie an ihre jeweilige Stilepoche – sei es Klassizismus, Romantik oder Biedermeier – die Wilhelm Weber in seinem grundlegenden Werk „Saxa loquuntur" nachgewiesen hat, zeigt sich auch in Strixners Arbeiten.

Man kann also feststellen, daß das in der Romantik neu erwachte Interesse an altdeutscher Malerei nicht nur die Brüder Boisserée zu ihrer Sammlung anregte, sondern auch die Entstehung der Strixnerschen Lithographien förderte. Mit Hilfe des damals noch jungen Mediums erreichten die Reproduktionen eine weite Verbreitung und wurden sehr populär. Strixner kommt das Verdienst zu, trotz der außerordentlichen Treue zum Original, eigenständige Kompositionen geschaffen zu haben.

Katharina Weiland

Heidelberg im 19. Jahrhundert

veranschaulicht an repräsentativ ausgewählten Beispielen aus Privatsammlungen

„Heidelberg von der Ostseite"

Abb. 50: „Heidelberg von der Ostseite", Kupferstich, 10 × 17,6 cm (Darstellung), Privatbesitz.

Aloys Schreiber, Heidelberg und seine Umgebungen, historisch und topographisch beschrieben. Heidelberg, Joseph Engelmann, 1811, 8°, 288 S. (Max Schefold, Alte Ansichten aus Baden, Weißenhorn 1971, Katalogband, S. 228. T. Winterberg (Hrsg.), Heidelberg im Wandel der Zeit. Graphische Darstellungen der historischen Stadt, bearb. v. M.-P. Stahl, Heidelberg 1996, Kat.-Nr. 172).

Dem Kapitel zur Geschichte der Stadt stellt Schreiber den beliebten Blick auf Stadt und Schloß vom Ziegelhäuser Ufer voran. Bei den Illustrationen handelt es sich um Reproduktionsgraphik (Kupferstiche) nach verschiedenen Vorlagen.

In der ersten Hälfte des 19. Jahrhunderts erschienen zahlreiche Führer des Schlosses und der Stadt Heidelberg sowie der näheren und weiteren Umgegend, Wegweiser für Reisende, die wohl auch der zunehmenden Reiselust breiterer Bevölkerungsschichten entgegenkamen. Mit der Entwicklung der Dampflokomotive, dem stetigen Ausbau des Streckennetzes und damit erheblich verkürzten Reisezeiten nahm die Mobilität des Reisenden stetig zu, war ein wesentlicher Schritt auf dem Weg zum eigentlichen Fremdenverkehr, zum Massentourismus getan. 1835 wurde Deutschlands erste Eisenbahnstrecke von Nürnberg nach Fürth feierlich eingeweiht, und bis 1839 wurde die Verbindung Leipzig-Dresden (116 km) vollendet.

Zu seinem Heidelberg-Führer bemerkt Schreiber einleitend „Ueber meine Schrift habe ich wenig zu sagen. Sie ist zunächst bestimmt, den Eingebohrnen und Fremden zu orientieren. Wer keines Wegweisers bedarf, der lasse sie ungelesen." Ausführlich schildert er Geschichte, Ort und Lage der Stadt, des Schlosses und der näheren Umgebung. Wie von Leonhard rund 20 Jahre später geht auch er auf die „Anstalten zum Vergnügen" ein, entwirft jedoch ein recht triste Vision: „Das gesellige Leben ist nicht die glänzende Seite Heidelbergs. Einzelne Familien halten sich zusammen, die meisten gehen ihren Weg allein [...] Ein Theater fehlt, und keine Schauspielergesellschaft darf hier Vorstellungen geben." Von Leonhards „Fremdenbuch" zeichnet 1834 ein ganz anderes Bild des „geselligen Lebens" in Heidelberg und verspricht „Wer länger in Heidelberg sich aufhält, kann leicht Verbindungen anknüpfen und Zutritt in Familien-Kreisen finden, in so fern er heiteren Umgang liebt."

„Die Süd Seite des Schlosses zu Heidelberg"

Abb. 51: Franzisca Rieger „Die Süd Seite des Schlosses zu Heidelberg", Seidenstickerei und Gouache, 1809 (nach einer 1783 entstandenen Vorlage von Jakob Rieger), 50 × 70 cm (Darstellung), Privatsammlung.

Die dekorative, in aufwendiger Mischtechnik ausgeführte Arbeit, zeigt eine Ansicht des Heidelberger Schlosses von Südosten. Im silbernen Mondlicht eröffnet sich dem Betrachter ein besonders reizvoller Blick auf die Ruine. Von seinem Standpunkt vis-à-vis des gesprengten Turmes, der den Vordergrund der Ansicht beherrscht, schweift das Auge weiter.

Franzisca Rieger wählte für ihr Seidenbild eine Vorlage des Mannheimer Landschaftsmalers, Radierers und Kupferstechers Jakob Rieger (wohl Mekkenheim/Pfalz 1754-1811 Mannheim). Der Schüler Ferdinand Kobells war insbesondere durch sein druckgraphisches Œuvre bekannt.

Die althergebrachte Kunst der Stickerei spielte schon in Byzanz eine große Rolle und gelangte von dort über Italien in den Norden Europas. Im Mittelalter lag eine ihrer Hauptleistungen im Bereich der Paramentenstickerei. Seit dem Rokoko war die große Zeit der Stickerei vorbei. Erst im 19. Jahrhundert versuchte man die Technik wiederzubeleben. Insbesondere in der zweiten Jahrhunderthälfte wurden die alten Stickmuster zunehmend veröffentlicht, um sie weiten Kreisen als Vorbilder zugänglich zu machen.

„Das Heidelberger Schloss gegen Osten“ und „Westlicher Theil von der Ruine des Heidelberger Schlosses“

Abb. 52: Ernst Fries „Das Heidelberger Schloss gegen Osten“, Lithographien über Tonplatte (Inkunablen), 1820, 26,1 × 34 bis 26,8 × 34,5 cm (Darstellung), Privatsammlung.

Ernst Fries (Heidelberg 1801-1833, Karlsruhe).

In ihrer Vollständigkeit ist diese komplette Folge von sechs Schloß-Ansichten eine Rarität aus der Frühzeit des Steindrucks (vgl. Schefold: Ansichten

Abb. 53: Ernst Fries „Westlicher Theil von der Ruine des Heidelberger Schlosses“ (s. Abb. 52).

aus Baden, 1971, S. 228 / Folge; Kat.-Nr. 25345-25347, 25349, 25351 und 25354. R.A. Winkler, Die Frühzeit der deutschen Lithographie, München 1975, Kat.-Nr. 231/5-10. Winterberg (Hrsg.), Heidelberg, 1996, Kat.-Nr. 87). Diese Inkunabeln der Lithographie von Ernst Fries wurden bei C.F. Müller in Karlsruhe gedruckt und bei Mohr & Winter in Heidelberg verlegt. Bedeutend ist die Folge auch als Beispiel für Fries' „Ausflüge“ in den druckgraphischen Bereich, seine vereinzelten Arbeiten als Lithograph und Radierer. Der Maler und Zeichner Ernst Fries wurde 1801 in Heidelberg geboren und starb – erst 32jährig – in Karlsruhe, wo er als Hofmaler tätig war. Der Schüler von Fr. Rottmann und K. Kuntz bereiste die Schweiz, Tirol, Italien und widmete sich mit Vorliebe der italienischen Landschaft, ihrer malerischen Wirkung, dem Kolorit. Einen besonderen Platz nehmen in seinem Œuvre zudem die reizvollen Heidelberg-Ansichten ein, die u.a. den Einfluß der stimmungsvollen, atmosphärischen Gemälde des englischen Landschaftsmalers G.A. Wallis zeigen.

„Das Heidelberger Schloss“

Die bei Herzberg in Augsburg verlegte Aquatintaradierung (vgl. Schefold, Ansichten aus Baden, 1971, Kat.-Nr. 25791; Winterberg (Hrsg.), Heidelberg, 1996, Kat.-Nr. 85) zeigt Nord- und Westseite der Heidelberger Schloßruine, den Blick vom Riesenstein aus.

Abb. 54: „Das Heidelberger Schloss", Aquatintaradierung, um 1815, 18,4 × 26,2 cm (Platte), Privatsammlung.

„Ansicht der Stadt und des Schlosses Heidelberg"

Abb. 55: Charles de Graimberg „Ansicht der Stadt und des Schlosses Heidelberg. vor dem Karlsthore am Ufer des Neckars genommen", Kupferstich / Radierung (nach einer Zeichnung Graimbergs von 1818), 21,7 × 29 cm (Platte), Privatsammlung.

Charles de Graimberg (Paars/Frkr. 1774-1864 Heidelberg). Kupferstecher / Radierer: Ch. Haldenwang (Durlach i. Baden 1770-1831 Rippoldsau).

Charles de Graimberg wählte für diese Ansicht aus der Folge seiner Kupferstiche mittlerer Größe den Blick von Osten, im Licht der untergehenden Sonne (vgl. A.-M. Roth, Charles de Graimberg (1774-1864). Denkmalpfleger – Sammler – Künstler. Buchreihe der Stadt Heidelberg, Bd. VIII, hrsg. v. P. Blum, Heidelberg 1999, S. 62f. Werkverz. D 8. Schefold, Ansichten aus Baden, 1971, Kat.-Nr. 24833. Winterberg (Hrsg.), Heidelberg, 1996, Kat.-Nr. 94).

Der französische Emigrant Charles de Graimberg ließ einen großen Teil seiner Heidelberg-Ansichten von dem bekannten Landschafts- und badischen Hofkupferstecher (seit 1804) Christian Haldenwang stechen bzw. radieren. Bei den von Graimberg konsequent als Kupferstiche bezeichneten Blättern handelt es sich um eine Mischform beider Techniken, ein Verfahren, das durchaus üblich war. Bei Haldenwangs Arbeiten für Graimberg ist der Vordergrund üblicherweise durchweg radiert, d.h. der „Kupferstich-Anteil" relativ gering.

„Heidelberg"

Abb. 56: Maximilian von Ring „Heidelberg", Lithographie, 1829, 20,6 × 29,3 cm (Darstellung), Privatsammlung.

Maximilian von Ring (Bonn 1799-1873 Bischheim i. Elsaß). Lithograph: G. Engelmann (1788 – Mülhausen i. Elsaß – 1839).

Ring wählte für seine Ansicht des Heidelberger Schlosses den von den Romantikern bevorzugten Blick von Osten über das Schloß hinweg in die

Rheinebene, im Hintergrund die Silhouette der Pfälzer Berge. Engelmanns Lithographie nach Rings Gemälde erschien 1829 in der Folge „Malerische Ansichten der Ritterburgen Deutschlands. Das Großherzogtum Baden.“, Pl. 21, 2e Partie (vgl. Schefold, Ansichten aus Baden, 1971, Kat.-Nr. 25288. Winterberg (Hrsg.), Heidelberg, 1996, Kat.-Nr. 99).

Der Lithograph und Miniaturmaler Gottfried Engelmann sollte ursprünglich Kaufmann werden, entschied sich jedoch im Alter von 20 Jahren für eine Laufbahn als Künstler. Bereits früh interessierte er sich für die noch junge Erfindung des Steindrucks und ging 1814 nach München, um bei Senefelder, dem Erfinder selbst, das Verfahren zu erlernen. Noch im selben Jahr gründete Engelmann eine eigene lithographische Anstalt in Mülhausen und konnte aufgrund seines großen Erfolges bereits zwei Jahre später eine Dependance in Paris einrichten. In steter Vervollkommnung der Technik entwickelte er zusammen mit seinem Sohn Godegroy schließlich in den 30er Jahren die Chromolithographie.

„Heidelberg. (Tour octogone)“

Abb. 57: Maximilian von Ring „Heidelberg. (Tour octogone)“, Lithographie, 1829, 19,2 × 28 cm (Darstellung), Privatsammlung.

Maximilian von Ring (Bonn 1799-1873 Bischheim i. Elsaß). Lithograph: G. Engelmann (1788 – Mülhausen i. Elsaß – 1839)

Auch diese Lithographie Engelmanns nach einem Aquarell Rings erschien 1829 in der Folge „Malerische Ansichten der Ritterburgen Deutschlands. Das Großherzogtum Baden.“, Pl. 22, 2e Partie (vgl. Schefold, Ansichten aus

Baden, 1971, Kat.-Nr. 25289. Winterberg (Hrsg.), Heidelberg, 1996, Kat.-Nr. 100). Ring hielt in seinem Aquarell das beliebte Motiv des Heidelberger Schloßaltans fest – mit dem Rücken zum Faßbau gekehrt, blickt der Betrachter hin zu Glockenturm und östlichem Altanhäuschen.

„Der Schlosshof zu Heidelberg“

Seiten- verkehrt!

Abb. 58: C.C. Bachelier „Der Schlosshof zu Heidelberg“, Lithographie über Tonplatte, um 1844, 29,7 × 40,2 cm (Darstellung), Privatsammlung.

C.C. Bachelier (tätig in Paris zw. 1834 und ca. 1880). C.C. Bachelier und A. Bayot (geb. 1810 Alessandria/Piemont).

Bacheliers malerische Ansicht (vgl. Schefold, Ansichten aus Baden, 1971, Kat.-Nr. 25239. Winterberg (Hrsg.), Heidelberg, 1996, Kat.-Nr. 140) des Heidelberger Schloßhofes scheint den Moment einzufangen, in dem der Besucher vom Torturm kommend den Hof betritt und direkt zum Friedrichsbau, Gläsernen Saalbau und Ottheinrichsbau hinübersieht. Dieser „erste Blick“ in den Innenhof wurde von zahlreichen Künstlern festgehalten.

Der französische Maler und Lithograph Adolphe Jean Baptiste Bayot konzentrierte sein Kunstschaffen ab 1829 auf die Lithographie und erzielte in den 1830er Jahren erste Erfolge mit Arbeiten für „Voyages pittoresques“. In den folgenden Jahrzehnten widmete er sich, wie bei vorliegendem Beispiel, der Umsetzung und Ausführung der Staffagefiguren, die von den Architekturzeichnern und Landschaftern lediglich vorgezeichnet wurden. Im Bereich dieser Spezialisierung entwickelte der Autodidakt beachtliche Fertigkeiten, fand seine Arbeit Anerkennung.

„Der Otto-Heinrichsbau im Schlosse zu Heidelberg“

Abb. 59: N. Chapuy „Der Otto-Heinrichsbau im Schlosse zu Heidelberg“, kolorierte Lithographie mit getuschter Einfassungslinie, um 1845, 28,7 × 41 cm (Darstellung), Privatsammlung.

N. Chapuy (1790 – Paris – 1858). Lithographen: C.C. Bachelier (tätig in Paris zw. 1834 und ca. 1880), L.P.A. Bichebois (1801 – Paris – 1850), A. Bayot (geb. 1810 in Alessandria/Piemont).

Die reizvollen Innenhofansicht mit malerischer Biedermeier-Staffage zeigt den – quasi von der vis-à-vis des Ottheinrichsbaues plazierten Besuchergruppe ausgehenden – Blick auf Gläsernen Saalbau und Ottheinrichsbau (vgl. Winterberg (Hrsg.), Heidelberg, 1996, Kat.-Nr. 141).

Der französische Maler, Zeichner und Lithograph Louis-Pierre-Alphonse Bichebois widmete sich überwiegend dem lithographischen Verfahren und leitete u.a. eine Litho-Druckerei in St.-Denis, Paris. Er arbeitete bei zahlreichen Buchillustrationen mit, lithographierte nach eigenen und fremden Vorlagen.

„Heidelberg vom Riesenstein“

Theodor Verhas (Schwetzingen 1811-1872 Heidelberg). Lithographen: L.P.A. Bichebois (1801 – Paris – 1850), A.d Cuvillier

Die Lithographie nach Verhas’ Heidelbergansicht zeigt Stadt und Schloß von Südwesten, den zauberhaften Blick vom Riesenstein, ins Neckartal auf die Heidelberger Altstadt mit Heiliggeistkirche und Alter Brücke (vgl. Schefold, Ansichten aus Baden, 1971. Vermutlich aus Kat.-Nr. 24757. Winterberg (Hrsg.), Heidelberg, 1996, Kat.-Nr. 134).

Abb. 60: Theodor Verhas „Heidelberg vom Riesenstein", Lithographie über Tonplatte, um 1844, 28,5 × 41,5 cm (Darstellung), Privatsammlung.

„Heidelberg von der Hirschgasse"

Abb. 61: E. Kirchner „Heidelberg von der Hirschgasse", Lithographie über blauer Tonplatte, um 1845, 29,5 × 42,8 cm (Darstellung), Privatsammlung.

E. Kirchner (Leipzig 1813-1885 München). Lithograph: A.[d] Cuvillier

Für die Vorlage dieser malerischen Ansicht des Heidelberger Schlosses bei Vollmond wählte Kirchner den Blick über den Neckar auf die Altstadt und das Schloß (vgl. Schefold, Ansichten aus Baden, 1971. Vermutlich aus Kat.-Nr. 24757. Winterberg (Hrsg.), Heidelberg, 1996, Kat.-Nr. 144). Die „Nachtvariante" dieser Schloßansicht ist innerhalb der Ansichten-Folge sehr selten. Üblicherweise verwendete man die Schwarzplatte über einer beigegrauen Tonplatte für den Blick über den Neckar hinüber zum Schloß bei Tage.

Der Architektur- und Landschaftsmaler, Graphiker und Illustrator Albert Emil Kirchner – an den Akademien zu Leipzig, Dresden und München ausgebildet – malte und zeichnete in den 1850er Jahren einige Ansichten des Heidelberger Schlosses und der näheren Umgebung.

Glossar der Drucktechniken

Kupferstich (Tiefdruck)

Noch vor der Mitte des 15. Jahrhunderts entstand dem Holzschnitt im Kupferstich ein Konkurrenzverfahren. Er ist ebenfalls eine Erfindung ohne greifbare Erfinderpersönlichkeit. Pionierarbeit dürften die Goldschmiede geleistet haben, die schon seit langem ziselierte Ornamente für den Werkstattgebrauch aufzubewahren pflegten, indem sie in die Vertiefungen des Ornaments Farbe einrieben und das so entstandene Schwarzmuster auf Papier abpreßten oder abrieben. Primitiv und ohne Kunstambitionen sind wohl auf diese Weise die Voraussetzungen des Tiefdruckes mit Metallplatten geschaffen worden. Im Unterschied zum Holzschnitt geben die *tiefliegenden Teile* des Druckreliefs Farbe an das Papier ab, während die hochliegenden auf dem Papier weiß bleiben. Die größere Feinlinigkeit und Kostbarkeit der Erscheinung, die das Kupferstichbild auszeichnen, sollten stets auch seine „edlere" Abkunft dokumentieren.

Radierung (Ätzkunst)

Die Radierung, manchmal auch Ätzkunst genannt, ist neben dem Kupferstich das wichtigste *Tiefdruckverfahren* der europäischen Kunstgeschichte. Während der Kupferstich, von wenigen Ausnahmen abgesehen, heute nicht mehr praktiziert wird, blieb die Radierung eine lebendige Kunst. Sie wurde wohl um 1510 in Augsburg von der Waffenätzer- und Plattnerfamilie Hopfer angewandt und hat bis heute ihr technisches Grundprinzip nicht geändert. Die Radierung ist primär eine Linientechnik, d.h. die Formen des Bildes werden aus Punkten und Strichen aufgebaut. Im Unterschied zu Holzschnitt und Kupferstich sind diese Formelemente aber nicht dem Widerstand der Druckplatte abgerungen, sondern können auf ihr frei und ausdrucksspontan erzeugt werden. Diese zeichnerische Formfreiheit resultiert aus der technischen Besonderheit der Radierkunst: Körperliche Kraftaufwendung wird durch das gezielte Einwirken von Säure auf Metall ersetzt. Der chemische Prozeß der Ätzung erweitert den Handlungsspielraum der mechanischen und künstlerischen Arbeit. Insofern bedeutet die Radierung gegenüber den älteren Verfahren einen unbestreitbaren Fortschritt. Sie gestattet es, künstlerische Energien für die Formhandlung selbst zu reservieren, und sie verkürzt den Zeitaufwand. Muß der Kupferstecher

Tage und Wochen über seiner Platte sitzen, so kann der Radierer schon in wenigen Stunden gedruckte Bilder liefern.

Aquatinta (Tuschmanier)

Zwischen 1750 und 1770 experimentierten in Paris mehrere Künstler mit der Möglichkeit, die komplizierten Flächenkörnungen der Schabkunst und der Punktiertechniken zu vereinheitlichen und zu vervollkommnen. Leitlinie blieb dabei stets das halbchemische Verfahren der Ätzkunst. Wie dort das Ätzmittel die vom Künstler vorbereiteten Linien und Punkte quasi zu Ende „arbeitet“, so sollte es nun gelingen, statt einzelner Linien und Punkte ganze Flächen aufzuätzen (*Tiefdruck*). Dies konnte nicht einfach dadurch geschehen, daß man Säure auf die blanke Kupferplatte goß (obwohl auch dies gelegentlich gemacht wurde). Denn durch unregulierte Säureeinwirkung wird die Plattenoberfläche insgesamt nur etwas tiefer geätzt. Ein Druckrelief, in welchem sich Farbe verfangen kann, entsteht auf solche Weise kaum. Es kam also darauf an, ein feines Druckrelief in einem Prozeß der Flächenrasterung zu gewinnen, der erstens weniger langwierig war als die manuelle Herstellung und zweitens den Ätzprozeß kontrolliert ablaufen ließ. Unter mehreren Lösungen sollte sich die Harzkornaquatinta des Jean-Baptiste Leprince langfristig als das zuverlässigste Verfahren durchsetzen.

Lithographie (Flachdruck)

Hochdruck- und Tiefdrucktechniken haben bei allen Unterschieden miteinander gemein, daß ihre Bilder von Reliefs abgedruckt sind. 1797/98, am Ende eines an graphischen Erfindungen so reichen Jahrhunderts und an der Schwelle zum industriellen Zeitalter, entwikkelte Aloys Senefelder eine völlig andere Methode. Sie basiert auf der einfachen Erfahrung, daß die mit fetter Farbe imprägnierten Stellen eines Kalksteines Wasser abstoßen, aber fette Druckerschwärze annehmen und daß der Kalkstein an den Stellen wo er mit Wasser angefeuchtet wurde, fette Farbe abstößt. Fette Farben und nasser Stein müssen also derart in eine gegensätzliche Einheit gebrachte werden, daß der Abdruck seine positiven und negativen Formelemente von nebeneinanderliegenden Stellen desselben Steines empfängt. Weil Form und Nicht-Form der Druckplatte nebeneinander auf einer Fläche liegen, wird die Lithographie auch als *Flachdruck* bezeichnet. Bis heute ist dieses druckgraphische Verfahren aufgrund seiner hohen Leistungsfähigkeit als perfektes Medium anerkannt und gleichermaßen als autonomes Kunstmittel wie als industrielles Basisverfahren im Gebrauch.

Bei den lithographischen Verfahren unterscheidet man u.a. Feder- und Kreidelithographie sowie den sogenannten Steinstich, d.h. die Lithographie in Graviermanier bei der die Zeichnung in einen Deckgrund graviert und dann geätzt wird.

THILO WINTERBERG

Louis Charles François de Graimberg (1774-1864)

Ein französischer Emigrant und seine Bedeutung für Heidelberg

Mit diesem Beitrag[1] möchte ich Charles de Graimberg vorstellen – sein Leben, sein Werk in Grundzügen skizzieren und auf seine besondere Bedeutung für Heidelberg hinweisen. Einige namentliche und somit ganz offensichtliche Spuren finden sich noch heute in Heidelberg: die Gedenktafel am Torturm des Gläsernen Saalbaues auf dem Schloß, das Palais Graimberg am Kornmarkt, der Graimbergweg, das Restaurant „Graimberg“ und das Graimbergsche Familiengrab auf dem Bergfriedhof.

Louis Charles François de Graimberg war ein französischer Emigrant, der vom 4. Oktober 1810 bis zu seinem Tode am 10. November 1864 in Heidelberg lebte und es zu seiner zweiten Heimat machte. In dreifacher Hinsicht – als Denkmalpfleger, Sammler und Künstler – machte er sich um Schloß und Stadt verdient. Voll romantischen Enthusiasmus stellte er die Schloßruine in den Mittelpunkt seines Wirkens, bemüht sie zu erhalten und unsterblich zu machen. Helmina von Chézy beschreibt in ihren Lebenserinnerungen diese ganzheitliche Hinwendung Graimbergs zu Heidelberg.

> „Die Schloßruine, und die Gegend von Heidelberg waren ihm, was einem frommen Rittersmann die Dame seiner Gedanken, seine Welt, sein Leben, sein Einziges und Alles.“[2]

Seine Person, seine Unternehmungen sind somit ein Bestandteil der Geschichte der Stadt Heidelberg. Graf Graimberg zeichnete über Jahre Ansichten und Detailaufnahmen des Heidelberger Schlosses, ließ diese druckgraphisch umsetzen, d.h. stechen, radieren oder lithographieren und bot sie den Besuchern, die kamen, um den Inbegriff einer romantischen Ruine zu be-

[1] Der Artikel basiert (in Übernahme bzw. überblickshafter Zusammenfassung der wesentlichen Kapitel) auf: Anja-Maria Roth, Charles de Graimberg (1774-1864). Denkmalpfleger · Sammler · Künstler, Heidelberg Diss. 1996. Erschienen in: Buchreihe der Stadt Heidelberg, Bd. VIII, Heidelberg 1999. Die Angaben zu Leben und Werk Graimbergs ergaben sich im wesentlichen aus Quellen, die sich in Nachlaß Graimberg im Stadtarchiv der Stadt Heidelberg (STA HD. NL Graimb.) befinden.

[2] Helmina von Chézy, Unvergessenes. Denkwürdigkeiten aus dem Leben der Helmina von Chézy. Von ihr selbst erzählt, Bd. 2, Leipzig 1858, S. 108.

sichtigen, zum Kauf an. Bei seinen Zeichnungen achtete er auf eine möglichst präzise, detailgetreue Wiedergabe der Gebäude, um den Zustand der Schloßruine zu dokumentieren. Man könnte in diesem Zusammenhang also einerseits von „denkmalpflegerischem Zeichnen" andererseits jedoch auch vom Beginn des florierenden Souvenirhandels auf dem Heidelberger Schloß sprechen. Eine weitere wichtige Initiative, die auf Graf Graimberg zurückgeht, ist seine „Alterthümer-Sammlung", die er im Hinblick auf eine Dokumentation der Geschichte der pfälzischen Wittelsbacher begann und die später den Grundstock für das Kurpfälzische Museum bildete.

Biographie

1774-1791:
Kinder- und Jugendjahre in Frankreich

Am 30. Juli 1774 kam Louis Charles François de Graimberg als zweiter Sohn der Eheleute Gilles François de Graimberg und Anne Claude Adelaide le Moigne de Reuve auf dem Familiengut Paars zur Welt. Nachdem der ältere Bruder seines Vaters 1776 kinderlos starb, gingen Titel und Besitz auf Gilles de Graimberg über, der mit Begeisterung das Leben eines Landedelmannes führte und bis zur Emigration der Familie ganz in seiner Funktion als patriarchalischer Grundherr und Familienvater aufging.

Die Kinder Charles, sein älterer Bruder Mathieu, die jüngeren Brüder Louis und Jean und die kleine Schwester Henriette wuchsen auf dem Stammsitz der Familie, dem Gut Belleau an der Marne auf. Dieses zurückgezogene, ländliche Leben in landschaftlich reizvoller Gegend, das intensive Familienleben genossen die Kinder in vollen Zügen. Rückblickend bezeichnete Charles de Graimberg die Kinderzeit, das Leben in Belleau als die glücklichste Zeit seines Lebens.

Als Charles etwa 13 Jahre alt war, erwarb der Vater ein Stadthaus in Château-Thierry, wo die Familie seitdem die Wintermonate verbrachte und dessen alte Befestigungsanlage Charles später in zahlreichen Zeichnungen festhielt.

Nachdem Gilles de Graimberg seine Söhne mit Hilfe geistlicher Hauslehrer in den ersten Jahren selbst unterrichtet hatte, kamen Charles und seine Brüder jeweils im Alter von etwa 10 Jahren zur weiteren Ausbildung in die von Benediktinern geleitete École royale militaire in Rebais, die ca. 20 km südlich von Château-Thierry lag. Gilles de Graimberg konnte es sich leisten seine Kinder als „Pensionnaires" anzumelden, d.h. im Gegensatz zu den sogenannten „Elèves du Roi", den Söhnen unbemittelter Adeliger, die als Offiziere oder Beamte nach Abschluß der Schule in den Staatsdienst treten mußten, konnten Charles und seine Brüder erwarten ihr Auskommen im elterlichen Erbe zu finden. Neben dem Unterricht in Latein, Geschichte, Rhetorik, Geographie, Literatur, Fechten, Tanzen und Zeichnen gehörte u.a. das Anlegen eines kleinen Gartens zur möglichen Freizeitgestaltung der „Pensionnaires“ in Rebais. Graimberg machte von dieser Möglichkeit eifrig Gebrauch. Er war eher ein Einzelgänger, genoß es sich in die Einsamkeit zurückzuziehen. Außer bei der Gartenarbeit fand er einen Ausgleich beim Zeichnen, da sein Zeichenlehrer sein Talent bald bemerkte und ihn förderte. Mit der Emigration der Familie Graimberg im Mai 1791 fand Charles' behütete Jugendzeit ein abruptes Ende.

1791-1796:
Soldat in den Koalitionskriegen

Gemeinsam mit seinem Vater und seinen Brüdern nahm er am Ersten Koalitionskrieg teil, der mit der französischen Kriegserklärung an Österreich am 20. April 1792 begann und erst im Oktober 1797 mit dem Frieden von Campo Formio seinen Abschluß fand.

Charles de Graimberg stand zuletzt in englischem Sold und wurde infolge einer militärischen Reform seines Regiments gleich anderen Offizieren im Dezember 1796 mit halbem Sold in Wartestand gesetzt. Er beschloß auf der Kanalinsel Guernsey zu bleiben, wo er sich seit Februar 1796 aufhielt.

1796-1805:
Lehrer und Künstler auf der Kanalinsel Guernsey

Die Zeit auf Guernsey war für Charles de Graimberg eine sehr fruchtbare, glückliche Periode. Nach der erzwungenen Unterbrechung seiner Ausbildung in Rebais 1791, widmete er sich nun mit besonderem Eifer der Vervollkommnung seiner Bildung und seines Zeichentalentes, um sich speziell auf diesem Gebiet autodidaktisch weiterzubilden und die landschaftlichen Reize der Insel zu erfassen. Nachdem er im Januar 1798 seinen Entlassungsbescheid erhalten hatte, bestritt er seinen Lebensunterhalt als Zeichner und Porträtist. Den Besuchern der Insel bot er seine Landschaftsbilder zum Kauf an und auch seine Porträts und Miniaturen fanden Anklang. Zeitweise arbeitete er als Zeichenlehrer, eine Tätigkeit, die ihm besondere Freude bereitete. Der gute Ruf, den er sich innerhalb kurzer Zeit aufgrund seines Fleißes erworben hatte, verbreitete sich rasch, und der Gouverneur der Insel vermittelte ihm eine Anstellung als Hauslehrer. Außerdem unterstützte er Charles mit Rat und Tat als dieser sich schließlich 1805 zur Abreise entschloß und stattete ihn mit entsprechenden Papieren und Schreiben aus. Die Entscheidung war Graimberg nicht leicht gefallen und er zögerte lange, bis er dem Drängen seines Vaters nachgab und sich anschickte nach Frankreich zurückzukehren.

1805/06:
Besuch bei seinem Bruder Louis in Karlsruhe und Rückkehr nach Frankreich

Wie sein älterer Bruder Charles war Louis de Graimberg nicht nach Frankreich zurückgekehrt, als sich mit dem Konsulat Napoleons die Grenzen für die Emigranten wieder öffneten; er hatte Amalie von Budberg geheiratet und sich mit ihr schließlich in Karlsruhe niedergelassen. Den Lebensunterhalt seiner Familie sicherte Louis, der ein begabter Porträtist war, durch seine Malerei und in späteren Jahren als Französischlehrer am großherzoglichen Gymnasium in Karlsruhe. Zudem gründete seine Gattin Amalie ein Institut für junge Damen, das in Kürze einen außerordentlich guten Ruf genoß und sich regen Zulaufs erfreute.

Da sich die Einreiseformalitäten nach Frankreich unerwartet in die Länge zogen, blieb Charles de Graimberg gut neun Monate in Karlsruhe bei Bruder und Schwägerin. Er nutzte diese Zeit, um die nähere Umgebung zu erkunden und zu zeichnen. Außerdem unterrichtete er am Institut der Schwägerin die Fächer Französisch und Zeichnen.

Schließlich erhielt er seinen Reisepaß und nach der langen erzwungenen Wartezeit konnte er die Weiterreise antreten. Im Oktober 1806 traf er in Château-Thierry bei seinem Vater ein, um diesen bei seinen Bemühungen zu unterstützen, wenigstens einen kleinen Teil des einst so stolzen Graimbergschen Vermögens für die Familie zu retten.

1806-1810:
Château-Thierry und als Schüler im Atelier Bertins in Paris

Auch in Château-Thierry nutzte Charles de Graimberg die Zeit, um reizvolle Ansichten der näheren Umgebung zu zeichnen. Die Überreste der alten Festungsanlage von Château-Thierry, das Zusammenspiel von Mauerwerk und überwuchernder Natur, einstiger Stärke und Verfall faszinierten ihn. Eine dieser Ansichten widmete Graimberg seinem Schulfreund Antoine Louis Caron – es ist seine früheste erhaltene Zeichnung mit Widmung. Bereits zu diesem Zeitpunkt, beginnt sich die bedeutende Rolle der Widmung für Graimbergs Œuvre abzuzeichnen. Später versah er den überwiegenden Teil seiner Ansichtenfolgen mit Widmungen für Förderer seiner Arbeit, in seinen Augen bedeutende Persönlichkeiten, Freunde und Familienangehörige.

1807 zog er nach Paris, um sich bei dem Maler Jean Victor Bertin ausbilden zu lassen. Er widmete sich in dieser Zeit intensiv der Landschaftszeichnung. Zur Aufbesserung seines Einkommens, arbeitete er wieder als Zeichenlehrer. Schließlich kam ihm die Idee, bei einem Kupferstecher in die Lehre zu gehen, um seine Zeichnungen selbst stechen zu können. Sein Bruder Louis, mit dem er regelmäßig korrespondierte, riet ihm in Karlsruhe den badischen Hofkupferstecher Christian Haldenwang aufzusuchen, der Louis' Freund und Nachbar war.

Im September 1810 traf Charles de Graimberg in Karlsruhe ein und reiste kurze Zeit später nach Heidelberg weiter, um das Neckartal mit der romantischen Schloßruine zu zeichnen. Diesen Wunsch hegte er wohl schon lange, denn bereits 1805, als er auf der Reise von Guernsey nach Karlsruhe auch Heidelberg passierte, war er von der idealen Lage des Ortes, dem reizvollen Tal begeistert gewesen, hatte ihn der Anblick der Heidelberger Schloßruine tief beeindruckt. Er beabsichtigte diese Zeichnung, sobald er wieder in Paris sein würde, bei Bertin zu einem Landschaftsbild auszuarbeiten.

1810-1864: *Unternehmer und Familienvater in Heidelberg*

D.h. eigentlich wollte Charles de Graimberg Heidelberg nur kurz besuchen, um sein Skizzenbuch zu füllen. Es war seine erklärte Absicht gewesen, nach seiner Ausbildung zum Kupferstecher bei Haldenwang in Karlsruhe, im Frühjahr 1811 nach Paris zurückzukehren. Seine romantisch verklärte Begeisterung für die Heidelberger Schloßruine hielt ihn jedoch in Deutschland fest. Er selbst bezeichnete rückblickend den ungewöhnlichen Ursprung seiner Unternehmungen als Denkmalpfleger, Sammler, Künstler und Verleger, den Beginn seiner Arbeit in Heidelberg als ein plötzliches Erstaunen, das ihn ergriffen habe. Von seinem ersten Tag in Heidelberg erzählte er später (1847):

> „[...] kaum war ich in dieser Stadt, morgens am 4. Oktober im J. 1810, angelangt, so hatte ich noch vor Ende desselben Tages schon mehre Stunde in der Ruine gezeichnet, und so die Bahn eröffnet, die ich so viele Jahre lang durchlief und die sich immer reicher und unerschöpflicher vor mir ausbreitete."[3]

Abb. 62: Heinrich Baumgärtner „Der Graf Graimberg mit seiner Familie".

[3] Charles de Graimberg, Die Kupferstiche von Heidelberg und die Alterthümerhalle des Heidelberger Schlosses = Les gravures de Heidelberg et la Galerie des Antiquités du Château de Heidelberg, Heidelberg 1847, S. 18.

Seine erste Heidelbergzeichnung nahm Graimberg als Vorlage für den ersten großen Kupferstich, den er von Haldenwang stechen ließ und der badischen Großherzogin Stephanie widmete.

Während der ersten Monate pendelte er zwischen Karlsruhe und Heidelberg, dann nahm er endgültig Quartier in Heidelberg, um sich ganz der in seinen Augen schönsten Ruine Europas zu widmen. Von seinem Arbeitseifer, seiner Begeisterung für die Ruine beeindruckt schreibt Helmina von Chézy, die ihm in seiner Anfangszeit in Heidelberg begegnete:

> „Am Tage nach meiner Ankunft fiel mir beim Umhergehen mit meinen Kindern ein großes alterthümliches Gebäude auf, welches die Stadt wie eine Krone schmückte. [...] Im Schloßhof bemerkten wir einen jungen Mann auf einem Malergerüst. [...] Er war ein französischer Emigrant [...] Heidelbergs Reize hatten ihn hier gefesselt; er wollte von hier nicht scheiden, ohne sie in Bildern noch einmal geschaffen zu haben. Ueber dies Streben vergaß er die Schrecknisse der Revolution, die Trauer um den Königsstamm und die Zustände seines Heimatlandes. Heidelberg wurde ihm Heimat, Geliebte, Andachttempel, Paradies. Er konnte die Fülle seiner Schönheit nicht ertragen, ohne sie wieder auszuströmen [...] Jede seiner Zeichnungen war ein Daguerreotyp von Menschenhand."[4]

Bis zu seiner Heirat am 2. Juni 1823 mit Polyxenia von Perglas lebte Charles de Graimberg auf dem Schloß in einem Zimmer im Torturm des Gläsernen Saalbaues. Nach der Hochzeit zog das Ehepaar Graimberg in die Rue du Faubourg 22 (Hauptstr. 107), wo Charles de Graimberg zeitweise auch seinen Verlag und die Sammlung unterbrachte. Aus der Ehe gingen fünf Kinder hervor: Amalia (1824), Philibert (1832), Theodor (1833), Josephine (1835) und Maria (1836).

1839 erwarb Graimberg das Haus am Kornmarkt 5, da das Domizil in der Rue du Faubourg inzwischen als Wohnung und Geschäftshaus zu klein geworden war. Das großzügigere Anwesen am Kornmarkt bot mehr Platz, war von den Räumlichkeiten her besser als Wohnung und zur Unterbringung der Graimbergschen Unternehmen geeignet. Am 20. Dezember 1840 erfolgte die „bürgerliche Aufnahme" des „Particuliers" Charles de Graimberg in der Stadt Heidelberg,[5] und mit dem Bürgerrecht erwarb er zugleich die badische Staatsbürgerschaft. Drei Jahre später, 1843, nach dem Tod seines älteren Bruders Mathieu, erbte er den Grafentitel.

Graimberg lebte in Heidelberg eher zurückgezogen, d.h. er nahm am gesellschaftlichen und kulturellen Leben kaum teil. Er konzentrierte seine ganze Aufmerksamkeit auf seine Familie, die Erhaltung der Schloßruine und seine beiden Unternehmen.

Bei der Regelung von Geldangelegenheiten war Charles de Graimberg nicht versiert. Seine Kalkulationen trafen selten zu, und er befand sich, besonders seit dem Tod seiner Frau 1844, ständig in finanziellen Engpässen.

[4] Chézy 1858, Bd. 2, S. 4f.

[5] Stadtarchiv Heidelberg. SH 18c. 1795-1866. Bürgerbuch der Stadt Heidelberg.

Sein Erbteil und das Vermögen seiner Frau flossen in sein Kupferstichunternehmen, die kurpfälzisch-badische Sammlung, und die Hauskäufe in Heidelberg. Er selbst und die Familie lebten eher bescheiden. Trotzdem war er mit seinen Zahlungen an Kupferstecher, Kunsthändler u.a. fast immer im Rückstand.

Zur Beschreibung seines Charakters gibt es zwei gegensätzliche Quellen. Helmina von Chézy betont seine Zuneigung zu Kindern, sein freundliches, bescheidenes Wesen, seinen Idealismus, sein vornehmes Verhalten,[6] während seine Nichte Sophie ihn als bigott katholisch, junkertümlich und von krämerartiger Geschäftigkeit beschreibt.[7] Dieses vernichtende Urteil geht jedoch wohl auf eine persönliche Aversion Sophies zurück, denn von den Zeitgenossen wird Graimbergs Wesen und seine Arbeit überwiegend positiv eingeschätzt.

Am 10. November 1864 starb Charles de Graimberg nach längerem Leiden in seinem Haus am Kornmarkt. Die Aufsicht über seine Unternehmen hatte er ein Jahr zuvor seinem Sohn Philibert übergeben.

Das Familiengrab der Graimbergs befindet sich auf dem Heidelberger Bergfriedhof. 1965 erlosch mit dem Tod von Graimbergs Enkelin Maria,[8] der Gründerin und Leiterin der ersten katholischen „Sozialen Frauenschule“ in Deutschland der deutsche Zweig der Familie Graimberg.

Graimberg als Denkmalpfleger

Die politische Lage – Das neue Großherzogtum Baden

Der Frieden von Lunéville 1801[9] beinhaltete u.a. die Abtretung der linksrheinischen deutschen Territorien an Frankreich. Für diesen nicht unerheblichen Gebietsverlust sollten die betroffenen deutschen Fürsten mit Land im rechtsrheinischen Reichsgebiet entschädigt werden. Mit dem Reichsdeputationshauptschluß vom 25. Februar 1803, in dem man Napoleons Willen hinsichtlich der Bildung einiger starker Mittelstaaten im deutschen Südwesten als Pufferzone gegenüber Österreich entsprach, fiel die

6 Chézy 1858, Bd. 2, S. 4f. und S. 108ff.

7 Otto von Taube (Hrsg.), In Gutshäusern und Residenzen. Denkwürdigkeiten der Freifrau Sophie von Hahn, geb. de Graimberg, Hannover-Döhren 1964, S. 304.

8 Susanne Zeller, Maria von Graimberg. Vierzig Jahre Sozialarbeiterinnenausbildung in Heidelberg, Freiburg i.Br. 1989.

9 Bestätigt den Frieden von Campo Formio (1797) zwischen Österreich und Frankreich, der den ersten Koalitionskrieg beendete. Damals war die Annexion des linksrheinischen Reichsgebietes durch Frankreich ohne die Voraussetzung eines Friedensvertrages mit dem deutschen Reich verfügt worden. Mit dem Frieden von Lunéville, der auch für das Reich galt, wurden die Beschlüsse von 1797 bestätigt.

Kurpfalz (der Begriff reduzierte sich auf das Kernstück der rechtsrheinischen Pfalz) einschließlich Kurwürde an die Markgrafschaft Baden. Aufgrund seiner Entstehung und Lage war Baden eng an den französischen Nachbarn gebunden. Seine profranzösische Politik brachte Karl Friedrich von Baden 1805 im Frieden von Preßburg weitere Gebietsgewinne und 1806, mit dem Eintritt in den unter Napoleons Protektorat stehenden und aus dem alten Reichsverband gelösten Rheinbund, zusätzlich zu einem erneuten Gebietszuwachs den Titel eines Großherzogs. Diese Entwicklung wurde im selben Jahr durch die Hochzeit des badischen Erbprinzen Karl mit Napoleons Adoptivtochter Stephanie de Beauharnais untermauert. Bis zu diesem Zeitpunkt war Baden etwa auf das Vierfache seiner ursprünglichen Fläche angewachsen (von gut 3900 km^2 auf knapp 15 000 km^2), aber im Gegenzug fest in Napoleons Herrschaftssystem eingebunden. Nach dem von Großherzog Karl (1811-1818) im Jahre 1813 vollzogenen Bündniswechsel waren die territoriale Integrität und die neu erworbene Souveränität Badens in Frage gestellt. Seinen Fortbestand verdankte das junge Großherzogtum Baden dem Eingreifen Metternichs und Zar Alexanders I. auf dem Wiener Kongreß.

Mit der Durchführung einer Verwaltungs-, Justiz- und Militärreform und der badischen Verfassung von 1818, die als Schlußstein das Reformwerk krönte, schuf man eine stabile äußere Verklammerung für den neuen Staat. Für die innere Identitätsfindung gewannen in dieser Zeit historische Bauwerke als Integrationshilfe Bedeutung, da die Landesregierung bemüht war, an den alten Herrschaftsanspruch anzuknüpfen, um die eigene Regierung zu legitimieren.[10]

Das Heidelberger Schloß, als ehemaliger Sitz der Wittelsbacher, war für die regierenden Fürsten des neuen Großherzogtums zunächst von geringem Interesse. Obwohl Karl Friedrich erste Maßnahmen zum effektiveren Schutz und zur Instandsetzung der Ruine in die Wege leitete, scheiterte seine Initiative an Geldmangel, und seine Nachfolger, die Großherzöge Karl (1811-1818) und Ludwig (1818-1830), waren eher mäßig an der Erhaltung der Ruine interessiert. Diese ablehnende, desinteressierte Haltung der Obrigkeit änderte sich erst mit Großherzog Leopold (1830-1852), der Heidelberg aus seiner Studienzeit kannte und der Erhaltung der Schloßruine durchaus positiv gegenüber stand. Mit seiner Regierungszeit beginnt eine regelmäßige konservatorische Betreuung der Gebäude von staatlicher Seite. Fortgeführt und intensiviert wurde diese Erhaltungspolitik von Großherzog

[10] Vgl. u.a.: Badische Geschichte. Vom Großherzogtum bis zur Gegenwart, hrsg. v. der Landeszentrale für politische Bildung Baden-Württemberg, Stuttgart 1979. Wolfgang Hug, Geschichte Badens, Stuttgart 1992. Meinrad Schaab, Geschichte der Kurpfalz, Bd. 2: Neuzeit, Stuttgart / Berlin / Köln 1992. Hansmartin Schwarzmaier, Handbuch der Baden-Württembergischen Geschichte, Bd. 3: Vom Ende des alten Reiches bis zum Ende der Monarchien, Stuttgart 1992.

Friedrich I. von Baden (1852/56-1907), in dessen Regierungszeit auch die Pläne zur Restaurierung des Heidelberger Schlosses, der Wiederaufbaustreit fallen.

Im Hinblick auf die um die Jahrhundertwende aufflammende Wiederaufbaukontroverse, möchte ich an dieser Stelle noch kurz Graimbergs Position, sein Verständnis von Denkmalpflege erläutern. Charles de Graimberg dachte nie an einen Wiederaufbau des Heidelberger Schlosses. Für ihn ergab sich die Vollkommenheit der Ruine aus dem Zusammenspiel von Natur, Kunst, Geschichte, Vergänglichkeit und ewig Bestand habenden Werten. Diese für ihn untrennbare Einheit wollte er so lange als möglich erhalten wissen und war dafür auch bereit, Kompromisse einzugehen. Eine Wiederherstellung bzw. Rekonstruktion nicht mehr vorhandener Bauteile hätte jedoch seiner Überzeugung widersprochen. Er versuchte lediglich Maßnahmen gegen die bewußte Zerstörung durch den Menschen zu erreichen und durch Überdachungen ein direktes Hineinregnen zu verhindern, wobei er jedoch nicht daran glaubte, daß der natürliche Verfall, die Rückeroberung von Menschen Hand geschaffenen Kulturgutes durch die übermächtige Natur, endgültig aufzuhalten sei und er dies wohl auch nicht wollte.

Zur Situation der Denkmalpflege in der 1. Hälfte des 19. Jahrhunderts im neuen Großherzogtum Baden

Der Entstehungsprozeß einer organisierten staatlichen Denkmalpflege im heutigen Sinne setzte mit dem erweiterten Interesse am Denkmal im Zuge des Historismus um die Wende vom 18. zum 19. Jahrhundert ein. In diese Zeit fiel jedoch zunächst eine extreme Denkmalzerstörung durch die Französische Revolution, die Revolutionskriege, die Säkularisation etc., die allerdings auch den verstärkten Wunsch nach Dokumentation weckte. So war bereits 1837/39 die Erfassung der Kunst- und Kulturdenkmäler in Baden weit fortgeschritten und erstreckte sich sogar auf den Erhaltungszustand.[11]

Für die Entwicklung des Denkmalschutzes in Baden waren die Säkularisation und die territoriale Vergrößerung infolge des Reichsdeputationshauptschlusses von Bedeutung. So fielen unter anderem auch die rechtsrheinischen Gebiete der Kurpfalz, der Bistümer Konstanz, Basel, Straßburg und Speyer an die ehemalige Markgrafschaft Baden. Besonders die in staatlichen Besitz übergegangenen kirchlichen Baudenkmäler wurden zu Beginn größtenteils finanziell ausgebeutet und lediglich unter nutzungstechnischen Gesichtspunkten, d.h. in den meisten Fällen unter Mißachtung der ursprünglichen Funktion, erhalten. Allerdings kam es bald allgemein zu einer positiven

[11] Hans Jakob Wörner, Kurze Geschichte des Denkmalschutzes und der Denkmalpflege in Deutschland, in: August Gebeßler und Wolfgang Eberl (Hrsg.), Schutz und Pflege von Baudenkmälern in der BRD, Köln 1980, S. 9

Entwicklung im Hinblick auf den Denkmalschutz, da sich das neue Großherzogtum Baden eine Identität, ein gemeinsames geschichtliches Profil geben mußte. Die Denkmäler wurden in ihrer geschichtstragenden Funktion als Integrationshilfe für die Landesregierung erhaltenswert. Das Motiv für die denkmalpflegerischen Maßnahmen liegt in diesem Fall im Versuch einen Regionalpatriotismus zu erwecken. In diesem Zusammenhang sollte auch der badische Großherzog als Landesherr zum Integrationspunkt werden, indem man versuchte, für das badische Herrscherhaus eine historische Herrschaftslegitimation, d.h. eine bis zu den zähringischen Herzögen zurückreichende Kontinuität des Herrschaftsanspruches, aufzuzeigen. In diesem Sinne wurden Bauwerke, die in Zusammenhang mit diesen Fürsten standen, erhalten. – Als Residenz der Wittelsbacher, gehörte das Heidelberger Schloß also nicht vordringlich zu den für die Landesregierung erhaltenswerten Baudenkmälern. – Für den staatlichen Denkmalschutz in Baden waren in den Anfängen also politische, regionalpatriotische, historische und weltanschauliche Motive maßgebend. Ein Bewußtseinswandel setzte erst um die Jahrhundertmitte ein. Erst nach 1840 rückte das wissenschaftliche Interesse am Denkmal in den Vordergrund, ging der Denkmalschutz über die Erhaltung idealisierter Denkmäler hinaus.

Obwohl zu Beginn des 19. Jahrhunderts noch keine systematische staatliche Denkmalpflege in Baden existierte, kam es doch im Zuge der bereits erwähnten Motive zu einzelnen Denkmalschutzmaßnahmen. So ist es dem Einfluß der romantischen Strömung zu verdanken, daß man 1812 bei Abriß mittelalterlicher Bauwerke eine Genehmigung des Innenministeriums zur Vorbedingung machte. Für Heidelberg war die Ruinenbegeisterung von besonderer Bedeutung, da die Schloßruine, harmonisch eingebettet in eine Landschaft und Vegetation von besonderem Reiz, bald zum Inbegriff der romantischen Ruine wurde. Dieses ideal anmutende Bild des Zusammenspiels von Natur und Kunst faszinierte den Betrachter und bildete den Ausgangspunkt für das Erhaltungsinteresse an der Schloßruine selbst. Da das staatliche Interesse am Denkmalschutz in dieser Zeit, wie bereits erwähnt, recht begrenzt war, und auch die eher desinteressierte Öffentlichkeit keinerlei Druck ausübte, blieb ein großer Teil der denkmalpflegerischen Aktivitäten Privatinitiativen, wie z.B. den zahlreichen neu gegründeten historischen Vereinen, überlassen. Hinzu kam die private Sammeltätigkeit, die viele Kunstschätze rettete. In diesem Kontext leistete auch Graimbergs „Alterthümer-Sammlung" zur Geschichte der Kurpfalz einen wertvollen Beitrag.

Den eigentlichen Beginn staatlicher Denkmalpflege in Baden sieht Hans Jakob Wörner 1853 mit der Festlegung des Aufgabenbereiches eines Konservators für Kunstdenkmäler auf Inventarisation und Erhaltungsförderung.[12]

[12] Günter Hans, Denkmalschutz in Baden im 19. und 20. Jahrhundert, Freiburg i.B. 1985, S. 19. Wörner, in: August Gebeßler und Wolfgang Eberl (Hrsg.), Schutz und Pflege von

Der Erhaltungszustand der Heidelberger Schloßruine Anfang des 19. Jahrhunderts[13]

Die Belagerung und Eroberung durch die Kaiserlichen und die Schweden im Dreißigjährigen Krieg (1618-1648) und die Angriffe der Franzosen 1688/89 und 1693 im Pfälzisch-Orléanschen Erbfolgekrieg (1688-1697) hatten das Schloß in großem Maße zerstört. Der Ruprechtsbau und der Frauenzimmerbau waren seit 1689 ruinös. Der Friedrichsbau wurde zwar unter Kurfürst Carl Philipp (1716-1742) wieder bewohnbar gemacht, fiel jedoch dem großen Schloßbrand 1764 zum Opfer, den nur das Mauerwerk überdauerte. Der Ottheinrichsbau, dem später Graimbergs besondere Fürsorge galt, war nach seiner endgültigen Zerstörung 1764 am häufigsten zusätzlicher Beraubung und mutwilliger Zerstörung ausgesetzt. So wurden Teile der plastischen Verzierungen abgeschlagen und alles Eisen aus den Mauern gebrochen. Viele der Bruchstücke lagen im Schloßgarten zerstreut und wurden nicht selten als Stützen für Tische und Bänke benutzt.

Von 1764 bis zu Graimbergs Ankunft in Heidelberg war das Interesse an der Erhaltung der Schloßruine sehr gering. Zwar wurden der Friedrichsbau, der Frauenzimmerbau und der Gläserne Saalbau mit Dächern versehen und die alte Zugbrücke 1772 durch eine steinerne Brücke ersetzt, aber dem fortschreitenden Verfall, der Nutzung als Steinbruch durch die Bevölkerung und der Vereinnahmung der Ruine durch die Natur, wurde nicht nachhaltig Einhalt geboten.

> „Sie [sc. Schloßruine] wurde so nach und nach abgetragen. Wenn die Landleute Bausteine brauchten, fuhren sie hin und holten sich welche von dort, man ließ sie gewähren. Nicht das feindliche Geschütz und nicht die Gewalt der Stürme hat die Heidelberger Schloßruine so ruiniert, wie der feige Stumpfsinn jener Tage."[14]

Helmina von Chézy berichtet sogar von einer 1802 geplanten Abtragung der Ruine, die nur durch das Eingreifen Kotzebues habe verhindert werden können.

> „Kotzebue erfuhr [...], daß eine Behörde [...] mit einigen Mitgliedern jener Gesellschaft [...] einen Kaufcontract abgeschlossen und daß bereits Anstalten getroffen seien, die ganze Schloßruine abzutragen [...] konnte man doch eine große Summe Geld dafür lösen. Zugleich mit der Sendung nach dem Markgrafen hatte Kotzebue in seiner [...] Zeitschrift: ‚Der Freimüthige', seine Stimme über diese Unthat erhoben [...] Karl

Baudenkmälern in der BRD, Köln 1980, S. 7ff. 1853 wurde August von Bayer zum ersten Konservator im Großherzogtum Baden berufen.

13 Vgl. u.a.: Emil Lacroix und Heinrich Niester, Kunstwanderungen in Baden, Stuttgart 1959. K.C. von Leonhard, Fremdenbuch für Heidelberg und die Umgegend, Heidelberg 1834. Adolf von Oechelhäuser, Das Heidelberger Schloß. Bau- und kunstgeschichtlicher Führer, Heidelberg [5]1921. Aloys Schreiber, Heidelberg und seine Umgebungen, historisch und topographisch beschrieben, Heidelberg 1811.

14 Chézy 1858, Bd. 2, S. 45.

Friedrich nahm Kenntnis vom Kaufcontract und ließ ihn […] vernichten. Graf Karl von Graimberg hat diesem Vorgang in seiner Kunstsammlung ein Denkmal gestiftet."[15]

Die Gebäude waren folglich Anfang des 19. Jahrhunderts alle in einem äußerst schlechten Zustand.

Von staatlicher Seite gab es in dieser Zeit erste Initiativen, die Ruine zugänglich zu machen und besser zu erhalten. Chronischer Geldmangel brachte diese Ansätze jedoch bald wieder zum Erliegen und so wurde die Ruine lediglich im Zuge der Umwandlung des Hortus Palatinus in einen forstbotanischen Garten unter der Aufsicht des Oberforstrates und Universitätsgartendirektors Chr. Wilhelm Jakob Gatterer,[16] zumindest von einem gewissen Teil der sie einschließenden Vegetation befreit, um sie für Spaziergänger zugänglich zu machen. Mit der Anlage des Gartens verband man, neben der geplanten Nutzung durch die Universität, auch die Absicht, die Schloßruine vor dem völligen Verfall zu bewahren, indem man eine jährliche Besichtigung durch den Landesbaumeister anordnete. Da das Bauwerk jedoch von den zuständigen Stellen nicht als besonders erhaltenswert eingestuft wurde, erwies sich diese Regelung als wenig effektiv. Eine weitere Maßnahme zur Erschließung des Areals war die Einrichtung einer Gartenwirtschaft, um den Besuch des Gartens und der Ruine für Besucher attraktiver zu machen.

Graimbergs Tätigkeit

Graimberg erschienen diese ersten Ansätze konservatorischer Maßnahmen jedoch keinesfalls ausreichend, um den Verfall der Ruine aufzuhalten. Zudem wurden diese Maßnahmen nur zögerlich oder gar nicht durchgeführt. In stetem Kampf mit der Domänenverwaltung setzte sich Charles de Graimberg für den Schutz der Ruine ein, sei es für einen Wächter oder die Bedachung des Ottheinrichsbaus. Graimberg nahm seine Wohnung auf dem Schloß, machte sich selbst zu seinem Hüter und finanzierte für die Zeiten seiner Abwesenheit eine Vertretung. Man kann davon ausgehen, daß ohne Graimbergs ständige Anwesenheit und seinen großen persönlichen Einsatz ein Großteil der noch heute erhaltenen plastischen Verzierungen der Heidelberger Schloßruine zerstört worden wäre. Erst 1822 errang Graimberg, nachdem er über Jahre Eingaben bei der Großherzoglichen Domänenverwaltung in Karlsruhe gemacht hatte, mit der Schließung des Ottheinrichsbaues einen ersten großen Erfolg.[17]

15 Ebd.

16 Vergleiche Aufsatz von Reinhold Weinmann in diesem Almanach.

17 Thomas Alfried Leger, Erklärendes Verzeichnis der Denkmäler in der Graimbergischen Alterthümer-Sammlung des Heidelberger Schlosses, hrsg. v. Karl v. Graimberg, Bd. 1, Nachtrag, 2. Nachtrag, Heidelberg 1838, 1839, 1843, hier: Leger, Verzeichnis, 1838, S. XVIIIff.

Besonders gut läßt sich Graimbergs denkmalpflegerische Tätigkeit anhand seiner intensiven Bemühungen um die „Schließbarmachung" des Ottheinrichsbaues, für den er eine besondere Vorliebe hegte und in dem er den architektonisch wertvollsten Teil der Schloßanlage erblickte, verdeutlichen.

Seit seiner Ankunft in Heidelberg war Graimberg bemüht, die Schließung der Ruine zu erlangen, um unbeaufsichtigte Besichtigungen und die damit verbundene Gefährdung und Zerstörung des Bauwerkes zu verhindern. 1822 ergriff er wieder einmal die Initiative, wagte er mit einer eindringlich formulierten Petition einen erneuten Vorstoß, nachdem in der Nacht zum 2. Mai 1822 Unbekannte in den Ottheinrichsbau eingedrungen waren und großen Schaden angerichtet hatten.

> „Schloßgärtner Metzger und der auf dem Schloß wohnende Herr von Graimberg machen die Anzeige, daß in [...] muthwilliger Weise Beschädigungen an den so vieles Interesse verdienenden Bildhauerarbeiten an dem alten Rittersaale stattgefunden hätten, indem nicht nur viele Arrabesken und sonstige Verzierungen zerschlagen sondern sogar mit Meiseln ganze Gesichter von Engelsfiguren weggestemmt worden seyen"[18]

Das Gesuch an die Großherzogliche Domänenverwaltung in Karlsruhe verweist auf den künstlerischen Wert, den man den Ornamenten und Skulpturen beimessen müsse und daß sich Charles de Graimberg mit 30 Florin an den entstehenden Kosten beteiligen wolle. Die Domänenverwaltung beauftragte daraufhin den Großherzoglichen Bezirksbaumeister Thiery, der für die Aufsicht und Erhaltung der Ruine verantwortlich war, den Ottheinrichsbau zu besichtigen und einen Kostenvoranschlag für die Sicherung der vorhandenen Tür- und Fensteröffnungen zu machen. Im Juni 1822 sandte die Großherzogliche Bauinspektion den angeforderten Bericht und wies darauf hin, daß man die nötigen Maßnahmen mit dem „Maler Graimberg" besprochen habe. Die Kosten würden sich im günstigsten Fall auf 60 Florin 46 Kreuzer belaufen, eine in Thierys Augen völlig sinnlose Verschwendung, denn

> „Ob die wenigen kleinen Beschädigungen an den Verzierungen solche Vorkehr wie sie Graimberg verlangt – nötig machen, [...] möchte man doch wohl mit Grund bezweifeln. Lächerlich scheint endlich noch die ängstliche Schließung des alten Gemäuers, mit seinen vielfältigen geschmacklosen ruinösen Verzierungen."[19]

Trotz dieses niederschmetternden Urteils der zuständigen Behörde sah Domänenverwalter Breitenstein durchaus die Notwendigkeit eines wirksameren Schutzes für die Schloßruine. In seinem Schreiben an das Großherzogliche Kreisdirektorium vom 15. Juli 1822 führte er auf, daß die Schloßruine inzwischen auch aus politischen Gründen zu den erhaltenswerten Denkmälern gehöre. Außerdem habe der Ottheinrichsbau seiner Ansicht nach „ächt

[18] Generallandesarchiv Karlsruhe (GLA). 391.14862. p. 315.
[19] Ebd. p. 314.

Abb. 63: Charles de Graimberg „Waffenbündel" (Zeichnung).

classischen Werth" und verdiene Erhaltung.[20] Aus Kostengründen riet er zwar dazu auf eine Überdachung, wie sie Graimberg für unerläßlich hielt, zu verzichten, d.h. der natürliche Verfall würde nicht verhindert, aber eine Sicherung des Gebäudes gegen mutwillige Zerstörung hielt er für unabdingbar.

> „Mag Monsieur de Graimberg seine Liebhaberei auch bis ins Lächerliche treiben, so gewinnt dadurch der Ruf unserer Schloßruinen, und diese sind zum Vortheil des Staates, der Gegend, und der Stadt so berühmt und bekannt geworden, daß allmählich auch die kleinste Veränderung von den Besuchern bemerkt wird."[21]

In den zwölf Jahren seit seiner Ankunft in Heidelberg war es Graimberg gelungen das Ansehen der Ruine derart zu steigern, daß die zuständigen Behörden unter dem Druck der öffentlichen Meinung einer Erhaltung der Schloßruine fortschreitend positiver gegenüber standen. Breitenstein schloß seinen Antrag mit der Bitte um Bewilligung der notwendigen Gelder, da der Staat auf Graimbergs Vorschlag zur Kostenbeteiligung keinesfalls eingehen könne. Am 26. August 1822 erhielt Breitenstein die Zustimmung des Kreisdirektoriums und gab die Anweisungen direkt an Thiery weiter. Die Bauin-

[20] Ebd. p. 312f.
[21] Ebd. p. 313.

spektion verzögerte die Ausführung der Arbeiten jedoch bis ins nächste Jahr.

Mit der „Schließbarmachung des Rittersaales“ war Graimberg seinem Ziel, der Erhaltung der Schloßruine bzw. der Beschränkung der Zerstörung auf den natürlichen Verfall, ein Stück näher gekommen. Dennoch erhielt Graimberg, obwohl viele Zeitgenossen seine Verdienste priesen, zu Lebzeiten nie die öffentliche Anerkennung und Unterstützung nach der er sich sehnte. So sprach ihn beispielsweise Domänenverwalter Haub 1833 in einer Bekanntmachung in den Heidelberger Wochenblättern jegliche Teilhabe am Verdienst der Erhaltung der Schloßruine ab und negierte auch Graimbergs Auseinandersetzungen mit der Domänenverwaltung in diesem Zusammenhang.

> „Zur Widerlegung dieser unerwarteten Anmaßung, und zur Ehre des Dienstes sehen wir uns aufgefordert, hiermit öffentlich zu erklären, daß unsern Dienstacten über die Erhaltung der Schloßruine der Name des Herrn von Graimberg ganz fremd ist, und diese auch keine Signatur eines Schloßwächters für Herrn Graimberg enthalten, daß wir ihn nur als Miether einer Schloßwohnung kennen und ihm bei seiner Arbeit gerne die Hand geboten haben. Damit wolle sich Herr von Graimberg beruhigen und überzeugt seyn, daß das Publikum seine Zeichnungen, womit er unermüdet beschäftigt ist, zu schätzen wisse. Aus dieser Sphäre möge er aber nicht treten, um ihn nicht schonungslos zurückweisen zu müssen.“[22]

Von offizieller Seite tolerierte man zwar Graimbergs Kupferstichunternehmen und hieß seine Arbeit in diesem Rahmen gut, seine darüber hinausgehenden Aktivitäten wurden jedoch nicht honoriert. Auch wenn die öffentliche Anerkennung fehlte, waren Graimbergs Bemühungen gleichwohl von Erfolg gekrönt, denn seit den Auseinandersetzungen um die Erhaltung des Ottheinrichsbaues, zeigte die Großherzogliche Domänenverwaltung erstmals größeres Interesse an der Schloßruine. Mit dem Regierungsantritt Großherzog Leopolds 1830, sah Graimberg schließlich den Schutz der Ruine, aufgrund des eingetretenen Bewußtseinswandels hinsichtlich des künstlerischen und geschichtlichen Wertes der Gebäude, von seiten der Obrigkeit gesichert und stellte seine eigenen Aktivitäten in diesem Zusammenhang ein.[23]

Graimbergs Kupferstichunternehmen

Für Charles de Graimberg sind sein Kupferstichunternehmen und seine Sammlung untrennbar als Zeugnis vergangener Größe miteinander verknüpft. Drei Gründe, berichtet er, hätten zur Entstehung der beiden Unternehmungen, die er als Töchter des Heidelberger Schlosses bezeichnete, geführt. Zum einen habe ihn die Begeisterung für die künstlerische und ge-

[22] Heidelberger Wochenblätter, Jg. 27, 13.11.1833.

[23] Leger, Verzeichnis, 1838, S. XXf.

schichtliche Bedeutung der Schloßruine dazu gedrängt. Neben dieser zweifachen Bewunderung habe die Vernachlässigung des Bauwerkes nach seinem Eingreifen verlangt und besonders das Kupferstichunternehmen dringend notwendig gemacht.[24]

Die erste Zeit seines Heidelbergaufenthaltes nutzte Graimberg intensiv zum Zeichnen. Es entstanden zahlreiche Skizzen, Zeichnungen, Aquarelle des Schlosses, der Stadt und der Umgebung. Schon im Jahr seiner Ankunft in Heidelberg, 1810, entschloß er sich, seine Zeichnungen druckgraphisch umsetzen zu lassen, um das Bild der in seinen Augen schönsten Ruine Europas der Nachwelt zu erhalten, sie unsterblich zu machen und ihren Bekanntheitsgrad zu steigern. Er setzte sich mit anerkannten Kupferstechern in Verbindung. In den Anfangs- und Aufbaujahren seines Kupferstichunternehmens arbeitete er eng mit Christian Haldenwang, später mit Victor Texier aus Paris und nachdem er sein Unternehmen auf die kostengünstigere Lithographie umstellen mußte, u.a. mit Peter Wagner und Louis Faure zusammen, letzterer war wie er selbst Schüler von Bertin. Außerdem fand er in dem Architekten Professor Thomas A. Leger einen wichtigen Mitarbeiter, der ihn sowohl bei seinen Geschichtsforschungen unterstützte als auch seine Zeichnungen auf perspektivische Korrektheit und maßstabsgetreue Aufnahme überprüfte. Bei seinen Zeichnungen kam es Graimberg im architektonischen Bereich vorrangig auf Detailtreue an, da sie neben einem „propagandistischen" einen denkmalpflegerischen Zweck erfüllen sollten. In diesem Kontext sind besonders die maßstabsgetreuen Detailstiche der sogenannten „Antiquitäten", der plastischen Verzierungen des Schlosses, zu verstehen.[25] Graimberg ging vom unaufhaltsamen natürlichen Verfall der Schloßruine aus, wobei er jedoch, wie bereits erwähnt, nichts unversucht ließ, um den endgültigen Verlust so lange als möglich hinauszuzögern. Sein Kupferstichunternehmen richtete er ebenfalls auf dieses Ziel aus. Er zeichnete ganze Serien von Ansichten aus verschiedenen Blickwinkeln, um die Schönheit der Ruine, ihren besonderen Reiz, den Status quo für die Nachwelt festzuhalten und das Ansehen des Bauwerkes zu steigern.

1815 würdigte Helmina von Chézy Graimbergs Arbeit:

> „Die vollständige Ansicht aller bedeutsamen und lieblichen Punkte der Schloßruine von allen Seiten der Umgebung Heidelbergs, verdanken wir dem unendlichen Fleiße eines sehr würdigen Mannes, des Herrn Carl von Graimberg [...] Sein Werk, von Haldenwang gestochen, welches immer bedeutender wird, ist von großer Vollendung, und unentbehrlich für denjenigen, der Heidelberg liebt, und es verlassen muß. Heidelbergs Schloßruine könnte und sollte der Gegenstand innigsten Studiums Deutscher Künstler werden."[26]

[24] Graimberg, Alterthümerhalle, 1847, S. 18f.

[25] Leger, Verzeichnis, 1838, S. IVf. und S. XXII.

[26] Helmina von Chézy, Gemälde von Heidelberg, Mannheim, Schwetzingen, dem Odenwalde und dem Neckarthale. Wegweiser für Reisende und Freunde dieser Gegend,

Um seine Dokumentation abzurunden griff Graimberg nicht selten auf ältere Vorlagen zurück. So finden sich in seinem Œuvre unter anderem Stiche und Lithographien nach Johann Ulrich Kraus, Matthäus Merian, Sebastian Münster, Wolfgang Wilhelm von Wittmann[27], deren Darstellungen zum einen den Zustand des Heidelberger Schlosses vor der Zerstörung zeigen und sich zum anderen, ganz im Graimbergschen Sinne, durch Detailtreue auszeichnen und damit seiner Absicht, auch die Ausmaße der Zerstörung des Heidelberger Schlosses zu dokumentieren, entgegenkommen. Besonders deutlich wird Graimbergs Absicht bei seinen Sammelansichten[28], wo er vergleichend Schloßansichten des 17. Jahrhunderts seinen aktuellen Ansichten des beginnenden 19. Jahrhunderts gegenüberstellt.

Graimbergs Arbeitsweise läßt sich anhand seiner Skizzenblätter, der zahlreichen Zeichnungen nachvollziehen. In einem ersten Arbeitsgang zeichnete er seine Ansichten vor Ort mit Bleistift auf quadriertes Papier. Oft versah er diese Zeichnungen mit Detailskizzen und Notizen zur geplanten Ausführung, z.B. Maßangaben, Bemerkungen zum Stimmungsgehalt (Mondschein, Sonnenschein etc.), die er dann in seine Reinzeichnungen einfügte. Die zeichnerischen Vorlagen, die er schließlich versandte, überarbeitete er stets mit der Feder und versah sie mit genauen Maßangaben, erforderlichen Detailskizzen und Anweisungen für den jeweiligen Kupferstecher, Radierer, Lithographen. Zusätzlich zu diesen Arbeiten führte er einen ausführlichen Briefwechsel mit den Künstlern hinsichtlich der Ausführung der Ansichten, ließ sich Probedrucke senden, regte Verbesserungen bei Ausführung und Druck an und leitete den Verkauf.

Um möglichst optimale Ergebnisse zu erzielen, ließ sich Graimberg neben Leger auch von seinem Bruder Louis unterstützen, der bis zu seinem Tod 1820 bisweilen die Staffagefiguren in die Entwürfe seines älteren Bruders einsetzte. Zu einer Skizze die das Stift Neuburg bei Heidelberg von Süden gesehen zeigt, schrieb Charles de Graimberg:

> „[...] j'voudrois aussi mon cher Belleau, des figures de gens attendant un Bateau qui viens pour le prendre [...] le grandeur est jointe et la place."[29]

Graimbergs Kupferstichunternehmen, in das er bis 1838 weit mehr als 40 000 Gulden investierte, hatte in wenigen Jahren einen bedeutenden Umfang erreicht und der Heidelberger Schloßruine zu europäischer Berühmt-

Heidelberg ²o.J. [erweiterte Ausgabe der 2. Auflage von 1821, die ca. 1822 erschien]. S. 13f.

[27] Der überwiegende Teil der von ihm verwendeten Vorlagen aus der Zeit vor der Zerstörung des Heidelberger Schlosses befand sich in seiner kurpfälzisch-badischen Sammlung.

[28] Die sogenannten Stammbuchblätter vereinen jeweils neun Ansichten auf einem Blatt. Graimberg gab acht heraus, d.h. es handelt sich um eine Folge von insgesamt 72 Ansichten.

[29] Kurpfälzisches Museum der Stadt Heidelberg, Z 526.

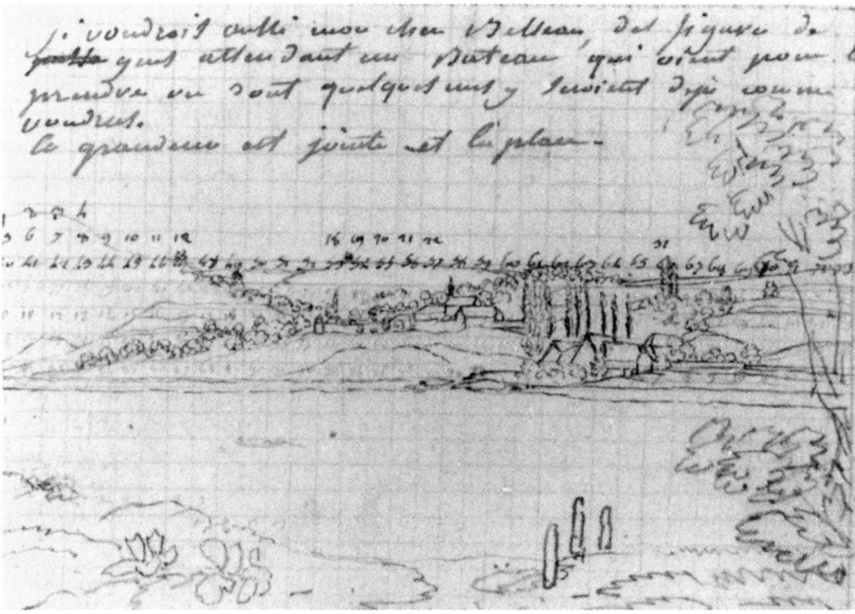

Abb. 64: Charles de Graimberg „Stift Neuburg“ (Zeichnung).

heit verholfen.[30] Allerdings hatte er zunehmend mit der Konkurrenz der Lithographie zu kämpfen und mußte später aus kaufmännischen Erwägungen die Ausrichtung seines Unternehmens auf den Kupferstich zugunsten des Steindruckes ändern. In den ersten Jahren jedoch erfreuten sich Graimbergs Kupferstiche einer regen Nachfrage. Von diesem Erfolg ermutigt, ging Graimberg daran seinen Plan, die sogenannten „Antiquitäten“, d.h. die noch erhaltenen plastischen Verzierungen der Schloßruine zeichnerisch zu erfassen und dann stechen zu lassen, zu verwirklichen. Mit der Veröffentlichung dieser Serie wollte er der Ruine den ihr zustehenden Platz unter den Kunstdenkmälern sichern. Für ein derart kostenintensives Unternehmen war Graimbergs finanzieller Rückhalt jedoch auf Dauer nicht ausreichend, insbesondere da er ja keinerlei staatliche Unterstützung erhielt. Eine gewisse Zeit deckten seine Einnahmen noch die Ausgaben für das Projekt. Doch infolge der verstärkten Konkurrenz der weniger arbeitsaufwendigen und preisgünstigeren Lithographien und Nachstiche seiner Kupferstiche verringerten sich seine Einnahmen zusehends. Bald stand Graimbergs Kupferstichunternehmen kurz vor dem Ruin, obwohl ihm Großherzog Ludwig

30 Leger, Verzeichnis, 1838, S. XVI (Anm.) und XXI (Anm.). STA HD. NL Graimb. Konv. 6: 1841-1864 (Briefe Texiers an Graimberg). Konv. 9: 1832-1855 (Briefe Gustav Dunzingers an Graimberg).

von Baden am 13. November 1821 ein Privileg erteilte, das die Nachstiche seiner Ansichten verbot. Graimberg stellte dieses Privileg seinen gebundenen Werken voran und ließ es in den Heidelberger Wochenblättern drukken.[31] Der drohende Konkurs ließ sich dadurch jedoch nicht abwenden. Sein Vermögen war in den Kupferplatten und Drucken, dem Grundstock seines Verlages, fest angelegt und der Verkauf weitgehend zum Erliegen gekommen. In kurzer Zeit erhielt er fast alle Blätter, die er zum Verkauf in Kommission gegeben hatte, zurück. Rund 30 000 Druckgraphiken hatte Graimberg von 1813 bis etwa 1840 verkauft, die Werke, die er zum Verkauf in Kommission gegeben hatte nicht mitgerechnet. Die Verkaufsbilanz war anfänglich entsprechend ansehnlich gewesen – bis zu 2000 Gulden hatte er jährlich eingenommen. Nun, um 1839, war sein „Gewinn" bis auf 18 Gulden „zusammengeschmolzen". Diese Entwicklung wirkte sich natürlich besonders auf die Reihe der großen Kupferstiche und die Serie der „Antiquitäten" aus. Letztere sollte ursprünglich etwa 108 bis 120 Blätter umfassen; verwirklicht wurden nur 42. In seiner prekären Lage zog Graimberg einen Teil seiner Zeichnungen aus den Händen der Kupferstecher zurück und ließ eine große Folge seiner Heidelberg-Ansichten in Umrissen lithographieren, um den drohenden Konkurs abzuwenden. Mit dem in seinen Augen zweitklassigen Flachdruckverfahren konnte er sich jedoch nie so recht abfinden. Für ihn stellte diese Entwicklung einen Umsturz der Kunst dar, und er gab der Zeitströmung erst nach, stieg, wie er selbst es ausdrückte, von der Höhe des Kupferstiches herab, als ihm kein anderer Ausweg mehr blieb. In der Kupferstecherei[32] sah er eine besondere Ausdruckskraft, während er die neueren Erfindungen für schwach und unzulänglich hielt. Auch wenn sich Graimberg notgedrungen dem Tagesgeschmack anpassen mußte, hoffte er doch stets auf die Möglichkeit zur Rückkehr zum Kupferstich, zur wahren Kunst. Mit seinen preisgünstigeren lithographierten Ansichten konnte Graimberg sein Unternehmen aus der Krise führen. Desgleichen begünstigte die Präsentation des Angebotes in seinem neuen Haus am Kornmarkt 5, das eines ständige Verkaufsausstellung ermöglichte, einen neuerlichen Aufschwung. Inzwischen war die Zahl der von Graimberg herausgegebenen und teilweise im eigenen Verlag gedruckten Stiche, Lithographien und Aquatintaradierun-

[31] Z.B. Charles de Graimberg (Hrsg.), Sammlung der Ansichten von Heidelberg, vom Neckarthale, von Schwetzingen, von Baden, und vom Rhein. = Collection des Vues de Heidelberg, de la vallé du Neckar, de Schwetzingen, de Bade et du Rhin, o.O. o.J. [1825]; ders., Ansichten von Heidelberg, Schwetzingen, Baden und vom Rhein, 2 Bde., o.O. ²o.J. [frühestens 1828/29]. Heidelberger Wochenblätter, Jg. 16, 3.1.1822. STA HD. NL Graimb. Konv. 5: 13.11.1821 (Großherzogliches Privileg).

[32] Wobei gesagt werden muß, daß die Graimbergschen Kupferstiche einen sehr hohen Anteil an Radierung aufweisen und deshalb eigentlich als Radierung bezeichnet werden könnten. Da Charles de Graimberg jedoch stets von Kupferstichen sprach und ihre große Bedeutung betonte möchte ich diese Bezeichnung beibehalten.

Abb. 65: Charles de Graimberg „Stift Neuburg".

gen auf knapp 400 (gut die Hälfte nach Vorlagen von Graimberg) angestiegen, wobei sich die Ansichten in verschiedenen Formaten, Techniken oder Variationen wiederholten und er zudem auch zur Abrundung seiner Ansichtenfolgen Ansichten anderer Künstler gemeinsam mit den eigenen verlegte.[33]

Graimbergs Freund Leger hat in seinem Sammlungskatalog auch die Graimbergschen Ansichtenfolgen katalogisiert[34] und die Serien entsprechend nach Techniken und Format sortiert. Er beginnt mit den sieben großen Kupferstichen, gefolgt von vier Kupferstichen mittlerer Größe und der Folge der 46 kleinen Kupferstiche. Der überwiegende Teil dieser Ansichten wurde von Christian Haldenwang gestochen. Es folgen die acht Stammbuchblätter, die Serie der „Antiquitäten", die große Folge der Ansichten in Umrissen[35] etc.

Die sieben großen Kupferstiche[36] und die Folge der „Antiquitäten" sind die bedeutendsten Arbeiten in Graimbergs Œuvre.

[33] Alterthümerhalle. 1847, S. 18-30 und S. 62ff. (und Anm.) und S. 78. STA HD. NL Graimb. Konv. 6: 3.10.1858. (Brief Victor Texiers an Graimberg).

[34] Leger, Verzeichnis, 1838, S. 143-162.

[35] Leger bezeichnet Federlithographien als Ansichten in Umrissen.

[36] Ursprünglich beabsichtigte Graimberg, eine Folge von 12 großen Kupferstichen herauszugeben, konnte sein Vorhaben jedoch im Zuge der Rezession des Kupferstichverkaufes nicht verwirklichen. Auch die reduzierte Folge von 8 Ansichten, die Leger in seinem Katalog 1838 ankündigte kam nicht zur Vollendung.

Graimberg sah in den ersten vier Kupferstichen, deren Erscheinen er schon im Oktober 1810 angekündigt hatte, die wichtigsten Ansichten der Schloßruine, da sie wahre Bildnisse ihres gegenwärtigen Zustandes und außerdem Werke seines Freundes, des hervorragenden Kupferstechers Haldenwang,[37] den er als „primus inter pares" bezeichnet, seien. Sie stießen zudem auf eine sehr positive Resonanz bei Touristen und Kunstliebhabern. Für seine zweite große Schloßansicht wählte er den von den Romantikern „entdeckten" und favorisierten Blick von Osten über das Schloß hinweg in die Rheinebene[38] und erzählte stolz, daß man sein Werk mit einer Komposition Lorrains verglichen habe. In der Widmung für König Ludwig XVIII., den er als Retter Frankreichs bezeichnet, manifestiert sich Graimbergs politische Überzeugung, seine Freude über die Rückkehr der wahren Herren Frankreichs und sein unerschütterlicher Glaube, daß nur die Bourbonen würdig und fähig seien, das Land aus der Depression der Revolutionsfolgen zu führen.[39] Seine dritte große Schloßansicht widmete Charles de Graimberg dem bayrischen Kronprinzen Ludwig, den er als Förderer der Künste verehrte.[40] In Paris begeisterte die dritte große Schloßansicht und wurde als eines der besten Werke Haldenwangs bezeichnet. Jener stellte zufrieden fest, in diesem Blatt der Wirkung der Natur nahe gekommen zu sein und Graimberg äußerte sich enthusiastisch:

> „Ihr Vordergrund wird in der Kühnheit und Kraft der Striche und eben so in der Vertheilung der zahlreichen Lichtstellen, mit welchen Haldenwang eine wunderbar durchscheinende und malerische Beleuchtung über die ganze Landschaft verbreitet hat, schwerlich jemals übertroffen werden. Die Abstufung der Töne auf den verschiedenen Gebäuden der Ruine ist von nicht geringerer Wirkung. Sie giebt ihr die größte Ausdehnung nach allen Seiten."[41]

[37] Auch die vierte große Schloßansicht sollte ursprünglich von Haldenwang gestochen werden. Die Großherzog Leopold von Baden gewidmete Ansicht kam jedoch erst 1831 zur Ausführung.

[38] Zu dem Standort am Schloß Wolfsbrunnenweg erläutert Graimberg begeistert die Möglichkeiten, die dieser Blick nach Westen der romantischen Stimmungsmalerei besonders im atmosphärischen Gegenlicht der untergehenden Sonne eröffnete. Das Kompliment für die gelungene künstlerische Umsetzung des Blattes und die Klarheit der Komposition gebührt in seinen Augen einzig seinem Freund Haldenwang. Graimberg stellt Haldenwang in eine Reihe mit Künstlern wie Claude Lorrain und den berühmten englischen Landschaftsstecher William Woollett.

[39] Zu seinen Ansichten äußert sich Graimberg ausführlich in: Charles de Graimberg, Notice de l'entreprise des vues de Heidelberg, Heidelberg 1820, hier: S. 16, 65-69 und S. 86-92.

[40] In einem Schreiben vom 12.8.1817 (STA HD. NL Graimb. Konv. 5: 1817) gab jener begeistert seine Zustimmung zu der von Graimberg geplanten Widmung, da auch er die Ansicht vertrat, daß der Heidelberger Schloßruine wahrhaft der erste Rang unter den deutschen Ruinen gebühre. Ein Jahr später verehrte Graimberg dem Kronprinzen das ihm gewidmete Blatt und einige weitere Schloßansichten aus seinem Œuvre. (STA HD. NL Graimb. Konv. 5: 1818.)

[41] Graimberg, Alterthümerhalle, 1847, S. 24.

Abb. 66: Charles de Graimberg „Waffenbündel" (Stich).

Die Stagnation des Verkaufes und Graimbergs wirtschaftliche Probleme zeigten auch ihre Wirkung bei der Zusammenarbeit mit Haldenwang. So wurde die Reihe der großen Kupferstiche erst 1830 von Aubert fortgeführt. Die siebte Ansicht, die Graimberg Château-Thierry widmete, wurde schließlich erst 1861 nach einer Vorlage von Ulrich Kraus von Victor Texier gestochen.

Den sogenannten Arabesken oder „Antiquitäten", den plastischen Verzierungen und Skulpturen, widmete Charles de Graimberg besondere Aufmerksamkeit. Sie erschienen in sieben Heften oder verschiedenen Sammelbänden gebunden, wobei die ersten vier Hefte plastische Verzierungen der erhaltenen Fassaden, Portale, Kamine erfassen, während die letzten drei Hefte die achtzehn Statuen der Pfalzfürsten am Friedrichsbau und am Dikken Turm zeigen. Die Zeichnungen für dieses Unternehmen stammen von Graimberg und dem Architekten Gustav Dunzinger. Dunzinger, der ein Schüler Legers war, setzte gemeinsam mit diesem die Zeichnungen in Perspektive und machte die Berechnungen für eine maßstabsgetreue Wiedergabe. Mit zahlreichen Notizen und genauen Anweisungen für den Kupferstecher versehen wurden die Zeichnungen nach Paris gesandt und dort von Victor Texier gestochen und bei Durand & Sauvé gedruckt. Dieses Projekt war für Graimberg mit großem finanziellen Aufwand verbunden. So waren u.a. der Friedrichs- und der Ottheinrichsbau fast zwei Jahre eingerüstet. Graimberg schreibt in einem Vorwort von 1829 zu einem Sammelband der

„Antiquitäten", daß die zeichnerische Aufnahme der Ordnung der Notwendigkeit gefolgt sei. Die besonders vom Verfall bedrohten Architekturteile habe man zuerst gezeichnet, um sie auf diese Weise noch der Nachwelt erhalten zu können. Es lag in seiner Absicht, alle plastischen Verzierungen der Gebäude festzuhalten, die seit dem 15. Jahrhundert entstanden waren und bisher die Zerstörung überdauert hatten. Er sprach in diesem Zusammenhang von achtzehn bis zwanzig geplanten Heften zu je sechs Blättern. Ein Vorhaben, das infolge seiner finanziellen Engpässe und mangelnder Unterstützung von seiten der Obrigkeit nicht in diesem Umfang verwirklicht werden konnte. In seinem Streben nach größtmöglicher Perfektion hatte er bewußt Victor Texier mit der Ausführung der Stiche beauftragt, da dieser als einer der besten Architektur-Kupferstecher galt, so wie er zuvor Haldenwang beauftragt hatte, seine Ansichten von Schloß und Stadt Heidelberg zu stechen, da dieser eine besondere Begabung für Landschaftsstiche hatte.[42]

Meinungen zu Graimbergs Stellenwert als Künstler

Eine künstlerische Einordnung des Graimbergschen Œuvres ist nicht leicht, da seine Ansichten von Heidelberg und Schwetzingen und vor allem die Zeichnungen der „Antiquitäten" in erster Linie im Hinblick auf eine Dokumentation des Erhaltungszustandes sowie in der Absicht die Ruine bekannt zu machen entstanden. Zudem nahm Graimberg, der sich abgesehen von seiner Schulzeit und der Zeit bei Bertin autodidaktisch fortgebildet hatte, zumindest teilweise Hilfe in Anspruch. Überdies ließ er den Kupferstechern und Lithographen nach Absprache im Bereich Landschaft-Vegetation durchaus Spielräume bei der Umsetzung seiner Zeichnungen. Vor diesem Hintergrund ist vermutlich auch eine Bemerkung im „Neuen Nekrolog der Deutschen" zu verstehen, die Graimbergs Arbeit in einer posthumen Würdigung des Haldenwangschen Œuvres von 1832 abwertet:

> „Die Graimbergschen Ansichten von Heidelberg hat er [sc. Haldenwang] nicht blos gestochen, sondern auch die geschmacklosen Zeichnungen durchaus umgearbeitet."[43]

Eine derart vernichtende Einschätzung hat Graimbergs Zeichentalent gewiß nicht verdient. Eher würde ich mich Poensgens Meinung anschließen, der darauf verweist, daß die sorgsam ausgeführten Zeichnungen des Land-

[42] Ebd., S. 65f. STA HD. NL Graimb. Konv. 9: 1832-1855 (Briefe Dunzingers an Graimberg). Leger, Verzeichnis, 1838, S. 153f. Charles de Graimberg (Hrsg.), Antiquitaeten des Heidelberger Schlosses, nach der Natur gezeichnet von Karl von Graimberg, perspektivisch entworfen von Thomas Alfried Leger, gestochen von Texier. Zu haben bey Herrn von Graimberg zu Heidelberg = Antiquités de Château de Heidelberg, dessinées d'après nature par Charles de Graimberg, mises en perspective par Thomas Alfried Leger, gravées par Texier, Heidelberg o.J. [frühestens 1830], S. 1f.

[43] Neuer Nekrolog der Deutschen, hrsg. v. B.F. Voigt, Jg. 10, 1832, Ilmenau 1834, S. 6.

schaftszeichners und Kunstsammlers Charles de Graimberg „in reizvoller Weise das Mittelmaß zwischen repräsentativer Vedutendarstellung und Erinnerungsgraphik halten“[44] würden.

Von anderer Seite wird Graimberg als „Heidelbergs fruchtbarster Vedutenzeichner und Verleger“[45] gewürdigt, der darüber hinaus, „wenngleich einem Primavesi, Fries oder Fohr künstlerisch nachstehend, einen eigenen Platz in der Geschichte Heidelbergs gefunden“ habe indem er sich als erster „der großen Vergangenheit systematisch zeichnend“ angenommen habe. Jean de Graimberg führte den Erfolg des Kupferstichunternehmens auf das Talent und die Kunstbegeisterung seines älteren Bruders zurück:

> „[...] tu parles de l'art en homme vraiment épris, et cela ne me surprend pas au bout de peu de tems d'étude sous un bon maitre tu as fait rapides progrés, a peine sorti de son atelier, tu te mets à une entreprise dont le sucées justifie l'audace, outre ce sucées flatteur, tu as trouvé dans cette entreprise les plus beaux motifs d'étude et tu as été forcé d'approfondir l'art.“[46]

Graimbergs Œuvre entstand im Spannungsfeld des Klassizismus und der Romantik. Insbesondere der Einfluß der Romantik auf seine Arbeit ist bei der zweiten großen Schloßansicht deutlich. Er wählte für diese Ansicht den bei den Romantikern beliebten Standort am Schloß-Wolfsbrunnenweg, der einen Blick bis in die Rheinebene gestattet und im Wechsel der Tages- und Jahreszeiten ein ideales Motiv für die romantische Stimmungsmalerei war. Die besondere Atmosphäre dieses Blickes im Gegenlicht des Sonnenunterganges würdigte auch Charles de Graimberg.[47] Aber auch die Ausbildung im Atelier Bertins mit seiner klassischen Ausrichtung schlug sich in seinem Œuvre nieder. Man kann also sagen, daß sich in Graimbergs Arbeit durchaus der Einfluß der verschiedenen Zeitströmungen ablesen läßt, daß sich in Idee, Arbeitsansatz und Ausführung seiner Ansichten klassizistische, romantische und realistische Tendenzen finden. Vorrang hatte jedoch stets die Dokumentation und die Bestimmung der druckgraphischen Blätter für den Verkauf, um die Publizität der Schloßruine zu mehren.

Der Verkauf der Druckgraphiken und Ausstellung der Sammlung

Der Verkauf der Druckgraphiken und überzähliger für die Sammlung nicht relevanter Gemälde erfolgte üblicherweise parallel zur Ausstellung der Sammlung und am jeweiligen Wohnort Graimbergs. Der erste Verkaufsort

[44] Neue deutsche Biographie, hrsg. v. der Kommission bei der bayerischen Akademie der Wissenschaften, Bd. 6, Berlin 1964, S. 736.

[45] Wulf D. von Lucius, Auf der Terrasse hochgewölbtem Bogen ... Zwei Amateur-Zeichner auf dem Heidelberger Schlosse, in: Börsenblatt für den Deutschen Buchhandel, Beilagen, Jg. 43, Frankfurt a.M. 1987, S. B95f.

[46] STA HD. NL Graimb. Konv. 11: 3.3.1815 (Brief Jeans an Graimberg).

[47] Graimberg, Notice, 1820, S. 67f.

war Graimbergs Zimmer im Gläsernen Saalbau. 1822 kamen das Brükkenhaus und der Soldatenbau auf dem Schloß und das Haus Hauptstr. 107 als Verkaufslokale hinzu. 1839 verlegte Graimberg seinen Verlag, die „Alterthümerhalle" und den Verkauf in der Stadt in das Haus am Kornmarkt 5, da er hoffte, die günstige Lage direkt unterhalb des Schlosses würde sich positiv auf die Verkaufs- und Besucherzahlen auswirken. Zehn Jahre später ging schließlich sein langgehegter Traum von einem „Schloßmuseum" im Friedrichsbau in Erfüllung, er erhielt die Räumlichkeiten über der Schloßkapelle zur unentgeltlichen Nutzung, mußte jedoch die nicht unerheblichen Umbaukosten tragen. Ein Jahr später konnte Graimberg die „Alterthümerhalle" auf dem Schloß eröffnen. Das ursprünglich bestehende Verbot im Friedrichsbau seine Arbeiten zu verkaufen, wurde zu Graimbergs Erleichterung 1852 aufgehoben

Zusätzlich gab Charles de Graimberg die Druckgraphiken einzeln und in Sammelbänden zusammengefaßt in Kommission und ließ sie u.a. in Heidelberg (Buchhändler Braun und Buchbinder Wettstein), Mannheim (Kunsthändler Dominique Artaria), Frankfurt (bei Wilmans), Karlsruhe, Stuttgart, Darmstadt, Paris (dort vertrat neben Texier ein Monsieur Bance Graimbergs Interessen), Straßburg (bei Levrault) und London (bei Ackermann) verkaufen.[48]

Seit Anfang des 19. Jahrhunderts wurde die Heidelberger Schloßruine in ihrer Eigenschaft als Idealtypus der romantischen Ruine, insbesondere Dank Graimbergs intensiver Bemühungen um das Bauwerk, zunehmend bekannter. Seine Ansichtenfolgen, seine rege Tätigkeit steigerten das Interesse an Heidelberg, das Ansehen der Ruine derart, daß sich infolge des zunehmenden Besucherstromes auch eine lebhafte kommerzielle Betätigung auf dem Schloß entwickelte. Graimberg betonte jedoch stets, daß sein Ausstellungs- und Verkaufsraum kein Laden sei. Ein Laden, bloßer Kommerz waren in seinen Augen verächtlich. Graimberg selbst definierte sein Verständnis eines würdigen Verkaufes 1841 im Hinblick auf den Handel auf dem Schloß. Er betonte, daß ein Geschäft, ein Souvenirladen die Ruhe der Ruine stören und die Reisenden auf gemeine Weise von der Besichtigung abhalten würde. Zur Rechtfertigung bzw. Betonung der Andersartigkeit seines eigenen Unternehmens führte er die Ausrichtung seines Œuvres auf das Schloß und sein Bemühen, die Ruine bekannt zu machen, an. Der Verkauf wäre in diesem

[48] Charles de Graimberg, Lieferung der Ansichten von Heidelberg. Nach der Natur gezeichnet von Karl von Graimberg, wobey der perspektivische Antheil von Thomas Alfred Leger, Professor der Architektur an der Universität zu Heidelberg; und in Kupfer gearbeitet vom Hofkupferstecher Haldenwang = Livraison des vues de Heidelberg. Dessinées d'apres nature par Charles de Graimberg, mises en perspective par Thomas Alfred Leger, professeur d'architecture à l'université de Heidelberg, et gravées par Charles Haldenwang, graveur de la Cour de Bade, Heidelberg (u.a.) o.J. [frühestens 1821/zw. 1821 und 1825]. STA HD. NL Graimb. Konv. 5: 8.7.1816 (Brief von D. Artaria an Graimberg).

Sinne nur Mittel zum Zweck, um dieses Denkmal der Kunst der Vergessenheit zu entreißen und ihm seinen Platz in der Geschichte zu sichern. Außerdem stehe stets die Ausstellung der Kunstwerke im Vordergrund.[49]

Verkauf von Reiseandenken – Beginn des „Massentourismus"

Als Keimzelle des Massentourismus könnte man die im 17./18. Jahrhundert aufkommenden Bildungsreisen bezeichnen und in diesem Zusammenhang die Vedute als Vorläuferin der Reiseandenken nennen. Diese Stadtansichten wiederum waren bedeutsam für die Entstehung der Badegläser als Souvenir. Aber erst mit dem Bau von Eisenbahnstrecken im 19. Jahrhundert und der damit verbundenen flexibleren Reisegestaltung und Verkürzung der Reisezeiten konnte der eigentliche Fremdenverkehr beginnen.

Auch Charles de Graimberg verzeichnete einen sprunghaften Anstieg des Tourismus infolge der größeren Mobilität der Reisenden durch die Eisenbahn und die zunehmende Rheinschiffahrt. Die Beachtung, die Heidelberg, u.a. aufgrund seiner Bemühungen, mehr und mehr fand, und den Zustrom der Besucher nahm er glücklich zur Kenntnis. Die durch die neuen Eisenbahnverbindungen verkürzten Reisezeiten wirkten sich günstig für sein Kupferstichunternehmen und sein Museum aus. Allerdings empfanden Charles de Graimberg und seine Gattin Polyxenia die negativen Begleiterscheinungen dieses neuen Massentourismus bzw. der neuen Art des Reisens als gravierend.[50] So schrieb Polyxenia 1841 an ihren Schwager Jean, daß Heidelberg durch die Erfindung der Lokomotive mehr verloren als gewonnen habe und prangert die Raserei des Reisens mit Dampfschiff und Zug, die neue Hast bei den Besichtigungen an.

> „[...] ils [sc. la nuée de gens; Schloßbesucher] prennent le chemin de Paris dont vous vous souvenée, pour gagner le Chateau par la rue des maisons de la montagne, visitent le gros Tonneau, la Ruine, prennent, ou ne prennent rien a l'auberge du Chateau, et après leurs tournée faite, la foule reprend le mème chemin, et s'embarque à la hate pour ne pas manquer l'heure de s'en tasser de nouveau dans le Bateau a vapeur; en sorte qu'une promenade du Neker et du Rhin, a laquelle on consacroit jadis plusieures semaines, s'execute aujourd'hui en trois au quatres jours. [...] Heidelberg a plutot perdu que gagné à l'invention du *Locomotif*."[51]

Den Sehenswürdigkeiten, „nos charmans environs" könne man bei dieser Eile keinesfalls mehr gerecht werden. Der Verkauf der Graimbergschen Ansichten-Folgen, die Heidelberg „une renommée européenne" verschafften, sei je-

[49] STA HD. NL Graimb. Konv. 19: 16.12.1841 (Schreiben Graimbergs an die Großherzogliche Hof-Domänen-Kammer).

[50] STA HD. NL Graimb. Konv. 13: 22.8.1834, 7.8.1841 (Briefe Polyxenias an Jean de Graimberg). Konv. 19: 1856 (Briefentwurf Graimbergs an den Großherzog). Konv. 21: 24.2.1851 (Brief Jeans an Graimberg).

[51] STA HD. NL Graimb. Konv. 13: 7.8.1841 (Brief Polyxenias an Jean de Graimberg).

doch im Zuge der steigenden Besucherzahlen und der günstigen Lage des Palais Graimberg am Kornmarkt schlagartig in die Höhe geschnellt, und bisweilen würden sie an einem Tag mehr Ansichten verkaufen als früher im ganzen Jahr. Obwohl Charles de Graimberg der neuen Art des Massentourismus durchaus nicht nur positiv gegenüberstand, war er doch auf den Verkauf angewiesen. In diesem Sinne bemühte er sich sein Verkaufslokal, in dem er auch seine Ansichten ausstellte, möglichst publikumswirksam zu gestalten. Ob er dem Wunsch der Touristen nach Reiseandenken insoweit entgegenkam, daß er auch Tassen mit Schloßmotiven zum Verkauf anbot, läßt sich nicht nachweisen. Fest steht lediglich, daß er Tassen mit diesem Dekor bei Louis Faure in Auftrag gab, ob für den persönlichen Gebrauch oder als Reiseandenken, ließ sich nicht feststellen. Einige Sorgen bereitete ihm der Rückgang der Besucherzahlen infolge politischer Spannungen oder konjunktureller Krisen. So blieben 1848 bedingt durch die Februarrevolution in Frankreich und die Märzrevolution in Deutschland die Besucher aus, und erst im folgenden Jahr sprach er wieder von zufriedenstellenden Besucherzahlen.[52]

Graimbergs kurpfälzisch-badische Sammlung

Museumsgeschichte – Graimbergs Sammlung im Kontext der Museumsgründungen des 19. Jahrhunderts

Mit der französischen Revolution und den Koalitionskriegen napoleonischer Ära ging die Auflösung großer europäischer Kunstsammlungen einher. In diese Zeit fällt ein Höhepunkt des englischen Sammelwesens, da viele dieser Werke durch den Kunsthandel nach London gelangten. Hinsichtlich der Institutionalisierung des Museums war England führend. Nachdem es dort bereits Ende des 17. Jahrhunderts erste Tendenzen zur Gründung öffentlicher Museen gab, fand diese Entwicklung 1753 mit der Eröffnung des Britischen Museums als erstem öffentlichem, staatlichem Museum und der Gründung der Nationalgalerie 1824 ihren Fortgang. In Frankreich kam es 1793 zur Eröffnung des „Muséum central des Arts" im Louvre, das die enteigneten königlichen Sammlungen der Öffentlichkeit zugänglich machte. Ihren Höhepunkt fand die Idee der Zentralisierung von Kunst, der überblickshaften Präsentation des kulturellen Erbes, d.h. die Vorstellung eines großen öffentlichen Museums in Napoleons Projekt eines europäischen Zentralmuseums im Louvre. Im Zuge des sich durch die französische Vorherrschaft verstärkenden Nationalgefühles in den europäischen Staaten und der späteren Rückführung des napoleonischen Beutegutes, kam es auch in

[52] STA HD. NL Graimb. Konv. 12: 1820-1825, 1830, 1849 und 1851 (Briefe Louis Faures an Graimberg). Konv. 21: 30.9.1855 (Brief Jeans an Graimberg).

deutschen Residenzstädten verstärkt zu nationalen Museumsgründungen. So machten beispielsweise in Berlin, Dresden, München die Monarchen ihre Sammlungen der Öffentlichkeit zugänglich. Die Konzeption dieser staatlichen Museen wurde von dem Gedanken an Erziehung und Bildung des Volkes bestimmt, eine Tendenz, die besonders in den preußischen Reformen deutlich zutage tritt.

In dieser Zeit des allgemeinen Umbruchs im beginnenden 19. Jahrhundert ergaben sich für den bürgerlichen Sammler neue Ausgangspunkte und Möglichkeiten. Säkularisierung und Enteignung des französischen Adels lösten eine Umschichtung bedeutenden Kunstbesitzes aus. Allerdings war diese Entwicklung auch mit der Zerstörung bedeutender Kulturgüter, die dem Zeitgeschmack nicht entsprachen, verbunden. So gab es einerseits ein Angebot interessanter Kunstobjekte, die preisgünstig erworben werden konnten, andererseits fühlte sich mancher schon früh, im Zuge der Rückbesinnung auf heimische Traditionen und die eigene kulturelle Vergangenheit, zur Erhaltung bedrohter Kunstwerke berufen. In Deutschland entstanden in dieser Zeit bedeutende bürgerliche Sammlungen. Weitere bürgerliche Initiativen waren die Gründungen von Kunst- und Altertumsvereinen; erstere widmeten sich schwerpunktmäßig der Kunstförderung und letztere engagierten sich überwiegend im denkmalpflegerischen Bereich.

Charles de Graimberg begann seine Sammeltätigkeit im Hinblick auf die Einrichtung eines historischen Museums, das er von Anfang an der Öffentlichkeit zugänglich machen wollte. In diesem Sinne eröffnete er, sobald er durch rege Sammeltätigkeit einen gewissen Grundstock an Ausstellungsstücken erworben hatte, die „Kurpfälzische Alterthümerhalle“ in seinen auf dem Heidelberger Schloß gemieteten Räumen. Graimbergs Museumsgründung ist ein frühes Beispiel für die kunst- und kulturgeschichtlichen Museen, die in dieser Zeit neben den fürstlichen Sammlungen neu entstanden. Auch im Hinblick auf die Öffnung der Sammlung für jedermann, ja den Beginn des Sammelns überhaupt, mit dem Ziel ein der Öffentlichkeit zugängliches Museum einzurichten, macht sich Graimberg neue Ideen zu eigen. Denn erst seit dem ausgehenden 18. Jahrhundert wurden die privaten Sammlungen zögerlich einer breiteren Öffentlichkeit zugänglich gemacht, eine Entwicklung, die ihren entscheidenden Impuls durch die Forderungen und Folgen der Französischen Revolution erhielt. Gudrun Calov bezeichnet die Graimbergsche „Alterthümerhalle“ als Provinzialmuseum mit nationalem Charakter.[53] Darunter seien jene Museumsgründungen zu verstehen, die im Zuge der Romantik unter dem Eindruck einer zunehmenden Sehnsucht nach nationaler Einheit entstanden und einerseits die heimischen Zeugnisse vergangener Epochen vor der Zerstörung bewahren, andererseits die Erin-

[53] Gudrun Calov, Museen und Sammler des 19. Jahrhunderts in Deutschland, in: Deutscher Museumsbund (Hrsg.), Museumskunde, Bd. 38, H. 1-3, Berlin 1969, S. 142f.

nerung an die Vergangenheit lebendig halten sollten. Somit ist dieser Sammlungsgedanke eng mit dem sich neu entwickelnden Denkmalverständnis und der daraus resultierenden Entwicklung der Denkmalpflege verbunden. Charles de Graimberg folgte dieser Geisteshaltung bis in die letzte Konsequenz, indem er versuchte, hinsichtlich der Heidelberger Schloßruine ein ganzheitliches Konzept zu verwirklichen. In diesem Sinne richtete er sein Lebenswerk auf die drei Komponenten Sammlung, Denkmalpflege und Kupferstichunternehmen aus.

Aufbau der Sammlung

Schon im Jahr seiner Ankunft in Heidelberg, 1810, beschloß Charles de Graimberg, parallel zu seinem im Aufbau befindlichen Kupferstichunternehmen, als Ergänzung eine Sammlung zur Geschichte des Schlosses und seiner ehemaligen Bewohner zusammenzutragen.[54] Mit diesen sich einander ergänzenden Projekten wollte er der Heidelberg Schloßruine ein umfassendes Denkmal errichten.

> „Was meine Kupferstiche für das Heidelberger Schloß waren, wird die Alterthümerhalle für seine Fürsten seyn."[55]

Er beabsichtigte wie gesagt von vornherein, diese Sammlung als historisches Museum, die „Kurpfälzische Alterthümerhalle" des Heidelberger Schlosses, der Öffentlichkeit zugänglich zu machen und betonte stolz, daß seine Sammlung sich von Anfang an von den „gewöhnlichen sogenannten Galerien" unterschieden habe, da sie ausschließlich Gegenständen gewidmet sei, die in Zusammenhang mit dem Heidelberger Schloß und den jeweiligen regierenden Fürstenhäusern standen. D.h. er wählte alle Objekte – ob es sich um Gemälde, Druckgraphiken, Porzellan etc. handelte – im Hinblick auf ihre historische Bedeutung aus, wobei die künstlerische Qualität für ihn sekundär war. Mit seiner Sammlung schuf er eine umfassende Dokumentation der kurpfälzischen Geschichte und sicherte die Erhaltung der Kunstwerke. Viele Objekte, die er entgegen dem Zeitgeschmack für erhaltenswert erachtete, würden sonst vermutlich nicht mehr existieren; wie beispielsweise Werke aus der in der Romantik verpönten Epoche des Rokoko. Von Besuchern wurde die mangelnde Qualität des öfteren kritisiert, da das zugrunde liegende Sammlungskonzept den meisten noch fremd war. Mißverständnissen bzw. Kritik dieser Art versuchte Graimberg vorzubeugen, indem er in seinen Begleitschriften die konsequente landes- und stammesgeschichtliche

[54] Über die Entstehung und das Konzept der Sammlung, seine Intentionen und Pläne berichtet Graimberg ausführlich in einem begleitenden Band zu Sammlung und Kupferstichunternehmen. Graimberg, Alterthümerhalle, 1847, S. 1-5, 8f., 15-19 und S. 36-41. Leger, Verzeichnis, 1838, S. III, V und XII.

[55] Graimberg, Alterthümerhalle, 1847, S. 5.

Ausrichtung seiner Sammlung ausführlich darlegte und die Museumsbesucher darauf hinwies, daß die lückenlose Dokumentation der Stammbäume, historischer Ereignisse etc. im Vordergrund stehe, nicht die künstlerische Bedeutung einzelner Werke. Gleichzeitig betonte er jedoch, daß er einige besonders wertvolle und bedeutende Werke erwerben konnte.

Nach Jahren aktiver Sammeltätigkeit, hatte die Graimbergsche Sammlung schon Anfang der vierziger Jahre einen bedeutenden Umfang erreicht. Leger katalogisiert in seinem „Erklärendes Verzeichnis“[56] bis 1843 insgesamt 3681 Objekte, und Graimberg selbst gibt den Gesamtbestand seiner Sammlung in diesem Zeitraum sogar mit ca. 9100 Einzelobjekten an.[57] Im Hinblick auf die aktuelle politische Situation wurde die ursprünglich rein kurpfälzisch ausgerichtete Sammlung bald durch eine Porträtsammlung badischer Fürsten ergänzt.

Der Aufbau der Sammlung war für Charles de Graimberg oft mit Problemen verbunden. Häufig war er gezwungen, um ein für seine „Alterthümerhalle“ relevantes Objekt zu erwerben, ganze Sammlungen aufzukaufen, d.h. er mußte zusätzlich zu den regulären Ausgaben für seine Erwerbungen mit erheblichen finanziellen Mehrausgaben kalkulieren. So berichtet er, daß er einmal, um sechs für ihn interessante Werke zu bekommen, einen Bestand von über 80 Gemälden kaufen mußte. Die für ihn unbrauchbaren Stücke versuchte er dann, gegebenenfalls auch mit Verlust, gemeinsam mit seinen Kupferstichen zu verkaufen oder mit Händlern und Sammlern gegen andere in sein Sammlungskonzept passende Werke einzutauschen.[58] Um möglichst effektiv zu sammeln, beauftragte Graimberg verschiedene Kunsthändler mit dem Ankauf neuer Ausstellungsstücke. Außerdem ging der Maler Georg Philipp Schmitt, den er auch mit den notwendigen Restaurierungsarbeiten an seinem Sammlungsbestand betraut hatte, ebenfalls für den gräflichen Sammler auf Reisen.[59]

Anfang der vierziger Jahre, nach mehr als dreißigjähriger Sammeltätigkeit war Graimberg davon überzeugt, nun den überwiegenden Teil der in Frage kommenden Museumsstücke zu besitzen. In dieser Überzeugung wies er selbstbewußt auf die Einzigartigkeit seiner bis dahin zusammengetragenen Sammlung hin, die sein Freund Leger katalogisiert und damit ihren Wert noch zusätzlich gesteigert habe. Wenn man die Maßstäbe Geschichte, Kunst und Seltenheit der Museumsstücke zugrunde lege, erschließe sich ihre dreifache Bedeutsamkeit und im Hinblick darauf müsse sie in jedem Fall als Einheit erhalten bleiben. Zur gleichen Zeit konnte es sich Charles de Graimberg nicht mehr leisten sein Museum unentgeltlich für Besucher zu öffnen, seine

[56] Leger, Verzeichnis, 1838, 1839, 1843.

[57] Graimberg. Alterthümerhalle. 1847. S. 41f.

[58] STA HD. NL Graimb. Konv. 5: 14.1.1859 (Brief von Schwartzkoppens an Graimberg).

[59] STA HD. NL Graimb. Konv. 5: 8.7.1816. 25./28.7.1845 (Briefe Artarias an Graimberg). Konv. 10: 30.9.1856 (Ankaufsliste mit Rechnung). 30.7.1862 (Graimberg beschreibt Geschäftsverbindung mit Schmitt).

finanzielle Lage zwang ihn zur Einführung einer Eintrittsgebühr. Außerdem bemühte er sich einen Käufer für seine Sammlung zu finden, da ihm die Unterhaltung derselben zunehmend schwer fiel und er einer Teilung nach seinem Tod vorbeugen wollte. Charles de Graimberg sah in seiner „Alterthümerhalle“ ein Volksdenkmal, das in Zukunft noch an Wert und Ansehen gewinnen würde. Im Hinblick auf das zugrunde liegende Sammlungskonzept waren die Stadt Heidelberg bzw. der badische Großherzog die von ihm präferierten Käufer, aber bis zu seinem Tod 1864 stieß er in dieser Hinsicht auf ein für ihn völlig unverständliches Desinteresse. Auch andere Interessenten wären Graimberg willkommen gewesen, wenn sie eine sichere Zukunft der Sammlung gewährleistet hätten, da die „Alterthümerhalle“ in seinen Augen aufgrund ihres Umfanges und der ausführlichen geschichtlichen Forschungen mit allen großen Fürstenhäusern Europas in Verbindung stünde und somit fast überall auf vaterländischem Boden sei.[60] Da es ihm selbst zu Lebzeiten nicht gelang die Sammlung sicher unterzubringen, versuchte er ihr ungeteiltes Fortbestehen testamentarisch zu sichern. 1862 schrieb er in einem Testamentsentwurf unmißverständlich

> „la Galerie de Heidelberg ne pourroit être vendue séparèment. Elle perdoit par là toute sa valeur.“[61]

Zu diesem Zeitpunkt gab er den Wert der Sammlung mit ca. 36 000 bis 40 000 Gulden und ihren Umfang mit etwa 11 000 bis 12 000 Einzelobjekten an.

Erst 15 Jahre nach seinem Tod ging Graimbergs Wunsch in Erfüllung. Nach fünfjähriger Verhandlungsdauer erwarb die Stadtgemeinde Heidelberg 1879 Graimbergs „Alterthümer-Sammlung“ für ein städtisches Museum. Bis zur Restaurierung des Friedrichsbaus blieben die von Graimberg ausgebauten Räume über der Schloßkapelle Ausstellungsort. Nach einer zeitweiligen Unterbringung im Ottheinrichsbau, erwarb die Stadtgemeinde 1905 das Palais Morass, Hauptstraße 97, das seit dieser Zeit als städtisches Museum dient. Graimbergs Sammlung wurde auf diesem Wege Grundstock bzw. „Keimzelle“ für das Kurpfälzische Museum der Stadt Heidelberg.

Charles de Graimberg hatte also in dreifacher Hinsicht als Künstler, Denkmalpfleger und Sammler, eine große Bedeutung für Heidelberg. Zu seinen Lebzeiten von den Verantwortlichen eher wenig beachtet, ist es nicht zuletzt seinem Fleiß und Durchhaltevermögen zu verdanken, daß die Heidelberger Schloßruine heute im Rang einer europäischen Sehenswürdigkeit steht.

Anja-Maria Roth

[60] Graimberg, Alterthümerhalle, 1847, S. 4 (Anm.), 8ff., 15-18 und S. 30-45. STA HD. NL Graimb. Konv. 6: 22.5.1840/48 (?) (Brief Graimbergs an Kunkelmann). Konv. 9: 1832-1855 (Briefe Dunzingers an Graimberg).

[61] STA HD. NL Graimb. Konv. 5: 30.7.1862 (Testamentsentwurf).

Gestaltung, Funktion und Geschichte des Heidelberger Schloßgartens in der ersten Hälfte des 19. Jahrhunderts

Die architektonischen Relikte der ehemaligen Heidelberger Residenz hatten mit dem Übergang der rechtsrheinischen Gebiete der Kurpfalz an die Markgrafschaft Baden 1803 ihre Funktion verloren. Zu diesem Zeitpunkt waren bereits mehr als hundert Jahre vergangen, in denen Heidelberger Bürger mit und ohne amtliche Genehmigung Steinmaterial der Ruinen des Schlosses für ihre Neubauten verwendeten. Das beginnende 19. Jahrhundert erblickte den Schloßgarten in der Gestalt eines bedeutungslosen Gemüse- und Obstgarten, den sich unterschiedliche Pächter teilten. Es war C.W.J. Gatterer, der nach der Verlegung der Staatswirthschafts-Hohe-Schule (Kameralschule)[1] von Kaiserslautern nach Heidelberg, der kurpfälzischen Regierung vorschlug: „die Schloßruine vom völligen Untergange durch bessere Aufsicht und durch eine neue Anlage des Gartens zu retten.“[2] Den Auftrag zur Berichterstattung über den Zustand und die künftige Nutzung der Gärten des Heidelberger Schlosses erhielt Gatterer 1804 von der badischen Regierung. Mit der Neugestaltung hatte der vielteilige Gartenraum nicht nur eine neue Funktion und damit eine neue Bedeutung erhalten, vielmehr war bei dem damaligen Kurfürsten Carl Friedrich auch das Interesse für die Erhaltung der Schloßruine geweckt worden. Neben Gatterer machten sich Johann Metzger und Charles de Graimberg um den Schutz und die Erhaltung der Ruinen in jener Zeit verdient. Eine regelmäßig konservatorische Betreuung der Gebäude wurde jedoch erstmals unter Großherzog Leopold ab 1830 gewährleistet. Der folgende Text stellt anhand von Johann Metzgers „Beschreibung des Heidelberger Schlosses und Gartens“ aus dem Jahr 1829 das Erscheinungsbild und die Funktionen der verschiedenen Gartenbereiche in der ersten Hälfte des 19. Jahrhunderts dar.

Die Terrassenanlage, die nach den Plänen des Gartenarchitekten und Ingenieurs Salomon de Caus unter Friedrich V. zwischen 1614 und 1619 entstand[3], prägt bis heute die räumliche Struktur des Heidelberger Schloßgar-

[1] Vgl. Schroeter 1985, S. 477

[2] Vgl. Walther 1990, S. 58.

[3] Vgl. Zimmermann 1986, S. 10-12.

Abb. 67: Salomon de Caus „Hortus Palatinus“.

tens: Ausgehend vom Eingang des Gartens südlich des Brückentorhauses führen die Haupt- und die Obere Terrasse am nördlichen Hang des Königstuhls von Westen nach Osten und am Hang des Friesentals von Süden nach Norden. Während sich ehemals die Untere Terrasse ebenfalls nach Norden hin fortsetzte, begleitete die Zwischenterrasse die Obere Terrasse und die Hauptterrasse nur am Hang des Königsstuhls. Der Hortus Palatinus ähnelt einem Bauwerk, das aus einzelnen Zimmern und Sälen besteht. Die Wege der Terrassen führen durch das Neben- und Nacheinander der Räume, die de Caus mit Brunnenanlagen, Architekturen und Skulpturen betont. Die strenge geometrische Ordnung, die das notwendige Gerüst für die mannigfaltigen Raumbildungen und für die reichen bildhauerischen Ausgestaltungen lieferte, hatte ihr Vorbild in den italienischen Gärten des 15. und 16. Jahrhunderts.

1619 zog Friedrich V. nach Prag, um sich zum König von Böhmen krönen zu lassen. Mit der Übersiedlung des Hofes nach Prag mußte Salomon de Caus seine Arbeiten einstellen.[4] In seiner 1620 erstellten Entwurfsammlung „Hortus Palatinus“, bringt de Caus sein Bedauern über den unfertig gelassenen Garten zum Ausdruck: „Und wenn der jetzige Krieg nicht dazwischen gekommen wäre, hätte innerhalb von sechs Monaten alles ganz und gar fer-

[4] „So hat es Gott dem Allmächtigen gefallen, diesen Fürsten zum König in Böhmen zu erheben. Was dann verursacht hat, daß man hat aufhören müssen, an diesem Garten weiterzubauen.“ Vgl. Salomon de Caus, 1620. Nachdruck Worms, 1980.

tig werden können“[5]. Als de Caus im Frühjahr 1620 nach Paris abreiste war vermutlich der nördliche Schenkel der Oberen Terrasse noch nicht errichtet und vom Nordflügel der Hauptterrasse nur der Unterbau mit den Bogennischen angelegt worden.[6] Der Dreißigjährige Krieg, der für die folgenden Jahre die Geschichte von Schloß und Stadt bestimmte, hatte die Gartenanlage des Heidelberger Schlosses weniger in Mitleidenschaft gezogen, als der Mangel an Pflege und Unterhaltung.[7]

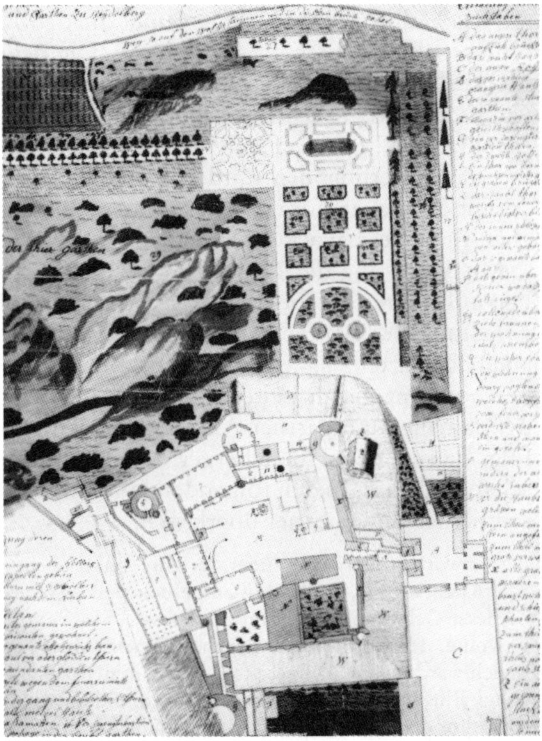

Abb. 68: Heidelberger Schloßgarten im 18. Jahrhundert.

Nach dem Westfälischen Frieden zog Carl Ludwig, der zweitälteste Sohn Friedrichs V. wieder in die alte Residenz ein.[8] Dem Hofgärtner Peter Lenhard, der seit 1619 die Terrassenanlage betreute,[9] wurde 1656 befohlen, „sich um 40 Stück fremder Bäume zu bewerben“.[10] Zusätzlich entstand eine Allee von 50 Lindenbäumen auf dem Nordflügel der großen Terrasse.

Unter dem Kurfürsten Carl Philipp begann die barocke Umgestaltung, deren Schwerpunkt der westliche Teil der Hauptterrasse bildete. Je ein Bassin lag in einer der in West-Ost-Richtung verlaufenden Wegachsen. Hinter diesen Bassins erhob sich im Kreisbogen eine hohe Heckenwand. Zwischen den Bassins und der Heckenwand fand eine Figurengruppe Aufstellung.[11]

[5] Vgl. Zimmermann 1986, S. 16.

[6] Vgl. Walther 1990, S. 46.

[7] Vgl. ebd., S. 49. Vgl. Schmieder 1936, S. 20.

[8] Vgl. Scheuerbrandt 1996, S. 74.

[9] Vgl. Zangemeister 1886, S. 145f.

[10] Vgl. Schmieder 1936, S. 21.

[11] „Damals entstand auch die ‚Statua‘ Peter von Brandens, die auf hohem, von Putten umspielten Postament vier Figuren zeigte, die als die vier Elemente wahrscheinlich aufgefaßt werden sollen.“ Vgl. Lüttich 1926, S. 37. Die Figurengruppe wurde zunächst 1763

An das Halbrund der Heckenwand, die den Abschluß des Parterres bildete, schlossen sich östlich die Bosketts an. Die Begrenzung der Bosketts bildeten Hecken. In besonderer Weise bezieht sich der Grundrißplan auf die de Caus'sche Wegführung: nebeneinander entstanden zwei gleichwertige Hauptachsen. Eine auf sich zugeordnete Betonung erhielt die Anlage durch die Verbreiterung der mittleren Beete. Die Hauptachsen erhielten ihren „point de vue" in Gestalt einer Fontäne in einem großen Bassin am südöstlichen Ende der barocken Gartenanlage.[12]

Mit Verlegung der Hofhaltung 1720 nach Mannheim hatten die Landesherrn ihr Interesse an der Heidelberger Schloßanlage verloren. Wie für die Erhaltung der Bauten nur knappe Mittel zur Verfügung standen, so litten auch die Gartenanlagen unter der großen Sparsamkeit.[13] Als die Anlage 1743 zur Nutzung gegen Unterhaltspflicht versteigert werden sollte, wehrte sich der damalige Hofgärtner Anton Gottfried Kesselbach dagegen mit dem Erfolg, daß er den Heidelberger Schloßgarten ohne Entgelt wieder bewirtschaften durfte. In den folgenden Jahrzehnten wird die Gartenanlage im wesentlichen dem Gärtner überlassen.

> „Es waren unterdessen über 20 Jahre verstrichen, als Carl Theodor sich den 24. Juni 1764 entschloss, das Schloß zu besuchen, daselbst eine Mahlzeit einzunehmen, und bei dieser Gelegenheit den Entschluß fasste, weil er von jetzt an das Schloß öfters besuchen wollte, den Otto-Heinrichsbau zu einem Absteigequartier einzurichten. Allein plötzlich ward dieser Plan vereitelt, indem in der nämlichen Nacht ein Gewitter aufzog und ein Blitzstrahl in den neuen Hof einschlug, daselbst schnell zündete, wodurch das Schloß bis auf das Wirtschaftsgebäude abbrannte und mit Ausnahme des Bandhauses und der Kirche, welche Carl Theodor wieder mit Dächern versehen ließ, in gegenwärtigen ruinösen Zustand versetzt wurde."[14]

Die Schäden an den Gebäuden waren so groß, daß Carl Theodor auf sein Vorhaben verzichtete, die Ruine des Heidelberger Schlosses zum zeitweiligen Sommeraufenthalt auszubauen.[15] Die Ruinen dienten nun als Steinbruch[16] und der Garten

nach Schwetzingen gebracht. Vier Jahre später – zum fünfundzwanzigsten Regierungsjubiläum von Kurfürst Carl Theodor – fand die Figurengruppe ihren endgültigen Aufstellungsort auf dem Marktplatz in Mannheim. „Nun mußten die Figuren umgearbeitet und auf den neuen Standort bezogen werden. Der Wassergott wurde zum Vater Rhein, die Frauengestalt mit dem Putto zur Stadtgöttin, wobei das Füllhorn den Reichtum der Stadt charakterisiert, und Merkur wurde zum Handelsgott. Da das Denkmal nun von allen Seiten zu betrachten war, wurde eine vierte Figur, ein Flußgott, den Nekkar darstellend, eingefügt." Vgl. Walther 1990, S. 55.

[12] Vgl. Lüttich 1926, S. 36-38. Vgl. Walther 1990, S. 51-55. Vgl. Schmieder 1936, S. 22.

[13] Vgl. Walther 1990, S. 56.

[14] Vgl. Metzger 1829, S. 23.

[15] Vgl. Scheuerbrandt 1996, S. 80.

[16] Vgl. Zeller 1905, S. 105. Vgl. von Leonhard 1834, S. 131.

„wurde nach dem Schlossbrande durch den Oberstallmeister von Oberndorf umgerottet und zu einem Obstgarten angelegt, allein kaum war er in gutem Stande, so wurde er verpachtet und bis zum Jahre 1803 als Feld benutzt, wodurch vollends alle Spuren der alten Pracht verschwanden."[17]

Nach 1767 wurden die Bosketts zu einer Rasenfläche zusammengefaßt, regelmäßige Gemüsefelder angelegt und mit Spalierobst eingesäumt. In ähnlicher Weise wurde die Untere Terrasse mit neun Feldern bestellt. Eine Baumschule, die der Aufzucht der im Schwetzinger Schloßgarten benötigten Bäume diente, nahm den nördlichen Schenkel der Hauptterrasse ein. Die kurfürstlichen Baumschulen in Mannheim und Heidelberg betreute Oberstallmeister Freiherr von Oberndorff, der 1771 das sogenannte Oktogon „ein achteckiges Lusthaus, das vier Türen und vier Fenster besaß"[18], bauen ließ. Während die nord-südlich verlaufende Hauptterrasse wegen des schlechten Bodens vorwiegend Baumschule oder Baumgarten blieb, überließ man die Nutzung des restlichen Gartens dem jeweiligen Pächter.[19]

Unter dem badischen Großherzog Carl Friedrich wuchs das Interesse für den Heidelberger Schlossgarten:

„Gleich bei seinem Regierungsantritte beschloss dieser edle Fürst, stets ein Beschützer und Beförderer alles Guten und Schönen, nebst der Restauration der Universität auch die Anlegung des bei dem Schlosse befindlichen, verödeten, alten Schloßgartens zu einem forstbotanischen und ökonomischen Garten für die Universität."[20]

Christoph Wilhelm Jakob Gatterer, von 1787 bis 1838 Professor für Kameralwissenschaften, wurde 1805 zum Oberforstrat ernannt.[21] In seinem Bericht vom 13. Januar 1804 schlug er vor, im Schloßgarten einen ökonomischen Garten einzurichten. Nach einer Besichtigung des Gartens unterstützte der Staatsminister Freiherr von Edelsheim diesen Vorschlag, der am 22. Januar 1804 von Carl Friedrich genehmigt wurde. Zur Begutachtung der Bauwerke zog man Oberbaudirektor Friedrich Weinbrenner hinzu.[22] Gatterer wünschte sich als technischen Beistand den Gartendirektor zu Schwetzingen Friedrich Ludwig Sckell. Am 1. Februar 1804 traf die allerhöchste Genehmigung und der Befehl ein, unter Beiziehung Sckells Plan und Kostenüberschlag vorzulegen.[23]

„So groß meine Freude gewesen war, die Ausführung meines Planes in Gemeinschaft mit Skell [sic!] zu beginnen, so wurde diese Hoffnung leider dadurch vereitelt, daß derselbe nach München berufen wurde. Sein würdiger Nachfolger zu Schwetzingen, der jetzige Geheime Hofrath Zeyher, erhielt nun den Auftrag, die Ausführung mit mir

17 Vgl. Metzger 1829, S. 23.
18 Vgl. Schmieder 1936, S. 27.
19 Vgl. Walther 1990, S. 57.
20 Vgl. Metzger 1829, S. 23f.
21 Vgl. Schroeter 1985, S. 477.
22 Vgl. Starck 1903, S. 39. Vgl. Schmieder 1936, S. 34.
23 Vgl. ebd., S. 34.

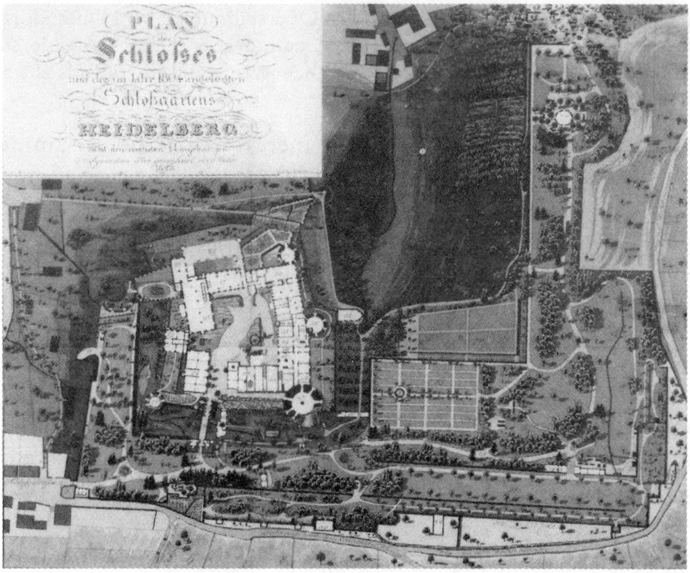

Abb. 69: „Plan des Schlosses und des im Jahr 1804 angelegten Schloßgartens zu Heidelberg", 1826.

> gemeinschaftlich vorzunehmen. Zeyher unterzog sich der Sache mit größtem Eifer. Von ihm rührt auch der schön gezeichnete Plan, nach welchem die Anlage größtenteils ausgeführt wurde."[24]

Am 12. Juni 1804 ließ sich Carl Friedrich von Gatterer den Plan an Ort und Stelle erläutern. Die Neugestaltung zu einem Landschaftsgarten wurde von 1804 bis 1808 unter der Leitung von Gatterer durchgeführt.

> „Im Oktober 1804 liessen [sic!] wir die hinderlichen und unnüzzen Hecken, die Zwischen-Mauern, die schlechten Bäume usw. beseitigen; die Haupt-Wege wurden abgesteckt, der ganze zu bepflanzende oder zu besäende Garten umgerottet. Stellen, die solches bedurften, wurden verbessert, und sodann die für den ökonomischen Garten bestimmten Teile auch in demselben Herbste noch bestellt, einige Plätze bereitete man zu einer Baumschule vor und besäete oder bepflanzte sie mit in- und ausländischen Holzarten. Man verband gleich Anfangs folgende Zwecke mit der Anlage: 1. Für die akademischen Lehranstalten einen vollständigen ökonomischen Garten zu gewinnen. 2. Die in- und ausländischen Forstgewächse zu vereinigen. 3. Baumschulen von Obst- und anderen Baumarten anzulegen. 4. Durch Samenkabinette die Studirenden mit den Sämereien der landwirtschaftlichen und Forstgewächse bekannt zu machen. 5. Die ehrwürdigen Schloss-Ruinen vor ihrem völligen Untergang zu schüzzen, weswegen auch diesselben jährlich vom herrschaftlichen Land-Baumeister besichtigt, und das dessfalls Nöthige veranstaltet wurde; und 6. Dem hiesigen sowohl als dem fremden Publikum einen angenehmen öffentlichen Spaziergang und Versammlungs-Plaz zu verschaffen. In letzterer Absicht wurde auch eine

[24] Von Leonhard zitiert die Handschrift von Jakob Gatterer „Historische Andeutungen über den Heidelberger Schloßgarten" auf S. 133.

Garten-Wirtschaft, und während des Sommers wöchentlich ein- auch zweimal im Freien im Garten, oder auf der Ruine Harmonie-Musik veranstaltet."[25]

Die Hofgärtnereien in Mannheim, Bruchsal und Schwetzingen wurden am 29. Dezember 1804 angewiesen, Sämereien und Pflanzen kostenlos abzugeben. Gatterer begnügte sich nicht mit den Flächen, die bisher als Schloßgarten gegolten hatten, sondern nahm auch Grundstücke hinzu, die von der Domäne oder der Militärbehörde an Privatleute verpachtet waren: den Friesenberg, die Nordbatterie oder den Altangarten, einige Stücke am Wolfsbrunnenweg, den Schloßgraben und den Stückgarten. Den Schloßgarten hatte seit dem 1. Januar 1799 der Geheime Sekretär Johann Peter Leger auf 12 Jahre gepachtet. Gatterer erkannte die Tätigkeiten Legers im Schloßgarten an. Er sprach sich über die von Leger angelegte „Zichorienwurzelplantage"[26] lobend aus, behielt sich aber ein Aufsichtsrecht darüber vor. Leger hatte einen Rebgang vom Garteneingang „bis zur untersten Gartentür" angelegt und den Nordarm der großen Terrasse als Felder bestellt. Weniger einverstanden war Gatterer mit der übrigen Bewirtschaftung, alte Hainbuchen wurden gefällt und die Obstbäume nicht gepflegt. Die beiden Kühe des Gartenpächters weideten im Schloßhof und auf dem Vorhof hielt er Gänse und Hühner. Leger wurde 1804 mit 100 Gulden Entschädigung abgefunden. Hofkeller Verhas, der Pächter des Stückgartens und Schloßgrabens, hatte zum Ärger Gatterers viele der alten Linden gefällt. Da Verhas keine Genehmigung besaß, mußte er beide Plätze abtreten.[27]

Die Eingänge zu dem neu gebildeten Schloßgartengelände wurden auf Vorschlag des Landbaumeisters Frommel am Eselspfad durch Palisaden, am Burgweg und am Friesenberg durch Tore abgeschlossen.

[25] Vgl. ebd.

[26] Die geröstete und pulverisierte Wurzel der Zichorie kann als Kaffee-Ersatz verwendet werden.

[27] Den Friesenberg hatte die Heidelberger Schützengesellschaft inne, die das Gelände schon 1802 nutzen wollte. Die Militärverwaltung lehnte dies aber ab und vergab den Berg an Thomas Ströbel und Andreas Zeller. 1805 erscheinen als Hauptbeständer Andreas Zeller, Leonhard Mindel und Wendel Hormuth und deren Unterbeständer Anton Bender, Franz Heckner und Burkart Item zusammen mit Georg Mack. Mit viel Mühe und hohen Kosten hatten diese Bürger den Friesenberg zu einem Nutzgarten umgestaltet. 1803 verkaufte die badische Regierung, die von diesen Pachtverhältnissen keine Kenntnis hatte, den Friesenberg an die Schützengesellschaft. Hofkeller Verhas hatte in seinem Bericht die Pacht nicht erwähnt. Die Schützengesellschaft begann ein Weingut am Berg anzulegen. Als nun Gatterer die gesamte Umgebung des Schlosses für den Garten beanspruchte, übte der Großherzog einen starken Druck auf die Schützengesellschaft aus, die ihm 1805 dann auch freiwillig das Gelände in Erwartung einer gerechten Entschädigung abtrat. Nach langen Verhandlungen und Klagen wurde die Schützengesellschaft 1808 mit 1200 und die Pächter mit 1100 Gulden abgefunden. Als Ersatz sollte der Gesellschaft ein Gelände vor dem Schießtor gegeben werden. Neben dem Ankauf der Grundstücke der Domäne oder der Militärbehörde bereitete auch der Ankauf von kleineren Grundstücken Schwierigkeiten. Bis 1808 wird mit mehreren Grundstücksbesitzern um die Abfindung verhandelt. Vgl. Schmieder 1936, S. 37.

„[Professor Gatterer] hat es mit Einsatz seiner ganzen Persönlichkeit verstanden, alle Hindernisse zu überwinden, die sich ihm durch die verschiedenartigen Besitzverhältnisse und vor allem auch durch die finanzielle Not der damaligen Zeit entgegenstellten. Er hat die wechselnden Verhältnisse in der Regierung und Verwaltung geschickt ausgenützt und alles restlos verwertet, was seiner Gartenkasse Ertrag bringen konnte. Zweifellos hat er aber auch manches zu sehr unter dem Gesichtswinkel des eigenen Nutzens angesehen, worüber er schließlich selbst zu Fall kam. Auch über seine Arbeit im Schloßgarten war man – wohl zu Unrecht – geteilter Ansicht."[28]

Abb. 69: Johann Metzger (1779-1852).

Das Ergebnis der Auseinandersetzungen zwischen Oberforstrat Gatterer, dem Senat und der Regierung war, daß Johann Metzger am 30. November 1812 als Universitätsgärtner in Heidelberg angestellt wurde. Gatterer selbst schrieb später:

„So viele Freude ich an dem Gelingen der von mir ausgehenden Unternehmung hatte, so wurde mir dennoch gleich in den ersten Jahren das Geschäft durch mancherlei widerwärtige Umstände verleidet, und im Jahre 1810 sah ich mich bestimmt, um eine Entlassung als Schloss-Garten-Direktor nachzusuchen. Es wurde mir jedoch nicht nur keine Resolution, sondern ich erhielt später manche den Schloss-Garten betreffende Aufträge, die ich indessen ablehnte."[29]

Metzger übertrug man sowohl die Pflege der beiden Botanischen Gärten in der Stadt unter der Leitung des jeweiligen Professors für Botanik als auch den Schloßgarten unter der Leitung des ersten Professors der Ökonomie und Forstwirtschaft. Außerdem war Metzger auch für den Landwirtschaftlichen Verein tätig, der 1819 gegründet wurde, um die Bestrebungen zur Verbesserung der Landwirtschaft fortzusetzen, wie sie unter Carl Theodor von der Mannheimer Akademie und später von der Kameralschule in Heidelberg gepflegt wurden.

[28] In einem Bericht vom 3.6.1812 heißt es: „daß alles was die Haupteinrichtung des Gartens betrifft im Jahre 1804 unter Mitwirkung bedeutender Kenner, nämlich der Gartendirektoren Sckell und Zeyher geschah, das aber jetzt wo über 8000 Gulden ausgegeben sind und der Oberforstrat Gatterer längst die Alleinherrschaft an sich gebracht hat, der ganze Garten in keiner Hinsicht den ersten Forderungen entspricht". Und an einer anderen Stelle: „Ungefähr im Jahr 1803 übernahm der Oberforstrat Gatterer die Leitung der neuen Einrichtung des Schloßgartens, damals noch unter Mitwirkung der Gartendirektoren Zeyher und Skell; wahrscheinlich weil er nie praktischer Botaniker und Forstmann gewesen und als akademischer Lehrer für ganz heterogene Fächer, nämlich für Technologie und Diplomatik mitangestellt war." Schmieder 1936, S. 42, s. Anm. 17.

[29] Vgl. von Leonhard 1834, S. 134.

Johann Metzger, der am 12. Oktober 1779 in Lahr geboren wurde, hatte bei Garteninspektor Schweigkart in Karlsruhe das Gartenhandwerk erlernt und arbeitete drei Jahre lang als Obergeselle beim Gartendirektor Zeyher. Im September 1811 wurde er in folge seiner hervorragenden Tüchtigkeit als Obst- und Plantageninspektor für den Murg-, Pfinz- und Enz-Kinzigkreis angestellt. Als Universitätsgärtner wirkte er 39 Jahre, 1839 wurde er Garteninspektor, 1843 Gartendirektor. 1834 wurden nach den Plänen von Metzger der botanische Garten der Universität und der ökonomische Garten des Landwirtschaftlichen Vereins vor dem Mannheimer Tor angelegt.[30] Neben der Anlage und Verwaltung der verschiedenen Gärten der Universität setzte sich Metzger für die Bewahrung des Schlosses und seiner Ausstattung ein.[31] 1851 wurde er zur Erweiterung seiner landwirtschaftlichen Tätigkeit an den Sitz der Zentralstelle des Landwirtschaftlichen Vereins in Karlsruhe berufen. Er starb in Wildbad am 15. September 1852. Johann Metzger war ein Mann von reichem theoretischem und praktischem Wissen und wohl einer der bedeutendsten Fachleute der ersten Hälfte des 19. Jahrhunderts.[32] Neben Veröffentlichungen in seinem Fachbereich, dem Gartenbau, beschäftigte Metzger sich mit der Geschichte des Heidelberger Schlosses und seiner Gärten. Sein 1829 in Heidelberg erschienenes Werk „Beschreibung des Heidelberger Schlosses und Gartens" vermittelt uns heute eine Vorstellung von der Gestaltung und Funktion der Gärten des Heidelberger Schlosses in der ersten Hälfte des 19. Jahrhunderts. Den Text hat Metzger „Mit 24 in Aquatinta, von Rordorf gestochenen Kupfertafeln" illustrieren lassen. Die Tafel I seiner „Beschreibung des Heidelberger Schlosses und Gartens" zeigt den von Metzger 1826 gezeichneten „Plan des Schlosses und des im Jahr 1804 angelegten Schloßgartens zu Heidelberg samt den naechsten Umgebungen". Die Zahlen auf diesem Plan verweisen auf den Beschreibungstext. Auf dem Plan erkennen wir den Stückgarten, den Schloßvorhof und den Terrassengarten

[30] Der Garten lag auf dem Areal zwischen Mannheimer Chausee (spätere Bergheimer Straße, heute Bismarckplatz), Sophienstraße, Leopoldstraße und Rohrbacher Straße. Südlich schloß sich an den Botanischen Garten, von ihm getrennt durch die Leopoldstraße, der ökonomische Garten des Landwirtschaftlichen Vereins an. Dieser kleinere Garten wird an den drei anderen Seiten vom Gaisberg, dem Pariser Weg (später Seegartenstraße und dann Wilhelm-Erb-Straße, heutiger südlicher Adenauerplatz) und der Rohrbacher Straße begrenzt. Vgl. Schroeter 1985, S. 479.

[31] So unterbreitete er 1830 Vorschläge zur einheitlichen Verwaltung des Gartens und der Ruine. Er beklagte sich, daß vor etwa 14 Jahren die alten Fässer aus dem Keller verkauft worden seien (das älteste an den Hofküfer). Den Verkauf des Hochaltars in der Kapelle habe er nur mit Mühe hintertrieben, ebenso die Absicht des Domänenverwalters Breitenstein, auf dem Schloß Studentenwohnungen einzurichten. Das zu diesem Zweck hergerichtet Brückenhaus wurde dann von Graimberg überlassen. Die Arbeiten an der Ruine sollten nicht verakkordiert, sondern in Regie ausgeführt werden. Vgl. Schmieder 1936, s. Anm. 22.

[32] Vgl. Starck 1903, S. 35. Vgl. Schmieder 1936, S. 50.

gestalterisch zu einer Gartenanlage zusammengefaßt: Die nach dem Dreißigjährigen Krieg gepflanzten Lindenbäume bezog Metzger in die neue Anlage von 1805 ein. Während das nach dem Dreißigjährigen Krieg zum Orangeriegebäude erweiterte Vogelhaus 1805 öffentlich auf Abbruch versteigert wurde, blieb das Elisabethentor erhalten und konnte in die Neugestaltung des Stückgartens einbezogen werden.

> „Oberbaudirektor Weinbrenner und Baumeister Frommel hatten zwar damals schöne Projekte zu einem Tempel hinter dem Portale, dessen Ausführung aber nicht nur, sondern auch die einstweilige nothdürftige Befestigung des Portals selbst leider unterblieben ist.“[33]

Die ausgeführte Gestaltung des Stückgartens entspricht nicht dem Plan von Zeyher, vielmehr lassen sich Unterschiede in der Führung der Wege, der Pflanzung von Solitärbäumen und Baumgruppen und durch die Einbindung des Elisabethentores in die Anlage feststellen.

Der Platz vom heutigen Schloßgarteneingang am Schloßberg bis zu den sogenannten Sattelkammern, im 18. Jahrhundert die „große Place d'armes“ genannt, entbehrte jeder gärtnerischen Anlage und war nur mit fünf Baumreihen bestanden. Dieser Platz war als Bleichplatz an die Stadt Heidelberg verpachtet und „Gatterer ließ ihn kurzerhand, ohne lange zu fragen, umstechen.“[34] Von der Sattelkammer zog eine Mauer „das steinere Retranchement“ in nord-südlicher Richtung auf die hohe Grabenwand zu. Über eine kleine Brücke betrat man den eigentlichen Vorhof zum Schloß, der gleich hinter dem Brückentorhaus nach Osten durch ein zweites steinernes Retranchement mit Graben und Brücke abgeschlossen war. Die Mauern und Gräben, die zwischen dem Schloßeingang und dem Eingang zum Schloßgarten lagen wurden abgetragen bzw. zugeschüttet.[35] Die Einfriedungen des 1741 fertiggestellten Oberen Fürstenbrunnens (*63*) ließ man ebenfalls beseitigen. Auch der Garten des Burgvogts, der sich östlich des Oberen Fürstenbrunnen befand und ebenfalls durch eine Befestigung abgeschlossen war, wurde umgegraben und neu bepflanzt.

Metzger kennzeichnete die Stelle an der das Eingangshaus zum Schloßgarten stand mit der Nummer *64*. Der für den Landschaftsgarten charakteristischen Entgrenzung der Anlage in die umgebende Landschaft stand im Heidelberger Schloßgarten die Begrenzung durch Terrassenmauern entgegen. Der Stückgarten, die Zone vor dem südlichen Graben und der eigentliche Garten wurden zwar in einer einheitlichen Anlage verbunden, aber die Wegführung unterlag sichtbar den Zwängen der Terrassenanlage.[36] Der von Westen kommende Besucher überblickte den Ökonomischen Garten *65*, der „zur Erziehung ökonomischer Gewächse, zum Behuf des landwirthschaftli-

[33] Vgl. ebd., S. 48, s. Anm. 2.
[34] Vgl. ebd., S. 49, s. Anm. 6.
[35] Vgl. Metzger 1829, S. 74.
[36] Vgl. Gensichen 1996, S. 157.

chen und botanischen Unterrichts“ bestimmt war. Der Ökonomische Garten gehörte

> „bei der ersten Anlage, unstreitig zu den reichhaltigsten in Deutschland. – Mehrere Getreide-Arten wurden zum Versuche, gegen die bisherige Gewohnheit, in Winter- und Sommer-Bau genommen. – Viele Sämereien von den vorzüglichsten Gewächsen vertheilte ich nicht nur an hiesige und benachbarte Landwirthe, sondern versendete deren auch ins nahe und ferne Ausland.“[37]

Nach dem Plan Metzgers bestand der Ökonomische Garten aus 32 regelmäßigen, rechteckigen Beeten. Ein Pachtvertrag von 1810 gibt Auskunft über die unterschiedliche Nutzung der Beete. Es gab elf Spargelländer, mehrere Gemüsefelder, Beete mit „Küchenkräutern, Futterkräutern, Oehl, Farben, Gerbe und andere Materialpflanzen“. Der Pächter „erhält das Recht auf allen Plätzen des Garten für sich und zum Verkaufe nach seinem Gefallen und auf seine Kosten Gemüse zu bauen“; ausgenommen waren hiervon der obere ökonomische Garten, die Baumschule auf der unteren Terrasse und das sogenannte Blumengärtchen im Schloßhofe. „Doch hatte der Pächter auch diese Plätze nach jedesmaliger Anweisung der Direktion im gehörigen Bau und Stande zu halten.“ Das galt auch für die auf der Nordbatterie von Gatterer angelegten Traubenlauben. Der Ökonomische Garten befand sich

> „auf der Stelle des ehemaligen Friesenberges, wo man durch Aufführung hoher Mauern und Ausfüllung von Erde und Schutt, die man von der Bergseite abnahm, die horizontale Fläche, 200 Schuh lang, 200 Schuh breit, vermutlich schon vor dem Jahr 1500 errichtete. Schon im Jahr 1508 kommt dieser geebnete Platz unter dem Namen Hasengarten vor, der rund um mit einer Mauer umgeben, in der Mitte, ohngefähr beim jetzigen Bassin, das Küferhaus enthielt, worin die Weinfässer gebunden wurden.“

Während der langjährigen Verpachtung des Schloßgartens, die durch Mangel an Aufwand für dessen Unterhaltung gekennzeichnet war, verfielen die Wasserleitungen. Auch die beiden Bassins der barocken Umgestaltung waren so beschädigt, daß man das eine im Jahr 1804 herausbrach und das zweite mit Erde ausfüllte, um es als Blumenbeet zu benützen. 1826 errichtete man innerhalb der Verschalung des alten Bassins ein neues Bassin mit neuer Wasserzuleitung.[38]

Bestimmend für die Gestaltung des südlichen Teils der Hauptterrasse und für den westlichen Teil der Zwischenterrasse waren bis 1816 italienische Pappeln, die auf den Ansichten aus jener Zeit häufig dargestellt wurden. Die Pappeln wurden 1816 auf Anraten des Oberforstrats von Sponeck, Gatterers und Zeyhers gefällt. Von den beiden großen Treppen, die von der Hauptterrasse zur Zwischenterrasse führten, wurde 1804 die westliche (*66*) abgebrochen.

> „Seitlich auf den beiden oberen Terrassen wie unten im Burggraben vor der Ostseite des Schlosses wuchsen Kirschen, Aepfel, Birnen, Zwetschgen, Pflaumen, Quitten, Kastanien, Mispeln, Nüsse und Haselnüsse, in deren Ertrag sich der Pächter und Profes-

[37] Vgl. von Leonhard 1834, S. 134.

[38] Das neue Bassin blieb bis 1931 bestehen. Vgl. Schmieder 1936, S. 36.

sor Gatterer gleichwie mit denen der Erdbeeren, Himbeeren, Stachelbeeren und Johannisbeeren teilten"[39]

Auf der Oberen Terrasse fand der Besucher im süd-östlichen Abschluß die „Nische, über der ehemals die Statue Friedrichs V stand"[40] (*96*) Diese triumphbogenartig gestaltete Nischenarchitektur mit den ionischen, mit Rustikabändern besetzten Säulenvorlagen – die Voluten der Kapitelle sind mit Blattwerk gefüllt – blieb bis in Gebälkhöhe erhalten.[41] Am westlichen Ende der Oberen Terrasse fand der Besucher die Ruinen der Galerie, der Kleinen Grotte und des Großen Gewölbes.

> „Diese Galerie ist vermuthlich nicht fertig geworden, und sehr wahrscheinlich standen nur die Gewölbe, die gleich nach der Erbauung im 30jährigen Kriege eingeworfen worden sind oder selbst zusammenfielen."

Große Teile der Nischen und die Halle der Galerie lagen zu Beginn des 20. Jahrhunderts unter Schutt und Erde begraben. Im Plan Metzgers sind auf der Fläche, die die Halle der Galerie einnahm, mehrere Bäume eingezeichnet. Ebenfalls verschüttet war der Raum der „Kleinen Grotte". Von dem Großen Gewölbe erhielt sich nur die Rückwand. Auf Metzgers Plan sind auf der Fläche, die das Große Gewölbe ehemals einnahm, Bäume, Wege und Rasenfläche eingezeichnet.

Die Untere Terrasse (*70*) diente seit 1804 als Obstbaumschule.[42] Das Gelände auf der Unteren Terrasse war in vier große Beete unterteilt. Von hier überblickte man den Friesenberg, der bis 1803 als Tiergarten genutzt wurde. Die Weinbauanlagen dienten als „Musteranlage", zu Schulungszwecken. Zudem erschloßen nun Spazierwege den Friesenberg für die Besucher des Schlosses. Mit der Anlage der Spazierwege belebte man eine Tradition neu:

> „Wegen allerhand Liebeshändel liess Carl Ludwig seine Gemahlin streng bewachen, und gab ihr endlich Erlaubnis, in dem Thiergarten spazieren gehen zu dürfen, welches vermuten läßt, dass dieser Ort, der damals mit Sträuchern und Bäumen bedeckt, auch mit bequemen Spaziergängen versehen war."

Tafel XII von Metzgers „Beschreibung des Heidelberger Schlosses und Gartens" zeigt den „Durchschnitt des ehemaligen Friesenbergthales und des Schloßgartens":

> „Der ehemalige Thiergarten oder Friesenberg ist ein tiefes, enges Thal, das sich ehemals vom Neckarthale an gegen den Königsstuhl mitten durch den jetzigen Schloßgarten gezogen hat. Auf dem Durchschnitt Taf. XII ist die Thalfläche durch die helle schmale Linie angedeutet, wornach ersichtlich ist, welche Riesenkräfte man bei der Schlossgartenanlage, zwischen 1615 und 1619 angewendet hat, dieses Thal auszufüllen, um die gegenwärtige Fläche zu bekommen. Bei der Wirthschaft ist eine Stelle von de Caus angege-

[39] Vgl. ebd., S. 39.
[40] Vgl. Metzger 1829, S. 81.
[41] Vgl. Zimmermann 1986, S. 26.
[42] Vgl. Metzger 1829, S. 76ff.

ben, die 62 Fuss ausgefüllt wurde, allein in der Gegend der Baumschule mag es 70 bis 80 Fuss betragen haben."

Östlich des Ökonomischen Gartens empfingen den Besucher Ruhebänke und Gartentische (*67*). Die Hainbuchenbäume waren als

„Ueberreste jener zu betrachten, die ehemals der Gartenschere unterworfen, die Gänge bedeckten, nach und nach aber derselben entkommen und verwildert, allmählich zu stämmigen Bäumen herangewachsen sind. Die meisten stehen noch in geraden Linien, woraus die Form der ehemaligen Bogengänge noch zu erkennen ist."

Über einen sich südlich der Ruhebänke erhebenden Lebensbaum (*68*) berichtete Metzger außerdem:

„Ein merkwürdiges Ueberbleibsel der Bäume, die ehemals den alten Schlossgarten zierten. Ums Jahr 1618 gepflanzt, erlebte er die vielen Stürme, die oft seinen Untergang mögen bedroht haben, und ist jetzt der Stammvater vieler Nachkömmlinge, die sich in den Mauern umher nach und nach ansiedelten. Er gehört ohnstreitig zu den ältesten Exemplaren in Deutschland, und mag einer der ersten Pflänzlinge gewesen seyn, die in unsern vaterländischen Gärten aufgenommen worden sind."

Östlich des Lebensbaums lag die Gartenwirtschaft (*89*). Ein kleines, baufälliges, nicht einmal wasserdichtes Häuschen angelehnt an die Stützmauer der Zwischenterrasse.[43] Metzger hatte die Schloßwirtschaft bei der „Großen Grotte" zuerst selbst betrieben und 1815 noch durch einen hallenartigen Vorbau aus Baumaterial vergrößert, das beim Abbruch des „Taglöhnerhauses" gewonnen werden konnte. Das Taglöhnerhaus lag wohl zwischen dem gesprengten Krautturm und der Zwingermauer. Im Dezember 1831 gestattete die Universität Metzger die Schloßwirtschaft auf vier Jahre in Unterpacht zu vergeben und legalisierte damit ein schon bestehendes Verhältnis. 1836 berichtet Metzger der Domänenkammer, der Großherzog habe beim Besuche des Schlosses schon zweimal das Unglück gehabt, vom Regen befallen zu werden und wäre genötigt gewesen, beidemal das Schloß zu verlassen, da kein Raum zum Aufenthalt vorhanden war. „Das Wirtschaftsgebäude sei so feucht, daß niemand sich bei regnerischem Wetter daselbst aufhalten könne, und zudem drohe dem Gebäude der Einsturz."[44] Einen Neubau der Schloßwirtschaft errichtete man 1837 nach den Plänen des Baudirektors Heinrich Hübsch. Bereits 1836 hatte Metzger eine Planskizze für die neue Wirtschaft vorgelegt. Er stellte das Gebäude quer zur Längsrichtung der Hauptterrasse in den Ökonomischen Garten, damit der Besucher „von den Fenstern aus die Schloßruine und einen Teil des Neckartals im Angesicht" habe.[45] Mit dem Neubau der Wirtschaft mußte der Ökonomische Garten aufgegeben werden. Die Fläche war zunächst als Rosen- und Ziergarten der Wirtschaft und schließlich größtenteils als bekiester Wirtschaftsplatz hergerichtet worden.

[43] Vgl. Walther 1990, S. 64.
[44] Vgl. Starck 1903, S. 45.
[45] Vgl. Schmieder 1936, S. 50, s. Anm. 24.

Von dem Standort der ursprünglichen Gartenwirtschaft bei der Tarustreppe sah man das Portal zur „Großen Grotte“. Das Grottenportal bot bis zur ersten Hälfte des 20. Jahrhunderts ein trauriges und einsames Erscheinungsbild. Der Giebelaufbau über dem Bogen war zusammen mit Steinen der dahinter liegenden Terrassenmauer herausgebrochen. Die Rehe kauerten nicht mehr auf dem Bogen, die Hirsche auf den Pfeilern waren verstümmelt. Wildschwein und Bär unter den Pfeilern kaum mehr vorhanden. Zudem war das Portal zu einem großen Teil hinter Büschen und Bäumen versteckt.[46]

„Die grosse Terrasse mit der hohen Futtermauer und den nischenartigen Gewölben“ ist im Plan mit der Nummer *75* bezeichnet und wird ebenfalls im Durchschnitt auf Tafel XII gezeigt.

> „Diese grosse kolossale Mauer mit den Bögen, wovon einzelne Theile lange her den Stürmen der Zeit trotzen, wurde ums Jahr 1616 durch Salomon von Caus auf die westliche Abdachung des Friesenberges erbaut und dahinter mit denen vom Berge abgebrochenen Felsstücken und Schutt ausgefüllt, um eine beträchtliche horizontale Fläche zu bekommen, die er, durch das Ausfüllen des Friesenbergthales, mit dem ehemaligen Hasengarten in Verbindung setzte. Im Jahre 1772 war ein grosser Theil dieser Mauer und Bögen, vielleicht zum Theil vom Orleans’schen Kriege her, eingestürzt, weshalb auf Veranlassung des Herrn Oberstallmeisters von Oberndorf, die Regierung durch den Bauinspektor Mayer in Mannheim dieselben aufräumen und mit bedeutenden Kosten wieder aufbauen liess.“[47]

Nach dem Plan Metzgers war die Fläche zwischen dem Grottenportal und der Terrasse (*83*) eine Rasenfläche ohne Sträucher und Baumbewuchs. Von den Bänken vor der Gartenwirtschaft hatte der Besucher einen malerischen weiten Blick über diesen Teil der Hauptterrasse. 1828 schlug Metzger vor, den botanischen Garten an der Stelle des heutigen Friedrich-Ebert-Platzes[48] aufzuheben und im Schloßgarten unterzubringen.[49] Nach langen Verhand-

[46] Vgl. Starck 1903, Abb. auf S. 45. Vgl. Schmieder 1936, Abb. 20. Vgl. Walther 1990, Abb. 51.

[47] Vgl. Metzger 1829, S. 78.

[48] Seit 1805 verbleibt nur das Arboretum, die Baumsammlung in dem Garten auf dem heutigen Friedrich-Ebert-Platz. Alle anderen Pflanzen brachte man in einen neuen botanischen Garten, der hinter dem ehemaligen Dominikanerkloster angelegt wurde. Vgl. Schroeter 1985, S. 476.

[49] Auf der großen Terrasse sollten zwischen Oktogon und Tarustreppe ein 80 Schuh langer, 18 Schuh breiter und 18 Schuh hoher Glasbau und daneben ein kleineres Glashaus errichtet werden. Der bisherige ökonomische Garten sollte in systematischer Anordnung einjährige und perennierende Pflanzen aufnehmen. Auf der unteren Terrasse wollte er den ökonomischen und pharmazeutischen Garten unterbringen. Zur Verbindung von Zwischenterrasse und Hauptterrasse schlug er eine zweiarmige Treppe vor – seit 1804 war die Tarustreppe die einzige Verbindung zwischen diesen Terrassen. Zwischen Apotheker- und Krautturm sollte das Alpinum liegen, im Zeughausgarten die Mutter- und Saatschule, im Batteriegarten die Baumschule und in den Burggraben wollte er die Schattengewächse und Sumpfpflanzen pflanzen. Die Sumpfpflanzen sollten an einem Teich wachsen, der sich im Burggraben aufgestaut hatte.

lungen wurde der Plan fallen gelassen.[50] Eine zweite Verbindungstreppe zwischen den Terrassen entstand 1863.

„Das Gartenhaus (Octogon)" (*77*) war umgeben von Ruhebänken.

> „Die in der Nähe herumstehenden Tische sind meistens ums Jahr 1805 aus Theilen der Säulen, die ehemals die Gewölbe des Otto-Heinrich-Baues unterstützten, aufgesetzt. Es sind mehrere Sockelstücke, ein Kapital [sic!], und am Ende der Terrasse der Tischfuss als ein Theil des Strunkes noch zu erkennen."[51]

Für den Rückweg konnte der Besucher den Weg auswählen, der direkt am Rand der Hauptterrasse entlangführte und von dem der Blick über den Friesenberg zu den Ruinen des Schlosses und in das Neckartal geht. Über den Heidelberger Schloßgarten schrieb Karl Cäsar von Leonhard 1834:

> „Mit höchst gefälliger Einfachheit verbinden die Anlagen – aus denen, wie begreiflich, Alles, von Französischem Geschmack früherer Zeit zeugende, längst verschwunden – zugleich viel Grossartiges, und dabei sind sie ganz auf das Örtliche berechnet. Die Natur blieb unverkünstelt, sie wurde blos veredelt. Inspektor Metzger unterhält und pflegt den Garten mit besonderer Treue und Liebe. Seiner regen Sorgfalt verdanken die Anlagen nicht wenige wesentliche Verbesserungen – selten, nur in stürmischen Winter-Tagen, findet man den Schloßgarten Menschen-leer; öfter, zumal an Sonn- und Feiertagen, und jede Mittewoche der schönen Jahreszeit, wo abends auf dem gesprengten Thurm Harmonie-Musik ist, wird der Spaziergang angenehm belebt getroffen, und nicht selten hat ein wahres Treiben und Drängen der Menschen aus allen Ständen und Altern statt."[52]

Die Gestaltung des Heidelberger Schloßgartens in der ersten Hälfte des 19. Jahrhunderts war aufgrund der vielseitigen Nutzung und der Einteilung in unterschiedliche Funktionsbereiche uneinheitlich. Das Erscheinungsbild und die Funktion der einzelnen Gartenräume waren ebenfalls nicht kontinuierlich, sondern mußten immer neuen Anforderungen angepaßt werden. Bei der Neuanlage des Heidelberger Schlossgartens 1804 hatte zunächst die Bildungsfunktion Einfluß auf die Gestaltung. Gleichzeitig hatte der Garten wirtschaftliche Funktionen zu erfüllen. Den Ertrag der als Nutzgarten angelegten Bereiche verwendeten sowohl Privatpersonen als auch Verwalter des Gartens zum Erhalt der Anlage, wie zur Selbstversorgung. Mit dem neugewonnen öffentlichen Interesse an dem Schloßgarten entstanden neue Anforderungen an die Anlage. Der Garten erhielt seine Wertschätzung durch die Funktion als gesellschaftlicher Treffpunkt der Besucher und der Bürger Heidelbergs. Besonders für die weitere Entwicklung der Anlage in der zweiten Hälfte des 19. Jahrhunderts war diese soziale Funktion von Bedeutung.

Reinhold Weinmann

[50] Vgl. Schmieder 1936, S. 42.
[51] Ebd., S. 79.
[52] Vgl. von Leonhard 1936, S. 135.

„Gedanken über die Liebenswürdigkeit der Frauen“

Mädchenerziehung in Heidelberg

> „Mir ist es bei der weiblichen Erziehung weder um glänzende Talente, noch um das, was man Welt nennt, noch weniger um Gelehrsamkeit zu tun, sondern um die häuslichen Tugenden und besonders um jene zarte Weiblichkeit, um jene kindliche Reinheit und Unschuld, die dem Mädchen selbst die sicherste Schutzwehr gegen alle Künste der Verführung, gegen alle nachtheiligen Einwirkungen der Sinnen-Welt gewährt und dem Mann, dem ein solches Weib zu theil wird sein eigenes und das Glück seiner Kinder sichert. Jene zarte Weiblichkeit, jenen kindlichen Sinn, glaubte ich an den Zöglingen der edlen Rudolphi zu bemerken [...] In der That rechne ich die wenigen Stunden, die ich in diesem Zirkel zubrachte zu den angenehmsten meiner Reise.“

Diese Notiz findet sich im Bericht des Schulrates von Türk über seinen kurzen Aufenthalt in Heidelberg 1804, das Lob galt der Dichterin und Erzieherin Caroline Rudolphi (1754-1811), die wie kaum eine andere Mädchenbildung und Geselligkeit im Heidelberg der ersten Hälfte des 19. Jahrhunderts prägte.

Sie selbst wuchs in „bedrückten“ Verhältnissen auf und bildete sich autodidaktisch. Zunächst Gouvernante, leitete die Rudolphi seit 1787 in Hamburg ein „Erziehungsinstitut für junge Demoiselles“, und propagierte als Anhängerin Pestalozzis eine Mädchenbildung im Sinne einer erweiterten Familie. Zu ihren Freunden zählten in Hamburg Matthias Claudius, Friedrich Gottlieb Klopstock und das Ehepaar Reimarus, an dessen „Theetisch sich immer ein Kreis von ausgezeichneten Männern und Frauen versammelte.“ (Sulpiz Boisserée) In diesem Kreis schätzte man die Rudolphi als Dichterin, viele ihrer Gedichte wurden wie das folgende als Lieder populär:

Vom rechten Leben

Wer reinen Herzens für und für
den Weg durchs Leben eilet
dem strömet immer dort und hier,
dem lächelt, wo er weilet,
Der Freuden Quell
so licht und hell
der lebt des rechten Lebens.

Wer seiner Kräfte sich bewußt
nur graden Wegs darf gehen,
dem kömmt zu Ränken nimmer Lust
Er fühlt's er kann verschmähen
All Heucheley
und Schmeicheley
Er lebt das rechte Leben.

Um 1800 geriet die kleine Mädchenkolonie vor den Mauern Hamburgs in eine finanzielle Krise – wohl durch die Konkurrenz französischer Emigranten, die in Hamburg bald tonangebend wurden. Heidelbergs guter Ruf als einer preiswerten und idyllisch gelegenen Stadt und die Hoffnung auf eine aufgeschlossene Klientel unter denProfessorenfamlien veranlaßte die fast fünfzigjährige Caroline Rudolphi 1803 mit einigen Getreuen nach Heidelberg zu ziehen.

In der Hauptstraße 86 eröffnete sie ihr Institut, das rasch zu einem kulturellen Mittelpunkt der Universitätsstadt wurde. Schon 1805 widmete Friedrich Peter Wundt in seiner „Geschichte und Beschreibung der Stadt Heidelberg" dem Institut einige Seiten, auf denen er nicht nur die Leiterin sondern auch Konzept und Lehrplan vorstellt:

Abb. 70: Caroline Rudolphi.

„Von der geistreichen Stifterin des Instituts, Karoline Rudolphi, welche Deutschland längst aus ihren Gedichten kennet und schäzet, sagt ein gebildetes Frauenzimmer, welches die Wirkung dieser Erziehung durch die Erfahrung kennen gelernt: Wenn irgendwo Mutterliebe und Familienfreuden außer dem elterlichen Hause ersetzt werden können, so ist es unter dem Schutze und dem wohlthätigen Einfluß der vortrefflichen Rudolphi.
Das Institut an und vor sich selbst hat folgende Einrichtungen:
1. Die Anzahl von Zöglingen, die jedesmal zugleich darinn gebildet werden, ist von 22-24 bis auf 10 höchstens 12 herabgesetzt.
2. Das Alter, in welchem die Zöglinge darinnen aufgenommen werden, ist von 6-12 Jahren.
3. Sind 3 Jahre (vom 12ten an) die kürzeste Zeit des Bleibens im Institute, wenn nicht besondere Umstände und neu eingetretene Familien-Verhältnisse hievon eine Ausnahme fordern.
4. Hat die Vorsteherin gewöhnlich noch 2 bis 3 Hülfspersonen (worunter ein Lehrer), die mit ihr ganz für das Institut leben. Außer diesen aber werden zur Erlernung der schönen Künste und fremden Sprachen die nöthigen Maitres gehalten, welche stundenweise kommen.
5. Daß der eigentliche wissenschaftliche Unterricht den Kräften und Fähigkeiten der jedesmal gegenwärtigen Individuen angemessen seyn muß. So läßt sich über die Gegenstände desselben nichts sagen, das für immer gültig seyn könnte. So wie aber die Geistes-Bedürfnisse und Fähigkeiten der jedesmaligen Zöglinge es erfordern, wird von Zeit zu Zeit in folgenden Wissenschaften und Künsten Unterricht ertheilet:

A) *Wissenschaften:* a) Geographie (mathematische, physikalische, politische); b) Geschichte; c) Naturgeschichte und Technologie; d) Naturlehre und Astronomie; e) Grammatik; f) Rechnen; g) Schreiben (worunter Schön- und Rechtschreiben und der Styl verstanden ist).

B) *Künste:* Musik, Zeichnen, Tanzen.

Abb. 71: Friedrich Heinrich Christian Schwarz.

C) *Sprachen:* Französisch, Englisch, und wo Zeit und Umstände es gestatten, auch Italienisch.
6. Erhalten die Zöglinge Unterricht in allen eigentlich weiblichen Künsten, und Handarbeiten; als Nähen, Stricken, Spinnen, Kleider-machen, und wenn ihre ganze Erziehung im Institute vollendet werden soll; auch in der Haushaltung.
7. Der Religionsunterricht wird erst, in so fern er allgemein ist, allen gemeinschaftlich ertheilt. Was die Konfession erfordert, kommt hernach durch den Unterricht des Predigers hinzu."

Ihr pädagogisches Konzept fand Anklang in Heidelberg und die Rudolphi selbst einen gleichgesinnten Freund im Kirchenrat Friedrich Heinrich Christian Schwarz (1766-1837). Dieser leitete das „Schwarzische Erziehungs-Institut für Knaben" Plöck 36/38. Die Zöglinge beider Institute unternahmen gemeinsame Ausflüge auch „Theenachmittage" wurden nun in Heidelberg üblich vor allem aber wurde gemeinsam musiziert: „An den Winter-Sonntagabenden bei der Rudolphie wurde viel Musik gemacht, welche der in derselben ausgezeichnet bewanderte Professor Thibaut anleitete. Es fanden sich mitunter sehr schöne Stimmen bei den Zöglingen, und es waren unter den Schwarzischen Zöglingen gute Stimmen, so hatte es keinen Anstand, daß diese mit dem Professor und der Professorin zum Zweck des Mitsingens zur Rudolphie gingen," erinnerte sich Jahre später Lina Schwarz, die Tochter des Kirchenrats.

1807 erschien im Heidelberger Verlag Mohr und Zimmer unter dem Titel „Gemälde weiblicher Erziehung" ein Briefroman der Rudolphi gleichsam die Summe ihrer pädagogischen Erfahrungen und Ziele. In zwei Bänden schildert sie die Entwicklung eines Mädchens vom Säugling bis zur jungen Mutter. Ihr „kleines Publikum [...] denkt sie sich aus jungen Müttern bestehend, die ihren Naturberuf mit einem ernsten Blick ins Auge gefaßt, und ihn gern auf das würdigste erfüllen wollen". Unter dem Motto: „Lasset eure Kinder Menschen werden, und hindert sie nicht, sondern seyd ihnen liebreich förderlich zur besten Erhaltung ihrer Anlagen."

Manche der Rudolphischen Erziehungsmaximen, vor allem jene die sich der frühkindlichen Entwicklung widmen, scheinen uns durchaus beherzigenswert. So betont sie die Bedeutung der ersten Eindrücke:

„An Deiner Heiterkeit wird des Kindes Frohsinn zuerst anglimmen. Aus Deines Angesichts Freude wird sein erstes Lächeln sich bilden. Deiner melodischen Stimme, wenn Du heiter bist, wird es horchen und es wird der Wohllaut in dem kleinen Wesen geboren werden. Schreien wird es, wie jedes andere Kind, aber nur wenn irgend ein Schmerz, wenigstens irgend eine Unbequemlichkeit ihm diese Nothwehr oder Bitte um Hilfe abdringt."

Große Bedeutung mißt sie der Umgebung des Kindes bei – so empfiehlt sie das Kinderzimmer mit selbstgemalten Blumenbildern zu schmücken, „Laß sie dann diesselben Blumen im Garten aufsuchen, und Du wirst so einen Maßstab ihres Vergleichungsvermögens erhalten". Den gemalten Blumen folgten als Wandschmuck Kupferstiche, die Geschichten erzählen. Später erhält das kleine Mädchen einen Hänfling, den es selbst versorgt „dies ist ein freundliches Mittel sie zur Ordnung in kleinen Geschäften einzugewöhnen".

Nicht verhehlen kann die Verfasserin ihre Aversion gegen die modische französische Erziehung:

„Nicht einmal eine französische Wärterin würde ich dem Kinde zugestehen. Von deutschen Eltern ließ das Schicksal sie geboren werden: Deutsch sey die erste Sprache, die es hört [...] Deutsch sey der Sinn, der Charakter, der Geist, der sich ihm aufprägt und auf welchen die Sprache gewiß keinen unbeträchtlichen Einfluß hat."

Lesen und Rechnen lernt das kleine Mädchenn nach Pestalozzis Elementarmethode, als es fünf Jahre alt ist folgen Stricken, Sticken und Nähen – und es kommt die Zeit um eine der wichtigsten weiblichen Tugenden einzuüben: Gehorsam.

„Bei Mädchen, deren ganzes Leben nicht blos Gehorsam gegen die Gesetze des Rechten und Wahren, sondern auch die des Schönen und Schicklichen seyn soll, muß er früh zur Natur werden, und sich in ein Gefühl verwandeln, das mit Blitzesschnelle wirkt. Ehe von Gründen nur die Rede seyn kann, muß die weibliche Seele schnell das schicklichste für jeden Moment erkannt und ergriffen, und durch Handeln dargestellt haben."

Schicklichkeit, Anmut, Liebenswürdigkeit werden in der Folge die wichtigsten Begriffe dieses weiblichen Entwicklungsromans – und sie prägten die Mädchenerziehung in den folgenden Jahrzehnten.

Weit über die Grenzen des badischen Großherzogtums hinaus verbreitete „Das Gemälde weiblicher Erziehung" den Ruhm seiner Verfasserin und ihres Instituts. Daß das Buch nicht nur von einem weiblichen Publikum gelesen wurde, zeigt die Notiz des Theologiestudenten Wilhelm Budde: „Was ich schon lange gewünscht hatte, die Rudolphi, für das Ausland die Krone Heidelbergs, kennen zu lernen, das wurde mir jetzt zuteil." Zahlreiche berühmte Gäste stiegen bei der Rudolphi ab – ihre sonntäglichen *Jours fixes* waren begehrt wegen der berühmten Besucher und berüchtigt wegen des dünnen Tees, zu dem kaum mehr als ein Butterbrot gereicht wurde.

Nicht jeder zollte der sittlichen Rudolphi Respekt, so schrieb Achim von Arnim über sie an Clemens Brentano, dessen Stieftochter Hulda Mereau das Institut besuchte:

„Es gibt doch eine meekliche Erziehungsdiät, die in dem Anblick einer Rübe schon den Verlust der moralischen Jungfernschaft fürchtet."

Die Verehrung Pestalozzis, die viele Heidelberger teilten, war der Anlaß für eine Schweizerreise, die die Rudolphi 1810 gemeinsam mit ihrem Freund Schwarz unternahm. Von dieser Reise kehrte sie krank zurück und starb im folgenden Jahr. Das Institut übernahm ihre Pflegetochter Emilie Heins und führte es im Sinne der Gründerin weiter. Diese blieb lange Zeit unvergessen, noch 1822 schreibt Albert Ludwig Grimm in seinen „Erinnerungsblättern für die Freunde dieser Gegend“:

„Wir nennen nur bei dieser Gelegenheit, die musterhaften Bürgerschulen, das Heinsche ehedem Rudolphische und das Dappingsche Mädcheninstitut.“

Vom letztgenannten Institut besitzen wir eine Beschreibung des späteren Medizinalrates Alexander Pagenstecher, die die biedermeierliche Stimmung in Heidelberg um 1816 wiedergibt. Während der damals gerade 16jährige Student im Rückblick der Hofrätin Dapping attestierte, sie habe „kein Talent zur Führung der Jugend [...] Ihre unverdauten, akademischen Vorträge über Geschichte, Geographie und Götterlehre, die sie den Mädchen in die Feder diktierte, genügten weder dem Verstand noch dem Geschmack derselben“, sah er in deren Tochter Sophie eine

„Hauptvertreterin jener alt- und neudeutschen auf das Leben übertragenen Romantik [...] Überall war sie auf dem rechten Fleck, gleichviel ob sie mit den beiden Voß über Homer und Shakespeare, mit Jean Paul über Titan und Hesperus sprach oder mit den Brüdern Boisserée altdeutsche Gemälde bewunderte und kopierte, gleichviel ob sie im Arbeitszimmer mit den Mädchen stickte und flickte, im Salon die Honneurs der Gesellschaft machte oder eine Schar blondlockiger Jungfrauen und Jünglinge unter Sang und Klang über die Berge führte. Sie war immer die heitere, seelenvolle Sophie, deren blaues sonnenklares Auge alles mit Lust und Liebe überstrahlte und deren ästhetische Sinn mehr noch als maßvolle Besonnenheit, bei aller uns gegönnter Freiheit, Sitte und Anstand wohl zu erhalten wußte.“

Abb. 72: Friedrich Meier „Jean Paul“, 1810.

Ähnlich wie Caroline Rudolphi, die bucklig war und der ein Auge fehlte, wohnte auch Sophiens Geist in einem „unvollkommen organiserten Körper.“ Der erzieherische Einfluß der Mädcheninstitute griff bald über den Kreis der Zöglinge ins bürgerliche Leben der Stadt und auf die Universität über, neben den Sing- und Tanzabenden war es vor allem das gemeinsame Lesen, das die Geschlechter zusammenführte. Während Caroline Rudolphi Klopstock und Schiller als Lektüre bevorzugte, las man im Dappingschen Institut Jean Paul, Friedrich und August Wilhelm Schlegel, Ludwig Tieck und Novalis „und schwelgte und schwärmte gern in ihren Hochgenüssen [...] bei Thee und Zwieback". (A. Pagenstecher)

So verwundert es nicht, daß durchreisende Dichter und Philosophen in Heidelberg meist mit viel Begeisterung empfangen wurden: Ludwig Tieck, der damals häufig in Heidelberg war und hier den „Sternbald" zu vollenden plante, Goethe, der 1815/16 bei den Brüdern Boisserée wohnte, vor allem aber Jean Paul (1763-1825), dem die Universität Heidelberg 1817 Ehrendoktowürde verlieh. Die Universität veranstaltete Ehrengelage im „Hecht" für die prominenten Gäste, die Bürger organisierten Lustfahrten auf dem Neckar „Mir war, als würden meine Romane lebendig und nähmen mich mit" (Jean Paul), mit Fernrohren beobachtete man die Poeten beim Denken und Dichten und die mutigsten Verehrerinnen erbaten sich eine Locke. Getrübt wurde die Begeisterung nur durch die harsche Kritik der romantischen Gäste am pädagogischen Idol der Heidelberger.

Abb. 73: Carl Philipp Kayser.

Irritiert notierte der Direktor des Gymnasiums Carl Philipp Kayser: „Mit der Pestalozzischen Methode war Schelling, zum großen Erstaunen von Daub so wie Tieck garnicht zufrieden. Er habe einen Horreur sagte er vor allen Erziehungs-Methoden. Jene gehöre, so wie die Kuhpocken, das cannibalisiern (Galvanisieren) usf. zu den Zeichen der Zeit" – Tieck selbst hatte zuvor dem Schreiber anvertraut „Pestalozzi klinge wie Pestilenz".

Nur der Kirchenrat Schwarz ließ sich in seiner pädagogischen Gewißheit nicht beirren, so erinnerte sich der Sammler Bertram, wie Schwarz Goethe bis in den Schloßgarten verfolgte und sich glücklich pries „ihn endlich sehen und fragen zu können, was er denn eigentlich mit dem Wilhelm Meister beabsichtigt habe, er habe ihn gewiß für ein Erziehungsinstitut geschrieben. Goethe der dem unzeitigen Frager nicht ausweichen konnte fügte sich in das Unvermeidliche, erwiderte: ‚Das habe ich selbst nicht gewußt, doch nun leuchtet es mir vollkommen ein.' Schwarz war entzückt und lief sogleich in Heidelberg umher, um seinen Bekannten mitzuteilen, daß Goethe nun wisse, warum er den Wilhelm Meister geschrieben habe."

Weihnachten

Auch die Festgestaltung im 19. Jahrhundert – vor allem die des Weihnachtsfests – folgte einem gesellig pädagogischen Impetus, der sich in Heidelberg meist musikalisch äußerte. So notierte der Direktor Kayser für die Adventszeit 1818

> „Gertrude leitet zweymahl wöchentlich mit Josephine Sartorius die Singübungen unserer Pensionäre [...] und hat Einmahl in der Woche ihre musicalischen Freundinnen und Freunde bey sich [...] Am letzten Advents-Sonntage führte sie mit ihnen den ganzen Messias auf und erquickte damit Creuzer, Abegg, Kleinschmid, Nägele, Eisenbenz, Ullmann, Schlesinger, von Zyllenhardt, Pfarrer Maurer, Bähr, Chelius, und andere."

Daß neben der Musik vor allem die Bescherung der Kinder ins Zentrum des Weihnachtsfestes rückte, zeigen einige Tagebuchnotizen:

> „Christkindchen hatte sich gut eingestellt. Die alte Kapelle hatte Dr. Maßmann [...] vortrefflich hergestellt und verbessert mit einem Altar Thurm und Fenstern: was beleuchtet einen schönen Effekt macht. Den alten Garten hatte Hermann Moré mit Hülfe andrer gut umgeschaffen und mit dem Treibhause vermehrt. Maßmann hatte auf dem Spiegel des Teiches einen Schwan aus Papier geschnitten. Einen schönen Kramladen, den sich Helenchen lange schon wünscht hatten die Pensionäre verfertigt, Maßmann hatte die Schubladen mit schön geschrieben Inschriften verziert." (C.Ph. Kayser)

Auch Junggesellen konnten bei der Kinderbescherung nicht zurückstehen:

> „Seehafen und Zuckerwerk zum Christ-Kindel an das Karlchen geschickt [...] Abends Kinder-Bescherung bei Thibaut. Nachmittag Kinderbescherung bei Nägele." (Sulpiz Boisserée)

Auch wenn wir nicht wissen, was unter dem Weihnachtsbaum des Medizinprofessors Nägele lag und was der Jurist Thibaut seinen Kindern schenkte – so singen wir heute noch die Weihnachtslieder, die damals entstanden.

> „Morgen kommt der Weihnachtsmann
> kommt mit seinen Gaben,
> Trommel, Pfeifen und Gewehr,
> Fahn und Säbel und noch mehr,
> ja ein ganzes Kriegerheer,
> möcht ich gerne haben."

> „Wißt Ihr noch?
> Mein Räderpferdchen
> Jettchens hübsche Schäferin,
> Lieschens Küche mit dem Herdchen
> und dem blankgeputzten Zinn?
> Wilhelms bunter Harlekin
> mit der gelben Violin."

Auch Kinderbücher lagen unter dem Weihnachtsbaum – obwohl deren erzieherischer Wert sehr unterschiedlich beurteilt wurde. Caroline Rudolphi lehnte Bücher für die Kleinen ab: „Alles was man der Art für Kinder zusammengekünstelt hat, läuft auf Erbärmlichkeiten hinaus, wodurch ihnen wohl Worte und Phrasen aber keine Gedanken zugeführt werden.“ Auch der „Struwwelpeter“ verdankt seine Entstehung dem Umstand, daß Heinrich Hoffmannn an Weihnachten 1844 in den Frankfurter Buchhandlungen kein „passendes Bilderbuch für seinen dreijährigen Sohn fand.“

Leider besitzen wir keine Beschreibung einer Weihnachstfeier in einem Heidelberger Mädcheninstitut, doch gibt es eine solche für das Institut der Schwägerin des Grafen Graimberg, Amalie von Budberg, das in Karlsruhe gegründet seit den zwanziger Jahren in Mannheim ansässig war. Zahlreiche Heidelberger Professoren schickten ihre Töchter in diese Schule. Die Tochter der Schulgründerin Sophie von Hahn erinnert sich an die Weihnachtszeit in diesem Institut:

> „Der Advent, diese Dämmerung vor der Weihnachtshelle war die eigentliche Weihezeit des Jahres. Bei Beginn desselben wurde eine Sammlung von unbrauchbar gewordenen Kleidungsstücken und kleinen Geldbeiträgen veranstaltet. Man ging in die Kaufläden kaufte Wolle, Flanell, Barchent, Leinwand usw., und nun ging ein emsiges Stricken, Schneiden und Nähen für die Armen an, das in jedem freien Augenblicke besonders aber an den Nachmittagen der Adventsssontage betrieben wurde. Krummachers ‚Weihnachtsfest‘ führte uns unter der Arbeit aufs lieblichste in den Geist der heiligen Adventszeit ein [...] Zwei Tage vor dem Heiligen Abend wurde der große Saal nur noch von Eingeweihten betreten [...] Denn noch lebten die Sagen von dem persönlichen Erscheinen des Christkindchens um die Weihnachtszeit, von der Sendung des Engels mit dem Baum und andere mehr im süddeutschen Volke, und wir Kindeer hätten uns gescheut, den Schleier zu lüften, dank dem in unserm Gemüte – zwischen Glauben und Unglauben an diese persönliche Beteiligung des Christkindes bei der Bescherung – so viel Poesie, so viel Wärme aufkommen [...] Nur bei einer Christbescherung durften wir uns helfend beteiligen: an der Armenbescherung, die in einem Saal des unteren Geschosses stattfand, wo an großen Tannenbäumen Kringel und Äpfel befestigt, Reis, Fleisch, Kaffee, Zucker, Lichter zur Feier für die Armen auf Tischen ausgelegt waren samt den Ergebnissen unseres Adventsfleisses, mit denen vierundzwanzig bis dreissig Arme vollständig bekleidet wurden [...]
>
> Wie das Vorspiel der Orgel den Kirchgänger zur Andacht stimmt, so war es mit dieser Armenfeier hinsichtlich des Weihnachtsabends. In Stille [...] hielt man sich bereit auf das erste Läuten des ‚Christkindchens‘ den geheimnisvollen Saal zu betreten [...] Mit dem Läuten zugleich öffneten sich die Flügeltüren, und ein Meer von Licht strömte über die Eintretenden. Im Hintergrund war ein Altar auf Stufen eingerichtet und darüber erhob sich ein schönes Bild aus der großherzoglichen Galerie: Die Mutter mit dem Jesuskindlein. Die Christbäume nahmen, die Decke berührend, die Ecken des Saales ein, die eine Seite des Saales die Tische mit den von den Eltern geschickten Kistchen und Paketen, die andere diejenigen mit den Gaben meiner Mutter für die Familie, ihre Gehilfinnen, die Freunde und die Dienstboten. Der Eindruck des ganzen wurde verstärkt durch die ernsten Klänge von Jung Stillings Seraphinen.“

Das Weihnachtsfest im Institut der Amalie von Budberg – der Versuch tätige Armenfürsorge, und Bescherung mit einer neuen Festlichkeit zu verbinden – scheint ohne Vorbild gewesen und leider auch ohne Nachfolge geblieben zu sein.

„Gedanken über die Liebenswürdigkeit der Frauen“

Abb. 74: Anselm Feuerbach „Bildnis Henriette Feuerbach“.

Als „kleinen Beitrag zur weiblichen Characteristik“ wollte Henriette Feuerbach (1812-1892) ihre Abhandlung verstanden wissen, die sie 1839 anonym veröffentlichte. In der Nachfolge Caroline Rudolphis wählte auch sie die Briefform, um weibliche Anmut und Liebenswürdigkeit zu definieren: „Das natürliche Bestreben der Frauen, zu gefallen ist nichts als der Wunsch, Sinn und Wohlgefallen zu erwecken für das Schöne, das Wohlanständige, durch die Reinheit und Zierlichkeit des Aeußeren das Gefühl zu verfeinern und zu schärfen für sittliche Reinheit.“ Im folgenden beschreibt die Autorin verschiedene Frauentypen wie die Kokette, die Geistreiche, die Eitle, die Oberflächliche und kommt zu dem Schluß „Ich mag solch ein Wesen nur bemitleiden, aber nicht verdammen; denn giebt es eine qualvollere Existenz, eine unbelohntere Arbeit, als etwas scheinen zu wollen, was man nicht ist, eine mühsam einstudirte Rolle ohne Beifall zu spielen?“

Wie für Caroline Rudolphi, so ist auch für Henriette Feuerbach die Schicklichkeit ein wichtiger Begriff:

> „Die Schicklichkeit umgiebt gleich einer Mauer
> Das zarte, leicht verletzliche Geschlecht.“

Im Zentrum der Feuerbachschen Abhandlung aber steht die Sittlichkeit:

> „Die Sittlichkeit schließt jede untergeordnete Begierde, jedes hervorstechende Verlangen, jedes heftige Begehren aus. Befreiung von aller und jeder Leidenschaft ist ihr erstes Gebot. Leidenschaft ist eine Krankheit der Seele und entstellt diese, wie Pocken ein schönes Gesicht. Werden sie im glücklichsten Fall auch geheilt, so bleiben doch Narben zum ewigen Denkmal zurück [...] Der Mann kann in glühendem Eifer mit heldenmüthiger Entschlossenheit [...] in den Tod gehen, das Weib kann stillschweigend ein ganzes Leben zum Opfer bringen, von welchem jeder Augenblick ein fortgesetztes Sterben ist.“

Diesem Bild weiblicher Aufopferung kam Henriette Feuerbach selbst sehr nahe. Nach dem Tod ihres Mannes zog sie mit ihrer Stieftochter Emilie nach Heidelberg. Über die beiden Frauen schrieb der Biograf Anselm Feuerbachs: „Es ist rührend zu sehen, mit welcher Liebe Mutter und Schwester darbten, um den Künstler über Wasser zu halten.“ (Uhde-Bernays) Auch die Mitgift der Schwester wurde in das in das Genie des Bruders investiert – diese zerbrach am propagierten Bild weiblicher Liebenswürdigkeit. Anders die Mutter, die unerbittlich an ihren Idealen festhielt und ihr Fehlen bei andern bemängelte. Ihre Heidelberger Jahre nannte Henriette Feuerbach im Rückblick ihre schönste Zeit.

In diesen Jahren veröffentlichten Adolf Kußmaul und Ludwig Eichrodt folgendes Gedicht ihres biedermeierlichen Kronzeugen Sauter:

Abb. 75: Josef Raabe „Unbekannte Heidelbergerin".

Frauenspiegel

Die Frauen alle, welche gern
Als brav gepriesen wären,
Die geben ihrem Eheherrn
Nie Stoff, sich zu beschweren.

Gefällig fromm und sittsam sein,
sich nach dem Gatten richten,
Die reinste Liebe ihm zu weihn,
Das halten sie für Pflichten.
Sie suchen durch Gelassenheit
Durch freundliches Bezeigen
Im Hause jeder Zwistigkeit
Vernünftig vorzubeugen.

Sie sind nicht hart, nicht zu gelind,
Die besten Kindermütter,
sie machen ihrem Hausgesind
Auch nie das Leben bitter.

Wenn's oft dem Mann an Mut gebricht,
Wenn ihn die Amtslast beuget,
Wenn Düsterheit in dem Gesicht
Von seinem Kummer zeuget.

Da scheuchen sie ihm freundlich dann
Die Grillen aus dem Hirne
Und lächeln ihm, dem lieben Mann,
Die Runzeln von der Stirne.

Sie lassen, voller Willigkeit,
Sich keine Müh verdrießen,
Und suchen stets die Lebenszeit
Dem Manne zu versueßen.

Wie bei den meisten Gedichten Sauters, haben die Editoren auch an diesem Gedicht mitgedichtet – eine intime Kenntnis der Heidelberger Mädchenpädagogik und ihres Frauenideals darf man bei den beiden ehemaligen Studenten der Ruperto Carola vermuten.

Christine Dreesen / Monika Schuch / Susanne Himmelheber

Wirtschaftsbürger und beginnende Industrialisierung in Heidelberg

Vorindustrielle Wirtschaftsstrukturen

Um 1800 war England das führende Industrieland Europas. Im Vergleich zu England, dessen Entwicklung einer modernen Industrie bereits im 18. Jahrhundert eingesetzt hatte, blieb Deutschland noch bis über die Mitte des 19. Jahrhunderts in vorindustriellen Strukturen verhaftet. Aber in diesen 50 Jahren bildete sich eine Infrastruktur, welche dann in den folgenden Jahrzehnten eine rasche Entwicklung ermöglichte.

Die ländliche Bevölkerung des Heidelberger Raums war überwiegend arm, vor allem die Bauern und Tagelöhner des Odenwalds lebten unter großen Entbehrungen. Mißernten und die Hungersnot 1816/17 taten ein übriges, die soziale Lage der Bevölkerung weiter zu schwächen. Viele sahen in der Auswanderung die einzige Möglichkeit zur Verbesserung ihrer Lebensumstände, aber oft fehlten den Gemeinden sogar die finanziellen Mittel zur Abschiebung ungeliebter Mitbürger.[1]

Von 1835-1843 wurden günstigere Ernten eingefahren; doch trat 1845 die Kartoffelseuche auf und 1846/47 kam es zu einer erneuten Hungersnot.

Aus der Landwirtschaft kamen keine Impulse zur ökonomischen Weiterentwicklung. Um Heidelberg wurden vorwiegend Spelz, Hopfen, Mais, Mohn, Krapp und Tabak angebaut. Die Bauern wirtschafteten auf kleinen und kleinsten Anbauflächen, was der Landschaft ein idyllisches Aussehen gab, gleichzeitig aber jegliche Modernisierungsbestrebung unterband. Die Wieblinger Weg- und Gewannenregulierung wurde zwar als mustergültig angesehen, blieb aber ein Einzelfall. Tatsächlich nahm die Verkleinerung des bäuerlichen Besitzes von 1800-1850 noch zu.[2]

Noch bis zur Mitte des 19. Jahrhunderts wird Dreifelderwirtschaft betrieben, wobei dem Boden vor allem natürlicher Dünger zugesetzt wird. Damit sind die möglichen Erträge von vorneherein begrenzt; in schlechten Ernte-

[1] Vgl. Karl Heinz Nesser, Die „Diebskolonie“ im Odenwald, in: Zeitschrift für Die Geschichte des Oberrheins, 141. Band, Stuttgart 1993, S. 381ff.

[2] Staatliche Archivverwaltung Baden-Württemberg (Hrsg.), Die Stadt- und die Landkreise Heidelberg und Mannheim, Bd. II, 1968, S. 67.

jahren kam es sogar zu Ausfuhrstops, wie das Kartoffelausfuhrverbot (1848) zeigt.[3]

Zur althergebrachten landwirtschaftlichen Produktionsweise mit dem beständigen Risiko schlechter Erträge paßt es, dass auch die staatlichen Rahmenbedingungen für die Landwirtschaft nur sehr zögerlich modernisiert wurden. Das „Gesetz über die Ablösung der Herrenfronten" trat erst 1820 in Kraft, das Zentralablösungsgesetz erst 1833.

Auch vom etablierten Handwerk und Kleingewerbe waren keine innovativen Impulse zu erwarten. Beide waren eingebunden in ein strenges Zunftwesen, welches soziale Sicherheit bot, aber mehr und mehr zum Hemmschuh ökonomischen Fortschritts wurde. Im VI. Konstitutionsedikt (1808) wurde das Zunftwesen reformiert, die Diskussion über Gewerbefreiheit hielt jedoch an. Die angehenden Unternehmer fühlten sich durch die Zunftbestimmungen in ihrer Entfaltung behindert, die Handwerker dagegen sahen durch die billigeren Industrieprodukte ihren Lebensunterhalt gefährdet.

Dennoch spielte der Südwesten eine wichtige Rolle bei der Industrialisierung Deutschlands. Mit der Mechanisierung der Baumwollspinnerei entstand ein Kreis von Zulieferwerkstätten, der mittels Wasser- oder Dampfkraft alle notwendigen Zulieferteile und Ausrüstungsgüter produzierte. Daneben entstanden Eisenhütten, die bis zur Mitte des Jahrhunderts abgelöst wurden durch die weiterverarbeitende Werkzeug- und Maschinenindustrie, welche ihrerseits wieder zahlreiche Zulieferbetriebe hatte.[4]

Die Industrialisierung des Landes erhielt wichtige Impulse durch den Beitritt Badens zum Deutschen Zollverein (1835) und mit dem Aufkommen der Eisenbahn. Auf Bauindustrie, Eisenerzeugung und Weiterverarbeitung konzentrierte sich die Nachfrage. Die Eisenbahnlinie Heidelberg-Mannheim wurde 1840 als erste Staatsbahn eröffnet, im April 1843 wurde dann die Linie Heidelberg-Karlsruhe in Betrieb genommen. Vögelin in Mannheim produzierte Weichen, Keßler begann 1841 in der Maschinenfabrik Karlsruhe, Lokomotiven zu bauen, und in Heidelberg wurden von Talbot Waggons gefertigt.

In der Nahrungs- und Genußmittelindustrie wurde in den dreißiger Jahren die jahrhundertealte Abhängigkeit vom Zuckerrohr aus Übersee gebrochen. Die Zuckerfabrik Waghäusel beschäftigte 1848 über 1000 Arbeiter und war die größte Fabrik im Großherzogtum.

[3] Generallandesarchiv Karlsruhe (Hrsg.): Baden. Land – Staat – Volk. 1860-1871, Karlsruhe 1980.

[4] Wolfram Fischer, Die Industrialisierung und ihre Probleme, in: Otto Borst (Hrsg.), Aufruhr und Entsagung, Stuttgart 1992, S. 131ff.

Wirtschaftsleben in Heidelberg

Unter der Regierung Carl Theodors erlebten Gewerbe, Manufakturen und kleinere Fabriken eine Förderung durch Privilegien, Steuervergünstigungen und zinsverbilligte Kredite, was zu einer wirtschaftlichen Blütezeit führte. Heidelberg war noch 1786 nach Kaiserslautern die stärkste Industriestadt der Kurpfalz, weit stärker industrialisiert als Mannheim, damals vornehmlich eine Handelsstadt. Mit dem Wegfall der staatlichen Subventionen endete auch die wirtschaftliche Blüte. Bis zur Gründerzeit bleibt Heidelberg eine idyllische Kleinstadt mit schwach ausgeprägtem Wirtschaftsleben.[5]

Die mangelnde Dynamik war aber nicht auf fehlende unternehmerische Initiative zurückzuführen. Vielmehr gab es in der Stadt starke Vorbehalte gegen eine zunehmende Industrialisierung. Von seiten der Universität und der Fremdenverkehrsbetriebe wurde befürchtet, dass das Landschaftsbild durch industrielle Ansiedlung zerstört würde und in der Folge der Besucherstrom rückläufig wäre.[6]

Abb. 76: Christian Friedrich Winter (1773-1858).

Einen hohen Stellenwert besaß dagegen das Druckgewerbe. Es konnte auf eine lange Geschichte zurückblicken, und bereits im 18. Jahrhundert bestanden verschiedene Universitätsdruckereien. Im 19. Jahrhundert wurden von Julius Groos Sprachlehrbücher verlegt (1804), und die Druckerei Engelmann wurde 1808 privilegiert. Aus der 1805 gegründeten Akademischen Buchhandlung Mohr & Zimmer ging der Carl Winter Universitätsverlag hervor. Als Carl Winter 1815 in die Verlagsbuchhandlung eintrat, war diese schon durch Veröffentlichungen des „Wunderhorns" und anderer romantischer Publikationen berühmt geworden. Wirtschaftlich befand sie sich jedoch in schwierigen Verhältnissen. Winter richtete das Unternehmen neu aus; wissenschaftliche Publikationen bildeten nun den geschäftlichen Schwer-

[5] Staatl. Archivverwaltung Baden-Württemberg (Hrsg.), a.a.O., S. 70.

[6] Ursula Keller, Die Entwicklung der Industrie in Heidelberg im Rahmen ihrer geographischen und industriepolitischen Voraussetzungen. Dissertation, Heidelberg 1961, S. 48.

punkt. Nach der Trennung von Mohr 1822 führte Winter seine eigene Verlagsbuchhandlung, aus welcher der renommierte C.F. Winter Verlag hervorgeht.[7]

Bedeutsamster Zweig im Heidelberger Wirtschaftsgefüge war die Tabakindustrie. Gegründet 1810 als Landesproduktenhandlung von P.J. Landfried, entstand wenig später die erste Tabakfabrik, weitere sollten folgen. Wie wenig entwickelt Industriedichte und Industrialisierungsgrad in der ersten Hälfte des 19. Jahrhunderts waren, zeigt die Industriestatistik des Großherzogtums Baden, welche 1829 für Heidelberg ausweist:

1 Krappfabrik
1 Wachsfabrik
1 Lederfabrik
3 Tabakfabriken

Insgesamt waren in diesen sechs Betrieben 27 Arbeiter beschäftigt. Nach 1852 zählte man nur 14 Fabriken, jetzt hingegen mit 392 Beschäftigten.[8]

Die Bevölkerung Heidelbergs mit den umliegenden Gemeinden stieg zwischen 1807 und 1852 um knapp 55 % auf 22 977 Einwohner. Im ersten Drittel des Jahrhunderts ist der Bevölkerungsanstieg ausgeprägt, dann zur Jahrhundertmitte hin werden stagnierende bzw. sinkende Raten verzeichnet.[9]

Wegbereiter der Industrialisierung

Während in England die Textilerzeugung den Motor der Industrialisierung bildete, sieht man in Deutschland die Metallverarbeitung als die Schlüsselindustrie an.[10]

In Heidelberg entwickelte sich ein Apparatebau, der nicht zuletzt durch Aufträge der Universität gestützt wurde. Die Firmen C. Görk und C. Desaga spezialisieren sich auf Geräte für den Laboratoriumsbedarf. C. Metz betrieb seit 1842 eine Werkstätte für hydraulische Maschinen mit einer Eisen- und Messinggießerei, später entwickelte sich daraus ein Spezialunternehmen für Feuerwehrgeräte. 1844 tritt die Eisengießerei und Maschinenfabrik von Hartmann und Lindt als Fabrik auf; noch 1842 war sie lediglich als Landesproduktenhandlung erwähnt.[11]

Für das unternehmerische Engagement in dieser damals neuen Wirtschaftsbranche liefert die Firma Helmreich & Cie. in Wieblingen ein schönes

[7] Carl Winter, 175 Jahre Universitätsverlag C. Winter in Heidelberg, Heidelberg 1999, S. 10ff.
[8] Staatl. Archivverwaltung Baden-Württemberg (Hrsg.), a.a.O., S. 72.
[9] Ebd., S. 166.
[10] Gerhard Schildt, Aufbruch aus der Behaglichkeit, Braunschweig 1989, S. 176f.
[11] Keller 1961, S. 97.

Beispiel. Bemerkenswert an dieser Unternehmensgeschichte ist, dass sie nach der Terminologie unserer Tage von einer lateralen Diversifizierung handelt.

Die Wieblinger Mühle, im Jahre 1224 erbaut, blickt auf eine wechselvolle Geschichte zurück. Anfangs in klösterlichem, dann in kurfürstlichem Eigentum, wird sie als Lehen an wechselnde Besitzer vergeben. Ein Chronist vermerkt:

„Die Wieblinger Mühle ist eine der berühmtesten Mühlen am Neckar. Im Jahre 1728 wurde sie sehr dauerhaft hergestellt, und in den folgenden Jahren mehr und mehr vergrößert, auch von dem gegenwärtigen Besitzer, Müllermeister Helmreich, welcher sie erst vor anderthalb Jahren eigenthümlich für 16 000 fl erkauft hat, in noch viel nutzbareren Stand gestellet, wie sie denn dermalen aus 5 Mahlgängen, 2 Ölmühlen und einer Hanfreib bestehet. Dem Meister Helmreich gereicht es zum Ruhme, daß er bei all seiner eigenen großen Noth seine Nebenmenschen nicht vergaß, indem er seinen nothleidenden Mitbürgern und all seinen Leuten beisprang, auch ihnen mit Holz und Lebensmitteln aushalf."[12]

1789 kaufen Georg Michael Helmreich und seine Frau Anna Margarete Weber von der geistlichen Administration Heidelberg ein weiteres Grundstück neben der Mühle.[13]

Im Jahre 1840 erbaut der Sohn Wilhelm Helmreich auf dem Mühlengelände einen dreistöckigen Fabrikbau, welcher an die Mühle unmittelbar anschließt. Mit diesem Schritt „zog in den Ort Wieblingen eine kleine Industrie ein, die mit kleinen Anfängen beginnend, sich im Lauf der Jahre zu einem bedeutenden Betriebe auswuchs."[14]

Das Besondere an diesem Schritt: der Müller wendet sich einem neuen Geschäftsfeld zu, der Metallverarbeitung; er betreibt fortan eine Nagelfabrik. Dass Helmreich die geschäftlichen Aktivitäten über den Mühlenbetrieb hinaus ausdehnt, kann zum einen auf die schwierige Wettbewerbssituation zurückgeführt werden. Zum anderen spielten sicher auch die Vereisungen und Überschwemmungen des Neckars eine Rolle, die der Mühle in der Vergangenheit mehrfach übel mitspielten und zu hohen Reparaturaufwendungen führten. Interessant ist jedoch, dass er sich ein zweites Standbein in der Metallverarbeitung schaffte und bereit war, dafür hohe Anfangsinvestitionen zu tätigen. Es zeigt uns, welchen Wirtschaftszweig man gegen die Mitte des Jahrhunderts als Wachstumsbranche ansah.

„Zunächst wurde mit der Fabrikation von Eisennägeln begonnen; ihr folgte 1850 die Drahtstiften-, 1875 die Kettenfabrikation, 1880 der Drahtzug, 1888 die Federnfabrikation und 1902 die Drahtverzinkerei. Die Ausdehnung der Fabrikation bedingte auch

12 E.F. Deurer (Commissarius bei der Kurfürstlichen Akademie der Wissenschaften), Bericht über Eisgänge und Überschwemmungen von Rhein- und Neckar im pfälzischen Vaterlande, Mannheim 1784, S. 56f. (Anm.).

13 Heinrich Neu, Aus der Vergangenheit von Wieblingen, Heidelberg 1929, S. 76ff.

14 Neu 1929, S. 106f.

eine Reihe von Hilfsfabrikationsräumen wie Glühe, Beize, Schlosserei, Schreinerei und ausgedehnte Lagerräume, die im Laufe der Zeit errichtet worden sind."[15]

Zunächst macht sich der neue Fabrikant die ihm vertraute Wasserkraft zunutze und gewann die nötige Betriebsenergie über ein Wasserrad. Im Jahre 1860 installierte er dann die erste Dampfmaschine.

Helmreich beschäftigte anfangs 25 Arbeiter, was über dem Durchschnitt der Heidelberger Fabrikbetriebe lag. 1850 waren es dann 40 Beschäftigte. Den eigentlichen Wachstumsschub erhält das Unternehmen in den Siebziger Jahren. Bedeutsam ist jedoch, daß die Grundlagen für das spätere Wachstum nicht in den sog. „Gründerjahren" geschaffen wurden. Die industrielle Infrastruktur, im Falle Helmreichs durch eine mutige Diversifikation herbeigeführt, nahm in der ersten Hälfte des Jahrhunderts Gestalt an.

GERHARD JÄGER

[15] Ebd., S. 106.

Die Hauptwerke profaner Baukunst der ersten Hälfte des 19. Jahrhunderts in Heidelberg[1]

Neben Berlin und München wurde nach 1800 Karlsruhe zu einem bedeutenden Zentrum des Klassizismus in Deutschland. In Karlsruhe wirkte seit dem 30. August 1800 Friedrich Weinbrenner,[2] der 1801 Baudirektor wurde und damit Leiter des gesamten Bauwesens in Baden – ein Amt das er bis zu seinem Tode am 1. März 1826 innehatte. Die weitgehend neuangelegte Residenzstadt Karlsruhe, die zahlreichen Neubauten des Hofes innerhalb und

[1] Der vorliegende Text ist die gekürzte Fassung eines Aufsatzes der im Jahrbuch des Heidelberger Geschichtsvereins 2000 erscheinen wird.

[2] Am 24. November 1766 wurde Johann Jakob Friedrich Weinbrenner in Karlsruhe als Sohn eines Bauunternehmers geboren. Nach dem Tod des Vaters leitete er das Baugeschäft. Ab 1788 befand er sich in der Schweiz. Zweieinhalb Jahre widmet sich Weinbrenner seinen Studien an der Akademie in Wien. Nach einem kurzem Aufenthalt in Dresden trifft Weinbrenner im Spätjahr 1791 in Berlin ein, wo er in fünf Monaten die ersten prägenden Eindrücke erhält. Weniger der Unterricht an der Akademie, als das Studium der gebauten Architektur und der Umgang mit Berliner Architekten haben Einfluß auf den jungen Weinbrenner. Obwohl er mit dem Architekten des Brandenburger Tors Carl Gotthard Langhans häufig Besichtigungen unternahm, schwieg er über diese und andere entscheidende Eindrücke in seiner Autobiographie „Denkwürdigkeiten". In Berlin trifft Weinbrenner erstmals auf den Palladianimus, der, von England ausgehend, zuerst Frankreich und um 1770 Deutschland erreichte. Angeregt durch die Schriften Winckelmanns und die Begeisterung des Berliner Künstlerkreises für Rom und die Antike, begibt sich Weinbrenner 1792 nach Italien. Neben vielen Entwürfen zu selbstgestellten Aufgaben setzt sich Weinbrenner während seines fünfjährigen Aufenthaltes in Italien mit der Bebauung des Marktplatzes in Karlsruhe auseinander. Noch in Berlin waren Entwürfe zu einer Stadtkirche am Marktplatz in Karlsruhe entstanden. Aber erst die Hinwendung Weinbrenners zu einem vom Palladianismus geprägten Klassizismus leitete eine reiche Bautätigkeit ein. Dabei durchzieht die Beschäftigung mit dem Pantheon in Rom, der griechischen Tempelfront und Palladios Villa Rotonda sein Lebenswerk wie ein Leitmotiv. Zudem kennzeichnen den sogenannten „Weinbrennerstil" einzelne Architekturelemente der französischen Revolutionsarchitektur. Nach den Plänen von Weinbrenner entstanden in Karlsruhe unter anderem: die Platzanlage des Marktplatzes mit der Evangelischen Stadtkirche und dem Rathaus, das Markgräflich Hochbergsche Palais, das Museum, die katholische Stadtkirche St. Stephan, das Palais der Markgräfin Friedrich und das Ettlinger Tor. Vgl. Valdenaire 1926, S. 1-57. Vgl. Schirmer 1982, S. 8-12. Vgl. Müller-Scherf 1987, S. 519-522. Vgl. Sinos 1981, S. 7-60.

außerhalb der Stadt und die Baukunst des gesamten Landes wurden von Weinbrenner geprägt. In Heidelberg wurde zwischen 1806 und 1808 nach den Plänen Weinbrenners ein Kasernenbau errichtet:

Die Kaserne

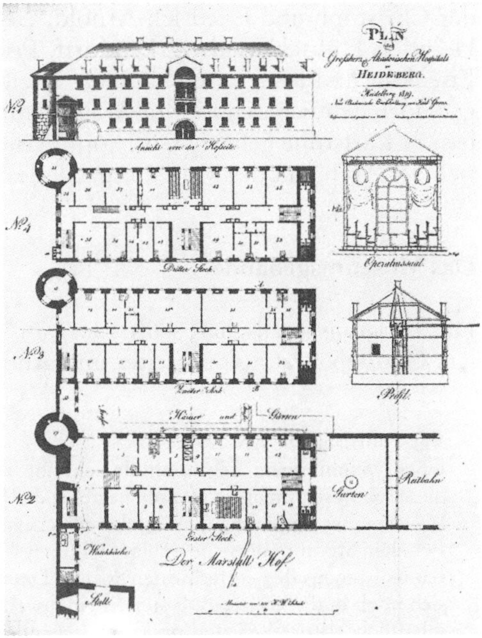

Abb. 77: Plan der Großherzog. Akademischen Hospitals zu Heidelberg, 1819.

Im August 1806 begann die Stadt mit dem Bau der Kaserne auf dem östlichen Teil der Ruine des Kasimirbaus des Marstallhofes. Schon 1755 und 1793 hatte die Stadt Pläne für einen Kasernenbau angefertigt, aber Stadt und Ärar konnten sich nicht wegen der Kostenübernahme einigen. 1801 war die Stadt bereit, die Kaserne zu bauen und zu ihrer Unterhaltung beizutragen. 1804/05 legte der Heidelberger Werkmeister Carl Schaeffer drei Pläne vor, die jedoch von der Landesregierung und Weinbrenner abgelehnt wurden. Nach weiteren erfolglosen Planungen zeichnete Weinbrenner selbst einen Bauplan, der zwischen August 1806 und 1808 verwirklicht wurde. Da diese Baupläne nicht erhalten sind, sind wir auf den frühesten überlieferten „Plan des Großherzog. Akademischen Hospitals zu Heidelberg“ von 1819 angewiesen. Der Ostteil des Kasimirbaus wurde bis auf einen Sockel abgerissen, auf dem man ein dreigeschossiges Gebäude mit Walmdach errichtete, das knapp 52 Meter lang und 19 Meter breit war. Der Bau hatte nach Norden und Süden vierzehn Fensterachsen. Die Fenster waren hochrechteckige Wandöffnungen mit hervortretenden Sohlbänken. Der Außenbau war durch ein Gurtgesims zwischen Erd- und erstem Obergeschoß gegliedert. Beherrschendes Motiv der Hoffassade war die mittlere Doppelachse: Im Erdgeschoß öffnete sich ein weites Rundbogenportal, darüber saßen in einer bis über das Kranzgesims hinaufreichenden Rundbogennische eine niedrigere und eine höhere Stützengruppe aus je zwei Gewändepfeilern und einem Mittelpfeiler mit hohen Architraven und als Abschluß, ein von einem Dreieckgiebel überfangenes Halbkreisfenster. Als verkleinerte Kopie wiederholte sich das Motiv an der westlichen Fassade. Die beiden östlichen Achsen wurden im Erdgeschoß von einer Durchfahrt eingenommen.[3]

Um 1800 gründete Weinbrenner eine private Bauschule[4], aus der 1825 die Polytechnische Schule in Karlsruhe hervorging. In systematischem Unterricht, den er zunächst in seinem Wohnhaus am Ettlinger Tor abhielt, bildete er mehrere Generationen von Schülern aus, von denen wir etwa hundert namentlich kennen. Die bedeutendsten Schüler Weinbrenners waren die Brüder Christoph und Friedrich Arnold, Georg Moller, Friedrich Dyckerhoff, Heinrich Hübsch, Ludwig Lendorff, Friedrich Theodor Fischer, Friedrich Eisenlohr und Joseph Berckmüller.[5] Die Entwürfe seiner ersten Schüler zeigen noch deutlich den Einfluß Weinbrenners. Zu Weinbrenners ersten Schülern in Karlsruhe gehörte Christoph Arnold, dessen jüngerer Bruder Friedrich der Architekt des Museumsgebäudes in Heidelberg war:

Das Museumsgebäude

Die Museumsgesellschaft wurde im Jahr 1810 auf Anregung des Buchhändlers Gottlieb Braun vorbereitet und Anfang 1811 unter dem Namen „Das

[3] Vgl. Fahrbach 1989, S. 177-193.

[4] Über Weinbrenners Lehrmethode schreibt Theodor Hartlebens 1815: „Man könnte diese schon seit mehreren Jahren bestehende Privatanstalt des Herrn Oberbaudirektors Weinbrenner mit Recht eine Akademie der Baukunst nennen. Nicht nur solche, welche sich dem Studium derselben zuerst widmen wollen, sondern auch wirkliche praktische Baumeister aus den entferntesten Staaten Deutschlands besuchen diese Lehranstalt, um sich noch in die höheren Mysterien einzuweihen. Die Baukunst wird da ganz wissenschaftlich, theoretisch und praktisch behandelt. Von dem historischen Teile derselben wird zu dem dogmatischen übergegangen. Einem solchen Lehrer, wie Herrn Oberbaudirektor Weinbrenner, kann es nicht genügen, daß der Baukünstler genaue Kenntnis der Materialien erhalte und sie zu verbinden verstehe. Seine Methode ist vielmehr so, daß von den Anfangsgründen des geometrischen Zeichnens, der Optik und Perspektive zu der Lehre von der Holz- und Steinkonstruktion, von dieser zu der Theorie der Säulen und Verzierungen, und endlich zu den übrigen Details der Gebäude und ihrer gänzlichen Ausführung übergegangen wird. Nach einem solchen Plane von welchem die bisherige mechanische Bildung des Baumeisters weit entfernt war, gibt der Direktor seiner merkwürdigen Anstalt das rege Leben, in welchem der wahre Baukünstler einzig seine Vollendung erwarten kann. Unter seiner Teilnahme prüft die Versammlung hoffnungsvoller Baukünstler die aufgestellten Muster, entwirft Pläne, teilt sich wechselseitig die Beobachtungen und Zweifel mit, vergleicht die verschiedenen Epochen des Baustils und trägt die Resultate der neuesten Literatur vor. Um sich mit dem Geiste des Lehrers vertraut zu machen, liefern insbesondere die Zeichnungen von Karlsruhes architektonischen Epochen, mit welchen die Arbeitszimmer des Bureaus dekoriert sind, hinreichende Gelegenheit. Fremde, welche diese Anstalt besuchen, möchte wohl diese Übersicht von Karlsruhes stufenweisen Fortschritten gewiß eben so sehr als die Beobachtung seiner Lehrmethode interessieren." Zit. nach: Valdenaire 1926, S. 310.

[5] Vgl. Schirmer 1982, S. 131-139. Vgl. ders. 1981, S. 7-60. Valdenaire 1926, S. 309-312.

Abb. 78: „Hauptfassade" des Museums, 1831.

Museum" gegründet. „Das Museum" war eine geschlossene Gesellschaft von Heidelberger Bürgern und in Heidelberg geborenen Studierenden für Lektüre, Konversation und Spiel. Fremde wurden durch ein Mitglied eingeführt. Im Museum band man sich zunächst nur auf ein Jahr. Über jede Aufnahme entschied die Gesellschaft. Personen, die sich nur vorübergehend in Heidelberg aufhielten, auch fremde Studenten, konnten nicht Mitglied werden. Schon 1813 siedelte Gottlieb Braun mit seiner Buchhandlung nach Karlsruhe über und kündigte im März 1813 seine Mitgliedschaft. Bis 1823 mietete die Museumsgesellschaft Räume im „Deutschen Haus". Die Bedeutung des Museums für das geistige und gesellige Leben der Stadt wuchs zusehends. Es fehlte jedoch für Festlichkeiten ein geeignetes Gebäude. Die Stadt schenkte der Museumsgesellschaft einen Bauplatz am Ludwigplatz, dem heutigen Universitätsplatz. Das Gebäude entstand zwischen dem 17. Mai 1827 und dem 17. Juli 1828.[6]

Über das Erscheinungsbild des Gebäudes war man in Heidelberg geteilter Meinung:

„Der Gynäkologe Naegele soll als Inschrift vorgeschlagen haben: ‚Dies Haus ist keine Kaserne'. Dagegen sagt Engelmann in einem Zusatz zu dem (1830 erschienenen) Neu-

[6] Vgl. Witting 1911, S. 5-15.

druck seines Buches von 1823, es zeichne sich durch solide Bauart, wie zweckmäßig und geschmackvolle Einrichtung aus."[7]

Die Veranstaltungen des Museums wurden zum Mittelpunkt des geselligen Lebens der Stadt. Karl Cäsar von Leonhard, der 1831 „Erster Vorsteher" der Museumsgesellschaft wurde, schreibt in seinem „Fremdenbuch für Heidelberg und die Umgebung":

„Unter den Anstalten für geselliges Leben nimmt das Museum, das Gesellschafts-Haus gebildeter Stände, mit allem Rechte die erste Stelle ein. Es wurde durch Aktien erbaut und eingerichtet. Selbst in größeren Deutschen Städten wird man, unter ähnlichen Instituten, keines von solcher Ausdehnung und von so umfassenden Zwecken finden. Aus kleinem Anfang ist ein Treffliches erwachsen. Der ernste Wille und die redliche Beharrlichkeit einiger Wenigen wußte Schwieriges zu Stande zu bringen. In gewählter, oft in verabredeter Gesellschaft, bei lebhafter und vielfacher Unterhaltung, können Einheimische hier die Abende verbringen; den ohne weitere Verbindungen, nur als Fremde in Heidelberg verweilenden, gewährt das Museum nicht minder große Vorteile. Besonders ist dies der Fall in Betreff der Studierenden; auch pflegen diese in beträchtlicher Zahl am Museum Antheil zu nehmen, und somit wurde ein in früheren Zeiten oft, und nicht ohne Grund, gerügter Umstand beseitigt: ‚daß zwischen Zuhörern und Lehrern außer den Kollegien und einigen Bällen wenig Zusammenhang stattfände, daß die Akademiker sich selbst ganz überlassen seyen.' – Die geschmackvoll eingerichtete zweite Etage des Gebäudes umfaßt, neben dem großen Saale, für Bälle und Konzerte bestimmt, einen geräumigen Speisesaal, und zu beiden Seiten desselben eine nicht unbedeutende Reihe von Zimmern für gesellschaftliche Unterhaltung, für Spiele usw. – Eine der glänzendsten Seiten des Museums, ist das Lese-Kabinet. Es nimmt den größten Theil des dritten Stockes ein, und gewährt, in seiner Art, was eine solche Anstallt nur immer zu leisten vermag. Neben einer großen Zahl der besten Zeitungen und Tageblätter des In- und des Auslands, findet man alle vorzüglichen Journale und Zeitschriften, den raschern Gedanken-Verkehr in den mannigfachsten Wissenschaften fördernd, besonders in solchen, wo durch Beobachtungen Entdeckungen gemacht werden. Viele Professoren legen Journale, welche ihr Privat-Eigenthum sind, eine gewisse Zeit hindurch, unentgeltlich im Museum auf. Endlich ist für allgemeine geistige Bildung, wie für leichte Leserei, die keine Anstrengung kostet, aber auch wenig Früchte bringt, zureichend gesorgt. Die, der Universität früher verbundene, ‚akademische Leseanstalt' wurde seit dem Jahre 1829 mit dem Museum verschmolzen. – Im Museum findet man auch eine Restauration; es beschränkt sich diese jedoch auf die Mitglieder, und auf die von ihnen eingeführten Fremden. – Dankbare Anerkennung verdient die Bewilligung, welche von Seiten der Museums-Gesellschaft den, 1829 zu Heidelberg anwesenden, Naturforschern und Aerzten Deutschlands wurde, das schöne Lokal zu ihren besonderen Verhandlungen benuzzen zu dürfen. – Seit fünf Jahren bildete sich im Museum ein Verein von Freunden der Musik, welcher früher unter Leitung des Direktors Hoffmann, gegenwärtig aber unter jener des akademischen Musik-Direktors B. Kreutzer regelmäßig an gewissen Abenden mit der Kunst beschäftigt ist, und von Zeit zu Zeit im Museums-Saale Konzerte gibt. Seit 1833 besteht auch ein Gesang-Verein. Viele Studirende nehmen Theil an diesen Unterhaltungen. Am Sophien-Tage 1834 hatte die erste Feier des vom Heidelberger Musik-Verein gegründeten Musik-Festes statt. Vor nicht

[7] Ebd., S. 12.

viel weniger als dreitausend Zuhöhrern wurde Haydn's ‚Schöpfung' im Freien innerhalb der Schloßruine, gegeben."[8]

Der Architekt dieses „Gebäudes fuer oeffentliche Lustbarkeiten" war der Militärbaudirektor Friedrich Arnold[9]. In den zwanziger Jahren des 19. Jahrhunderts entstanden nach seinen Entwürfen: Die Staatssalinen in Bad Dürrheim und Bad Rappenau, die katholische Kirche in Istein, das Militärlazarett in Rastatt, in Karlsruhe: das Ständehaus, die Infanteriekaserne, die Militärschwimmschule, die Kadettenanstalt, die Stückgießerei, das Ludwigstor, das Palais Berckholtz, das Palais Munck und das sogenannte Museum in Heidelberg, an dessen Stelle sich heute der Bau der Neuen Universität befindet. In seinem 1831 erschienenen Werk „Projecte der Höhern Bürgerlichen Baukunst" schreibt Friedrich Arnold:

„Für solche öffentliche Gebäude haben noch keine Nationen so viel verwendet, als die Engländer und nach ihnen die Franzosen. In den sogenannten Vauxhall's, was wir jetzt Museum's-Gebäude nennen, vereinigt sich auch alles, was zur Belustigung und geistigen Unterhaltung dienen kann. Man trifft schöne und geräumige Tanz- und Concerte-Säle, Speis- und Conversations-Säle, Lesezimmer für alle gebildete Stände etc. an. Nach den mir gegebenen Bedürfnissen habe ich das Museum in Heidelberg auf dem schönen grossen Ludwigsplatz gebaut, das durch beifolgende Pläne am deutlichsten erklärt wird."[10]

Das Museumsgebäude am Ludwigsplatz ist von verhaltener Repräsentativität. Über einem hohen Sockelgeschoß folgt das Piano nobile und darüber das Mezzanin. Das dreigeschoßige Gebäude verfügt über einen breiten Mittelrisalit, der in der Breite der Toreinfahrt und der beiden benachbarten Fenster etwas aus der Fassade hervortritt. Im zweiten und dritten Geschoß wird das zentrale Gebäudeelement durch dorische Pilaster und als seitlichen Ab-

[8] Vgl. von Leonhard 1834, S. 114f.

[9] Friedrich Arnold wurde am 23.1.1786 in Karlsruhe geboren. Er entstammte einer Karlruher Zimmermannsfamilie und gehörte schon 1802 zum Kreis der Schüler Weinbrenners. Dieser betraute ihn 1807 mit der Leitung der architektonischen Zeichenschule. Zwischen 1808 und 1810 reiste Arnold nach Paris und vor allem Italien. Aufgrund seiner Idealentwürfe wurde er 1810 zum Mitglied der Akademie der schönen Künste und Wissenschaften zu Livorno aufgenommen. Im folgenden Jahr erhielt er einen Ruf als Professor für Baukunst an die Freiburger Universität. Gleichzeitig wurde er zum stellvertretenden Baudirektor für das Zivilbauwesen in der Stadt und ihrer Umgebung ernannt. 1812 wird Arnold Ordinarius und 1814 Dekan der philosophischen Fakultät. Daneben leitete Arnold ein architektonisches Bildungsinstitut. Vergebens bemühte er sich um die Versetzung an die von der romantischen Szene getragenen Universität Heidelberg. 1815 begann mit der Offizierslaufbahn im Generalstab seine Hauptschaffenszeit als Militärbaudirektor auch mit zivilen Aufträgen. Seit 1823 ist er auch Referent in Bausachen der Generalsalinenkommission und für das Bergbauwesen zuständig. Nach der Beförderung zum Oberst war Arnold seit 1845 im Ruhestand. Er starb am 24.11. 1854 in Karlsruhe. Vgl. Everke 1987, S. 449ff.

[10] Vgl. Arnold 1831, S. 51.

schluß durch eine Rustika horizontal gegliedert. Gurtgesimse in Höhe der Fußböden, ein Kranzgesims sowie der geradlinige Dachfirst unterbinden den vertikalen Zug, der sich durch schlanke Pilaster, den mit dem Dachfirst abschließenden Dreiecksgiebel und der Rustika vorzugeben scheint. Die Rundbogenfenster treten im Sockelgeschoß hinter Überfangbögen zurück. Unter den hochrechteckigen Fenstern des Piano nobile treten die Sohlbänke deutlich hervor. Während die Fenster eine schlichte Rahmung besitzen sind die Fenster des Risalits von schlanken Pilastern gerahmt, die eine waagrechte Verdachung tragen. Die Fenster des Mezzanin sind fast quadratische Wandöffnungen ohne Rahmung und mit kräftigen Sohlbänken.

Die wichtigsten Merkmale der Architektur im Biedermeier charakterisiert Georg Himmelheber wie folgt:

> „Die Formensprache dieser Architekur entwickelt sich aus den seit der zweiten Hälfte des 18. Jahrhunderts gültigen klassizistischen Elementen, findet jedoch zu einem eigenen Ausdruck, in ihrer Ablehnung allzu strenger Nachahmung antiker Vorbilder und ist kennzeichnend für die Zeit des Biedermeier etwa zwischen 1810/15 und 1830/35. Ist ein Gebäude des frühen Klassizismus im späteren 18. Jahrhundert in seinem Äußeren rhytmisch gegliedert und räumlich durchformt, in Risalite unterteilt mit ausgeprägter Geschoßteilung und einem beherrschenden Hauptgeschoß, dabei aber mit achsialen Bezügen in der Senkrechten vom Sockel bis in die Attika, so hat ein Biedermeierbauwerk von dem allem nichts, sondern vielmehr ein eher flächig begrenztes, sparsam gegliedertes Äußeres. Bestehen die Bauten dann um 1800 aus geometrischen Blöcken, aus denen weitere kubische oder kugelige Baukörper mit fast gewalttätiger Kraft herausdrängen, mit abweisend glatten Wänden, in die Fensteröffnungen ohne rahmende Gewände eingeschnitten sind, so hat auch davon die Biedermeierarchitektur wenig; sie bevorzugt eher breitgelagerte scheibenförmige Bauglieder mit einem Hintereinander verschiedener Ebenen mit eingefügten Nischen bei möglichst geschlossenem Umriß. [...] Der klassizistische Formenapparat wird zum schmückenden Beiwerk. Der Portikus – die Tempelfront – ist im Klassizismus des späteren 18. Jahrhunderts stets integrierter Bestandteil des ganzen Gebäudes mit übereinstimmenden Sockel und Gebälk, mit seinem Giebel die Traufe überragend und somit den Bau beherrschend. Im Biedermeier wird der Portikus zur plastischen Zutat, vor den Hintergrund der glatten Wand gesetzt, ja er kann schließlich zur Flächendekoration verkümmern, ins Obergeschoß versetzt und von seinem Giebel getrennt, [...] Pilaster und Gebälk verlieren ihre tektonische Funktion, die sie in den früheren Phasen des Klassizismus in ganz starkem Maße haben, sie werden zu aufgelegten Zierelementen, zur Flächenbegrenzung, zum umlaufenden Fries."[11]

Ein Auszug aus dem Vorwort zum ersten Heft „Practische Anleitung zur Bürgerlichen Baukunst in einer Reihe von Plaenen für Gebäude aller Art nebst kurzer Beschreibung und Erklaerung derselben für angehende Baumeister und Kunstfreunde" von Christoph Arnold aus dem Jahr 1832 kennzeichnet die Überzeugung eines Architekten im Biedermeier:

> „Nach meiner Ansicht muss man bei jedem Gebäude sein Augenmerk auf Zweckmässigkeit, Dauer und Einfachheit richten, und dann erst auf Schönheit, Eleganz, Verzie-

[11] Vgl. Himmelheber 1989, S. 28.

rungen etc. sehen, wenn jene in gehörigem Grade erreicht sind. Die Zweckmässigkeit besteht darin, dass der Bau in seiner ganzen Anlage und Ausführung vollkommen dem Zwecke, wozu er errichtet wird, entspreche, dass in den grössten wie in den kleinsten Theilen desselben alle Bedürfnisse genau berücksichtigt und auf die schicklichste Weise befriedigt werden, mit einem Wort, dass er ganz das sey und dazu diene, was er seyn und wozu er dienen soll. [...] In Verbindung mit der Dauer und Zweckmässigkeit steht die Einfachheit im Aeussern und Innern, welche aus dem schönsten Ebenmaasse der Theile untereinander und zum ganzen hervorgeht. Jeder, welcher einen, auch nur einigermaassen geläuterten und guten Geschmack besitzt, wird in unsern Zeiten nicht mehr die überladenen, sonderbaren und faden Verzierungen und Schnörkeleien früherer Perioden gutheissen oder in Anwendung bringen wollen, sondern mehr auf richtige Verhältnisse, einfache Formen und auf Einheit im Ganzen sehen. Desswegen wird aber keineswegs behauptet, als dürften gar keine Verzierungen angebracht werden, nein, nur sollen sie geschmackvoll und sparsam seyn, damit sie, da sie immer nur Nebensache sind, nicht zur Hauptsache werden und durch Zerstreuung der Aufmerksamkeit den Totaleindruck stören. Wenn man das Gesetz der Einfachheit recht ins Auge fasst, so ist man auf dem sichersten Wege auch zur Schönheit; denn diese vermeidet alles Vielerlei, Bunte, Vielgestaltige und Überladene, sie verlangt nur einfache aber geschmackvolle Formen, reine Grundverhältnisse, naturgemässe Anordnung, Leichtigkeit in der Ausführung. Pracht hingegen wird nur durch Reichtum des Materials sowohl, als der schönsten und kostbarsten Kunstarbeiten erreicht, wozu aber höchst selten in unseren Zeiten die Fonds ergiebig genug sind."[12]

Daß in diesen Jahren der ersten Hälfte des 19. Jahrhunderts die Architektur zu einem eigenen, deutlich ausgeprägten Stil gefunden hat, wird nicht nur im Vergleich mit dem vorangehenden klassizistischen Stile deutlich, sondern ebenso bei der Betrachtung von Bauten der unmittelbar folgenden Zeit. Im Verlauf der dreißiger Jahre vollzieht sich ein spürbarer Wandel, weg von den kargen, überschaubaren Formen, die jetzt mehr und mehr überlagert werden von plastischen Elementen. Fassaden und Innenräume werden vielgestaltiger durchgliedert, Umrisse spannungsreich durchstoßen, Profile und Gesimse werden kraftvoller, die Bauwerke als Ganzes monumentaler:

Das Bezirksstrafgericht

Als im Februar 1845 das Gerichtswesen in Baden neuorganisiert wird, bemüht sich Heidelberg um den Sitz eines Bezirksstrafgerichts in der Stadt. Der Bitte wird am 13. Juli 1846 durch die Bestimmung Großherzogs Leopold stattgegeben. Nach mehreren Verhandlungen über den Bauplatz erwirbt am 27. November 1846 das Justizministerium die südlichen Gebäude des ehemaligen Jesuitenkollegs. Zwischen 1847 und 1849 entsteht auf dem

[12] Aus dem Vorwort zum ersten Heft „Practische Anleitung zur Bürgerlichen Baukunst in einer Reihe von Plaenen für Gebäude aller Art nebst kurzer Beschreibung und Erklaerung derselben für angehende Baumeister und Kunstfreunde" Carlsruhe, Freiburg i.Br. 1832.

Abb. 79: „Bezirksstrafgericht in Heidelberg“, um 1850.

Grundstück Seminarstraße 3 ein querrechteckiger Sandsteinbau mit hofseitigen Seitenrisaliten. Das Gebäude war dreigeschossig, nur zwischen den Risaliten wurde die Außenmauer nicht bis in Kranzgesimshöhe aufgemauert, da die hofseitigen Räume des zweiten Obergeschosses aus Nutzungsgründen nicht so hoch sein mußten wie die straßenseitigen. Die Umbauten der Hoffassade hingen mit der häufig wechselnden Nutzung der Innenräume zusammen. Ursprünglich lagen in der hofseitigen Wand neun Fensterachsen. Das gering geneigte Dach ist an der Seminarstraße walmförmig ausgebildet. Die Eindeckung wurde mit Schwarzblech vorgenommen. Die heutigen Fassaden in rotem und gelbem Sandstein zeigen weitgehend den originalen Zustand: sie werden unten durch einen Sockel aus gestockten Quadern mit Randschlag und bis unter das 1953 aufgestockte, vierte Geschoß durch ein Kranzgesims auf Konsolen gerahmt. Gegliedert werden die Fassaden von einem regelmäßigen Vertikal-Horizontal-System von Fensterachsen, vorgelagerten oktogonalen Eckpfeilern und über diese hinwegführende Sohlbankgesimse, deren unterstes von einem schmalen Gesimsband begleitet wird. Die Sohlbänke der Erdgeschoßfenster sind an den Seiten und unter dem Mittelpfosten jeweils konsolengestützt. An der Hauptfassade zählt man neun Fensterachsen. Im Erdgeschoß und im zweiten Obergeschoß sitzen gekuppelte Rundbogenfenster. Das erste Obergeschoß zeichnet sich durch große Biforien aus. Ursprünglich gab es an der Ost- und der Westfassade nur in der mittleren Fensterachse gekuppelte Fenster, in den äußeren Achsen saßen einfache Rundbogenfenster. Die Fenster waren sprossengeteilt. Der Rahmen des in der Mittelachse der Hauptfassade befindlichen Rundbogenportals öffnet sich trichterförmig und schließt in der Fassadenfläche mit einem umlaufenden Diamantfries ab. Über dem Portal sitzt ein Entlastungsbogen aus Keilsteinen, in dessen Scheitel ein Relief angeordnet ist. An der Ostfassade bestand anstelle des heutigen mittleren Fensters im Erdgeschoß ein mit einem Rundbogen überfangener Privateingang, dessen Türöffnung etwas in den leicht vorstehenden Gebäudesockel einschnitt. Den Eingang erreichte man über eine kleine vorgelagerte Sandsteintreppe. Hinter der sorgfältig gearbeiteten Sandsteinquaderung der Wände verbirgt sich Bruchsteinmauerwerk. Die vorgeblendeten Sandsteinquader differieren zwischen dunklem Rot und lichtem Gelbrot. Die Farbigkeit des verwendeten Materials unterstreicht die reliefartige Fassadengestaltung. Hingegen werden alle Gesimse einschließlich der Konsolen des Kranzgesimses, die vorgelagerten Eckpfeiler und das Portalgewände mit dem Wappen durch gelben Sandstein akzentuiert. Die Entlastungsbögen des mittleren und die gekuppelten Bögen des darüberliegenden Geschosses werden durch den Wechsel von roten und gelben Keilsteinen hervorgehoben. Material, Rundbogenfenster und -portal verweisen auf die Romanik. Die Form der Biforien, die Gesimse und Eckpfeiler, die flache Dachform und die besondere Betonung des ersten Obergeschosses durch die Biforien als Piano nobile sind uns hingegen von der italienischen Renaissance her vertraut, so daß wir hier zunächst eine für den Historismus typische Mischung der Baustile erkennen können.[13]

> „Für das frühe und mittlere 19. Jahrhundert gilt die angedeutete Zwiegesichtigkeit (Romanik- und Renaissancereminiszenzen) allerdings noch weniger als für die durch eine schier unbeschränkte Verfügungsgewalt über das historische Stilrepertoire geprägte Spätphase des Jahrhunderts."[14]

Angesichts der Zugehörigkeit des Heidelberger Bezirksbauamtes zur Oberbaudirektion Karlsruhe müssen die theoretischen Schriften von Heinrich Hübsch[15] für den Baustil in der Zeit zwischen 1829 bis 1853 auch für Heidel-

[13] Vgl. Gantner 1988, S. 5-7 und S. 80-82.

[14] Vgl. Riedl 1996, S. 121.

[15] Der am 9.2.1795 in Weinheim an der Bergstraße geborene Gottlieb Heinrich Christian Hübsch trat im Frühjahr1815 als Schüler in das Atelier Weinbrenners ein. An die zweijährige Ausbildung an der Bauschule Weinbrenners schloß Hübsch 1817 seine erste Reise nach Italien an. Bis 1820 hielt sich Hübsch zumeist in Rom auf. 1819 unternahm er eine mehrmonatige Reise nach Griechenland und Konstantinopel. Nachdem Hübsch im Januar 1821 als „Bau-Candidat" angenommen wurde, finden wir ihn seit 1823 wieder in Rom. Im Frühjahr 1824 wurde Hübsch als Lehrer an die Bauschule des Städel'schen Instituts in Frankfurt am Main berufen. Im Juni 1826 erhielt er einen Ruf an die Dresdner Akademie, den er ablehnte, um 1827 in das Amt des Residenzbaumeisters in Karlsruhe einzutreten. 1829 trat er die Nachfolge Weinbrenners als oberster badischer Baubeamter an. 1831 wurde Hübsch Oberbaurat und 1842 Baudirektor. Zudem leitete Hübsch zwischen 1832 und 1853 die damals neu errichtete Baufachschule des Polytechnischen Instituts. Als Hübsch am 3.4.1863 in Karlsruhe starb hinterließ er ein reiches Werk. Vgl. Schmitt 1983, S. 10-21. Vgl. Ullrich Thieme (Hrsg.), Thieme

berg richtungsweisend gewesen sein. In seiner Schrift „In welchem Style sollen wir bauen?“, die 1825 in Karlsruhe erschien, propagiert Hübsch den Rundbogenstil und sucht ihn als zeitgemäßen Baustil zu begründen. Nach einer Untersuchung der Baustile seit der griechischen Antike entwickelt und begründet Hübsch den Rundbogenstil aus drei grundlegenden Determinanten, die er „natürliche Bildungsmomente“ nennt. Dies sind das Baumaterial, das für die jeweilige Gegend typisch ist, die Beachtung des aktuellen Standes der technischen Verfahren oder die „technostatischen Erfahrungen“ und drittens die klimatische Umgebung, in der das Gebäude erstellt wird. Das für den süddeutschen Raum adäquate Baumaterial ist nach Hübsch Sandstein. Da dieser aber nur in Bruchstücken bzw. behauenen Steinen, meist Quadern, zu verwenden ist, ergibt sich der Zwang, Pfeilerüberspannungen in einer Bogenlinie zu bilden. Hübsch entwickelt den neuen Baustil Schritt für Schritt, so daß seine Schrift „In welchem Style sollen wir bauen?“ auf Architekten nicht nur als Empfehlung, sondern geradezu als Bauregel wirken mußte. Man findet alle wesentlichen Architekturteile des Bezirksstrafgerichtsgebäudes in dieser Schrift wieder.[16]

Aus den Bauakten geht hervor, daß die Heidelberger Bezirksbauinspektion der Karlsruher Baudirektion in der fraglichen Zeit Entwürfe zur Begutachtung übersandte. Die Bezirksbauinspektion sah einen mit „vorstehenden Verkröpfungen“, quaderverkleideten Bau vor mit einer Fassadenlänge von 170 Fuß, was etwa der ausgeführten Länge von 50,80 m entspricht. Die Baudirektion empfahl daraufhin ein mächtiges Hauptgesims, die stärkere Hervorhebung des Portals und nahm eine Abänderung der Haupttreppenführung vor. Letztere wurde von der Bezirksbauinspektion sogar begrüßt. Aus der Planungsphase ist uns bekannt, daß Heinrich Hübsch seit 1842 Baudirektor und Ludwig Lendorff seit 1844 Bezirksbaumeister in Heidelberg war.[17]

Becker Künstlerlexikon. Allgemeines Lexikon der bildenen Künsler. Von der Antike bis zur Gegenwart, 18. Band, Leipzig 1925, S. 50f.

16 Vgl. Gantner 1988, S. 83-85.

17 Das Geburtsdatum Lendorffs ist nicht bekannt, aber es ist anzunehmen, daß er kurz nach 1800 in Karlsruhe geboren wurde. Etwa um 1820 war er Schüler von Friedrich Weinbrenner. Im Frühjahr 1828 legte er bei Hübsch und dem Militärbaudirektor Arnold das Examen ab. Hübsch urteilte über den Eleven, daß er „sehr gut befähigt“ sei. Ende 1828 verfügte der Großherzog, daß Lendorff als Baupraktikant in die Baudirektion mit einem Gehalt von 300 fl. aufgenommen werde. Bereits im Frühjahr 1829 wurde er zu der für eine erfolgreiche berufliche Laufbahn üblichen Studienreise durch Deutschland, Frankreich und Italien zunächst auf ein Jahr beurlaubt. Lendorff kehrte aber nach genehmigter Verlängerung erst Ende 1830 zurück. Von Januar 1831 an war er wieder in der Baudirektion tätig und versah schon bald die Aufgabenbereiche eines Baumeisters. 1841 wurde er zum Bezirksbaumeister in Donaueschingen ernannt, und Ende 1844 schließlich erfolgte seine Versetzung in die Bezirksbauinspektion Heidelberg. Diese leitete er bis zu seinem Tod im Februar 1853. Über seine Arbeiten ist wenig bekannt. 1845/46 entwarf er die Pläne für die evangelische Kirche in Meckesheim, 1847

Ein um 1850 datiertes Blatt mit dem Aufriß des Gerichtsgebäudes wird Friedrich Theodor Fischer[18] zugeschrieben.

Der Architekt des Gebäudes wußte den Rundbogenstil geschickt in die Praxis umzusetzen. Aus den Bauakten geht hervor, daß die Heidelberger Bezirksbauinspektion Entwürfe für das Gebäude zeichnete, die der Baudirektion vorgelegt wurden. In der Besprechung der Entwürfe ist das tatsächlich erbaute Gebäude in seinen wesentlichen Teilen, wie z.B. den vorstehenden Eckpilastern, dem kräftigen Hauptgesims, der Fassadenlänge entlang der Seminarstraße und der Quaderverkleidung, wiederzuerkennen. Ludwig Lendorff, Bezirksbaumeister in Heidelberg, war Schüler Hübschs, er lernte während seiner Tätigkeit in der Baudirektion den „neuen Styl" aus erster Hand kennen. Von Lendorff stammen auch die Pläne für das Heidelberger Amtsgefängnis. Es ist daher sehr wahrscheinlich, daß Lendorff für die Entwürfe des ehemaligen Bezirksstrafgerichtsgebäudes verantwortlich zeichnet, daß seine Pläne jedoch von Friedrich Theodor Fischer abgeändert wurden.[19]

Aus einer anderen gutachterlichen Stellungnahme zu einer Planung von Lendorff entwickelten sich die Planungen von Heinrich Hübsch zu Universitätsbauten in Heidelberg:

arbeitete er an Entwürfen für eine evangelische Kirche in Waldangelloch, die ebensowenig ausgeführt wurden wie die neugotischen Entwürfe für eine Kirche in Siegelsbach von 1850, obwohl Friedrich Theodor Fischer sich für die Ausführung einsetzte. 1847 arbeitete er die Pläne für das Heidelberger Amtsgefängnis aus, 1850 erhielt er den Auftrag zu einer neuen Hauptsynagoge in Mannheim. Vgl. Ganter 1988, S. 82.

[18] Friedrich Theodor Fischer wurde am 3.9.1803 in Karlsruhe geboren. Seit 1817 arbeitete er bei Weinbrenner und seit 1824 in der Baudirektion. 1835 wurde Fischer Bauinspektor in Karlsruhe und trat 1864 als Baudirektor Hübschs Nachfolge an. 1864 erweitert Fischer das Hauptgebäude der Universität Karlsruhe (ehemaliges Polytechnikum) in einer Weise, die große Ähnlichkeit mit dem Heidelberger Gerichtsgebäude erkennen läßt, besonders was die gekuppelten Fenster und die oktogonalen Eckpfeiler betrifft. Eine Hypothese wäre, daß Lendorff die Pläne für das Gerichtsgebäude zwar entwarf, daß diese aber in der Karlsruher Baudirektion durch Fischers Hände gingen. Das könnte eine Zuweisung des Aufrisses an Fischer rechtfertigen, nicht zuletzt, weil die Baudirektion bei der Vorlage der Pläne Kritik an der Fassadengestaltung äußerte. Fischer erbaute zahlreiche Kirchen und Nutzbauten, Rathäuser, Schulen und Gefängnisse, Privathäuser und Villen. Seine Bauten heben sich durch ihre außerordentliche Nüchternheit und Schlichtheit von den Werken Weinbrenners und seiner Zeitgenossen ab. Trotzdem lassen sich die Werkideen klar erkennen und sind durch ihre meist auf Eingang und Treppenanlage beschränkte Ausstattung bezeichnende Zeugnisse einer nüchternen und geldarmen Zeit. Der am 14.11.1867 in Karlruhe verstorbene Fischer war der letzte Weinbrennerschüler, der das Amt eines Baudirektoren inne hatte. Vgl. Ullrich Thieme (Hrsg.), Thieme Becker Künstlerlexikon. Allgemeines Lexikon der bildenen Künsler. Von der Antike bis zur Gegenwart, 12. Band, Leipzig 1916, S. 20. Vgl. Brockhoff 1983, S. 123f.

[19] Vgl. Gantner 1988, S. 85.

Die ehemalige Anatomie

Abb. 80: Heinrich Hübsch „Anatomie in Heidelberg", Aufriß der Hauptfassade, 1847.

Am 5. Januar 1846 lag der Universität ein erster detaillierter Kostenvoranschlag über 51 698 Gulden für einen Anatomie-Neubau im Bereich der nördlichen Klostergebäude des Dominikanerklosters in der Brunnengasse vor, gefertigt von Ludwig Lendorff. Der engere Senat der Universität empfiehlt, diesen Neubau zwei- statt eingeschossig aufzuführen, um das obere Stockwerk für die Zoologie einzurichten. Der Vorschlag des engeren Senats, das ehemalige Dominikanerkloster abzureißen und an seiner Stelle einen zweckmäßigen Neubau für die anderen Naturwissenschaftlichen Institute zu erstellen, wird aus finanziellen Gründen zurückgestellt. Am 27. September 1846 genehmigte das Ministerium des Innern 67 000 Gulden für einen zweigeschossigen Neubau für Anatomie und Zoologie und übertrug Lendorff die Planung und Bauleitung. Im November desselben Jahres waren die Entwürfe fertiggestellt; die zuständigen Institutsprofessoren Friedrich Tiedemann, Jakob Henle (Anatomie), Heinrich Georg Bronn (Zoologie) und Kurator J.A. Dahmen stimmten ihnen zu und begründeten in ihren Gutachten die Vorzüge des Projekts.[20] Das Innenministerium sandte die Pläne an die Großherzogliche Baudirektion in Karlsruhe, dessen Vorsitzender Heinrich Hübsch war. Ein Treffen zwischen Hübsch, den Institutsdirektoren und der Bau- und Ökonomiekommission der Universität am 30. Dezember 1846 führte allerdings nicht zum Abschluß der Planung, sondern zu einer Neuplanung. Heinrich Hübsch war mit dem Projekt seines ehemaligen Schülers Lendorff nicht einverstanden. Er bemängelte, daß

> „anstatt eines Haupteingangs deren zwei vorhanden sind, was dann namentlich auch die architecton. Einheit auf der Hauptfacade […] sehr beeinträchtigt."

[20] Der Bauplatz sei sehr geeignet, da er erstens – Eigentum der Universität – nichts koste, zweitens von der Straße abgelegen und durch eine Mauer den Blicken und dem Andrange der neugierigen Leute entzogen sei, zum dritten nicht direkt an Wohnhäuser stoße, so daß keine gegenseitigen Belästigungen zu befürchten seien. Auch die zweckgemäße Anordnung der Räume wurde hervorgehoben.

Ferner „die Disposition der Haupträume", die so angeordnet seien,

> „daß sich die Zwecke der beiden Institute, die hier untergebracht werden sollen, sehr nachtheilig [...] durchkreuzen."

Da Auditorium und Seziersaal durch das Treppenhaus getrennt seien, müßten die Besucher auf ihrem Wege in die zoologische Sammlung des Obergeschosses möglicherweise an Leichen vorbeigehen, die gerade vom Seziersaal zum anatomischen Hörsaal gebracht werden. Hübsch präsentierte bei der Besprechung im Dezember 1846 dem Gremium alternative Vorschläge. Da Lendorff ablehnte, neue Pläne anzufertigen, sieht sich Hübsch „[...] – um die Ausführbarkeit seiner Vorschläge darzuthun – genöthigt dieß selbst zu besorgen." Hübschs Bericht an das Ministerium umfaßte neben einer Kostenberechnung über die Summe von 67 610 Gulden vier Pläne, von denen heute noch drei im Gernerallandesarchiv in Karlsruhe erhalten sind. Sie zeigen bereits einen zweiten Planungszustand. Ähnlich wie Lendorff gruppierte Hübsch die Dozentenzimmer und andere kleinere Räume zu beiden Seiten des Treppenhauses in der Gebäudemitte. Den Hörsaal jedoch schloß er als einzelnen Baublock nördlich an das Treppenhaus an und verband ihn durch einen Gang über den Nordhof mit einem kleinen separaten Sektionshaus an der nördlichen Grundstücksgrenze. Der breit gelagerte südliche Bauteil mit Hauptfassade wurde am Ost- und Westende rechtwinklig nach hinten fortgeführt. Der Grundriß dieses Projekts erscheint auf einem von Hübsch signierten Situationsplan des gesamten Klostergeländes. In der Überzeugung, daß eine Planung der Anatomischen Anstalt nicht unabhängig von der Bebauung des übrigen Grundstücks stattfinden könne – der Abbruch des Klosters war mehrfach von der Universität angeregt worden –, skizzierte Hübsch in diesem Entwurf auch ein eventuelles Vordergebäude. Damit nahm er die Gelegenheit wahr, seine Vorstellungen eines solchen Neubaus für naturwissenschaftliche Institute darzulegen. Die Anatomiepläne Hübschs wurden entsprechend den Wünschen der Professoren noch in einigen Punkten abgewandelt. So sollen unter anderem „die Seitenflügel um 20 Fuß nach vorn vortreten und hinten um so viel verkürzt werden", damit die Professorenzimmer im Mittelbau, seitlich des Treppenhauses, mehr Licht erhalten. Dadurch wurden aus den rückwärtigen Seitenflügeln seitliche Kopfbauten. Dieses Projekt wurde vom Ministerium des Innern genehmigt. Im März 1847 wurde der Berner Architekt Friedrich Salvisberg, als Bauführer verpflichtet, und Ende des Monats begannen die Mauerarbeiten. Am 12. September 1847 fand das Richtfest statt. Nach Abschluß der Dachdeckungsarbeiten im November war der Bau im Äußeren fertiggestellt. Die Arbeiten an den Hintergebäuden (Seziersaal, Mazerationsraum, Ställe und ähnliches) werden von Ende März bis Dezember 1848 ausgesetzt, weil die Nachbarn ihre Beschwerden an die 2. Kammer der Stände eingereicht hatten. Sie befürchteten Belästigungen durch den Verwesungsgeruch der sezierten Leichen, die Übertragung von Krankheiten, den täglichen Anblick der zum Bleichen ausgelegten mazerierten Knochen und ähnliche Beeinträchtigungen. Daraufhin wird die nördliche Scheidewand um 5 Zoll erhöht und die Totenkammer in den Keller des Hauptbaus verlegt. Wegen der Einquatierung badischer Aufständischer wurden die Arbeiten im Hauptgebäude im Mai 1849 unterbrochen. Seit dem Wintersemester 1849 wurden „die anatomischen und physiologischen Vorlesungen in ihm gehalten und die Präparirübungen im Secirsaale vorgenommen, auch ist die anatomische Sammlung in den unteren Sälen aufgestellt." Das Zoologische Institut zieht im April 1850 in das Obergeschoß des Neubaus; bis die innere Einrichtung vervollständigt ist, vergehen allerdings noch weitere fünfzehn Jahre.[21]

Das Anatomiehauptgebäude von 1850 ist ein freistehender, breit gelagerter, zweigeschossiger Bau mit zwei seitlichen Flügelbauten, von denen der östliche eingeschossig nach Norden verlängert ist. In der Mitte der Nordseite ragt der zweigeschossige Treppenhausblock hervor, an den sich apsisförmig der Hörsaalblock anschließt. Die Hauptfassade des Baus zeigt nach Süden. Das Schieferdach ist allseitig gewalmt, den Haupteingangsrisalit überspannt ein Giebel. An der nördlichen Grenzmauer liegt ein langgestrecktes Nebengebäude. Die zweigeschossige dreizehnachsige Südfassade ist achsensymmetrisch gestaltet. Zwei einachsige kurze Flügel bilden die Flanken. Einen dreiachsigen Mittelrisalit rahmen im Erd- und Obergeschoß Ecklisenen sowie zwei weitere seitliche Lisenen. Diese Eckbetonung ist bei den Seitenflügeln wiederholt. Der Sockel mit Sockelgesims, das Gurtgesims mit darunter entlanglaufendem Pfeifenfries und das von einem verkröpften Zahnschnittfries unterlegte Dachgesims gliedern die Fassade in der Horizontalen. Während die Sockel- und Gurtgesimse aus rotem Sandstein bestehen, sind das Dachgesims, die Friese, der Sockel und die Lisenen aus beige gebrannten Ziegeln gebildet. Zu den drei Haupteingangsarkaden des Mittelrisalits, die durch Segmentbogen auf Pfeilern gebildet werden, führen fünf Stufen. Im Obergeschoß des Risalits korrespondieren die Segmentbogen der Fensterabschlüsse mit den Erdgeschoßarkaden. Hier liegen die Segmentbogen auf Doppelsäulen und Eckpfeilern. Bogen und Pfeiler bestehen in beiden Geschossen aus Buntsandstein. Glatte Buntsandsteineinfassungen mit einem schmalen äußeren Sandsteinband rahmen die jeweils vier hochrechteckigen Erd- und Obergeschoßfenster zwischen Risalit und seitlichen Flügeln. Die aus der Serliana entwickelten, ebenfalls in rotem Sandstein eingefaßten Fenster in beiden Geschossen der Seitenflügel nehmen die Dreiteilung des Risalits wieder auf. Im Westen bildet der mittlere Teil des Erdgeschoßfensters einen Nebeneingang, zu dem eine Treppe führt. Die achtachsige Ostseite ist im Erdgeschoß von Ecklisenen begrenzt, eine weitere Lisene markiert die Mitte. Über der südlichen Erdgeschoßhälfte erhebt sich das Obergeschoß mit Ecklisenen. Die Hauptgliederungselemente – Sockel, Gesimse, Friese,

[21] Vgl. Albrecht 1985, S. 338-340. Vgl. Brockhoff 1983, S. 127-129.

Lisenen – entsprechen denen der Hauptfassade. Die nördliche Rückansicht entspricht in ihrer Gesamtkonzeption der Hauptfassade.[22]

Der Aufriß der Hauptfassade mit der Bezeichnung „nach der Ausführung", zeigt in beiden Geschossen fast quadratische zweiteilige Fenster mit Brüstungsfeldern. Ein für die Erweiterung des Ostflügels gefertigter Plan der Ostseite zeigt die quadratischen Obergeschoßfenster. Wann die Fenster vergrößert wurden ist nicht bekannt.[23]

Dem Arkadenmotiv des Mittelrisalits der Alten Anatomie, das durch flache Segmentbogen auf Pfeilern den Haupteingang bildet, begegnen wir an mehreren Bauten im Heidelberg der Jahrhundertmitte: wie z.B. am Haupteingang des Stadttheaters und am ehemaligen Haupteingang des Gebäudes Bienenstraße 7. Eine Variation des Arkadenmotivs finden wir am Haus Fallenstein, dem heutigen Max-Weber-Haus. Die beiden zentralen Pfeiler sind hier durch Säulen ersetzt. Eine besondere Formulierung des Arkadenmotivs entsteht durch dessen Wiederholung für die über der Haupteingangsarkade folgende Balkonloggia. Optisch hervorgehoben wird das Motiv durch die den Balkon tragenden Konsolen.

Beim Heidelberger Anatomiegebäude setzt Hübsch seine Gestaltungsmittel gezielt und maßvoll ein, während andere, bekanntere Bauten Hübschs, wie die Karlsruher Kunsthalle (1838-1846) oder die Trinkhalle (1837-1840) und das ehemalige Dampfbad (1846-1848) in Baden-Baden durch ihre Detailfülle überraschen.

Detailfülle und Renaissancereminiszenzen prägen auch das Erscheinungsbild der ersten Bahnhofsgebäude Heidelbergs. Der erste Heidelberger Bahnhof befand sich nördlich des heutigen Hotels „Holiday Inn". Auf zeitgenössischen Abbildungen erkennen wir noch die Dachterrasse des Hotelbaus, die später zu einem Mezzaningeschoß umgestaltet wurde. Die repräsentative Hotelanlage entstand etwa zeitgleich zum Bahnhofsbau 1840:

Der alte Bahnhof

Der „öffentliche Verkehr" auf der ersten badischen Eisenbahnstrecke begann am 12. September 1840 mit der Abfahrt des ersten planmäßigen Zuges von Heidelberg nach Mannheim „um 6 Uhr morgens". Kein Festakt, keine Eröffnungsfeier würdigte die Bedeutung dieses Augenblicks.[24]

[22] Vgl. Albrecht 1985, S. 341f.

[23] Ebd., S. 343-345.

[24] Mitte August verdichteten sich die Nachrichten über die baldige Inbetriebnahme der Strecke. Die Journalisten gingen davon aus, die Bahnlinie werde am 29. August, dem Geburtstag von Großherzog Leopold feierlich eingeweiht. Erste Festgedichte erschienen in den Zeitungen, und fortlaufend berichtete die Presse über Stand und Fortgang der Arbeiten. Der Großherzog Leopold von Baden verfolgte den Fortgang der Bauar-

Abb. 81: Johann Jakob Tanner „Der erste Bahnhof in Heidelberg", um 1840.

beiten mit großem Interesse. So nahm er am 13. Juli 1839 in Mannheim „die Arbeiten an der Eisenbahn in Augenschein", fuhr die abgesteckte Bahnstrecke nach Heidelberg ab und besichtigte dort im Bahnhof Bauten und Werkstätten. Am 25. August 1840 ließ sich der Großherzog in Gegenwart seiner Söhne die Locomotive „der Greif" und drei Personenwagen vorführen. „Seine königliche Hoheiten gaben ihren ungeteilten Beifall über dieses neue Etablissement zu erkennen." Am 28. August, einen Tag vor dem vermuteten Einweihungstermin, fand „die erste Probefahrt statt, die in jeder Hinsicht zur vollsten Zufriedenheit ausfiel" – und die offenbar sogleich auch einem größeren Publikum freigegeben wurde, wie ein Korrespondent aus Heidelberg der Karlsruher Zeitung meldete: „Daß die Eröffnung insofern von Mannheim aus geschah, als die Wagen von hier aus leer hinuntergingen, um die Mannheimer Fahrlustigen aufzunehmen, und daß erst bei einer zweiten Tour dem hiesigen Publikum das Mitfahren erlaubt war, hat viele gute Heidelberger sehr verdrossen. Doch sollten wir vielleicht der Schwesterstadt den kleinen Vorzug nicht mißgönnen, der ganz besonderen Energie und Raschheit wegen, womit der Mannheimer Teil der Bahn von der dortigen Werkleitung betrieben und beendigt worden ist." Daher war es um so verwunderlicher, daß man am darauffolgenden Tag zwar das Geburtstagsfest des „allgeliebten Großherzogs mit allgemeiner Teilnahme" feierte, von Eisenbahneinweihung aber keine Rede war. „Warum die allgemein erwartete Betriebseröffnung heute nicht stattfand, wodurch sich viele Fremde der Umgegend, die heute hierher kamen, übel getäuscht sahen, ist nicht bekannt". Dafür fanden in den folgenden zwei Wochen „zahlreiche Lust- und Probefahrten" statt, bei denen sich die Eisenbahn „als fahrbar und in jeder Hinsicht vortrefflich" zeigte. Die offizielle Eröffnung am 12. September erfolgte „ohne alle Feierlichkeit" und ohne besonderen Publikumsandrang – auf jede der vier „Touren" hin und zurück kamen etwa 100 Personen. Vgl. Freiburger Zeitung vom 2.9.1840. Vgl. Heidelberger Tageblätter, 31.8.1840. Vgl. Mannheimer Journal 1840, S. 847. Vgl. Mannheimer Journal 1839, S. 662 und S. 667. Vgl. von Hippel / Stephan 1990, S. 12ff.

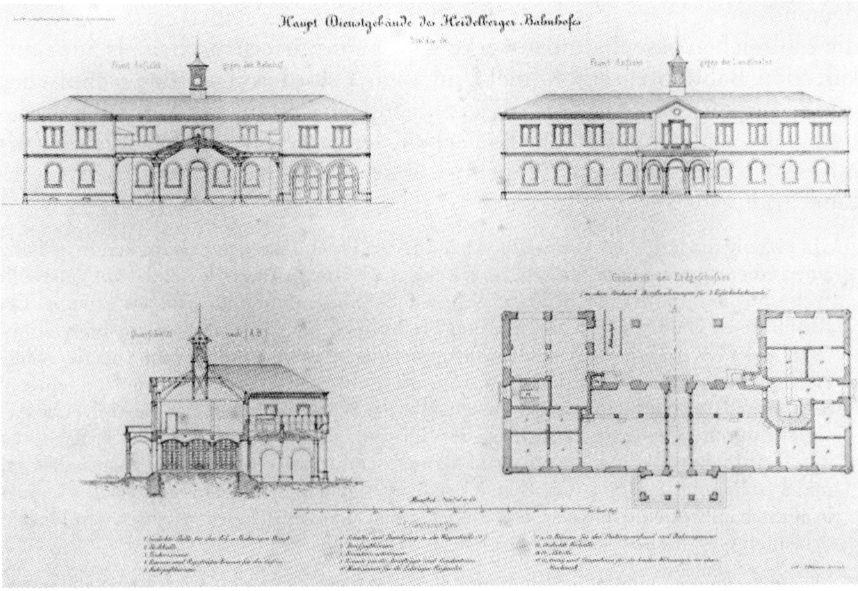

Abb. 82: „Haupt-Dienstgebäude des Heidelberger Bahnhofes", 1845.

Für die Streckenführung zwischen Mannheim und Heidelberg waren mehrere Vorschläge gemacht worden, von denen einer die Leitung über Schwetzingen, ein anderer über Seckenheim und Wieblingen vorsah. Die Eisenbahn-Bau-Direktion entschied sich für die Einhaltung der geraden Linie. Vor der endgültigen Festlegung der Trasse war noch die örtliche Lage der beiden Bahnhöfe zu bestimmen. Während beim Mannheimer Bahnhof die Meinungen zunächst auseinandergingen, kam für den Bahnhof in Heidelberg nur die westliche Umgebung der Stadt in Frage. In Übereinstimmung mit den städtischen Behörden wurde das an die Karlsruher Straße angrenzende Gelände nahe der Promenade gewählt. Infolge dieser Lage konnte der Bahnhof Heidelberg nur als Kopfbahnhof gebaut werden, in welchen die Züge von Mannheim nach Karlsruhe auf dem gleichen Wege einliefen.[25]

Seit 1838 prägte das äußere Erscheinungsbild der badischen Eisenbahn der Leiter des Hochbauwesens Jakob Friedrich Eisenlohr.[26] Für einen der be-

25 Vgl. Pressedienst der Bundesbahndirektion Karlsruhe (Hrsg.), 115 Jahre Bahnhof Heidelberg 1840-1955. Festschrift zur Eröffnung des Heidelberg Hauptbahnhofs am 5. Mai 1955, Heidelberg / Mainz 1955, S. 11-13.

26 Jakob Friedrich Eisenlohr wurde am 23.11.1805 in Lörrach geboren. Nach dem Studium in Karlsruhe und einer Italienreise in den Jahren 1827 und 1828 wurde er Lehrer am Polytechnikum. 1853 war er Direktor der Bauschule. 1838 wurde ihm der gesamte Hochbau der badischen Staatseisenbahnen übertragen. Dieses Amt behielt er bis zu seinem Tod am 27.2.1855.

deutendsten Schüler Friedrich Weinbrenners war es selbstverständlich, daß die zahlreichen Eisenbahnbauwerke vom Bahnwärterhäuschen bis zum ausladenden Bahnhofensemble nicht nur den Erfordernissen der technischen und ökonomischen Funktionalität zu genügen hatten, sondern auch ästhetisch befriedigen mußten. Die Badische Eisenbahn war bald für „die Eleganz ihrer Stationen" bekannt. Wilhelm Lübke schrieb zehn Jahre nach Eisenlohrs Tod:

> „In ungemein zierlicher Auffassung hat er in den Hochbauten der badischen Eisenbahn einen edlen romanischen Styl zugrunde gelegt und die Formen desselben auf geistvolle Weise mit den modernen Bedürfnissen in Übereinstimmung zu bringen gewußt. Die Bahnhöfe zu Heidelberg, Karlsruhe und Freiburg mit ihren weiten Hallen, ihren anmutigen Arkaden und der malerischen Gruppierung gehören in ihrer ächt künstlerischen Haltung zu den liebenswürdigsten Schöpfungen ihrer Art. Aber selbst in den kleineren Stationsgebäuden, ja selbst in den unscheinbaren Wärterhäuschen hat der treffliche Architekt durch glückliche Benützung des Terrains, durch naiven Reiz der Anlage und durch Aufnahme des im Schwarzwald heimischen Holzbaues eine Fülle anspruchsloser und anziehender Werke geschaffen. Er redet in ihnen die trauliche Sprache des Landes in ähnlich anheimelnder Weise, wie Hebel in den alemannischen Gedichten den Dialekt derselben Gegend poetisch verklärt hat."[27]

In dem Vorwort zu den zwischen 1853 und 1859 in Karlsruhe publizierten „Entwürfen von Gebäuden verschiedener Gattung" schrieb Eisenlohr, daß das Bauen „in den verschiedenartigsten und in ihrem Wesen sich widersprechendsten Baustylen" „abnorm" und „unbefriedigend" sei, weil es

> „einer harmonischen Einheit ermangelt, weil der reale Boden des Lebens schon seit lange her verlassen und unsere Kunst sozusagen auf Stelzen abstrakter, falscher ästhetischer Theorien und Schulregeln gestellt worden war und verkehrte Zeit- und Geistesrichtungen auch bei ihr sich geltend gemacht hatten, wodurch sie in vielfache Widersprüche mit dem Leben geraten und auch dem Volk entfremdet, ihm unverständlich, unvolkstümlich geworden ist."

Die „Berechtigung der Persönlichkeit in den Kunstgestaltungen" sei „in ein Übermaß geraten, so daß oft mehr launenhafte Zu- oder Einfälle und oberflächliche Neigungen als feste Prinzipien zu herrschen und zu entscheiden scheinen"; dies widerstreite jedoch „der ganzen Natur, dem Ernst und der Strenge" der Baukunst, „die gerade in ihren höheren Beziehungen weniger der Person als vielmehr einer größeren Gesamtheit angehört und die innersten Zustände des Geistes und Gemütslebens eines Volkes in bleibenden, festen, sichtbaren Werken zu offenbaren berufen ist". „Eine harmonische Einheit" könne „in unserer Gesamtbaukunst" nur wiedergewonnen werden, wenn man sich „den höheren idealen geistigen Triebkräften" unbedingt hingebe, „welche in dem Leben aus Gott sowie in der Volkstümlichkeit wurzeln". Christentum und Volkstümlichkeit als „das außer uns Feststehende

[27] Vgl. Lübke 1865, S. 751.

und Gegebene“ sollten zur Harmonie, „Wahrheit des Ausdrucks und Einklang unserer Kunstformen“ zurückführen.

Betrachtet man Eisenlohrs Hochbauten zur badischen Eisenbahn, so könnte man „vom Drang zum Gesamtkunstwerk“ sprechen. Denn Eisenlohr entwarf auch die Details der Ausstattung, wie Gebälk, Türen und Türgriffe, Bänke, Stühle und Lampen, um Gitter, Laternen, Dachtraufen oder Bahnhofsglocken. Sein Ziel war die angemessene künstlerische Gestaltung[28], so daß die Schmuckformen, Ornamente und Profile „sozusagen von selbst aus den konstruktiven Teilen hervorwuchsen und diesen gewissermaßen erst ihre volle Bedeutung gaben, dieselben vollendeten.“ Er sah auch die „Holzschnitzwerke“ an den Giebeln der „Einsteighallen“ von Heidelberg, Mannheim, Karlsruhe, Offenburg oder auch Baden-Oos als „konstruktionsmäßg bedungen“ an, da sie das dahinterliegende Balkenwerk vor Regen und Schnee schützten und „zugleich dem Gebäude einen gewissen Abschluß geben, wo durch der Eindruck einer beliebigen Verlängerung aufgehoben wird“.[29]

Abb. 83: „Detail des Giebels“ zu „Giebelverzierung an der Bahnhalle zu Heidelberg“ entworfen von Jakob Friedrich Eisenlohr.

[28] Über die Formulierung der nutzbringenden Ornamente schreibt Eisenlohr im Vorwort zu seiner Entwurfssammlung „Ornamentik in ihrer Anwendung auf verschiedene Gegenstände der Baugewerke“: „Was den Styl dieser Verzierungen anbelangt, so ist derselbe als der natürliche Ausdruck meines architektonischen Bildungsganges und meiner Gefühlsweise zu betrachten und er musste zugleich mit dem Charakter der Gebäude im Einklang stehen. Man wird deshalb, wie ich hoffe eine gewisse Einheit des Styls nicht vermissen, während die Mannigfaltigkeit der Form schon durch die sehr verschiedenartigen Forderungen in einem gewissen Maase herbeigeführt werden musste. Vorbildlich waren mir die einheimischen Gewächse, und den historischen Anknüpfungspunkt, dem sich kein Künstler entziehen kann noch soll, fand ich in den entwickelteren Perioden des Mittelalters, in denen ja auch die Charaktere der einheimischen Pflanzen herrschender geworden waren.“

[29] Vgl. von Hippel 1990, S. 157.

Die heute eher bescheiden-maßvoll wirkenden Konstruktionen Eisenlohrs erschienen so manchem Volksvertreter bereits als unerwünschter und unzulässiger Luxus. Die Kritik der sparsamen Volksvertreter wurde, so scheint es, nicht zuletzt durch diese Art der „Formbildung" gereizt.[30]
Unbestreitbar hat Eisenlohr für die Frühphase der deutschen Eisenbahnbauten eigene Maßstäbe gesetzt. Er selbst formulierte in einem Bericht an das Innenministerium:

> „Daß ein solider und dauerhafter Bau an sich noch kein Luxusbau sei, daß eine auf Kosten der Dauerhaftigkeit erzielte Sparsamkeit nicht zu derjenigen weisen Ökonomie gehöre, die bei jedem Bauwesen beachtet werden soll, welches keine vorübergehende, sondern eine dauernde Bestimmung hat, ist wohl allgemein anerkannt. Es ist aber ebenso unbestreitbar, daß bei Beurteilung öffentlicher Bauten die Anforderungen einer vorangeschrittenen Zeit, der Stand der Wissenschaft und Kunst, Kultur und Gesittung und schließlich der Ort, wo gebaut wird, in Betracht gezogen werden müssen; daher denn auch folgende Bauausführung empfohlen wurde: Der Baustil soll einfach und bescheiden, aber solid, anständig und des Gegenstandes würdig, überall sparsam aber nirgends ärmlich sein."

Eisenlohr stützte sich dabei fast wörtlich auf ein Kommissionsgutachten von 1841, an dem er mitgewirkt hatte; dort wurde auf den Vorbildcharakter hinge-

30 Der Abgeordnete Merk ließ 1841 deutlich erkennen, daß lieber mehr Geld „auf die Bahnlinie selbst als auf so luxuriöse Bahnhöfe, worüber alle Fremden staunen", verwendet werden solle und auch der Abgeordnete Zentner meinte, „daß die beiden Bahnhöfe in Heidelberg und Mannheim wirklich zu kostspielig und mit übertriebenem Aufwand gebaut worden sind". Andere Volksvertreter dagegen, die ministerieller Liebedienerei unverdächtig waren, widersprachen und hielten die Bauweise für „solide" und dauerhaft und den Aufwand für angemessen; dem Abgeordneten und späteren Finanzminister F.A. Regenauer gefiel der Heidelberger Bahnhof „ungemein wohl, weil er solid und dem Zweck auf eine würdige Art entsprechend ausgeführt ist". Derartige Meinungsverschiedenheiten in den Reihen der Volksvertretung, teilweise recht harsch und mit kräftigen Seitenhieben auf Eitelkeit und Selbstgefälligkeit „der Techniker" vorgetragen, wurden während der folgenden Jahre auf jedem Landtag bei der Diskussion einschlägiger Posten im Staatshaushalt wiederholt, und die Kritik gewann an Schärfe. Der Abgeordnete Hecker mokierte sich über die „gotischen Schnitzeleien"; der Abgeordnete Buhl jun. entwickelte abwehrend eine kostensparende Zweckästhetik – „wenn die Sache zweckmäßig und billig ist, dann ist sie am allerschönsten" – und verspürte als nüchterner Unternehmer geradezu physische Schmerzen beim Anblick der Bauwerke: „Sie machen sich keinen Begriff, wie es den Augen wehe tut, wenn man bei solchen Anstalten eine nutzlose Verschwendung sieht." Besser „als in der Aufeinandertürmung behauener Steinmassen" wären die Gelder im Straßenbau für „unsem armen Odenwald" angelegt, empörte sich der Abgeordnete Helmreich und bemerkte mit spitzzüngiger Anspielung auf Eisenlohrs Symmetriebedürfnis: „Es wäre aber doch besser, im Eisenbahnbudget eine Symmetrie herzustellen als in den Bahnhöfen." Auch der Unterbau erschien dem Abgeordneten Mez viel zu luxuriös: „Betrachten Sie nur die kleinen Brücklein! Sie sehen nicht einmal die Pracht, mit der sie gebaut sind. Da sind die Steine gerieben und gefeilt, alles ist in größter Pracht. Wer sieht das alles? Etwa die paar Frösche, die darunter herumschwimmen?" Vgl. von Hippel 1990, S. 145-152.

wiesen, „die Zwecke, die zu erfüllen sind, auch vollständig erfüllt werden und diese das ganze Land durchziehenden Gebäude möglicherweise auch günstig auf die Ausbildung des Privatbauwesens im Lande wirken können.“[31]

Die Entscheidung, Heidelberg mit einem Kopfbahnhof auszustatten war von dem Wunsch bestimmt, die Bahn möglichst nahe an die Stadt heranzuführen; eine durchlaufende Linie hätte, in weitem Bogen ausgelegt werden müssen. Die Anlage als Kopfbahnhof legt nahe, den Gleiskörper hofartig auf drei Seiten zu umbauen und die stadtzugewandte Fronstseite architektonisch besonders zu beachten. Dieses Gliederungskonzept hatte Eisenlohr nur in Heidelberg verwirklicht. Die Anlage zeigte Ähnlichkeit mit derjenigen von Mannheim: ähnlich waren die beiden Bahnhofshallen, durch die man den Zugang zu und den Abgang von den Zügen sorgfältig voneinander trennen und so die erwünschte ‚Ordnung‘ garantieren konnte und das längsseitig anschließende Wartesaalgebäude, das zwei Wartesäle für die verschiedenen Wagenklassen enthielt. Das galt auch für den Abschluß der Ein- bzw. Ausfahrt durch zwei Maschinenhäuser und Wassertürme; allerdings gestaltete Eisenlohr dieses Ensemble künstlerisch durch, indem er den beiden Wasserreservoirs das Aussehen burgartiger Türme in romanischem Stil verlieh. Das Erscheinungsbild der Bahnhofseinfahrt sollte mit der Silhouette des Schlosses über Bahnhof und Stadt harmonieren, die den Blick der Reisenden besonders anziehen mußte. Anders als in Mannheim setzte Eisenlohr an die Stirnseite der Gleisanlage ein zweigeschossiges Dienst- und Wohngebäude der Post, flankiert von zwei eingeschossigen Wohngebäuden und ausgestattet mit dem obligaten Uhrturm als Dachreiter, in klaren und ausgewogenen Formen, die die klassizistische Schulung des Architekten erkennen lassen. Die Hofform der Bahnhofsanlage wurde gegenüber dem Wartesaalgebäude abgeschlossen durch eine lange Bauzeile, in der ausgedehnte Wagenschuppen, Magazine, Werkstätten und eine Dampfmaschine untergebracht waren.

Als man 1843 nach langen Verhandlungen über den Trassenverlauf den Bau der Main-Neckar-Bahn in Angriff nahm, mußten wegen der anderen Spurweite von der Zweigstelle Friedrichsfeld eigene Gleise nach Mannheim und Heidelberg geführt und hier ein zweiter Bahnhof errichtet werden. Eisenlohr legte ihn soweit wie möglich spiegelbildlich zum bereits vorhandenen badischen Bahnhof an und verband die beiden Frontgebäude durch einen Arkadengang mit einer größeren Mitteldurchfahrt, so daß die Symmetrie des Ganzen gewahrt blieb. Auf den ursprünglich vorgesehenen Figurenschmuck mußte er aus Kostengründen verzichten. Hinter der so entstandenen langgestreckten Fassade konnte die Gleisanlage in zusätzlich gewonnenen Freiräu-

[31] Vgl. Ausführliche Nachweisung über den Eisenbahnbau im Großherzogtum Baden nach dem Stand am 1. Januar 1844 mit 22 Beilagen und einem besondern, aus 60 lithographierten Blättern bestehenden Hefte. Bearbeitet und herausgegeben von den Beamten der Großh. Oberdirection des Wasser- und Straßenbaues. Karlsruhe, 1844. S. 224.

men teilweise verbessert und modernisiert werden. Eisenlohrs Kritiker in der Zweiten Kammer des Landtags freilich fanden den Verbindungsgang zwischen den beiden Bahngebäuden „komplett unnötig und unzweckmäßig", da er bei schlechtem Wetter höchstens den Kopf trockenhalte, und wollten die nachträgliche Bewilligung des Geldes für den Bau verweigern; andernfalls laufe man „Gefahr, daß man uns in Heidelberg noch eine Halle baut vom Bahnhof bis an's Schloß".[32] Die symmetrische Bahnhofsanlage mit dem Verbindungsgang sollte Heidelberg über ein Jahrhundert lang erhalten bleiben.

Reinhold Weinmann

[32] Vgl. von Hippel 1990, S. 167f.

Biedermeiermöbel

Einleitung

Das Biedermeier schöpft, wie bereits die vorangegangenen Stile Louis XVI. und Empire, aus dem Formenschatz des Klassizismus,[1] der seine Blütezeit etwa 1790-1830 erlebte.

Das klassizistische Möbel grenzt sich gegenüber den vorhergehenden Epochen des Barock und Rokoko durch seine geradlinige, tektonische Gliederung und durch großflächig verarbeitetes, glattes Furnier lebhafter Maserung ab.[2] Zugunsten einer linearen Einfachheit, die im Verlauf der drei klassizistischen Phasen Louis XVI., Empire und Biedermeier kontinuierlich zunimmt, verzichtet man auf die bewegte Fläche, auf Marqueterie und Schnitzerei. Eine ähnliche Entwicklung ist ebenso an der sich allmählich reduzierenden Verwendung von Schmuckelementen zu beobachten. Während das Louis XVI.-Möbel noch stark von der Fülle seines oft zierlichen Dekors geprägt war, begann man im darauf folgenden Empire, Formgebung und Schmuck deutlich zu vereinfachen.[3] – Die Schmuckelemente hatten nun stärker akzentuierende Funktion und trugen auf diese Weise zur repräsentativen Wirkung des monumentalen Empiremöbels bei, anstatt wie vormals, das gesamte Möbelstück zu überziehen.

Schlichter in der Ausführung als das Louis XVI. und zierlicher als das römisch-kaiserlich orientierte Empiremöbel, bezog man sich auch im Biedermeier auf Aspekte der Antike, die Johann Joachim Winckelmann mit den vielzitierten Worten der „edlen Einfalt“ und „stillen Größe“ umschreibt. Sie erfassen treffend die klaren, schlichten Formen des reinen Biedermeiermöbels (1812-1830) in ihrem Wesen. Dies wird besonders augenscheinlich, wenn man sie beispielsweise mit dem verspielteren „goût grec“ im Louis XVI. vergleicht. Der lange Zeit negativ bewertete Stilbegriff des Biedermeier hatte nicht mehr in erster Linie aristokratische oder herrschaftlich-prunkvolle Repräsentation zum Ziel, wie es beim Empire unter Napoleon der Fall war. Es ist vielmehr ein Stil, der aus dem Volk, dem wachsenden Besitzbürgertum hervorging und sogar – als Nebenstil – Eingang an den Höfen der

[1] Georg Himmelheber, Kunst des Biedermeier, S. 43.
[2] Vgl. Hermann Schmitz (Hrsg.), Deutsche Möbel des Klassizismus, Bd. 3, S. VIII.
[3] Vgl. Rainer Haaff, Gründerzeit, Möbel und Wohnkultur, S. 27.

nach 1814 zunächst liberal eingestellten deutschen Fürsten fand.[4] Der Handwerker selbst, nicht mehr der Architekt entwarf nun das Möbel, welches er mit großer handwerklicher Geschicklichkeit und Sorgfalt, zumeist in heimischen Hölzern ausführte. Georg Himmelheber charakterisiert den Wandel vom Empire zum Biedermeier folgendermaßen: *Repräsentation und Anspruch werden durch Würde und Ehrlichkeit ersetzt, Prächtigkeit durch Gediegenheit.*[5]

Die bereits Ende des 18. Jahrhunderts aufgekommenen Journale und Möbelvorlagen sorgten für eine schnelle Verbreitung der Stilentwicklung und prägten nicht zuletzt den Geschmack der bürgerlichen Auftraggeber.

Im allgemeinen entwickelt sich jede neue Stilrichtung aus der vorhergehenden. Die Gemeinsamkeiten der klassizistischen Formensprache von Empire und Biedermeier sind nicht zu verleugnen, doch kann man sagen, daß es sich in diesem speziellen Fall nicht um ein Anknüpfen an den napoleonischen Kaiserstil handelte, das Biedermeier also kein „verbürgerlichtes Empire“ war,[6] wie lange Zeit vermutet wurde.

Allein durch die hohen Materialkosten blieb dieser exklusive Einrichtungsstil nur vornehmsten Kreisen vorbehalten und so erklärt es sich auch, daß das deutsche Nutzmöbel – im Schatten des offiziellen Empire – an Entwicklungen des späten 18. Jahrhunderts anknüpfte. Der Möbelstil, der sich langsam und fast unbemerkt zum eigenständigen Biedermeier entwickelte, stammte also von dem wesensmäßig näher stehenden Louis XVI.-Möbel ab und orientierte sich darüber hinaus an englischen Vorbildern.

Bereits seit 1780 hatte sich die Tendenz abgezeichnet, neben dem französischen Stil auch dem fortschrittlichen England größere Beachtung zu schenken, das durch seine konstitutionelle Monarchie zunächst politischen Vorbildcharakter hatte. Mit dieser Regierungsform ging ein Einrichtungsstil einher, der von einfachen, zweckorientierten Möbeln geprägt war und trotzdem auf angemessene Weise repräsentativ war.

Allerdings unterbrach Napoleon besagte Entwicklungen durch die Inauguration des Empire. Er setzte den Stil, der seinem kaiserlichen Machtanspruch gebührend Ausdruck verleihen sollte, schlagartig durch, indem er seine Brüder und sonstige Verwandte zu Herrschern an deutschen Fürstenhöfen machte – bzw. entsprechend verheiratete – von denen selbstverständlich der neue Stil und Geschmack Frankreichs ausging.

Eine allmählich wachsende Unzufriedenheit der Bürger, die freiheitliche und liberale Grundsätze seit der Machtergreifung Napoleons im Keim erstickt sahen, mündete schließlich in den Befreiungskriegen (1813-1815). Nach diesen Freiheitskämpfen zeichneten sich zunächst erfreuliche Verän-

[4] Biedermeiermöbel an Höfen fanden sich allerdings nur in privaten Gemächern, für offizielle Empfangsräume galt unbedingt der repräsentative Empirestil.

[5] Himmelheber 1989, S. 20.

[6] Willi Geismeier, Biedermeier, S. 281.

derungen ab: Man schien dem Adel einige seiner Privilegien abgerungen zu haben – die deutschen Fürsten gewährten ihrem Volk zunächst Verfassungen. Begleitet vom Streben der deutschen Bürger, Studenten und Handwerker nach Bildung und größerer Handlungsfreiheit entstanden Lesezirkel und Leihbibliotheken, Vorlesungen an Universitäten wurden nicht mehr auf lateinisch, sondern auf deutsch gehalten; es herrschte Pressefreiheit.

Vor allem die von den Freiheitskriegen heimkehrende Jugend hatte neue Impulse sowie freiheitliche Ideen und Auffassungen von Bürgertum und neuer Staatsform mitgebracht.[7] In diesem Sinne scheint es nur nachvollziehbar, daß der als „kalt" empfundene, rein auf herrschaftliche Repräsentation ausgerichtete Empirestil vehement abgelehnt wurde und sich ein Möbelstil entwickelte, der den neuen Bedürfnissen und Umständen angepaßt war.[8]

Drei Koalitionskriege gegen das napoleonische Frankreich – meist auf deutschem Boden ausgefochten – Kontinentalsperre, Befreiungskriege und die Besetzung Deutschlands durch Napoleon hatten das Land in großer Armut hinterlassen. Doch nicht nur diese Tatsache, auch die bewußte Suche nach Schlichtheit und Bescheidenheit führten weg von imponierenden, prächtigen Formen in Kunstgewerbe und Möbelgestaltung. Nach kurzer Zeit setzte jedoch die Reaktion der Fürsten ein, die aus einer absolutistisch geprägten Zeit stammten und denen bald die liberalen Neuerungen suspekt wurden. Ihre restaurativen Bestrebungen fanden ihren offiziellen Ausdruck im Wiener Kongreß[9] und bedeuteten, daß Veränderungen, die mit der Französischen Revolution einher gegangen waren, ausgemerzt werden sollten. Zwar gewährte die Restauration, über die der österreichische Staatskanzler Fürst von Metternich eisern wachte, Europa einen lang anhaltenden Frieden – der allerdings auf Kosten des freien, mündigen Bürgers ging. Es herrschte strengste Zensur, sowie Angst vor Bespitzelung und Denunziation, die jegliche Kritik unterband und das politische Engagement des Volkes praktisch lahmlegte. Welche Zustände während der kriegerischen Auseinandersetzungen mit Napoleon herrschten, kann ein Brief der Zeitzeugin Charlotte von Stein an ihren Sohn, 1806 in Weimar verfaßt, deutlich machen:

> „[…] wir sind von Wohlstand und Glück geschieden. Das mächtige Schicksal, das die Länder verheert, hat auch dies verschlungen. Ich bin ausgeplündert, wie die meisten Einwohner. […] All mein Silber, alles von Wert, alle meine Kleider sind geraubt, mehrere Tage habe ich nichts zu essen gehabt. Meine Türen, Fenster, Schränke sind zerschlagen. Das Schloß wurde durch die Ankunft des Prinzen Murat gerettet, doch dauerte in der Stadt die Plünderung noch zwei Tage fort. Ich ging endlich am Arme meines Hausmädchens, das mir treu geblieben war, aus meiner Wohnung. Alle unsere Kirchen sind

[7] Vgl. Heinrich Kreisel und Georg Himmelheber, Die Kunst des deutschen Möbels, Bd. 3, S. 87.

[8] Ebd.

[9] September 1814 bis Juni 1815

Lazarette oder Magazine. – Lebe wohl, gebe Gott, daß Du nicht auch in der allgemeinen Umwälzung verschlungen werdest."[10]

Den Umständen entsprechend hatte sich das Biedermeier folglich aus einer inneren Ablehnung des Empirestils entwickelt und fuhr nach dem Untergang Napoleons verstärkt fort, sich wieder dem Formenschatz des vorrevolutionären Stil Louis XVI. und dem Vorbild englischer Möbelkunst zuzuwenden. Von reinen Stilfragen abgesehen, übernahmen deutsche Handwerker auch moderne Fertigungstechniken, neue Werkzeuge und Maschinen des industriell weiter entwickelten Englands. Französische Einflüsse lassen sich lediglich noch an der Gestaltung des Dekors ausmachen.

Der englische Einfluß auf Möbel und Kunsthandwerk in Deutschland war als erstes in den sächsischen Gebieten, d.h. in Leipzig, Weimar und Dessau zu spüren.[11] Herzog Franz von Anhalt wendete den neuen Stil zusammen mit seinem Baumeister Erdmannsdorf am konsequentesten bei seinen Schlössern und Gartenhäusern in der Dessauer Umgebung an. Ebenso wirkte der englische Gartenstil nicht unerheblich auf die deutsche Kunstlandschaft ein, wobei auch hier Dessau und Weimar als Vorreiter zu nennen sind. Vor allem für die bürgerliche Richtung des deutschen Möbels waren die Impulse aus England maßgeblich, wie es beispielsweise an dem von Thomas Sheraton entwickelte Patentsekretär zu beobachten ist. Dieser fungiert zusammengeklappt auch als dekorativer Ofenschirm und erfreute sich Dank seines vielseitigen Wesens großer Beliebtheit und avancierte sogar zu einem typischen Möbel des deutschen Biedermeier.

Abb. 84: Entwurf zu einem Patentsekretär, um 1825.

Neben der klassizistischen Grundstruktur finden sich auch neugotische Stilelemente im Biedermeiermöbel wieder und können sich sogar mit diesen durchmischen.[12] Ein herausragendes Beispiel für den wiederentdeckten Gefallen am gotischen Stil findet sich im Landhaus Horace Walpoles, *Straw-*

[10] Vgl. Toni Deneke, Das Fräulein Göchhausen, S. 276f.
[11] Vgl. Schmitz 1941 (Hrsg.), S. XIV.
[12] Himmelheber 1989, S. 20.

berry Hill wieder, das er komplett wie ein Schloß der romantischen Vergangenheit bauen ließ.[13]

Die „Vorherrschaft“ des klassizistischen Vorbilds wurde in den Jahren 1830/35 gebrochen, womit der reine Biedermeierstil zu Ende ging. Von München ausgehend, durch König Ludwig I. beeinflußt, hatte man auch der italienischen Renaissance und dem Barock mehr Interesse geschenkt, aber auch außereuropäische Stilrichtungen verfolgt,[14] was schließlich im Historismus mündete, in dem alle Stilarten gleichermaßen Verwendung fanden. Erst zu diesem Zeitpunkt kann man sagen, daß das Biedermeier in der späten Stilphase auch durch das repräsentativere Empire beeinflußt wurde, jedoch als ein Aspekt unter vielen.

Typische Stilmerkmale des Biedermeiermöbels

Für das Biedermeiermöbel, vom Handwerker selbst entworfen und für das Klientel des wohlhabenden Bürgertums gebaut, gelten als charakteristische Merkmale Werkgerechtigkeit und Funktionalität.

Unter Werkgerechtigkeit versteht man die Art und Weise, wie der Tischler mit dem Material Holz umgeht. Es wird ihm fernliegen ein Möbel zu entwerfen, dem man schließlich nicht mehr ansieht, woraus es gefertigt wurde und wie. Farbig gefaßte Stühle, wie man sie im Stil Louis XVI. reich verziert fand, waren dem Biedermeier fremd. Das Holz selbst und seine Maserung waren vor allem bei den Frühformen oft einziger Schmuck des Einrichtungsgegenstandes. Handwerkliche Entstehung und Konstruktion des Möbels waren meist offensichtlich und wurden sogar gerne zur Schau gestellt, da die Verarbeitung im Biedermeier höchste Qualität erreichte.[15] Dies ist beispielsweise an Stühlen zu sehen, deren Zarge über die Beine vorkragt und diese in den Korpus eingesteckt wirken – was sie ja auch tatsächlich sind.

Abgesehen vom lebhaften Muster der Holzmaserung, das oft das gesamte Möbel – Rahmen und Füllung – nahtlos überzieht, sind die Schmuckformen klassizistischen Ursprungs. Wie auch bei Louis XVI. und Empire, wurde im

[13] Besagtes Landhaus befindet sich in Twickenham/London, in: Ernst H. Gombrich, Die Geschichte der Kunst, S. 476f.

[14] Dies äußert sich in Gestalt von Chinoiserien, Turquoiserien und in Stilelementen arabischen Ursprungs.

[15] Man beachte jedoch, daß sich bis heute meist nur qualitativ hochwertige Stücke aus dem Besitz wohlhabenderer Auftraggeber erhalten haben. Von der billigeren Ware, die unzweifelhaft die Masse der Möbelproduktion ausmachte und die kleinbürgerlichen Wohnräume bestimmte, kann man sich kaum ein Bild machen, da diese Gegenstände – bedingt durch ihre mindere Qualität und stärkeren Gebrauchscharakter – stärker verschlissen und somit nicht wert schienen, aufgehoben zu werden. Vgl. Geismeier, S. 280.

Biedermeier auf die grundlegenden architektonischen Elemente wie Säule und Giebel, Kyma und Perlstab zurückgegriffen.[16]

Die Formen sind glatt und geometrisch, meist aus scheinbar ineinandergesteckten Kuben gefertigt. Typisches Merkmal ist ebenso die starke Betonung der Fläche. Ausgangspunkt des Möbelkorpus und auch des Dekors ist das – furnierte – Brett. Zierformen wie Pilaster, Sockel, Gesimse und Blenden bestehen ebenso schlicht aus aufgedoppelten Brettchen. Auch der Kreis oder das Kreissegment finden sich als Dekorum in der Fläche meist in Form flacher eingetiefter Blenden, praktisch nie dreidimensional ausgebildet. Diese Blenden können auch rhomboid, rechteckig oder quadratisch auftreten, wobei bei letzteren der entstehende Rahmen nicht wie zuvor betont, sondern durch die darüber hinweggeführte Holzmaserung des Furniers eher negiert wird.[17] Bei Kommoden wird häufig die oberste Schublade als eigener Kubus hervorgehoben, indem sie über die Fläche vorgezogen wird. Gleiche Betonung kann auch die Sockelzone erfahren, der so gut wie immer Fußklötze „untergeschoben" sind, was sie leichter als ein Empiremöbel gleichen Typs wirken läßt, das in seiner ganzen Schwere massig auf dem Boden lastet und immer einen gewissen Monumentalcharakter besitzt. Wird beispielsweise ein Sekretär von einem Giebel abgeschlossen, besteht dieser oft nur aus einem flachen Brett oder einem Profilstäbchen, das sich von der Frontfläche des Möbels plastisch abhebt. Trotz der konsequenten Maserungsführung, die das Biedermeiermöbel umfaßt, entsteht der Charakter des Zusammensetzens geometrisch reduzierter Grundformen. Gleichzeitig bildet sich eine stärker ausgeprägte Vorderansichtigkeit aus, die nicht dazu anregt, das Möbel zu umschreiten.

Auch gekrümmte Formen finden Anwendung, jedoch nie in üppigen Schweifungen, wie sie das Rokoko kennt. Vielmehr äußern sie sich, dem biedermeierlichen Wesen entsprechend, dezenter – etwa bei gebogenen Flächen oder Stäben. Auch das Kantholz wird gebogen und findet sich meist konisch verlaufend als Stuhl oder Tischbein wieder. Diese Biegungen haben meist etwas Gespanntes, Federndes.[18] Sie sind auffallend auch bei Sitzmöbeln wie dem Sofa, etwa wenn die Beine, auf denen das gesamte Gewicht des Möbels lastet, direkt in schwungvolle Armlehnen übergehen und die entgegengesetzt wirkenden Kräfte so mit Leichtigkeit in einer Form vereint sind.

In der nach hinten gebogenen Fläche der Stuhllehne begegnen sich Formwille und Funktion – man kann sich bequem anlehnen, was dem Wohngefühl des Biedermeierbürgers entgegenkam, der zwar auch auf den repräsentativen Gehalt seiner Einrichtung bedacht war, der aber nicht alleiniger Aspekt des Wohnens sein konnte.

[16] Georg Himmelheber, Biedermeiermöbel, S. 22ff.
[17] Ebd., S. 21.
[18] Ebd., S. 23.

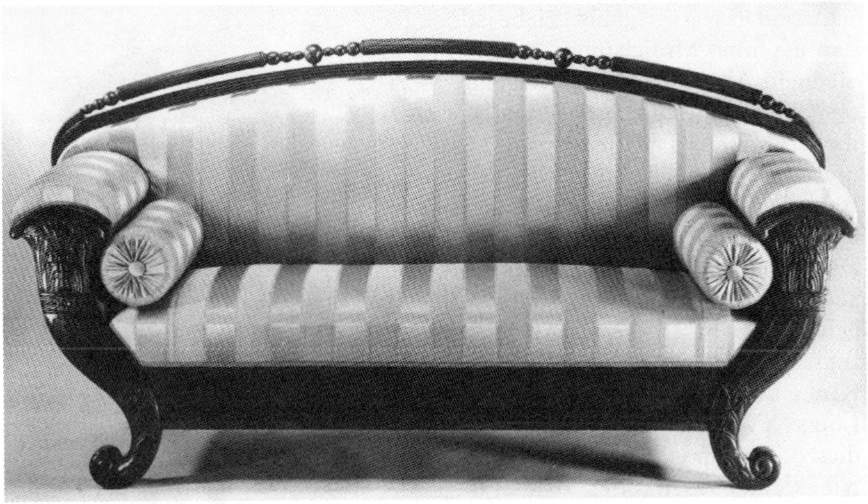

Abb. 85: Sofa, um 1830.

Gebogene Formen können auch auf Kuben aufgesetzt sein, zum Beispiel bei einem Schreibschrank, auf dessen quaderförmigem Sockel ein Zylinder ruht, der den Mittelteil des Schrankes ausmacht. Als Verbindungsglied dienen meist konkav nach innen schwingende Formen, die sich auch als sogenannte „Anlaufformen" an Sockeln und Bekrönungen wiederfinden. Auch wenn zylindrische oder halbkreisfömige Elemente an Schreibschränken oder Sekretären auftauchen, so werden sie doch meist wieder von einem rechteckigen Element, und sei es nur angedeutet, abgeschlossen, wodurch der geometrisch – geradlinige Charakter des Möbels bestätigt und in bezug auf die Sockelzone wieder aufgegriffen wird.

Diese Neigung zu geometrischen Formen und der Wille, handwerkliches Können zu demonstrieren, führte in Ausnahmefällen sogar zum kugelförmigen Möbel meist in Gestalt von Näh – und Arbeitstischchen. Wie schon im Falle des Patentsekretärs, liegt auch bei dem ausgefallenen Möbel des Globustischchens das Vorbild in England, bei George Remington.[19]

Schmuckformen

Neben der Maserung des Holzes, die häufig achsensymmetrisch gespiegelt wird, so daß schon auf dieser Ebene eigene „Bilder" entstehen, findet sich auch im Biedermeier die Marqueterie wieder, die im Empire praktisch ver-

[19] Die Erfindung läßt sich auf 1806 datieren.

schwunden war[20]. Sie überzieht jedoch nie das gesamte Möbelstück, sondern setzt vielmehr Akzente. Als vorwiegende Motive gelten eingelegte Kreis- und Ovalformen, Ranken, Fadeneinlagen, Muscheln und auch das Schirmmotiv. Oft wurden statt der Marqueterie direkt Malereien auf das Holz aufgebracht oder gedruckt, was zum einen als billige Alternative galt, aber auch an den im Biedermeier so beliebten Scherenschnitt erinnerte. An Stuhllehnen finden sich beispielsweise zarte gemalte Ranken, die sich aus der Arabeske des Louis XVI.-Stils entwickelt hatten. Aus dieser Zeit stammen auch Bekrönungen wie kleine Vasen oder Balustraden, die mitunter auf biedermeierlichen Schreibschränken zu sehen sind.

Abb. 86: Globustischchen, um 1825.

Die Säule, die sich in allen klassizistischen Stilarten wiederfindet, taucht ebenfalls am Biedermeiermöbel auf, allerdings mit dem Unterschied, daß ihr nicht mehr, wie bei den stärker architektonisch konzipierten Möbeln des Empire, tragende Funktionen zukommen. Dem vom Architekten geprägten Empiremöbel sah man den Sinn für lastende und tragende Elemente deutlich an, Säulen schienen den bekrönenden Giebel eines Sekretärs wahrhaftig zu tragen, oder die abschließende Platte einer wuchtigen Kommode. Im Biedermeier nehmen Säulen nicht mehr die gesamte Höhe eines Möbels ein, was die Glaubwürdigkeit einer tragenden Funktion automatisch reduziert. Sie sind meist seitlich, in Aussparungen eines Kubus eingefügt und werden flächengliedernd-dekorativ wirksam.

Auch im Inneren von Sekretären oder Schreibschränken finden sich Säulchen, die oft in Reihung auftreten und in der Fläche verschiebbar scheinen.[21] Basen und Kapitelle sind nicht mehr wie vorher in Metall, etwa in Bronze ausgeführt und dadurch betont, sondern im gleichen Holz wie der Schaft selbst, aber auch geschwärzt oder mitunter aus Alabaster gefertigt. Karyatiden und Hermen werden als schmückende Elemente aus dem Empire über-

[20] Geismeier, S. 286.
[21] Himmelheber 1971, S. 24.

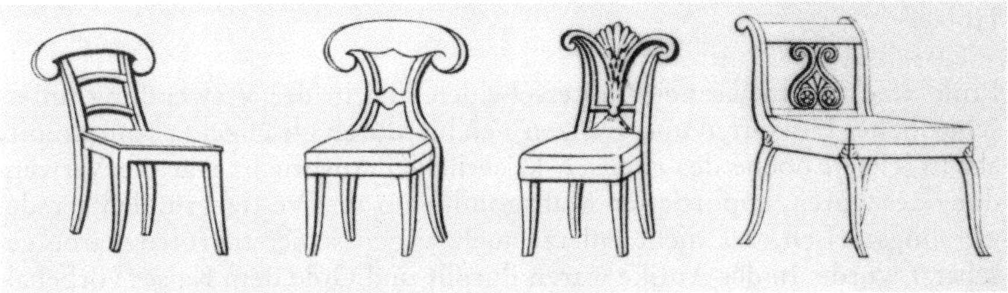

Abb. 87: Entwürfe für Stühle, 1831.

nommen, jedoch wesentlich weniger plastisch ausgebildet und häufig mit ägyptisierenden Köpfen versehen.[22]

Ebenso tauchen Löwentatzen als Füße an Schränken und Tischen auf, die allerdings stark stilisiert sind und bei ausschwingenden Beinen dieselben eher verlängern als einen auffälligen Schlußpunkt setzen. Ebenso finden sich Sphingen, Delphine und Schwäne als Schmuckmotive vor allem bei Sofas und Betten wieder, sowie Akanthusblatt, Lanzettblattreihen und das gebündelte Schilfblatt. Letzteres dient vor allem zur Gestaltung von Stuhlrükkenlehnen und zwar in allen erdenklichen Variationen und Verfremdungen.

Die für das Biedermeiermöbel so charakteristische Lyraform, die ebenfalls im Empire schon auftauchte, erfährt nun größte Verbreitung und kommt in vielfältigster Form zur Geltung – nicht nur als kleinformatige Schmuckform sondern als Seitenwangen von Arbeitstischen oder sogar in Gestalt ganzer Möbel. Dies läßt sich besonders gut an Wiener Objekten nachvollziehen, wo stets ausgefallenere Möbelvarianten entstanden als in allen anderen Ländern und Regionen.

Metallbeschläge und -verzierungen sind an Biedermeiermöbeln vergleichsweise selten zu finden und nahmen erst in der Spätphase wieder zu.[23] Aus finanziellen Gründen wurden sie nicht mehr aus teurer, feuervergoldeter Bronze, sondern oder aus billigerem geprägten, relativ dünnem Messingblech gefertigt. Weiterhin entstanden geschnitzte oder, in einem schnelleren Herstellungsverfahren, aus plastischer Masse in Modeln geformte und zuletzt vergoldete Imitationen.[24]

Die schlichtere Variante, Griffe oder Schlüsselschilder hervorzuheben bestand darin, das Holz zu wechseln, bzw. ebonisiertes Holz an den zu akzentuierenden Stellen in Wappen- oder Rautenform anzubringen bzw. sogar Elfenbein und Perlmutt in kleinen Dimensionen zu verwenden.

[22] Ebd.

[23] Kreisel / Himmelheber 1983, S. 286. Hier muß, wie so oft, das Wiener Biedermeier als Sonderform gesehen werden.

[24] Ebd., S. 91 und S. 110.

Hölzer

Früh- und Spätbiedermeier unterscheiden sich in der Verwendung unterschiedlicher Holzarten und grenzen sich hierdurch gleichzeitig vom Empire ab. In jener Epoche des römisch-kaiserlichen Anspruchs war die Verwendung des teuren, importierten Mahagoniholzes aus Prestigegründen geradezu obligatorisch, das nicht zuletzt auch wegen seiner tiefroten Farbe geschätzt wurde. In der Antike waren Purpur und Gold dem Kaiser vorbehalten gewesen und symbolisierten so dessen Macht, die nun auch Napoleon beanspruchte. Während der Kontinentalsperre suchte man zunächst einheimische Hölzer wie Buche und Kirsche rot zu färben. Nach den Kriegen gegen Napoleon kamen verstärkt einheimische, meist helle Hölzer auf, was einerseits den ökonomischen Verhältnissen entsprach, andererseits das Streben nach einem neuen, eigenen Stil des Bürgertums und eine Abwendung vom kaiserlichen rot-gold deutlich machte. Es wurde vor allem Nuß-, Kirsch- und Birnbaumholz verarbeitet, des weiteren Ahorn, Esche und Rüster.[25] Das hellere Holz wirkte freundlicher und lebendiger und wurde dem neuen Wohnstil entsprechend als passender empfunden. In der Spätphase des Biedermeier, die wieder repräsentativer wurde, kehrten das Mahagoniholz und andere dunkle Hölzer wie Palisander und Nußwurzel verstärkt zurück. Die unterschiedliche Verwendung von Hölzern war nicht zuletzt regional abhängig:[26] Norddeutschland hatte, bedingt durch seine Hansestädte enge Handelsverbindungen zu England, wodurch sich der „Import" von Mahagoni wesentlich unproblematischer gestaltete, als in allen anderen Gebieten Deutschlands. Genaugenommen war das auf dem Kontinent so gesuchte Edelholz ein Nebenprodukt, das mit anderen Gütern zusammen eingeführt wurde – es diente nämlich als Kistenholz für die Seeschiffer, das findige Tischler sodann zum Möbelbau weiterverwendeten. Aus diesem Grunde fand das dunkelrote Edelholz Eingang in das norddeutsche Biedermeier, neben der Birke, hier vor allem als Maser- oder Wurzelholz. Nußbaum und Kirsche fanden dagegen nur gelegentlich Anwendung. Eine andere Begründung der selbstverständlichen Verarbeitung von Mahagoni auch für Biedermeiermöbel liegt darin, daß die norddeutschen Gebiete, allen voran Hannover, stark englisch geprägt waren. Hannover verband 1714 bis 1837 eine Personalunion mit Großbritannien und war nur kurze Zeit französisch besetzt. Als Reaktion auf den Druck der französischen Besatzung entwickelte sich prompt ein verstärktes Zugehörigkeitsgefühl zu England, so daß der Empirestil praktisch keine Möglichkeit hatte, sich im Norden Deutschlands zu entfalten, der zudem weit entfernt von Kassel, der Hauptstadt des neu gegründeten Reiches, lag. Somit empfand man auch keine Notwendigkeit,

[25] Ebd., S. 286.
[26] Vgl. Rudolf Pressler und Robin Straub, Biedermeiermöbel, S. 29.

durch die Nichtverwendung von Mahagoni eine politische Stellungnahme abzugeben, wie es in den südwestlichen Gebieten der Fall war. Dort herrschte, beispielhaft für das Biedermeier, eine eindeutige Vorliebe für warmtonige Kirsche und wohnliches Nußbaumholz; Ahorn, Mahagoni und Birke wurden zwar geschätzt, aber wesentlich seltener verwendet als im norddeutschen Raum.

Eine spezielle Würdigung des Heidelberger Möbels ist bisher nicht möglich, da die erhaltenen Archivalien nicht mit vorhandenen Objekten identisch sind. Die Möblierung öffentlicher Gebäude Heidelbergs, z.B. des Großherzoglichen Palais' am Karlsplatz, erfolgte durch die Karlsruher Hauskämmerei und wurde durch dort ansässige Schreiner vorgenommen. Vereinzelt finden sich auch Stücke der Mannheimer Firma Schmuckert, die sich neben Möbeln auf Spiegel und Lüster spezialisiert hatte.[27]

Möbeltypen im Biedermeier

Wie bereits erwähnt, bezog sich das Biedermeier in seiner Formensprache und zum Teil auch im Dekor auf vergangene Stilepochen. Grundformen bestimmter Möbeltypen gehen bereits auf das späte 18. Jahrhundert zurück, wie beispielsweise der Schreibschrank, der Glasschrank und die Kommode. Schon in der deutschen Spielart des Louis XVI. herrschte eine Vorliebe für kleine, praktische Möbel, die sich im Biedermeier fortsetzte und sich in ungeahntem Erfindungsreichtum sowie in der Liebe zum Detail äußerte.

Die biedermeierliche Vitrine beispielsweise kann als verfeinerte Form des Glasschranks bezeichnet werden.[28] Sie durfte nun in keinem bürgerlichen Wohnzimmer mehr fehlen. Eine solche Vitrine kann dreiseitig verglast und an der vierten Seite verspiegelt sein, um eine großzügigere Räumlichkeit zu suggerieren und die zu schützenden Schätze wie Sammeltassen, Freundschaftsbecher, Taufgeschirr, etc. besser zur Schau stellen zu können. Besagte Objekte erfuhren im Biedermeier natürlich eine Wertsteigerung, da sie, über

[27] Den Adreßbüchern der Stadt Heidelberg, in denen jeder Anwohner mit Beruf und Wohnsitz aufgeführt wurde, kann man entnehmen, daß nur sehr wenige Schreiner über jahrzehnte hinweg einen kontinuierlichen Werkstattbetrieb führten. Die meisten sind nur für ein Jahr vermerkt, was vermuten läßt, daß die Auftragslage dürftig war, wobei dies und die Gründe hierfür genauer geprüft werden müßten. Als Ausnahmen seien die Schreiner Ludwig Göttinger und David bzw. Johann David Unholz genannt. Ersterer ist seit 1839 bis einschließlich 1852 in der Ingrimstraße 237 registriert. David Unholz ist bereits seit 1816 vermerkt, später führte wohl sein Sohn bzw. Enkel Johann David Unholz die Werkstatt bis 1856 in der „Kl. Mand[t]elgasse" weiter. Man kann davon ausgehen, daß wohl die Hauptresidenz in Karlsruhe bzw. der Witwensitz Stephanie de Beauharnais', Schloß Mannheim, stärker stilbildend wirkten, als daß sich eine eigene Handschrift Heidelberger Möbelschreiner hätte ausbilden können.

[28] Hier und im folgenden nach: Pressler / Straub 1994, S. 37ff.

Abb. 88: Möbelvorlage für eine einfache Vitrine, 1841.

die Kriege mühsam hindurch gerettet, von vergangenem Wohlstand zeugten und an die romantisch-sentimentale Zeit vor der Revolution erinnerten. Die stabilere Variante der Vitrine diente oft als Bücherschrank, dessen verglaste Front man mit zierlichem, vielgliedrigem Stabwerk auf diaphane Art und Weise wieder zu schließen suchte. Solche Ziersprossen konnten zum Teil in Form gotischer Bögen, gitterartig oder als Kreissegmente auftreten. Neben seiner bewahrenden und schützenden Funktion sollte der verglaste Bücherschrank auch auf den Drang nach Bildung und das rege Geistesleben seines Besitzers verweisen.

Die Servante als offenes Gestell zählte zu den praktischen Kleinmöbeln, auf der man beim nachmittäglichen Tee je nach Bedarf Gebäck, Geschirr oder ähnliches abstellen konnte.

Im Bestreben, den meist nicht üppig vorhandenen Wohnraum optimal auszunutzen, entstanden verschiedene Typen von Eckmöbeln. Solche Eckvitrinen, -schränke und -halbschränke trugen mit ihrer oftmals gebogten Vorderseite zur Abrundung der relativ strengen Formensprache des Mobiliars und zur Gemütlichkeit bei. – Allerdings erfüllten sie gegebenermaßen nicht das Kriterium der Flexibilität wie etwa die rechteckigen Tischchen, meist mit zahlreichen Schubkästen versehen, die man durch seitliche Klappen entsprechend vergrößern und auch als Schreib- oder Arbeitstische verwenden konnte.

Ihr Vorbild liegt im englischen „Pembroke Table“, der bereits um 1780 als Sofatisch entwickelt worden war.[29] Hinzu kommt eine Fülle zierlicher Tische, insbesondere das Nähtischchen, Spieltische, Beistelltische und Konsoltische, wobei letztere ihrem Wesen nach nicht frei im Raum beweglich waren, sondern an einer Wand stehen mußten. Erstgenannte verfügen über ein erstaunlich vielfältig und präzise gearbeitetes Innenleben, das mit Schubfächern, Spiegelchen, etc. ausgestattet ist, die man zu verschiedensten Zwekken, je nach Gegebenheit, heranziehen konnte. Zum Teil ging die gewollte Vielseitigkeit so weit, daß sogar Nähtischchen mit integriertem Klavier so-

[29] Hans Ottomeyer und Axel Schlapka, Biedermeier, S. 177.

wie zusätzlicher Schreib- und Schminkeinrichtung angefertigt wurden.[30] In diesen Möbeln und den mannigfach ausgeprägten Hockern, Fußbänkchen und sonstigen Schemeln drückte sich die neue Art zu wohnen aus: die Raumgestaltung war mehr dem Streben nach Wohnlichkeit und den damit einher gehenden Ansprüchen an die Einrichtung angepaßt, anstatt in erster Linie repräsentativ fixiert zu sein. Tisch und Sitzmöbeln kam im Biedermeier also große Bedeutung zu. An der nach hinten gebogenen Stuhllehne machte sich eine Entwicklung zum Wunsch nach bequemem Sitzen bemerkbar. Das barocke steife Sitzen war nun ebensowenig mehr gefragt wie das bewußt-gefällige „in Szene setzen“ des Rokoko – was sich u.a. an der nach Innen gebogenen Rückenlehne äußert, die dem Sitzenden einen Drall nach vorne versetzte. Dem majestätisch-würdevollen Thronen des Empire wollte der Bürger ohnehin den Rücken kehren. Man mochte nicht auf ein dekoratives und in angemessenem Maße repräsentatives Sitzmöbel verzichten, doch Material und Form hatten sich der Funktion unterzuordnen.[31] Die Grundform des leichten Biedermeierstuhls mit der seitlich vorgezogenen Rükkenlehne die auf zwei Holmen ruht, mit den nach hinten und in Frühformen auch nach vorne schräg ausgestellten Beinen, geht auf die Antike zurück. Diese Art Stuhltyp, der sogenannte Klismos, taucht wiederholt auf griechischen Vasengemälden als Motiv auf und wurde im Biedermeier wieder aufgegriffen, wenn auch mit der Zeit in leicht abgewandelter Form, da die stark gebogenen Beine dazu neigten, zu brechen.[32]

Das Rückenbrett der Stühle bot Raum zur phantasievollen Verzierung. Vom schlichten Steg bis hin zu Lyren und sogar Delphinen war alles erlaubt, was sich auch an anderen Möbeln der biedermeierlichen Formensprache wiederfand. Der Sitz ist meist gepolstert und ruht auf leicht ausgestellten Beinen, die sich stets nach unten verjüngen und dem Möbel die gewünschte Leichtigkeit verleihen.

Die biedermeierlichen Sitzbänke weisen praktisch die gleichen Charakteristika wie die Stühle auf und waren meist analog zu ihnen entworfen, so daß sie Ensembles bildeten.

Jene Polsterbänke wurden von dem noch beliebteren, komfortableren Kanapee[33] übertroffen, das praktisch alle Bedürfnisse des Biedermeier erfüllte: es ist schön, bequem, strahlt Geborgenheit und Wohnlichlichkeit aus und ist nicht zuletzt ein Stück für die gesamte Familie. Zusammen mit dem für das

[30] Ebd., S. 183.

[31] Ebd.

[32] Dies geht vermutlich darauf zurück, daß bei der antiken Version des Stuhles gebogene Holzteile verwendet wurden, während das Biedermeiermöbel aus geraden Stammholzteilen gefertigt wurde. Vgl. ebd., S. 166-168.

[33] Das sogenannte „Sopha“ existiert seit Beginn der Louis XIV. Epoche und entstammt dem orientalischen Raum. Vgl. ebd., S. 160.

Biedermeier typisch gewordenen großen runden Tisch bildete es eine der gemütlichen „Wohninseln“ im Raum, an der sich alle versammeln und plaudern konnten. Der Tisch stand jetzt also vor dem Sofa und nicht mehr repräsentativ in der Mitte des Raumes oder an der Wand. Die unmittelbare Kombination von Kanapee und Tisch wurde auch durch die Mode ermöglicht, welche seit 1790 auf die raumgreifenden Reifröcke verzichtete, die eine solche Möbelkonstellation unmöglich gemacht hätten.

Besagter Tisch, an dem nach wie vor Mahlzeiten eingenommen wurden, entwickelte sich auch davon abgesehen zum Treffpunkt gemeinsamer Gespräche, Lesungen oder Spiele und wurde zum festen Bestandteil des bürgerlichen Lebens. Die Tischplatte ist stets aus Holz, mit einem sorgsam ausgewählten, beispielsweise sternförmigen Furnierbild verziert und ruht auf einer stabilen Mittelsäule. Diese kann wiederum in volutenförmig ausgestellte Füße bzw. in eine eckige oder eingebogte Fußplatte auslaufen. Auch hier herrschen vielfältige Gestaltungsmöglichkeiten, in denen sich der Delphin des Empire ebenfalls wiederfinden kann.

Gemäß dem Sinn für Details und praktische Nutzungsmöglichkeiten, sind oft zusätzlich Schubfächer in einer dadurch bedingt breiteren Trommelzarge eingearbeitet.

Das biedermeierliche Sofa bietet zwei bis drei Personen Platz zum Sitzen und ist einladend gebaut – die Armlehnen sind meist leicht ausgestellt und „umschließen“ zusammen mit der hochgezogenen Rückenlehne die Sitzenden. Sie können zudem auf vielseitigste Art gepolstert sein. Seitliche Kissenrollen oder Stoffdraperien und verschiedene Bezüge, von schlicht einfarbig über Muster, die das Lyramotiv auch hier aufgreifen, bis hin zum kleinteiligen Blumendekor, gaben auch dem Tapezierer ein weites Feld der Gestaltungsmöglichkeiten.[34] Die hölzerne Vorderansicht der Lehnen kann schlicht gebogen sein oder in Voluten und Rollen auslaufen bzw. stark plastisch durchformt sein, indem Füllhornmotive, stilisierte Schwäne und Delphine prächtigen Schmuck darstellen.

Gelegentlich waren in den Armlehnen oder im Sockel des Kanapees noch Schubladen bzw. Türen untergebracht und verwandelten es so in ein „Magazinsofa“[35] – hier wird wieder einmal das Bestreben deutlich, auch den kleinsten Raum praktisch auszunutzen.

Die Wertschätzung, die ein solches Möbel erfuhr, belegt ein zeitgenössisches Zitat: *„Ein Sopha, namentlich ein solches mit gepolsterter Rückenlehne, war ein Gegenstand des Neides vieler Hausfrauen.“*[36]

[34] Himmelheber 1973, S. 66.
[35] Ottomeyer / Schlapka 1991, S. 163.
[36] Ebd., S. 163, bzw. aus: C.A. Regnet, München in guter alter Zeit, München 1879.

Zu einem anderen unabdingbaren Möbel des bürgerlichen Wohnraumes war der Schreibschrank geworden, der sich in seiner Funktion bereits als Aufsatzsekretär mit schräger Pultklappe im Barock als *secretaire à trois corps* findet, im Biedermeier jedoch als *à abattant* kleinere Proportionen und charakteristischer Weise eine glatte Ansichtsseite aufweist. Traditionell verfügt er über drei Schubladen, auf die eine aufklappbare Schreibplatte folgt. Bei besonders aufwendig gearbeiteten Modellen besteht auch die mögliche Einarbeitung eines Schubfaches in Kopfhöhe, über dem sich nochmals ein Aufsatz befindet, der meist architektonisch, etwa mit Säulen und Giebel gestaltet ist.

Hinter der Schreibklappe verbirgt sich eine kleinteilige Inneneinrichtung, mit zahlreichen Ablagemöglichkeiten, Schub- und Geheimfächern aller Art, die dem Hausherrn nützlich waren, der den Schreibschrank „verwaltete" und in diesem Bereich seine eigene Ordnung entfalten konnte. Auch hier zeigt sich im kleinen die Freude des Biedermeier am gediegenen, abgeschlossenen Bereich, der einen beruhigenden Gegenpol zu etwaigen Unruheherden „draußen", sprich außerhalb der eigenen vier Wände, bildete.

Schreibmöbel für Damen sind allgemein zierlicher und kleiner gestaltet, verfügen aber über eine ebenso große Vielfalt raffinierter Details. Oft waren sie nicht an eine Wandfläche gebunden, sondern allseits furniert und konnten frei im Raum stehen, sozusagen als „Insel geborgener Intimität, ohne vom übrigen Geschehen isoliert zu sein".[37] Die Liebe zu Pflanzen und zur Natur, die sich auch auf kleinstem Raum in Gestalt von winzigen Gärten in Innenhöfen äußern konnte, wurde auch von Tischlern bei der Fertigung von Damenschreibtischen berücksichtigt, wie ein Beispiel aus der Werkstatt Josef Danhausers zeigt. In den zwei Säulen, zwischen die sich die halbrunde Tischplatte schmiegt, sind Aussparungen für Blumentöpfe eingelassen.[38]

Jardinièren, Tische mit eingelassenen Blechwannen waren schon am Ende des 18. Jahrhunderts bekannt, erfuhren aber die höchste Wertschätzung erst im Biedermeier, wo sie grüne Inseln inmitten von „Zimmerhecken" und Spalieren bildeten und so den kühlen Räumen einen Hauch belebter Grazie vermittelten.

Wohnen im Biedermeier

Die Wohnkultur im Biedermeier wurde durch wohlhabende Schichten des Bürgertums, aber auch durch den Adel geprägt, der die neue Wohnlichkeit, geschaffen durch schlichte aber edle Möbel, ebenfalls als erstrebenswert empfand.

[37] Pressler / Straub 1994, S. 37.
[38] Wien, Österreichisches Museum für angewandte Kunst.

Abb. 89: Möbelvorlagen zu Blumentischen / Jardinièren, 1814 und 1815.

So ließ beispielsweise Stephanie de Beauharnais-Napoleon, nach ihrer Heirat mit Carl von Baden[39] ihre privaten Räumlichkeiten in der Sommerresidenz Schloß Schwetzingen im Biedermeierstil ausstatten, nicht etwa in französischem Empire, was für sie als Nichte Josephines und Adoptivtochter Napoleons mehr als naheliegend gewesen wäre. Sie führte hiermit eine Entwicklung fort, die bereits unter der liberalen Regierung Karl Friedrichs von Baden begonnen hatte, der morganatisch mit Luise Geyer von Geyersberg, verheiratet war. Die Ausstattung des Appartments der Reichsgräfin von Hochberg im Schloß Schwetzingen läßt bereits um 1804 bürgerlich-biedermeierliche Stiltendenzen anklingen.

Die Aufteilung in repräsentative Räumlichkeit und in das sogenannte private Kabinett fand sich, ähnlich wie bei Hofe, auch im Wohnstil des gehobenen Bürgertums wieder.

Selbstverständlich verfügte eine bürgerliche Wohnung nicht über eine Reihe aufwendiger Empfangsräume, sondern meist nur über einen Salon, auch „Paradezimmer“ oder „gute Stube“ genannt. Diese „Putzstube“ wurde tatsächlich nur zu besonderen Anlässen geöffnet, um Abnutzung durch „profanes“ Wohnen der Familie zu vermeiden. Hierfür war das Wohnzimmer gedacht, ebenfalls liebevoll und mit Bedacht auf die vorteilhafte Wirkung des Raums eingerichtet. Durch die flexiblen Kleinmöbel und den Willen, sich ein eigenes, gemütliches Heim zu schaffen, war die fixe Platzbindung der Möbel, wie sie im Empirestil verbindlich war, aufgehoben.[40] Im bürgerlichen Wohnzimmer oder auch in den Privatgemächern an liberalen Höfen wurde gewohnt, nicht repräsentiert. Natürlich bildeten sich auch im Biedermeier gewisse Konventionen heraus, was Möbeltypen und deren Aufstellung im Raum betraf. Beliebt waren große Fensterfronten, deren Lichteinfall wiederum durch zarte Stores gemildert wurde. Konnte man es sich leisten, war zwischen den Fenstern ein Trumeauspiegel angebracht. Ebenfalls in Fensternähe befanden sich aus praktischen Gründen Schreibmöbel

[39] Die Heirat fand 1806 statt, weitere Angaben: Carl Ludwig Fuchs, in: Schloß Schwetzingen, Kurzführer, S. 17.

[40] Geismeier, S. 285.

und Nähtischchen der Hausfrau, die auf diese Weise neben ihren vielfältigen Handarbeiten – selbstverständlich mit gebührender Zurückhaltung – auch das Leben außerhalb ihres Heimes verfolgen konnte. Ebenso wurde eine gewisse Symmetrie des Raumes angestrebt. Konnte man sich keine Pendants leisten, stellte man zumindest ähnliche Möbel einander gegenüber auf, z.B. Sekretär und Blender und suchte die Atmosphäre durch Blumengebinde und Pflanzenkübel zu beleben.

Im Wohnzimmer, das zusammen mit der Putzstube Besuchern zugänglich war – im Gegensatz zu Schlaf-, Kinder- und Gesindezimmern – vereinigten sich mehrere Funktionen. Man nahm dort die Hauptmahlzeit gemeinsam ein, den nachmittäglichen Tee, es diente als Handarbeits- und Spielzimmer, nicht selten traf man sich dort auch zu Plausch oder Lesestunde. War die Wohnung sehr klein, übernahmen Räume Doppelfunktionen – so fanden sich beispielsweise im Wohnzimmer wandelbare Kanapees, denen die Rücklehne abgenommen werden konnte, wodurch sie dann als Bett dienten.[41]

Daß sich überhaupt ein eigenständiger, den Bedürfnissen des Bürgers angepaßter Wohnstil herausbilden konnte, der nicht einfach danach trachtete den höfischen Stil zu kopieren, beruhte auf der vorausgegangenen Französischen Revolution und den Befreiungskriegen. Erst durch den erheblichen „Prestigeverlust der normsetzenden Verbindlichkeit adliger Lebensformen",[42] konnte sich nach und nach ein gewisses bürgerliches Selbstverständnis entwickeln.

Abgesehen von der großen Aufmerksamkeit, die man dem Mobiliar und seiner schlichten aber differenzierten Gestaltung schenkte, läßt sich auch eine sensible Wandgestaltung – sowohl in Farbe als auch Material – bemerken. Die biedermeierliche Wanddekoration bestand nicht mehr aus teuren Seidenstoffen oder Bespannungen aus bedruckter Baumwolle.[43] Wer es sich leisten konnte, zierte seine gute Stube mit gemusterten bzw. einfarbigen Papiertapeten, ansonsten wurden die Räume mit einer meist pastelltonigen Kalkfarbe angelegt. Die gestrichene Wand wurde mit einer Tapetenbordüre eingefaßt, um den Anschein zu geben, es handele sich um eine kostspielige Wandbespannung aus Stoff. Zumindest wurde sie von einem weißen Sockel unten und einer ebensolchen schmalen Leiste zur Decke hin horizontal abgegrenzt. Die weiße Leiste bildete einen Kontrast zur jeweiligen Wandfarbe und gilt als ein unverzichtbares Merkmal biedermeierlicher Raumgestaltung, durch das die Wandfläche als solche bewußt definiert wird.

Johann Wolfgang von Goethes Gedanken zur künstlerischen Komposition und Harmonie der Farben, die er 1810 niederschrieb,[44] fanden ihren kon-

41 Ottomeyer / Schlapka 1991, S. 51.

42 Geismeier, S. 74.

43 Hier und im folgenden nach: Ottomeyer / Schlapka 1991, S. 56-59.

44 Unter dem Titel „Zur Farbenlehre", populäre Kurzfassung: Schornsches Kunstblatt, Nr. 76, 1820.

kreten Ausdruck in der komplementären farblichen Ausführung der Räume. Auch suchte man durch die Wahl eines warmen Farbtons die nach Norden oder Osten ausgerichtete Lage eines Zimmers zu kompensieren und umgekehrt.

Eine ausgesprochene Besonderheit der Dekoration war die aus Frankreich importierte Panoramatapete, die einen Ausblick in eine Landschaft vortäuschen sollte. Eine solch aufwendige Tapete findet sich im *Compagniezimmer* des Schwetzinger Schlosses, die Schweizer Landschaften zeigt und 1804 das erste Mal aufgezogen worden war.[45] Hier sei angemerkt, daß der *Salon de Compagnie* des Empire sich im Biedermeier zu Wohnzimmer bzw. Putzstube wandelt und damit zum Zentrum der bürgerlichen Lebenswelt des Biedermeier wird.

Alexa Becker

[45] Vgl. Fuchs, S. 61.

Reise und Reiseandenken: Das Biedermeierglas als Andenkenglas

„Ich dachte dein, und Farben bunt erschienen
Im Sonnenglanz mir vorm Gesicht,
Von Blättern sah ich mancherlei ergrünen,
Da waren Rosen, auch Vergiß-mein-nicht!
Pfeile dazwischen, golden anzuschauen,
Durchscheinend alles, rings ein goldner Kranz;
Und angestimmt das hohe Lob der Frauen –
Nun, Becher, zu der Freundin! Bleibe klar und ganz."

Goethe an Gräfin O'Donell, 8. August 1818

Abb. 90: Ranftbecher mit Aufschrift „Ehret die Frauen ...", vor 1820.

Auch an Deutschland gingen die innerpolitisch-gesellschaftlichen Veränderungen hervorgerufen durch den Niedergang des Feudalismus, durch die Ideen der Aufklärung und durch die Französische Revolution nicht ganz spurlos vorüber. Sie fanden in der Kunst und selbst im Kunsthandwerk ihren Niederschlag. Aufgrund der zahlreichen Napoleonischen Kriege stagnierte die Wirtschaft, und infolge der verhängten Handels- und Fertigungs-Beschränkungen lag auch die Industrie der Glasherstellung darnieder. Die Aufträge zur Fertigung hochwertigen, aufwendig verzierten Glases von Seiten der Aristokratie gingen zurück. Noch bestehende Hütten und Manufakturen standen von nun an nicht mehr ausschließlich im Dienste des Adels, sondern stellten sich zunehmend auf die Interessen des aufstrebenden Bürgertums ein. An Stelle des barock-pompösen Dekorationsstiles trat ein einfacher bürgerlicher Stil mit schlichteren Formen und Verzierungen.

England und Irland, von den Folgen des Krieges verschont, übernahmen die führende Position auf dem europäischen Markt. Vor allem England konnte sich mit dem von dem Glasmacher *George Ravenscroft* im Jahre 1674 erfundenen Kristallglas, dem sogenannten Flintglas, als starke Konkurrenz behaupten. Durch seine Reinheit und lichtbrechende Eigenschaft eignete es sich in idealer Weise für den brillantierten Schliff und entsprach in seiner Formenstrenge dem klassizistischen Stilempfinden der ersten Hälfte des 19. Jahrhunderts. Der Absatz des eher konservativen böhmischen Glases

– Böhmen galt als das führende Zentrum der Glaskunst – ging stark zurück. So schwierig der Wettbewerb mit den englischen Erzeugnissen auch war, diente dieser jedoch auch als Ansporn zu steter Verbesserung in der Glasveredelung und führte somit zu einer gesteigerten Qualität der Ware.

Dekor und Formgebung der Glaswaren zur Zeit des Biedermeier zeichnen sich durch einen Stil aus, der zu Beginn von den einfachen, klaren Linien des Klassizismus geprägt war. In der Folge erlag er allmählich den Einflüssen romantisierender Neugotik, dem ungebundenen Naturalismus und dem von Frankreich ausgehenden und schließlich ganz Europa erfassenden Neurokoko. Was den stilistischen Gesamtcharakter dieser Stilepoche anbelangt, so kann bei solch einem Reichtum an Dekorationsmöglichkeiten, der sich im Glasschaffen jener Zeit widerspiegelte, von Einheitlichkeit allerdings nicht die Rede sein.

Die wenigen, heute noch erhaltenen Musterbücher[1] geben Aufschluß über den Formenreichtum der Biedermeiergläser. Vom einfachen Gebrauchsglas bis hin zum hochwertigen, aufwendig verzierten Luxusglas wurden alle nur denkbaren Gefäße hergestellt, selbst solche, die bislang nur der Keramik und dem Porzellan vorbehalten waren. So fertigte man Trinkgläser für Wasser, Weine und Liköre, Becher, Henkelbecher und Pokale, Champagnerflöten, Karaffen, Punschgläser und Bowlen, Tassen mit Untersetzer, Tischgefäße für Zucker und Salz, Teller und Platten, Messerbänkchen, Parfümflakons, Toilettengarnituren und Schreibzeuge, Kerzenleuchter und Blumenvasen, um nur einige zu nennen. Die Mehrzahl dieser vielfältigen Formen entwickelte sich aus dem einfachen zylindrischen Becher und dem Pokal, gestaltet aus einer eiförmigen Kuppa, quadratischer Fußplatte und kantig facettiertem Schaft klassizistischen Stils. Erst gegen 1820/25 traten die rundlicheren, geschwungenen Formen an die Stelle der geraden. Eine eigene Erfindung dieser Zeit war der geradezu charakteristische, gerne als Andenken- und Freundschaftsbecher verschenkte Ranftbecher mit seiner nach oben hin ausschweifenden Wandung, seiner schraffurgeschmückten Bodenplatte und seinem geschlägelten[2], wulstartigen Fußrand, dem Ranft.

Während man an das zum täglichen Gebrauch bestimmte Glas keine weiteren Anforderungen stellte, als daß es „praktisch, zweckmäßig und erschwinglich"[3] sein sollte, mußte das Luxusglas in der Biedermeierzeit geschliffen sein. Mit großer kunsthandwerklicher Fertigkeit wurden die Glasgefäße zumeist in den Hütten veredelt, wobei die hochwertigeren, die Glasvitrinen der Bürger verzierenden Gläser, in der Regel die Schöpfung

[1] Ein Beispiel hierfür stellt das sorgfältig zusammengestellte und lithografierte Musterbuch des J.F. Römisch in Steinschönau von 1832 dar. Österreichisches Museum für angewandte Kunst, Wien.

[2] Ein geschlägelter Ranft ist mit senkrecht, dicht nebeneinanderstehenden Kerben versehen.

[3] Zit. nach: W. Spiegl, Biedermeier-Gläser, München 1981, S. 38.

einzelner Künstler waren. Zu den traditionellsten Schleiftechniken zählt der Kantenschliff, die sogenannte *Facettierung* und die *Kugelung* mit ihren eingeschliffenen Konkavkreisen. Zu dem von den Engländern übernommenen *Steinelschliff*, dem Diamantschliff, kamen immer wieder neue Schliffe wie der *Walzenschliff*, der *Schnarrenschliff*, der *Büschelschliff* und der *Schnekkenschliff*, um nur einige Beispiele zu nennen, dazu. Die hochgeschliffenen Knopfmedaillons und die phantasievoll gestalteten Fußränder und Böden gelten als typische Merkmale dieses Stils.

Eine weitere, häufig in Kombination mit dem Schliff auftretende Glasveredelungstechnik, ist die des Schnitts. Der Glasschnitt, seit dem 19. Jahrhundert auch als Gravur bezeichnet, erforderte höchste technische Perfektion und handwerkliche Sorgfalt des Künstlers. Mittels einer Diamantspitze, einer Metallnadel oder auch einem kleinen rotierenden Kupferrädchen in Stecknadelkopfgröße ritzten die Glasschneider meist haarfeine Gravuren in die Glasoberfläche ein. Das Schleifmittel, das die zu bearbeitende Oberfläche gänzlich bedeckte, zwang die Künstler dazu, die gewünschten Motive nahezu blind auf die Gefäßwandung übertragen zu müssen. Ähnlich wie beim Schliff, konnte auch der Schnitt in verschiedenen Techniken ausgeführt werden. In eher flüchtig gerutschtem *Flachschnitt* oder anspruchsvollerem *Tief- und Hochschnitt* ließen die Künstler Gravuren in Form von Blumen und Blättern, Monogrammen und Wappen entstehen. Ebensolcher Beliebtheit erfreuten sich die fein geschnittenen Panoramagläser. Ferner waren Darstellungen von Heiligenbildern und Genreszenen, solche von Veduten und antikisierenden Motiven sehr begehrt. Als höchster Ausdruck künstlerischen Könnens galt jedoch der figurale Schnitt, insbesondere der durch den Scherenschnitt angeregte Porträtschnitt. Durch ihn gelangte vor allem der Glasschneider *Dominik Biemann* (1800-1857), vorwiegend aufgrund seiner meisterhaften, naturalistisch wirkenden Porträts von Fürstlichkeiten und berühmten Personen zu großem Ruhm.

Schon zu Anfang des 19. Jahrhunderts begann man damit, das beliebte Schnitt- und Schliffglas des Biedermeier mit durchsichtigen Schmelzfarben zu bemalen. Die Transparentmalerei gilt noch heute als ein besonders reizvolles Kapitel in der Geschichte der Hohlglasdekoration jener Zeit. Von der Keramik inspiriert, verzierte der Dresdener Porzellan-Hausmaler *Samuel Mohn* (1762-1815) erstmals auch Glas in der Art der zartfarbigen Porzellanmalerei. Im Jahre 1807 gründete er eine Werkstatt, in der er dieses Verfahren gemeinsam mit seinen Gehilfen und Schülern – darunter auch sein Sohn *Gottlob Samuel Mohn* (geboren 1789) – zur Vollendung brachte. Städte- und Landschaftsansichten, aber auch andere, dem zeitgenössischen Geschmack entsprechende Themen wie Blumen- und Tierdarstellungen, allegorische Motive, Genreszenen und Schriftbänder mit sinnigen Sprüchen schmückten die Gebrauchs- und Ziergläser. Die Farben wurden immer intensiver und kräftiger und die Bordüren in Form von rankendem Weinlaub, verstreuten Stiefmütterchen und Rosengirlanden immer üppiger. Mit großer Vorliebe dekorierte man die großflächige, glockenförmig ausschweifende Wandung des Ranftbechers und griff nur selten auf andere Formen zurück. Eine Vielzahl von Ranftbechern wurden von dem Maler der Wiener Porzellanmanufaktur *Anton Kothgasser* (1769-1851) dekoriert, der sich vor allem durch seine zahlreichen Panoramagläser mit Wiener Ansichten einen Namen machte.

In der Zeit zwischen 1830 und 1835 gelangte die Dekoration von farblosem Glas im Stile des Biedermeier zu seiner vollen Entfaltung und zu höchstem künstlerischen Niveau. Die unzähligen Schliff- und Schnittdekore waren technisch vervollkommnet und nicht mehr zu übertreffen. Der Absatzmarkt von Glaserzeugnissen war übersättigt und die zu erlahmen drohende Nachfrage konnte nur durch effektvolle Neuheiten wieder belebt werden. An die Stelle der kühlen Einfarbigkeit des Klassizismus trat jetzt die dem Stilgefühl des romantischen Biedermeier entsprechende Farbigkeit des Glases. Um der Vorliebe für farbige Glasgestaltung entgegenzukommen, wurden bereits bekannte Herstellungsverfahren weiterentwickelt und andere neu erfunden. Immer wirkungsvollere Farben – nie wieder hat es in der Glaserzeugung eine derartige Farbenvielfalt gegeben – und die stetige Verbesserung der Techniken verdrängten zunehmend das Handwerk der Glasschleifer- und Graveure. Durch das gleichmäßige Färben der Glasmasse, meist mittels Metalloxiden, durch farbiges Überfangen, Ätzen und Lasieren der Gefäße konnte eine große Variationsbreite an Farbgläsern geschaffen werden.

Es war insbesondere die weiße Farbe, die sich vor allem innerhalb der in der Masse gefärbten Gläser größter Beliebtheit erfreute und ihre Bedeutung bis weit in die zweite Hälfte des 19. Jahrhunderts hinein bewahrte. Die Erfindung des heute als Milchglas bekannten *Beinglases*, dessen weißliche, durchscheinend bis opak getrübte Färbung durch den Zusatz von Knochenasche oder Zinnoxid erzielt wurde, entsprach demzufolge genau dem Geschmack jener Zeit. Als reiner Luxusartikel galt das um 1820 von französischen Glasmachern entwickelte Milchglas in verfeinerter Form. Das sogenannte *agathierte*[4] Opalglas, man bezeichnete es auch als *Opalin*, wurde überwiegend in Weiß, Blau und in zartem Rosé hergestellt, und war, gegen das Licht gehalten, aufgrund seiner perlmuttartig changierenden Oberfläche dem Edelstein Opal sehr ähnlich.

Mit dem Beginn der 40er Jahre des 19. Jahrhunderts wurde das Opalglas mehr und mehr vom Alabasterglas[5] verdrängt. Dieses weiße, leicht ins gräulich wirkende Glas wurde häufig bunt überfangen und durch Schliffelemente zusätzlich verziert. Man stellte es ebenso als ein in der Masse gefärbtes, mit Gold, Silber und verschiedenen bunten Schmelzfarben dekoriertes Glas her. Nicht weniger beliebt war das schon in dünnen Schichten vollkommen

[4] Als Agathglas bezeichnet man farbloses Glas mit mattierter Oberfläche.

[5] Alabasterglas ist mattiertes Milchglas.

opake und deshalb für den Überfang so geeignete, reine und weiße Zinnemailglas.

Noch begehrter als das edle, vornehm wirkende Weiß, war jedoch ein Glas von intensivem, leuchtendem Rubinrot. Nach langem Experimentieren gelang den Hüttenmeistern schließlich die Wiederentdeckung des bereits im Jahre 1679 von *Johann Kunckel* (1638-1703) erfundenen Goldrubinglases. In einem aufwendigen Schmelzprozeß von bleihaltigem Glas und Dukatengold fertigte man zunächst nur in kleineren Mengen, bald danach aber auch in der Masse, gefärbte und überfangene Hohlgläser. Je nach Menge des als Färbemittel verwendeten Goldes konnten tiefrote bis rosafarbene Tönungen der Glasmasse erzielt werden. Mit dem Goldrubin verwandt ist das lediglich als Überfang verwendete Kupferrubinglas. Durch die Beimengung von Kupferoxid wurde dem Glas eine dem Granatstein sehr ähnliche, blutrote Farbe verliehen.

Abb. 91: Überfangfußbecher mit Fischblasendekor, um 1840.

Rasche Verbreitung fanden die oft mehrschichtigen farbigen Überfanggläser. In der Technik des Außen- oder Innenüberfangs überzog man das Glas meist mit zwei dünnen farbigen Schichten, wobei der Kern bevorzugt aus farblosem Glas bestand. Zur Steigerung des farblichen Kontrastes konnte das Glas *doppelt plattiert*, das heißt zweifach überfangen werden. Reizvolle Effekte ergaben sich durch die zusätzliche Verzierung mit Schnitt- und Schliffdekoren.

Zu den Modefarben der 40er Jahre etablierte sich neben Rubinrot und Kobaltblau insbesondere Grün in all seinen Schattierungen. Das um 1840 von dem Hüttenbesitzer *Josef Riedel* (1816-1894) erfundene Uranglas, mit seiner durch Zugabe von Uransalzen entstehenden grünlich-gelben Färbung, war demzufolge besonders begehrt. Dieses wirkungsvolle fluoreszierende, auch unter dem Namen *Annagrünes* oder *Annagelbes*[6] bekannte Glas, erhielt seinen Namen zu Ehren von Anna Riedel, der Frau des Künstlers.

Beeindruckende Farbeffekte erzielte man gleichsam durch das hauchdünne Auftragen von Lasuren oder Beizen auf die Oberfläche des Glaskörpers. Die dafür verwendeten sogenannten Flachfarben – man beschränkte sich im

[6] Die Grünfärbung des Glases konnte durch den Zusatz von Kupfervitriol ins Gelbgrüne intensiviert werden.

Biedermeier im wesentlichen auf die Farben Silbergelb und Kupferrot – wurden auf das farblose Glas aufgetragen und bei niedrigen Temperaturen eingebrannt. Sie bestanden aus Metallsalzlösungen und waren im Vergleich zu den Schmelz- oder Emailfarben weitgehend transparent.

In Anlehnung an die sehr begehrte, schwarze Wedgwood-Keramik entstand das auch als Steinglas bezeichnete schwarze und auch siegellackrote *Hyalithglas*. Dieses harte, durch Schlackenzusatz vollkommen opake Glas, wurde bereits um 1817 in den Hütten des Grafen *Buquoy* in Südböhmen nach patentiertem Verfahren produziert. Aufgrund seiner aufwendigen Herstellung und seiner meist mit Gold verzierten Gefäßwandung, galt vor allem der schwarze Hyalith als besonders kostbar und luxuriös und war somit für die minderbegüterte Bevölkerungsschicht nahezu unerschwinglich.

Eine verfeinerte Variante des Hyalith wurde gegen Ende der 20er Jahre von dem Glasmaler *Friedrich Egermann* (1777-1864) auf den Markt gebracht. Das den Halbedelsteinen gleichende, rot bis dunkelbraun marmorierte *Lithyalinglas* ist ein flächig bemaltes, durch den Überzug mit farbigen Lasuren oder Beizen veredeltes Produkt. Durch zusätzlichen Schliff und meist mit großer Sorgfalt aufgetragene Goldverzierungen erhielt es seinen besonderen Reiz.

Als besonders lukrativ und verkaufsfördernd für den Absatzmarkt böhmischen Biedermeierglases erwiesen sich die renommierten böhmischen und schlesischen Badeorte wie Teplitz, Karlsbad, Marienbad, Franzensbad und Warmbrunn, um nur einige zu nennen; ebenso die deutschen Bäder, darunter das schon von Händel gern besuchte Bad Aachen, Bad Pyrmont und Wilhelmsbad bei Hanau, die zu den ältesten Bädern gehören, sowie Wiesbaden, Bad Ems und auch das damals als *Baden bei Rastatt* bekannte Baden-Baden.

Es waren insbesondere die Bäder- und Kurorte, die sich bereits gegen Ende des 18. Jahrhunderts als bevorzugtes Reiseziel des Adels und des gehobenen Bürgertums profilierten. In so manchen Reiseführern als Stätte zur Heilung von Geist und Körper angepriesen, verwandelte sich das Bad zu einer regelrechten Modeerscheinung dieser Zeit. Besucher aus aller Welt wurden angezogen. Als einer der berühmtesten aller Badegäste galt neben Beethoven, Schiller und Wieland vor allem Johann Wolfgang von Goethe, der zwischen 1785 und 1823 insgesamt 22mal vorwiegend in den böhmischen Bädern, aber auch in Bad Ems, Pyrmont und Wiesbaden verweilte.

Man fuhr meist während der Sommermonate dorthin, um die heilsamen Quellen zur Linderung oder gar Heilung rheumatischer Beschwerden, Bronchialkatarrhen oder Stoffwechselerkrankungen zu nutzen. Nicht selten verbrachte man den halben Tag im warmen Thermalwasser oder nahm den mineralien- und kohlensäurehaltigen *Sprudel* unter Durchführung einer Trinkkur zu sich. Die meisten Gäste suchten jedoch nicht nur die Heilung durch das Wasser, sondern ebenso das mondäne Kurleben, denn viel verlokkender waren die „Möglichkeiten zwischenmenschlicher Begegnungen und Zerstreuungen, bei denen man dem eigenen zeremoniell geregelten Alltag

Abb. 92: Die Kuranlage in Baden-Baden.

auf kurzweilige Art für ein paar Wochen entkommen konnte."[7] Die Besucher konversierten miteinander, flanierten im Kurpark oder wandelten durch die langen, baumbestandenen Alleen; mit romantischer Begeisterung für die Natur unternahmen sie Ausflüge ins Grüne und genossen die landschaftlichen Reize der Umgebung. Das abendliche Amüsement vollzog sich im Theater, in den Tanz- und Konzertsälen oder auch in den Spielcasinos, in welchen sich so mancher Kurgast zum einen oder anderen Glücksspiel hinreißen ließ. Baden-Baden etwa hatte seinen weltweiten Ruhm insbesondere dem geschäftigen Spielbankpächter Monsieur Jacques Bénazet, man nannte ihn auch den „Roi de Bade", zu verdanken, der sich, so wie später die Gebrüder Blanc in Bad Homburg, auf die Bedürfnisse der spielfreudigen und wagemutigen Kurgäste einzustellen wußte. Man erzählte sich, daß große Mengen des europäischen Goldes über die grünen Tische von Baden-Baden geschoben wurden und dies nicht immer zu Gunsten der Glücksritter. Den Teil der Einnahmen, den Bénazet nicht zu seinem eigenen Nutzen verbuchte, investierte er in den Bau des Konversationshauses und in die Errichtung eines neuen Theaters. Ebenso ermöglichte er das Engagement berühmter Schauspieler und Musiker, die dank ihrer glanzvollen Gastspiele internationales Publikum anzogen.[8]

7 Zit. nach: K. Günzel, Bäder-Residenzen, Stuttgart 1998, S. 10f.

8 Vgl. H. Biehn und J. v. Herzogenberg, Große Welt reist ins Bad, München 1960, S. 109f.

Abb. 93: Die Promenade in Baden.

Als bleibende Erinnerung an den Badeurlaub erfreuten sich neben diversen Reisesouvenirs wie Schmuckstücken, bedruckten Stoffen, Seidentüchern und Andenkenporzellanen vor allem die Andenkengläser besonderer Beliebtheit. Nahezu jeder Kurgast nutzte die Gelegenheit, dieses sogenannte Badeglas[9] als Geschenk oder auch als Souvenir für die eigene Vitrine mit nach Hause zu nehmen. Angeboten wurden weiterhin vollständige Trinkgarnituren, Flacons, Konfektschalen, Pokale, Vasen und Teller mit feingeschnittenen Ansichten der betreffenden Badeorte – selbstverständlich in den verschiedensten Farben und Façons. Zeitgenössische Stichvorlagen wie Almanachkupfer, Wunschkartenmotive sowie zahlreiche Prospektzeichnungen berühmter Badeorte zog man zur Umsetzung in das Medium des Glasschnittes heran. Häufig wurden die mit Schliff und Schnitt verzierten Gläser aus den heimischen Glashütten schon verkaufsfertig geliefert. Sonderwünsche wie Inschriften, Widmungen, Namen oder Initialen des Käufers, ein bestimmtes Datum oder andere beliebige Muster konnten in die dafür vorgesehenen leeren Felder nachträglich eingraviert werden.

Hauptsächlich die Händler und Glasveredler böhmischer Hütten ließen sich während der Saison in den Badeorten nieder und eröffneten ihre Boutiquen – meist sehr kleine Holzbuden – vor dem Promenadenhaus entlang der Alleen. Eine Vielzahl von Gläsern belegt jedoch ebenfalls die rege Beteiligung deutscher Graveure am blühenden Markt, denn schließlich wollten auch diese dem Luxusanspruch der in- und ausländischen Badegäste gerecht werden. Es waren insbesondere die Glaswaren von Gaggenau, die dem Niveau der böhmischen Konkurrenz zwar nicht standhalten konnten, an der

[9] Badegläser sind jedoch nicht mit den sogenannten Trinkgläsern oder Brunnenbechern zu verwechseln, die meist mit einem Henkel und einer Skalen-Einteilung versehen, als Trink- oder Kurglas zum Ablesen der bereits zu sich genommenen Flüssigkeit dienten.

Blüte der heimischen Glasherstellung aber dennoch einen maßgeblichen Anteil hatten. Die Gründung jener badischen Glashütte durch den Oberschultheiß Anton Rindeschwender läßt sich für das Jahr 1772 belegen.[10] Nach Beantragung einer Betriebserlaubnis wurde diese durch den Markgrafen Karl Friedrich für zunächst 18 Jahre erteilt und bereits 1778 nochmals vorzeitig um 15 Jahre verlängert. Zur Herstellung gelangten neben gewöhnlicher Gebrauchsware auch das in der hohen Kunst des Glasmacherhandwerks angefertigte edle Glas. Das Unternehmen konnte in dieser Zeit vor allem in Baden-Baden eine stetig ansteigende Nachfrage seiner Erzeugnisse verzeichnen, und dem Ausbau der von der Schwarzwälder Glashandelsgesellschaft in Süddeutschland und im Elsaß betriebenen Warenlager zu ansehnlichen Ladengeschäften stand von nun an nichts mehr im Wege. Mit dem Tod Anton Rindeschwenders am 4. Mai 1803 erfolgte aufgrund von Uneinigkeiten unter den Erben die vorübergehende Einstellung des Hüttenbetriebes, dessen Führung in den Folgejahren jedoch immer wieder durch verschiedene Mitglieder der Familie aufgenommen wurde. Im Jahre 1869 erlitt die Firma einen finanziellen und wirtschaftlichen Zusammenbruch. Die Fabrikanlage ging in den Besitz eines Handelsunternehmens über, bis sie im Jahre 1910/11 dem starken Konkurrenzdruck der saarländischen Glasindustrie erlag. Das gesamte Unternehmen wurde an die Eisenwerke Gaggenau AG verkauft, und die langjährige Tradition der heimischen Glasherstellung hatte somit ihr Ende gefunden.

Abb. 94: Becher, Gaggenau, um 1830.

Bezeichnend für die Glasmacherkunst Gaggenaus sind die zur Zeit des Empire hergestellten Glaswaren, die man mit Rauten- und Schachbrettdekor im Mattschliff verzierte. Mit Beginn des Biedermeier wurden die diamantierten oder auch brillantierten Gläser zur auserwählten Kostbarkeit. Um 1830 zählten dann die Bildschnittgläser mit den charakteristischen Stadt- und Gebäudeansichten zu den erlesensten Arbeiten des 19. Jahrhun-

[10] Die Ursprünge der Glashütte in Gaggenau liegen genau genommen in der im Jahre 1698 gegründeten Hütte auf dem Mittelberg, welche nach der Abrodung von mehr als 1000 Morgen Waldes mit markgräflicher Erlaubnis nach Gaggenau verlegt wurde.

Abb. 95: Limonadenservice mit badischen Veduten, um 1830.

derts. Als ein Beispiel hierfür gilt der um 1830 entstandene Becher aus farblosem Glas, der mit seinem fein geschnittenen Panorama von Baden als Erinnerung an den vielbesuchten Badeort diente. Der eiförmige Becher mit seiner wabenartig facettierten Unterseite, seinem geschliffenen Bodenstern und geschnittenem Rankenfries gehört zu einem ganzen Satz mit badischen Veduten und befindet sich heute im Badischen Landesmuseum in Karlsruhe.

Ein vorzügliches, gesteineltes biedermeierliches Limonadenservice mit Heidelberger Ansichten, aus dem Besitz des Kurpfälzischen Museums in Heidelberg, läßt auch die ehemalige kurpfälzische Residenz als gerne besuchtes Reiseziel erahnen. Diese Garnitur aus schwerem, farblosem Kristallglas besteht aus einer Karaffe und zwei Gläsern auf einem Tablett. Reich dekorierte Schliffformen werden kombiniert mit ovalen Medaillons, die neben Baden-Badener und Schwetzinger Prospekten das Heidelberger Schloß und den gesprengten Turm zeigen.

Erfreuten sich im 18. Jahrhundert die Städte Italiens großer Beliebtheit, so avancierte nach der Jahrhundertwende in Deutschland insbesondere Heidelberg zu einem der am häufigsten frequentierten Reiseziele überhaupt. Zu verdanken hatte man dies in erster Linie dem französischen Grafen Charles de Graimberg. Seit 1810 als Emigrant in Heidelberg lebend, machte es sich dieser, von der mächtigen Ruine der ehemaligen Residenzbauten überwältigt, zur Aufgabe, das Schloß vor Plünderung und weiterem Verfall zu bewahren. Er setzte sich mit großem Engagement für die Erhaltung des Schlosses ein. Nachdem seine Bemühungen um staatliche Unterstützung scheiterten, ergriff er selbst die notwendigen Maßnahmen, um die Ruine zu schützen. Durch eine Serie akribischer Kupferstiche und Lithographien des

Schlosses und der Umgebung sowie durch eine Sammlung von kurpfälzischen Altertümern, die er in den Räumen des Schlosses ausstellte, warb er für die Schönheit dieser Stadt. Das Schloß erlangte dadurch internationalen Ruhm und zog somit vermehrt Reisende aus aller Welt an. Eine Vielfalt an weiteren Anreizen, wie beispielsweise das Universitätsgebäude samt Bibliothek und andere historische Gebäude, die Gemäldesammlung der Gebrüder Boisserée, sowie die Veranstaltung literarischer Lesekabinette und klassischer Konzertabende verliehen Heidelberg seine besondere Attraktivität. Dadurch, daß an der Universität die bedeutendsten deutschsprachigen Professoren dozierten, wurde die Stadt zum Ort der Begegnung von Philosophie und Wissenschaft. Heidelberg erwachte zu neuer Blüte und die Andenkenindustrie florierte.

Doch das, was die Besucher in diese von Bergen und Wäldern umgebene romantische Stadt am Ufer des Neckars zog, waren nicht allein ihre touristischen Höhepunkte, sondern gleichsam die günstigen klimatischen Bedingungen, die sie als Luftkurort auszeichneten. Als *klimatischer Familien-Kurort* wurde Heidelberg mit seinem *mildanregenden Klima*, das sich *besonders zur Heilung von Nervenleiden, Blutarmut, Schwäche der Verdauungsorgane, Magenkatarrh* [und] *Anlage von Tuberkulose* eignete, zu einem bekannten und häufig frequentierten Erholungsort.[11] Die städtischen Badeanlagen wie beispielsweise das *Küchlerische*, auch *Hagemeiersche's* Bad genannt, das an der Neckarspitze gelegene älteste *Blanckard'sche*, ehemals *Etienne'sches* Bad, sowie das damals neuerbaute, geschmackvolle *Badehaus des Herrn Gesell* boten genügend Möglichkeiten zur körperlichen und seelischen Gesundung. Alle Bäder waren von Gartenanlagen umgeben, und in den Salons nahm man *nach Preiszetteln Erfrischungen* zu sich.[12] Dem Bedürfnis der Kurgäste nach „Spaziergängen", die zum sogenannten Lustwandeln einluden, waren keine Grenzen gesetzt: Vom Philosophenweg am Hang des Heiligenbergs über den Schloßgarten bis zur Molkenkur-Anstalt, vom Königsstuhl über den Kohlhof bis zum Speyerershof oder vom Kühlen Grund bis zum Wolfsbrunnen – Heidelberg war als ein Ort der Romantik durchaus eine Promenade wert.

Seine Popularität verdankte Heidelberg in gewisser Weise auch der Veröffentlichung einer Vielzahl von Reisehandbüchern und Beschreibungen der Stadt. So erschien bereits im Jahre 1805 *Die Geschichte und Beschreibung der Stadt Heidelberg*, herausgegeben von Friedrich Peter Wundt, Professor für Landesgeschichte an der Universität. Zwei Jahre später folgten die von G. Reinbeck in Briefen verfaßten, recht persönlichen Beobachtungen von

[11] Vgl. H. Oeffinger, Kurorte und Heilquellen des Grossherzogtums Baden, Baden-Baden [10]1905, S. 136ff.

[12] H. von Chézy, Handbuch für Reisende nach Heidelberg und in seine Umgebungen, nach Mannheim, Schwetzingen, dem Odenwalde und dem Neckarthale, Heidelberg 1820, S. 13.

Heidelberg und seine[n] *Umgebungen im Sommer 1807.* Eine erste vollständige historisch-topographische Beschreibung der Stadt fand in dem 1811 von Aloys Schreiber veröffentlichten Führer *Heidelberg und seine Umgebung* sowie in dem zwischen 1809-1812 entstandenen *Heidelberger Taschenbuch* ihren Ausdruck. Das *Handbuch für Reisende nach Heidelberg* von Helmina von Chézy widmet der Stadt folgende Gedanken:

> „Mit allen Lieblichkeiten einer süßen bedeutsamen reichen Natur begabt, ruft Heidelbergs Lage und Gegend den Fremdling herbey, und aus jeder Ferne die Sehnsucht zurück. Sollte es dem Gemüthe möglich seyn, Liebe und Theilnahme der Menschen zu entbehren, so könnte das hier nur seyn, wo die Natur mit so überreicher Huld dem Einsamen ihre Schönheit enthüllt, als wollte sie ihn trösten oder erquikken. […] Heidelberg, von der Natur zum irdischen Paradies erkoren, scheint dieser holden Beherrscherin, als der ihr vom Geschick vergönnten, ausschließlich huldigen zu wollen."

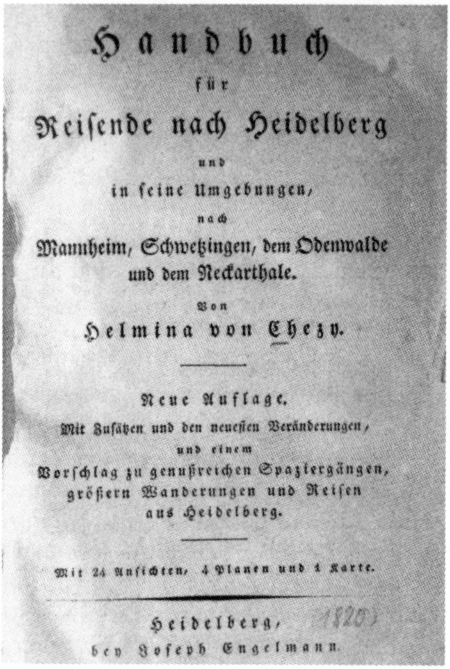

Handbuch
für
Reisende nach Heidelberg
und
in seine Umgebungen,
nach
Mannheim, Schwetzingen, dem Odenwalde
und dem Neckarthale.
Von
Helmina von Chezy.

Neue Auflage.
Mit Zusätzen und den neuesten Veränderungen,
und einem
Vorschlag zu genußreichen Spaziergängen,
größern Wanderungen und Reisen
aus Heidelberg.

Mit 24 Ansichten, 4 Planen und 1 Karte.

Heidelberg,
bey Joseph Engelmann.

Abb. 96: Helmina von Chézy, Handbuch für Reisende nach Heidelberg und in seine Umgebungen, 1820.

Jene Reiselektüre erschien in ihrer erweiterten Ausgabe im Jahre 1820 und wurde wenig später als *Manual for Travellers to Heidelberg* auch ins Englische übersetzt. Ähnlich wie Schreiber widmet sich auch von Chézy der ausführlichen Erläuterung der Stadtgeschichte und ihrer Sehenswürdigkeiten. Neben der *Gemäldesammlung der Herren Boisserée und Bertram*, der *Schloßruine* und anderen touristischen Höhepunkten empfiehlt sie verschiedene *Anstalten zum Vergnügen* und gibt mehrere *Vorschläge zu einigen Spaziergängen, größerer Wanderungen und Reisen* in die nähere Umgebung wie beispielsweise nach Mannheim oder Schwetzingen. Ferner ist noch das *Fremdenbuch für Heidelberg und die Umgegend* von Karl Caesar von Leonhard, das *Fremdenbuch für Heidelberg* von Karl Groos sowie das *Panorama von Heidelberg* von Heinrich Jacobi, aus dem Jahr 1834 zu nennen.

Nicht weniger prägend für das Ansehen der Stadt waren die unzähligen Persönlichkeiten, die als Besucher in Heidelberg weilten. Eine Vielzahl an Gedichten, Briefen und Berichten aus jener Zeit lassen uns noch heute die Eindrücke und Erinnerungen der Reisenden nachempfinden. Johann Wolfgang von Goethe führte der Weg zwischen 1775 und 1815 insgesamt achtmal nach Heidelberg. Bereits im Jahre 1797 erhob er die Stadt samt ihrer Umgebung zur Ideallandschaft; ebenso in den 15 „West-östlichen Divan"-Gedichten, die Goethe 1815 nach der Begegnung mit Marianne von Willemer geschrieben hat, findet die Heidelberger Romantik ihren Niederschlag.[13] Alle Erinnerungen zusammenfassend antwortete diese zu Goethes 75. Geburtstag am 28. August 1824 mit den Worten:

> „Euch grüß ich, weite lichtumfloßne Räume, / Dich, alten reichbekränzten Fürstenbau. [...] Auf der Terrasse hoch gewölbten Bogen / War eine Zeit sein Kommen und sein Gehn; / Die Chiffre, von der lieben Hand gezogen, / Ich fand sie nicht, sie ist nicht mehr zu sehn. [...] Hier war ich glücklich, liebend und geliebt!"

Aber auch die berühmt gewordene Heidelberg-Ode Friedrich Hölderlins, in der er seine Liebe zu jener Stadt wie folgt formuliert, sollte eine Erwähnung wert sein:

> „Lange lieb ich dich schon, möchte dich, mir zur Lust, / Mutter nennen, und dir schenken ein kunstlos Lied, / Du, der Vaterlandsstädte / Ländlichschönste, so viel ich sah. / Wie der Vogel des Walds über die Gipfel fliegt, / Schwingt sich über den Strom, wo er vorbei dir glänzt, / Leicht und kräftig die Brücke, / Die von Wagen und Menschen tönt. / Wie von Göttern gesandt, fesselt' ein Zauber einst / Auf die Brücke mich an, da ich vorüber ging, / und herein in die Berge / Mir die reizende Ferne schien, [...] Aber schwer in das Tal hing die gigantische, / Schicksalskundige Burg, nieder bis auf den Grund, / Von den Wettern zerrissen; / Doch die ewige Sonne goß [...] Sträuche blühten herab, bis wo im heitern Tal, / An den Hügeln gelehnt, oder dem Ufer hold, / Deine fröhlichen Gassen / Unter duftenden Gärten ruhn."

Heidelberg hatte seine reizvollen Orte; es gab kaum ein Gedicht, das sie nicht zitierte. Vor allem der malerische Anblick des Schlosses, der Brücke und des Neckars aber auch die Fluß- und Berglandschaft wurden immer wieder in die unvergängliche Dichtung miteingeflochten. Und gerade jene Poesie war es auch, die es den Besuchern Heidelbergs ermöglichte, einen persönlichen Bezug zu der Stadt zu entwickeln. Natürlich wußte die Glas- und Andenkenindustrie um die Bedeutung der Literatur und bediente sich somit der dort besungenen Motive, um sie in Form von Veduten auf Glas- und Porzellansouvenirs abzubilden. Hergestellt wurden die verschiedensten Gefäßformen aus Glas, verziert mit geschnittenen oder auch in Emailfarben aufgetragenen Ansichten der Stadt. Wie ein Deckelpokal mit Freimaureremblemen aus dem Kurpfälzischen Museum zeigt, griffen selbst religiöse Gemeinschaften auf die Darstellung der beliebten Motive zurück. Im Bereich der Porzellanproduktion konzentrierte man sich neben der Bemalung von Pfeifenköpfen, Einsatzplaketten für Broschen, Serviettenringen oder Bildta-

[13] Eine Gedenktafel im Heidelberger Schloß erinnert noch heute an die Begegnung Goethes mit Marianne von Willemer, der „Suleika" des „West-östlichen Divans".

feln vor allem auf die Dekoration ganzer Kaffeegeschirre, die zumeist aus einer Kaffe- und Teekanne, Milchkännchen, Zuckerschale, Tassen Untertassen und Tellern bestanden. Ganz besonders verbreitet waren die motivisch verzierten Einzeltassen, die als eine Art Ansichtskarte in nahezu jedem Biedermeierschrank als stolzes Andenken an die Reise präsentiert wurden.

Kristina Hinze

Tafelkultur

Zu Beginn der Biedermeierzeit war die Tafelkultur bereits voll entwickelt. Als Erbe des 17. und besonders des 18. Jahrhunderts stand ein vielfältiger Apparat an Tischgerät zur Verfügung, der bis zum Ende des 19. Jahrhunderts nur noch geringfügige Ergänzungen bzw. Modifizierungen erfuhr. Ungeachtet dieser Kontinuität vollzog sich im Gefolge der politischen und sozialen Umwälzungen des ausgehenden 18. und beginnenden 19. Jahrhunderts auch ein Wandel in den Tischsitten. Neue Formen des Servierens konkurrierten mit althergebrachten Gepflogenheiten, und unter dem Druck der angespannten wirtschaftlichen Verhältnisse entstanden neue Formen der Geselligkeit.

Einer detaillierten Betrachtung der Situation in der ersten Hälfte des 19. Jahrhunderts sei ein Rückblick auf die Errungenschaften der vorausgehenden Jahrhunderte im Bereich der Tafelkultur vorangestellt.

Die Ausstattung der mittelalterlichen Tafel mit Tischgerät war nach dem Zeugnis zeitgenössischer Darstellungen im allgemeinen bescheiden. Dennoch spiegelte sich durchaus eine soziale Differenzierung wider, „denn Rang und Reichtum der Besitzer bestimmten das Material". Gold, Silber und Majolika bzw. Fayence waren den fürstlichen Hofhaltungen vorbehalten, während in bürgerlichen und bäuerlichen Haushalten Holz, Irdenware, Steinzeug und bei gehobenen Ansprüchen auch Zinn verwendet wurden. Das Geschirr beschränkte sich auf wenige Gefäßtypen wie Teller, Schüsseln und Schalen zum Anrichten der Speisen sowie Kannen, Trinkgefäße und Salznäpfe. Besonders die drei letztgenannten Typen zeugen in prunkvollen Ausführungen nicht nur vom Reichtum ihrer Besitzer, deren Tafeln und Schaubuffets sie zierten, sondern auch von der Kunstfertigkeit der Gold- und Silberschmiede. Teller im heutigen Sinne waren im Mittelalter nicht gebräuchlich; sie erschienen erst im 16. Jahrhundert. Zuvor legte man die Speisen auf Holzbrettchen oder auf kleine Platten aus Zinn, die rechteckig oder rund sein konnten. Häufig erfüllte diesen Zweck einfach eine Scheibe Brot. In der Regel teilten sich jeweils zwei Gäste ein Brettchen und einen Becher. Zum Zerkleinern des auf den Brettchen abgelegten Fleisches in mundgerechte Stücke bediente man sich des eigenen Messers, das man an der Chateleine mit sich führte. Gabeln hingegen fanden nur beim Tranchieren Verwendung. Löffel, abweichend von der uns geläufigen Form, mit runder Laffe und kurzem Stil, sind zwar überliefert, ihr Gebrauch aber ist unklar, denn Suppen pflegte man aus Näpfen zu schlürfen bzw. mit Brot aufzustippen.

In der Renaissance entstand im Zuge der sich verfeinernden Tischsitten, die in zahlreichen Tischzuchten auch schriftlich dokumentiert sind, das Gedeck. Nun verfügte jeder Gast über einen Teller und einen Becher. Das Besteck, zu dem Messer hatte sich von Italien ausgehend inzwischen eine zweizinkige Gabel gesellt, führte der Gast nach wie vor mit sich. Zunächst benutzte man die Gabel nur beim Dessertgang zum Verzehr klebrigen Konfekts oder auch von Käse.

Ihr Gebrauch konnte sich nur sehr langsam durchsetzen, zumal auch theologischerseits Vorbehalte gegenüber diesem Instrument laut wurden, das in seiner nunmehr dreizinkigen Gestalt überdies dem Dreizack des Teufels glich. Auch das Messer war immer wieder Stein des Anstoßes, weil es mit seiner spitzzulaufenden Klinge bei Tisch offenbar auch gern als Zahnstocher mißbraucht wurde. Angeblich geht das Messer mit runder Klinge auf Kardinal Richelieu zurück, der vehement gegen diese Unsitte eingetreten war. Erst mit dem beginnenden 18. Jahrhundert wurde das Essbesteck zum unverzichtbaren Bestandteil des Gedeckes, und zwar als Messer mit gerundeter Klinge, vierzinkiger Gabel und Löffel mit eiförmiger Laffe.

Der Begriff Service tauchte erstmals in Frankreich im 17. Jahrhundert auf und bezeichnete das gesamte Ensemble von Tafelgeräten. Die Ausbildung eines komplizierten Tafelzeremoniells, besonders am Hofe Louis XIV., führte zu einer weiteren Differenzierung des Service. Außerdem wurde es üblich, die einzelnen Teile in Form und Dekor aneinander anzugleichen. Zuvor ist diese Praxis nur vereinzelt nachzuweisen. Ein herausragendes Beispiel ist das 1576 für Herzog Albrecht von Bayern angefertigte Majolika-Service im Residenz-Museum München.

Die Zusammensetzung eines repräsentativen Service der Zeit Louis XIV. können wir einem Inventar vom 20. Februar 1673 entnehmen. Das dort aufgeführte „service complet de vermeil doré", ein Service aus feuervergoldetem Silber also, umfasste 231 Teile, nämlich 12 große und 9 mittlere Schüsseln, 48 Teller, 12 Suppenteller, 4 Unterteller, 4 Schüsselringe (zum Aufsetzen der Schüsseln), 4 runde Salzfässer, 1 Pfefferbüchse, 24 Löffel, 24 Gabeln, 18 Messer, 8 Leuchter, 2 ovale Becken, 1 rundes Becken, 4 Wasserkannen (Becken und Kannen zum Säubern der Hände), 1 Zuckerdose und schließlich fürs Dessert nochmals 12 Messer, 12 Gabeln und 12 Löffel. Dieses Service enthielt noch keine Terrinen, die sich erst im 18. Jahrhundert zu einem der dekorativsten Stücke eines Speiseservice entwickeln sollten. Ein Vorläufer der Terrine ist die Olla Potrida oder auch Pot à Oille. Dieses Gefäß kam Ende des 17. Jahrhunderts für ein Eintopfgericht spanischen Ursprungs in Gebrauch, das Marie Thérèse d' Espagne, die Gemahlin Louis' XIV., am französischen Hof eingeführt hatte.

Von bedeutender Auswirkung auf die Tafelkultur ist im 17. Jahrhundert die Einführung der exotischen Heißgetränke Tee, Kaffee und Schokolade in die europäische Gesellschaft. Zunächst nur als Medizin verabreicht, wandelten sie sich bald zu Modegetränken privilegierter Kreise. Die Beigabe von

Milch und Zucker war ein Zugeständnis an den europäischen Gaumen, das die Verbreitung der drei Getränke begünstigte.

Zum Servieren der neuen Getränke empfahl sich das geschmacksneutrale chinesische Porzellan, das zusammen mit dem Tee in großen Mengen nach Europa gelangte. Die Teekultur Chinas hatte bestimmte Gefäßtypen hervorgebracht, deren sich nun auch die Europäer bedienten, nämlich die kleine henkellose Trinkschale, von den Holländern Koppchen genannt, eine Spülschale oder Kumme und schließlich bauchige Kannen aus rotem Ihsing-Steinzeug. Aus den Koppchen genoss man nicht nur Tee, sondern nach orientalischem Brauch auch Kaffee, denn die Herkunftsländer des Kaffees waren lange vor Europa Abnehmer chinesischen Porzellans gewesen. Die vorgegebenen Gefäßtypen des chinesischen Exportporzellans wurden bald im Sinne der europäischen Tafelkultur verändert und ergänzt.

Wegen seiner Geschmacksneutralität schätzte man das Porzellan ebenfalls beim Dessertgang, dessen oftmals eihaltige Crèmespeisen nicht mit Silber harmonieren.

Der Versuch, das begehrte Porzellan durch Fayence zu imitieren, blieb letztlich unbefriedigend. Mit ihrer dicken, den Gefäßkontur verunklärenden Glasur war die Fayence nur ein unzureichender Porzellanersatz.

1709 gelang dem Alchimisten Johann Friedrich Böttger in Meißen die Erfindung des europäischen Porzellans, worauf 1710 die Gründung der Manufaktur folgte. In ihrer Frühzeit produzierte diese nur Tee- und Kaffeeservices. Speiseservices hingegen sind erst ab 1731 belegt. Mit einer Schöpfung wie Joachim Kaendlers Schwanenservice für den Grafen Brühl, entstanden in den Jahren 1737-1741, erreichte die unter Louis XIV. einsetzende Entwicklung „großer, in sämtlichen Details aufeinander abgestimmter, ein komplexes Gefüge bildender Services“ ihren Höhepunkt. Die Typenbildung ist damit im wesentlichen abgeschlossen.

Inzwischen schickte sich das Porzellan an, auch die bürgerliche Tafel zu erobern. Bereits unter August dem Starken, dem Begründer der Meißner Manufaktur, hatte man aus ökonomischen Gründen neben Luxusservices auch Gebrauchsgeschirr angefertigt. In der Folgezeit kam es besonders in Thüringen zur Gründung privater Manufakturen, deren Produktion ausschließlich auf einen bürgerlichen und bäuerlichen Kundenkreis ausgerichtet war.

Gleichzeitig erwuchs den rivalisierenden keramischen Gattungen Porzellan und Fayence ein neuer Konkurrent im englischen Steingut, das in seiner durch Josiah Wedgwood verfeinerten Variante nach 1760 ebenfalls auf den Markt strebte.

Trotz des vielfältigen keramischen Angebotes war auch metallenes Tischgerät weiterhin gefragt. Nach wie vor speisten Standespersonen von Silber- oder gar vergoldetem Geschirr. Der „Privatmann“ hingegen begnügte sich mit Zinn, dem er immerhin durch sorgsames Polieren mit Schachtelhalm (Zinnkraut) silbrigen Glanz zu verleihen wusste. Dem Bedürfnis des Bürgers oder Bauern nach einem wohlfeilen Silberersatz entsprach das Zinngießerhandwerk mit Erzeugnissen nach Silberart. Für die allerhöchsten Kreise blieb die Silber- bzw. Goldschmiedekunst das favorisierte Medium, und zwar bis ins 19. Jahrhundert. Als die kriegerischen Ereignisse der bis dahin gepflegten Prachtenfaltung die materielle Grundlage entzogen hatten, behalf sich 1814 der Wiener Hof mit einem vergoldeten Porzellanservice, das seinen keramischen Charakter gänzlich verleugnet.

Die Tafelsitten im 19. Jahrhundert

Waren im 18. Jahrhundert weite Bereiche der Kultur vom französischen Geschmack geprägt, machte sich im 19. Jahrhundert verstärkt englischer Einfluss geltend, der sich auch in Kunsthandwerk und Tafelkultur manifestierte.

Angesichts der kriegsbedingt leeren Kassen empfahl sich zur Kosteneinsparung eine Rationalisierungsmaßnahme im Tafelzermoniell. Alternativ zum personalaufwendigen „Service à la franaise" führte man den „Service à la russe" ein. Obwohl der Name eine russische Herkunft nahelegt, scheint sich diese Art des Servierens einem französischen Gewährsmann zufolge von England ausgebreitet zu haben. Im Gegensatz zum „Service á la franaise" wurden die Speisen nicht gleichzeitig, sondern nacheinander aufgetragen, und zwar bereits auf den Tellern angerichtet. Den Verlauf eines Mahles entnahm man der Menükarte. Eine wichtige Neuerung war auch die Plazierung der Gläser auf der Tafel. Zuvor wurden die Gläser den Tafelnden bei Bedarf zugereicht und von diesen in einem Zuge geleert. Die Aufwertung des Glases zu einem dekorativen Element, führte zur Entstehung von Glasservices mit spezifischen Formen für die jeweiligen Getränke.

Während das Rokoko bei aller Differenziertheit Homogenität im Erscheinungsbild der Tafel angestrebt hatte, kam mit dem Klassizismus die Tendenz auf, unter dem Aspekt der Funktionalität, gewisse Teile des Tafelapparates auszusondern. Als Synthese aus den im 18. Jahrhundert üblichen Platmenages (kurz: Gewürzständer) und den Dessertaufsätzen entstanden neuartige Vorrichtungen zur Präsentation des Desserts, die nun nicht mehr als letzter Gang aufgesetzt wurden, sondern von Beginn an den Hauptschmuck der Tafel darstellten. Diese vorwiegend aus feuervergoldeter Bronze gefertigten Surtouts zeichneten sich durch beliebige Kombinierbarkeit aus. Die in der Restaurationszeit relativ schlicht gestalteten Elemente, wie Obstkörbe, Etagèren und dergleichen, wurden mit dem beginnenden Historismus durch plastischen Schmuck bereichert, dem, anknüpfend an eine lange Tradition, ein ikonographisches Programm zugrundelag. So zeigt beispielsweise der von Ludwig von Schwanthaler anlässlich der Hochzeit des bayrischen Kronprinzen Maximilian 1842-1844 geschaffene Tafelaufsatz in Schloss Hohenschwanengau Figuren der Nibelungensage.

Da der „Service à la russe" mit wenig Personal auskam, eignete er sich besonders für Diplomatenessen, zu denen die Zeitläufe gewiss häufig Anlass gaben.

Abb. 97: Silbernes Surtout für eine Tafel mit vierzig Gedecken, 1838.

Ist der englische Ursprung des „Service à la russe" nicht unbestritten, so scheinen beim „Service à l'anglaise" gewisse altväterische Züge für Authentizität zu bürgen. Abweichend von kontinentalem Brauch, präsidierten der Hausherr und die Dame des Hauses an den Schmalseiten der Tafel. Statt ihren Gästen den größtmöglichsten Sitzkomfort zuzugestehen, thronten die Gastgeber selbst in Armsesseln, während die Gäste mit einfachen Stühlen vorliebnahmen. Wie beim „Service à la française" wurde der erste Gang serviert, bevor man an der Tafel Platz nahm. Alle weiteren Gerichte wurden dann gleichzeitig aufgesetzt. Das Austeilen der Suppe besorgte die Hausfrau, während dem Hausherrn das Tranchieren des Bratens oblag. Diesem Akt widmete man besondere Sorgfalt, denn der wirkliche Herr wies sich durch kunstgerechtes Tranchieren aus. An der Universität von Göttingen, das zu dem in Personalunion mit England verbundenen Königreich Hannover gehörte, wurden die Studenten auch in der Kunst des Tranchierens unterwiesen. In adligen Häusern, in denen man diese Sitte auch pflegte, wurde die Herrschaft dabei von Dienern unterstützt. Beim Austeilen der übrigen Speisen gingen die Gäste einander zur Hand, indem sie die Schüsseln weiterreichten. Befremdlich wirkte auf Besucher vom Kontinent das noch im 16. Jahrhundert wurzelnde Trinkritual, wonach jeder männliche Gast gehalten war, auf jede der anwesenden Damen einen Toast auszubringen. Unüblich war es zur damaligen Zeit auch, das Mahl mit Käse zu beenden. Geradezu grotesk musste das Spülen des Mundes bei Tisch mit Schälchen aus blauem Glas anmuten. Johanna Schopenhauer, die 1803-1805 England und Schottland bereiste, vergleicht im Kapitel: „Ein Tag in London" in Bd. 15/16 ihrer Werke, 1830 erschienen, „die ganze so beschäftigte Gesellschaft" mit einem Kreis Tritonen, wie man sie Wasser speiend um Fontänen sitzen sieht". Ein überzeugenderer Beleg für den an englischen Tafeln waltenden Reinlichkeitssinn, ist dagegen der Gebrauch von Servietten auch in bürgerlichen Haushalten.

Ein weiteres Charakteristikum der englischen Tafel war ihre reiche Ausrüstung mit Silbergerät, die in einem im übrigen Europa bis dahin unbekannten Besteckluxus gipfelte. So waren für jeden Gast sechs silberne Bestecksätze erforderlich, die gleichzeitig aufgelegt wurden. Derartiger Aufwand veranlasste Wilhelm von Humboldt, den damaligen preußischen Gesandten in London, in einem an seine Frau Caroline gerichteten Brief vom 9. Januar 1818 zu der bedauernden Feststellung, englische Gäste nicht angemessen bewirten zu können.

> „Mit meinem Silber bin ich sehr schlimm dran und nach hiesiger Mode wird mein Tisch nie gut aussehen. Wir haben nicht genug und nicht groß genug, und nicht nach Art hiesigen Tafelarrangements. So hat man hier immer zwei Terrinen, Größere Schüsseln zu den Fischen und großen Fleischspeisen. Der Unterschied kommt daher, dass man alles zugleich aufsetzt, und dies anders zu machen, daran ist schlechterdings nicht zu denken."

In demselben Brief wies von Humboldt auch darauf hin, dass sich alle Schichten, soweit ihre Mittel es erlaubten, dieser Norm verpflichtet fühlten. In dem an Ressourcen reichen England hatte offenbar bereits eine Verbürgerlichung des Silbers stattgefunden. Zu erwähnen ist in diesem Zusammenhang, dass das 1743 von dem Messerschmied Thomas Boulsover entwickelte Plattierungsverfahren Silbergerät – obschon nicht massiv – auch weniger finanzkräftigen Käuferschichten zugänglich machte. Die lange demokratische Tradition Englands fand solcherart auch in der Tafelkultur ihren Ausdruck.

Trotz der Schwierigkeiten, mit denen der Gastgeber im Einzelfall konfrontiert sein konnte, wurde der „Service à l'anglaise" zu einer verbreiteten Art des Servierens, bevorzugt vor allem von nordeuropäischen Fürstenhöfen und vom Großbürgertum. Mit der Etablierung neuer Sitten hatte der „Service à la française" jedoch nicht völlig ausgedient, vielmehr hielt beispielsweise der kaiserliche Hof zu Wien aus Gründen des Dekorums auch im 19. Jahrhundert daran fest.

Im deutschen gehobenen Bürgertum scheinen Mischformen gängige Praxis gewesen zu sein. Die Aufnahme von Elementen aus dem „Service à l'anglaise" wurde gefördert durch den Umstand, dass ein großer Teil Deutschlands in der englischen Einflusssphäre lag (Hannover und die Küstenregionen mit den Hansestädten).

1829 erschien in Weimar unter dem Titel „Der neue Apicius oder die Bewirthung vornehmer Gäste so wie es die feinere Kochkunst und der Geschmack des 19. Jahrhunderts gebietet", ein „Taschenbuch für Freunde gastlicher Bewirthung und einer wohlbesetzten Tafel". Bei dem Verfasser dieses Leitfadens bürgerlicher Tafelkultur im frühen 19. Jahrhundert, handelt es sich um François le Goullon, den ehemaligen Küchenmeister am Hof der Herzogin Anna Amalia zu Sachsen-Weimar. Dieser biographische Hintergrund garantierte die Kompetenz le Goullons in Fragen vornehmer Lebensart, in der das aufstrebende Bürgertum dem Adel nachzueifern suchte. Gleichzeitig erklärte er auch die konservativen Züge der von le Goullon geschilderten Tafelgebräuche.

Le Goullon unterscheidet zwischen dem Gastmahl, einer intimeren Form der Geselligkeit, und dem Gastgelage oder großen Diner, das einen ausgeprägt repräsentativen Charakter besitzt.

Mit der Zunahme der Erwerbstätigkeit in gehobenen Kreisen war im frühen 19. Jahrhundert das Souper als „repas d'étiquette" weitgehend durch das Diner abgelöst worden, das am späten Nachmittag bis frühen Abend begann.

Alle „Geschicklichkeit" und „dazu Erfindungsgeist" sind anlässlich eines Diners aufgeboten, „um durch die äußerste Eleganz und Neuheit Auge und Gaumen zugleich in Anspruch zu nehmen" so le Goullon. Der Aufwand ist gerechtfertigt, denn der Amphitrion, wie le Goullon den Gastgeber nennt, darf sich als Förderer der Künste fühlen. „Ohne die großherzige Anwendung von Plutos Schätzen würde die Kochkunst sich nie über das alltägliche Handwerksmäßige erhoben haben", ermutigt le Goullon den Wirt. Zuvor aber gilt es, für einen würdigen Rahmen zu sorgen. Neben anderen Anregungen im Bereich der Tafelkultur verdankt das kontinentale Europa England auch den Speisesaal bzw. das Speisezimmer mit fest installierter Tafel. Bis ins 18. Jahrhundert speiste man an ambulanter Tafel oder aber an Tischen, die nicht ausschließlich der Einnahme von Mahlzeiten vorbehalten waren. Die Aufmerksamkeit des Amphitrion richtet sich zunächst also auf den Speisesaal. Dieser soll Heiterkeit ausstrahlen, eine Forderung, der auch der Skulpturenschmuck Rechnung zu tragen hat. „Cato, Seneca oder einer trauernden Niobe kann kein Zutritt vergönnt werden". Geeignet sind dagegen Amoretten als Fackelträger sowie die Statuen von Hebe, Flora und Ganymed; aber auch „die Büsten von Socrates, Anacreon und Alcibiades, an die sich so manche schöne Erinnerung knüpfen, sind hier an ihrem Platz". Landschaftsbilder vervollständigen die dekorative Ausstattung, die den Gastgeber nicht nur als Mann von Bildung und Geschmack ausweist, sondern darüber hinaus ihren Beitrag zur Kurzweil der Gäste leistet.

Zur Schonung der Gesundheit der Gäste ist eine sorgfältige Überwachung der Raumtemperatur vonnöten. 14° Réaumur (17,5° Celsius!) bewirken in der rauhen Jahreszeit wohltuende Wärme. „Denn nichts wirkt störender auf unser Wohlbehagen, als eine dem Hautsystem ungünstige Atmosphäre". Bei sommerlicher Hitze weiß le Goullon mittels frisch geschlagener Zweige, die in großen mit Wasser gefüllten Eimern aufgestellt werden, Abhilfe zu schaffen. Schädliche Zugluft ist selbstverständlich zu vermeiden. Um „Revmatimus“ und anderen schmerzhaften Übeln vorzubeugen, sorgt der aufmerksame Gastgeber dafür, dass die leicht beschuhten Füße seiner Gäste auf einem weichen Teppich ruhen. „Nach all diesen Gesten zarter Rücksichtnahme wird die mildgestimmte Higieia durch ihre schönste Gabe – einen unverwüstlichen Appetit – den humanen Amphitrion seegnend lohnen.“

Bei der Plazierung der Gäste ist zu beachten, dass jeder einzelne „hinlänglich Raum hat, um sich während des Speisens frei und mit Grazie bewegen zu können“. Die Größe der Tafel, die rund oder länglich-rechteckig sein kann, hängt jedoch nicht allein von der Anzahl der Geladenen ab, sondern vor allem von der Größe des Saales, denn Voraussetzung für das allgemeine Wohlbefinden sind harmonische Verhältnisse.

Neben der Tafel gibt es einen „Schenktisch mit köstlichem Trinkgeschirr von brillantirtem Cristall beladen“, das „den freundlichen Blick des Trinkers wohlgefällig auf sich hinziehen“ soll. Dem Schenktisch gegenüber hält der Tranchiertisch die „reich mit Silber verzierten Messer von allen Größen mit ihren sauberen Heften von Elfenbein und Ebenholz“ bereit.

Beim Einrichten der Tafel dürfen lokale Besonderheiten berücksichtigt werden. Unverzichtbar aber, „als Mittelpunkt und Hauptzierde“ der damastgedeckten Tafel, ist der Dormant genannte Aufsatz. Le Goullon gebraucht zwar den Terminus des 18. Jahrhunderts, weist aber darauf hin, dass der Aufsatz

> „nicht mehr wie ehedem in kleinlichen Orangeriegärten mit den Statuen der vier Jahreszeiten von Porcellain, Wasserfällen von gesponnenem Caramel-Zucker, winzigen Eremitagen und dergleichen bestehen darf. Denn nach dem neuesten Geschmack stellen die Tafel-Aufsätze die vollkommensten Modelle der Baukunst und Bildnerei dar, so wie die schön gedachtesten mythologischen und historischen Gruppen. Die Figuren sind gemeiniglich von Porcellain en biscuit oder Alabaster, die übrigen Gegenstände von Bronce mit ächter Vergoldung, und wohl werth, daß das Auge mit Wohlgefallen auf ihnen verweile.“

Anders als bei den vorrangig nach funktionalen Gesichtspunkten gestalteten Surtouts des „Service à la russe“, wirkt hier noch die Tradition der Schaugerichte nach, indem die Gegenstände des praktischen Gebrauchs mit rein dekorativen Elementen kombiniert werden, die kostengünstig auch von Tragant verfertigt sein können. Dieser figürliche Schmuck präsentiert sich jedoch nicht mehr in farbigem Rokokogewande, sondern, analog zur klassizistischen Großplastik, in marmorner Weiße.

Das Couvert oder Gedeck besteht aus einem Teller und einem Besteckaatz.
„Auf den Teller wird Brod und Semmel oder sogenanntes Franzbrod nebst einer zierlich gebrochenen Serviette gelegt“, denn Brotteller sind noch nicht gebräuchlich. Ergänzt wird das Gedeck durch ein Wein- und ein Wasserglas. Zwischen zwei Gedecke setzt man ein Salz- und ein Pfefferschälchen. Zusätzlich wir für jeden Gast eine „Maasbouteille“ mit dem in der Gegend üblichen Tischwein aufgesetzt. Wasserkaraffen hingegen stehen nur jeweils zwischen

Abb. 98: Aufstellungsplan für ein Service, 1750-1760.

zwei Gedecken. Für jeden Gang werden Teller, Besteck und Gläser gewechselt. Dies hat unter reichlicher Anwendung von Tellertüchern und Aufwartservietten zu geschehen, da „nichts mit bloßen Händen überreicht werden darf, welches höchst unanständig ist". Auch bei der Verwendung von Silbergeschirr an der Tafel, wird das Dessert aus dem bekannten Grunde von Porzellantellern mit reicher Bemalung und Vergoldung verzehrt, wobei man sich eines kleineren Vermeil- oder goldverzierten Perlmutterbestecks bedient.

Der Ablauf des Grand Diners entspricht weitgehend den Regeln des „Service á la française". Die einzelnen aufeinander folgenden Gänge setzen sich ihrerseits aus einer Vielzahl von Gerichten zusammen, die gleichzeitig auf der Tafel erscheinen. Zugrunde liegt ein raffiniertes, auf Kontrastwirkung beruhendes System, das darauf zielt, den Appetit bei Schonung des Magens permanent zu stimulieren und damit den Eintritt der Sättigung hinauszuzögern. Die Folge der Gänge ist daher feststehend. Variationsmöglichkeiten bestehen lediglich innerhalb der einzelnen Gänge. Angesichts der Fülle kostet man nicht von jeder Speise, sondern wählt aus.

Wie im 18. Jahrhundert orientiert sich die Anordnung der Schüsseln und Platten an gartenarchitektonischen Prinzipien. „Durch ihre schöne simetrische Stellung durch den reizenden Farben- und Formenwechsel" sollen sie „wie ein Blumenparterre das Auge ergötzen und zum Genuß einladen".

Nachdem die Herren sich mit einem „Coup d'avant" erfrischt haben, begibt man sich zu Tisch. Bevor ein jeder Gast den ihm mittels einer Tischkarte zugewiesenen Platz einnimmt, umschreitet man die Tafel, um das kunstvolle Arrangement gebührend zu würdigen.

Dem Amphitrion fällt nun die Aufgabe zu, die Suppe vorzulegen. Beim Grand Diner hat der Gast die Wahl zwischen einer hellen und einer dunklen Suppe. Erfordert die Anzahl der Gäste die Besetzung beider Tafelenden mit Terrinen, so „erleichtert der am nächsten Sitzende dieses Geschäft durch gefällige Übernahme desselben". Die gefüllten Suppenteller werden von Dienern an die Gäste weitergereicht. Als die Suppe begleitende „hors d'Œuvres" werden kleine „Pastetgen, Rissolles, Ramequins ebenfalls Pasteten, Käsekuchen, Austern und dergleichen" herumgegeben.

Nach dem Vorlegen der Suppe darf sich auch der Amphitrion dem Genuss des Mahles hingeben, wenn auch stets wachsamen Auges, „dass nirgends ein

Glas ungefüllt bleibe". Das Tranchieren des Bratens, eine äußerst verantwortungsvolle Tätigkeit, wie le Goullon betont, erfolgt durch den Haushofmeister. Der „Ecuyer tranchant" möge sich hüten, durch Nachlässigkeit, „die nie abzubüßende Schuld aufsichzuladen, dass der mit Trüffeln farcierte Truthahn, der Faisan à la Béchamelle, ein zartes Haselhuhn oder feister Kapaun auf der Schüssel gerinne, ehe die Gäste davon etwas genießen können". Die Sorge des Wirtes um ihr Wohl honorieren die Gäste, indem sie ihm bzw. seiner Gattin die besten Bratenstücke überlassen.

Gut geschulte Dienerschaft gewährleistet einen programmgemäßen Fortgang des Gelages.

> „Die Gerichte des ersten Ganges, die kernhaften Entrées sind verschwunden, um den feineren Entremets, den zärtern Braten von Geflügel, und den See- und Flussfischen Platz zu machen. Für jeden Gaumen findet sich etwas anziehendes, die aromatischen Trüffeln, die duftenden Champignons, die Artischocken, die lockenden Milch- und Eierspeisen in den schönsten Formen aufgetragen, die Äpfel- und Aprikosen-Charlotte, die Tarteletten und das ganze verführerischer Gefolge von Backwerken. – Wer könnte ihnen widerstehen!"

An der Stelle des einfachen Tischweins treten nun erlesenere Sorten.

> „Als ächte Hilfs-Truppen des Magens erscheinen der köstliche Burgunder, der edle Rhein- und Leisten- oder Steinwein, dann als Begleiter des Bratens der roth- und weißmoussirende Champagner."

Als Ausdruck des Dankes bringt der vornehmste Gast einen Toast auf den Amphitrion aus, dem sich weitere anschließen können. Doch darf dieser Toast nur höchstens dreimal wiederholt werden, „und zwar in schicklichen Zwischenräumen und passenden Momenten".

Während des Desserts werden schwerere Weine ausgeschenkt. Die Tafel verwandelt sich in einen „duftenden Obstgarten". Erlesene Früchte aller Zonen, „pyramidialisch mit künstlicher Hand geordnet, entzücken das Auge und laden zum Genuß ein"; dazu die „lieblichen Compôts, die raffiniertesten Zuckerbäckereien, die zitternden Gelées, so hell wie durchsichtige Edelsteine". Aber auch Käse, verborgen unter einer „Cristall-Glocke" „wie die Perlenmuschel unter der Taucherglocke" darf als der „ächte Biscuit der Zecher" nicht fehlen. Nach der Darbietung des Gefrorenen, „möglichst in drei Sorten", entfernt sich die Dienerschaft. Die Gäste lassen nun die Konfektteller kreisen; deren besondere Attraktion, ganz im Sinne des Klassizismus, sind die sogenannten „Pastilles á la Romaine", ... „die reinsten Abdrücke ächt antiker Gemmen". – Damit ist das eigentliche Mahl beendet.

Die nach englischer Konvention nun gebotene Prozedur des Mundspülens ist auch le Goullon bekannt, „aber dieser für die Erhaltung der Zähne und die Reinheit des Atems wohltätige Gebrauch scheint immer mehr aus der Mode zu kommen".

Während im 18. Jahrhundert der Kaffee Bestandteil des Dessertganges sein konnte, führte man im 19. Jahrhundert die Sitte ein, den Kaffee nach Aufhebung der Tafel im Salon oder Assembleezimmer zu reichen. Abweichend vom englischem Brauch verlassen auch die Herren dazu die Tafel. Beim Servieren des Kaffees à la mode präsentiert ein „doppelt etagirter Gueridon“ die silberne mit Hahn versehene Kaffeemaschine nebst Tassen und Zuckerschalen. Jeder Gast ergreift eine Tasse, gibt nach Belieben Zucker hinein und läßt sich vom Haushofmeister einschenken, um die Tasse dann an einem „selbst gewählten Plätzchen“ auszuschlürfen. Unschicklich wäre es, den Kaffee zur Abkühlung in die Untertasse zu gießen, und daraus zu trinken, was im 18. Jahrhundert durchaus mit guter Sitte vereinbar war. Ein weiteres wichtiges Requisit bei diesem das Diner abschließenden Ritual ist ein Kästchen aus Mahagoni oder lackiertem Blech, das die feinen Liköre in weißen mit Etiketten versehen Glasflakons enthält, gewöhnlich in zwölf verschiedenen Sorten. Die fein geschliffenen Likörgläschen stehen daneben auf einem Präsentierteller. Selbst nach den Likören ist des Süßen offenbar noch nicht genug.

Abb. 99: Brillat-Savarin „Feinschmecker“.

> „In vielen großen Häusern ist es jetzt gebräuchlich, einige Stunden nach dem Kaffee Zuckerwasser zu servieren; es wird schon fertig in Karaffen aufgetragen, und besteht blos aus Wasser, worin eine hinlängliche Quantität feiner Kanarien-Zucker aufgelöst ist. Jeder bedient sich davon nach Belieben. – Man trinkt es nur in kleinen Zügen, denn auf diese Weise ist es durststillend, ohne die Verdauung zu unterbrechen.“

Der Abend endet für die intimen Freunde des Hauses sowie die Liebhaber von l'Hombre und Whist am Spieltisch. Die übrigen Gäste verlassen die Gesellschaft, einer nach dem anderen, ohne sich zu verabschieden. „Höchst unschicklich“ wäre es, „einen Wink von seinem Weggehen zu geben“. Diese Übereinkunft, die den Vorvätern „für den größten Mangel an Lebensart gegolten hätte“, enthebt die Gäste wie Gastgeber überdies der lästigen Pflicht, langweilige „Complimente“ auszutauschen.

Von der Opulenz eines Gastgelages ist das Gastmahl weit entfernt. Im Gegensatz zu dem noch von der französischen Schule des 18. Jahrhunderts geprägten Diner, werden die Speisen nicht in Trachten aufgesetzt. Die Aufwartung an der Tafel durch Dienerschaft kann somit entfallen. Der Hausherr legt dann selbst vor und hat dabei Gelegenheit, seine Geschicklichkeit im Tranchieren unter Beweis zu stellen. Diese gilt jedoch, so le Goullon, nicht mehr in dem Maße als Zeichen vornehmer Erziehung, wie das für frühere Zeiten zutraf.

Abb. 100: Bürgerliches Wohn- und Esszimmer, 1846.

In der Realität gestalten sich bürgerliche Diners sicherlich nach einem einfacheren Muster. Ein Speisezimmer beispielsweise ist in bürgerlichen Haushalten der Biedermeierzeit nicht allgemein vorauszusetzen. Die Familienmahlzeiten wurden in der Regel in der Wohnstube eingenommen. Daneben verfügten manche Häuser auch über ein Gesellschaftszimmer, das vor allem der Repräsentation diente.

Für das regelmäßig in seinem Elternhaus stattfindende Herrendiner, das Theodor Fontane im 11. Kapitel seiner autobiographischen Schrift „Meine Kinderjahre" beschreibt, wird vor dem Sofa im Salon seiner Mutter, ein Ausziehtisch aufgestellt. Die, verglichen mit dem Raffinement der le Goullonschen Diners, einfache Bewirtung bestand aufeinander folgend aus Suppe, Fisch, Teltower Rübchen mit Spickgans und einem „ungeheuren" Braten. Zum Dessert nahm man eine Süßspeise samt Früchten, Pfefferkuchen und Königsberger Marzipan. Einfachheit bestimmte auch die Wahl der Getränke. „Nach der Suppe wurde Sherry gereicht, dann aber trat ein Rotwein von mäßigem Preis und mäßiger Güte seine Herrschaft an und hielt sich bis zum Kaffee."

Was Küche und Keller schuldig blieben, wurde durch angeregte Unterhaltung kompensiert. „Das Besondere, das diese Festlichkeiten hatten, lag also nicht im Materiellen, sondern in einem gewissen geistigen Element".

Abb. 101: Anonym „Geburtstagskaffee des Josef Westermayer und seiner Familie“, 1847.

Bei den täglichen Mahlzeiten im Fontaneschen Familienkreise begnügte man sich dagegen häufig mit einer dem jahreszeitlichen Angebot entsprechenden Suppe. So standen die Sommertage „wegen überreichen Milchertrages wochenlang im Zeichen der Milchsuppe“. In der Schlachtzeit dagegen kam tagtäglich das aus dem Gänseblut zubereitete Schwarzsauer auf den Tisch, wenn auch durch Mandelklöße und Backobst verfeinert.

Das Frugale scheint, bei allen regionalen Unterschieden, ein der bürgerlichen Alltagsküche gemeinsamer Zug gewesen zu sein. Darstellungen von Mahlzeiten in der Wohnstube zeigen häufig den von einer Terrine beherrschten Mittagstisch. Die Table d'hôte eines bürgerlichen Gasthauses, wie der „Badische Hof“, in dem Robert Schumann 1829/30 während seines Studienaufenthaltes in Heidelberg Mittagsmahl zu halten pflegte, konnte diesen Rahmen mit ihren 8-9 Gerichten durchaus auch sprengen. Diese recht üppige Besetzung der Mittagstafel, die die zuvor getroffene Aussage zu widerlegen scheint, wurde von Schumann keineswegs goutiert; vielmehr bestätigt auch er die allgemeine Tendenz zum Maßvollen, wenn er klagt:

„[...] fatal ist mirs, jeden Tag eine Stunde zu Tische sitzen zu müssen, was doch bei Gott die Zeit totschlagen heißt. Gebt mir eine Boullionsuppe und ein bißchen Braten, das ist in 6 Minuten abgetan und damit punctum! So aber ist man schon halbtot-satt, wenn es zum Braten kommt."

Als Anlass zu Geselligkeit bevorzugte das Bürgertum eher die häusliche Kaffeetafel. Sogenannte „Caffé-Cräntzgen" waren schon im 18. Jahrhundert bekannt. Darunter verstand man „eine tägliche oder wöchentliche Zusammenkunft und Versammlung einiger vertrauter Frauenzimmer, welche nach der Reihe herum gehet, worbey sie sich mit Caffee trinken und L'Ombre-Spiel divertiren und ergötzen". Zu einer Mahlzeit aber entwickelte sich die Kaffeestunde erst im 19. Jahrhundert. Veröffentlichungen wie „Der elegante Theetisch" von Francois le Goullon, erschienen 1809, propagierten die Tee- und Kaffeegesellschaften, bei denen auch Kuchen und anderes Backwerk gereicht wurden. Das Gebäck verzehrte man von Kristalltellern, denn erst ab 1850 etwa entstanden vereinzelt Services mit zugehörigen Kuchentellern. Die Tassen sind, nach dem Vorbild der in England um 1800 modisch gewordenen Sammeltassen, häufig unterschiedlich gestaltet. Mit einem besonderen Formenreichtum trat die Wiener Porzellanmanufaktur hervor. Gerätschaften wie Teekomfort (Samowar), Rechaud und ähnliches steuerte wiederum englische Erfindungsgabe bei.

Abschließend soll nochmals Theodor Fontane zu Wort kommen, mit seiner Schilderung einer häuslichen Kaffeegesellschaft.

„[...] um die vierte Stunde kehrte sie (die Mutter) wieder an ihren Lieblingsplatz zurück. Und nun begann für sie die schönste Zeit des Tages, die Zeit, wo Besuch kam und die Vorbereitungen zum Kaffee getroffen wurden [...] Tassen und Kuchenkörbe standen schon da, daneben eine kupferne hohe Kanne mit eingehängtem Beutel, und nur das heiße Wasser zum Aufbrühen fehlte noch. Und da kam der Hauptmoment, der, wo die Mama die Klingel zog und gleich darauf ein merkwürdiger Bau hereingetragen wurde, dessengleichen ich seitdem nicht wieder gesehn. Es war ein ovaler, mit glühenden Kohlen gefüllter Eisenblechkasten, der, weil er sich als solcher schlecht präsentiert haben würde, wieder in einem etwas größeren blitzblankgeputzten Messingbehälter steckte, durch dessen zahllose Löcher hindurch man den eisernen Innenkasten glühen sah. Auf diesem etwas komplizierten Bau stand ein beinah kugelrunder Wasserkessel, aus dessen Tülle der Dampf kräuselnd aufstieg. Und nun, unter gefälligem Weiterplaudern, worin sie, wenn sie wollte, virtuos war, stieg meine Mama von ihrem Maroquinthron herab, um gleich danach jeden einzelnen Gaste die ihm zuständige Tasse zu reichen. Jetzt muß es Meißner Zwiebelmuster oder ähnliches sein, damals aber bildeten die Tassen eine kleine Galerie von Miniaturbildern, auf denen in der Regel ein ans Knie der Venus sich schmiegender Amor den Pfeil schärfte, meist aber schon den Bogen spannte, sicher das in Front eines Gebüsches stehende leichtbekleidete Paar mit einem Liebespfeil zu treffen." – „Es war damals alles viel malerischer und hübscher als jetzt."

Charis Willems

Mode und Stoffe (1810-1853)

Die Mode gibt von allen Kunst- und kunstgewerblichen „Produkten" am besten Zeugnis von einer Epoche und deren Selbstverständnis. Das Wort „Mode" bezeugt dies. Es ist verwandt mit *modus*, also Art und Weise, und *modifikation*. Die Mode verhilft also dem Träger dazu, sich selbst so zu verändern, daß er sich präsentieren kann, wie er es gerne möchte.

Abb. 102: Journal des Luxus und der Moden, 1801.

Die Herrenmode des Biedermeier ist geprägt durch die Abkehr von der aristokratischen vorrevolutionären Farben- und Schmuckpracht und den Culottes (Kniehosen). Stattdessen werden Sansculottes, also lange Hosen mit Steg (der ab Mitte des 19. Jahrhunderts wegfällt) getragen, deren Schnitt sich nur wenig ändert. Sie sind meist heller, als die übrige Kleidung. Darunter werden am Tag Halbstiefel, am Abend flache pumpsartige Schuhe getragen. Zur Kleidung des Mannes gehören außerdem ein Hemd, gebundene Halstücher oder eine Krawatte, sowie eine Weste. Nur diese konnte farbenprächtig und reich verziert sein. Darüber trug der Herr einen Frack oder einen Leibrock. Die Haartracht bestand aus einer seitlich gescheitelten glatten Frisur (ab den 40er Jahren trug man Locken, die bis zu den Schläfen reichten), die Dynamik und Tatendrang symbolisieren sollte. Ein Bart zeugte von der demokratischen Gesinnung des Trägers. Material der Männerkleidung war Wolle, im Sommer auch Baumwolle. Darüber sagt das *Journal des Luxus und der Moden*, die meistverbreitete Modezeitschrift zu dieser Zeit in Deutschland:[1]

> „Wolle ist ein elektrischer Körper, Linnen nicht. Das heißt, Wolle kann Elektricität erwecken aber nicht ableiten. Wird nun die Haut bekleidet, so folgt, daß der so bekleidete Körper elektrischer werden müsse, denn es wird ihm weniger von seiner animalischen Elektricität entzogen, und überdies noch immer neue in der Oberfläche entwickelt."[2]

Auch hier kommt die, dem Männerbild der Zeit entsprechende, Tatkraft des Mannes zum Ausdruck. Die Farbigkeit der Männerkleidung war (mit Ausnahme der Weste) sehr dezent. Tabakbraun, Flaschengrün, Pflaumen- und Veilchenblau sowie Mausgrau waren Mode. Die Neigung zu dunklen Farben und Schwarz wird gegen Ende der Biedermeierzeit immer größer.

Die Männermode im Biedermeier setzt sich also von der aristokratischen Vorgängermode ab und kreiert eine bürgerliche (demokratisch-liberale) Mode, die funktional ist; eine Art „Arbeitsanzug", dessen Qualität, nicht seine Auffälligkeit, den Träger charakterisiert. Die Entwicklung der Mode verläuft parallel zu der Entwicklung der Gesellschaft. Zu denken ist vor allem an die Trennung von Arbeitsplatz und Haushalt / Familie. Der männliche Haushaltsvorstand arbeitet nun außerhalb der Wohnstätte, die Frau übernimmt die häuslichen Verpflichtungen. Diese Trennung der Lebensbereiche zeichnet sich darin ab, daß die Frauenmode sich gänzlich anders entwickelt. So schreibt schon F.L. Bührlen im *Journal des Luxus und der Moden:* „Der Mann soll wenigstmögliche, die Frau thunlichstviele Kleider haben. Wenn er grauliche oder sonst halbe Farben wählt, greift sie nach ganzen, und hier fordert wieder eine jede ihren Gegensatz; so hängt sie den ganzen Farbenkreis in ihren Kleiderschrank."[3] Dies bestätigt das Ölgemälde „Das Ehepaar Schlosser vor Stift Neuburg" von Carl Koopmann aus dem Jahr 1832, welches im Kurpfälzischen Museum der Stadt Heidelberg zu sehen ist. Dort trägt Frau Schlosser ein Kleid aus glänzendem pinkfarbenem Stoff. Ihr Ehemann ist hingegen schwarz gekleidet. Nur die leuchtend gelbe Weste setzt einen farbigen Akzent. Darunter trägt Herr Schlosser ein weißes

[1] Es erschien monatlich im gängigen Oktavformat. Jede Ausgabe enthielt drei Kupfertafeln, von denen zwei Modekupfer waren (die dritte zeigte einen Luxusgegenstand). Der Inhalt des Journals betraf alle Gegenstände des täglichen Lebens, denen ein Kunstwert beigemessen werden konnte. Daneben wurden Themen, wie Theater, fremde Länder und Sitten, Erziehungsfragen, Gesundheit und Gesellschaftsnachrichten behandelt; also Themen, die auch heute noch Bestandteil von Frauenzeitschriften sind.

[2] F.J. Bertuch (Hrsg.), Journal des Luxus und der Moden. Teilnachdruck aus den Bänden 11-20 (1796-1805), Leipzig 1968, S. 128.

[3] F.J. Bertuch (Hrsg.), Journal des Luxus und der Moden. Teilnachdruck aus den Bänden 21-30 (1806-1815), S. 24.

Hemd mit Vatermörderkragen und einem Bindetuch. Seine Frisur ist seitlich glatt gescheitelt; die Kopfbedeckung, ein Zylinder, liegt neben ihm. All dies ist typisch für die Biedermeiermode.

Die Damenmode des Biedermeier entwickelt sich aus der Empire-Mode. Diese beruhte auf griechisch-römischen Vorbildern, fand jedoch nur bei den Frauen Gefallen. Dies liegt wohl an der „Befreiung" von Korsett und Panier. Für die Empire-Mode sind die Taille unter der Brust, das große Dekolleté, der natürlich fallende Rock, kurze Ärmel und lange Handschuhe charakteristisch. Die Stoffe waren dünn und enganliegend geschnitten. Weiß war obligatorisch. Als Überbekleidung diente ausschließlich ein Kaschmirschal, der sich auch im Biedermeier großer Beliebtheit erfreute. Auch die Schuhform blieb erhalten. Es waren flache Schuhe, die mit Bändern befestigt wurden. Das Obermaterial bestand aus Stoff, die Sohle aus Leder. (Die Form ist im heutigen Ballettschuh erhalten.) Zeitgleich mit dieser Mode gibt es eine erste Frauenbewegung, die den Frauen mehr Rechte einräumte. Eines dieser sogenannten Chemisenkleider befindet sich im Besitz des Kurpfälzischen Museums[4]. Das Kleid aus Leinenbattist mit Weißstickerei wurde 1806-1808 in Heidelberg getragen.

Zwischen 1810 und 1820, einer Zeit, die von den napoleonischen Befreiungskriegen geprägt war, wird die ungezügelte Natürlichkeit nach klassischem Vorbild zurückgenommen. Die Frau trägt wieder ein Korsett, der Rocksaum wird länger. Das große Dekolleté bleibt der Abendgarderobe vorbehalten. Am Tage werden die spitz zulaufenden Dekolletés mit Brusttüchern und -hemdchen bedeckt. Aus Geldmangel werden die engen, schmalen Röcke ohne Taillenkrause angesetzt. Verwendet werden hierfür Seidenstoffe in Creme- oder Pastellfarben. Statt der Titusfrisur des Empire trägt die Dame nun ein Chignon aus Flechten mit strengem Mittelscheitel. Er symbolisiert, daß die Frau, ganz im Gegensatz zum Mann, ausgleichend wirken soll. Bei den Frauen stößt diese Mode zunächst auf wenig Gegenliebe. So berichtet das *Journal des Luxus und der Moden*: „Mit wahrem Schreck erfahren unsere teutschen Damen, daß es möglich sei, in England und Frankreich wieder einen Abfall der Natur zu bemerken, indem man dort anfangen soll, wieder längere Taillen und einen Absatz unter dem Fuß zu tragen, ja selbst statt dem eleganten dünnen Schleier wieder etwas Unterrock zu dulden, ja daß selbst die Schneider das Wort Korsett aussprechen dürfen."[5]

Manche Kleider wurden mit historischen Rückgriffen des 16. Jahrhunderts geschmückt, z.B. durch geschlitzte unterlegte Ärmel, oder mit einer Kröse bzw. Spitzenrüsche am Hals, wie es z.B auf dem Gemälde „Frau Dupré mit ihren Kindern vor Kloster Lobenfeld" (1816) von Christian Philipp Koester zu sehen ist.[6] Sie sind auf Vorschläge zu einer „teutschen National-

[4] In Heidelberg.

[5] F.J. Bertuch 1796-1805 (Hrsg.), S. 92.

Abb. 103: „Teutsche Nationaltracht", 1814/15.

tracht", die ab 1785 gemacht wurden, zurückzuführen. In der Frauenkleidung hatten sie nur wenig Erfolg, und dies obwohl in den Modezeitschriften sehr dafür geworben wurde. So auch im *Journal des Luxus und der Moden*: „Schön, reich und dauerhaft war die alte Teutsche Tracht, zweckmäßig und dem Klima angemessen. Jetzt sollte man meinen, es gäbe so wenig ein besonderes Klima mehr, als noch vor zehn Jahren einen besonderen Geist des Volkes. Beinahe hätte man vergessen, daß es außer Franzosen noch Menschen giebt, wenn nicht mit Einmal ganz Europa bewiesen hätte, daß wir weder Vasallen der Bajazzo-Roma, Paris, noch Knechte des Korsen sind, sondern ein großes herrliches Volk, Teutsche, Russen, Britten, Hispanier, jeder wiederum seines Namens würdig."[7] Die Idee einer deutschen Tracht war also mit dem Nationalismus eng verbunden. Deshalb hatte sie hauptsächlich in Künstler- und Studentenkreisen Erfolg, also in einem Milieu, daß sich als deutsch-national und antifranzösisch bezeichnen läßt. 1820 wurde diese

[6] Das Bild ist ebenfalls im Kurpfälzischen Museum der Stadt Heidelberg zu sehen.
[7] F.J. Bertuch 1806-1815 (Hrsg.), S. 48.

Tracht schließlich verboten, da dieses Milieu „demagogischer Umtriebe“ verdächtigt wurde. (Auslöser war ein Attentat auf Kotzebue durch den Studenten Sand.)

Abb. 104: Jakob Goetzenberger „Die Novizin“.

Nach dem Friedensschluß mit Frankreich 1815 (Wiener Kongreß), werden die Ärmel immer tiefer an die Damenkleider angesetzt und so die Schultern optisch verbreitert. Ab 1820 rutscht die Taille wieder an ihre natürliche Stelle zurück, die Röcke, die immer noch glatt angesetzt werden, sind nun glockig ausgestellt und werden im Laufe des Jahrzehnts vom Saum aufwärts immer reicher geschmückt. Der Rocksaum wird wieder höher. Die Oberteile sind eng, haben angekrauste Ärmel und eine breite Schulter, so daß das große Dekolleté am Abend eine extreme Waagrechte bildet. Als Accessoires dienen große Hüte mit breiten Rändern und aufgebauschtem Putz (Schutenhut), sowie Schirm und Taschentuch. Es ist auffallend, daß genau zu jener Zeit der Putz der Frauenmode zunimmt und die Röcke kürzer werden, als die Bürger erstarken und Wohlstand einsetzt (1820). Ein Beispiel für diese Entwicklungsstufe der Mode (aus dem Jahr 1824) befindet sich wiederum im Kurpfälzischen Museum. Es handelt sich um ein Ballkleid aus Seidenrips mit Blumenmuster. Die Schultervertikale ist hier durch Schmuckbänder betont, der kurze, gerade angesetzte Rock ist vom Rocksaum bis zum Knie geschmückt.

Ab 1828 werden gekrauste Röcke zunehmend beliebter und nehmen an Umfang zu, bis schließlich die Silhouette einer Frau durch die breiten Schultern, schmalen Taillen und weiten Röcke einer Sanduhr gleicht. Interessanterweise setzt diese Tendenz zu einer Zeit ein, als die sozialen Probleme der Industrialisierung augenfällig werden. Mit dem Aufkommen der weiten Röcke nimmt auch die Vielfalt an Ärmelformen zu. Zu nennen sind hier vor allem die Keulenform, d.h. oben weite und unten enge Ärmel, transparente Gaze über kurzen dichten Puffärmeln, die Mameluckenärmel, die extrem weit waren, sowie die Elefantenohrärmel, die oben weit, am Ellbogen aber eng waren. Als Stoffe wurden zarte und weichfallende gewählt, wie z.B. Tüll, Organdy, Musselin. Die Farben der Kleidung waren licht und hell (sa-

Abb. 105: Franz Xaver Winterhalter „Großherzogin Sophie von Baden“.

frangelb, weiß, haitiblau). Die Frisur der Damen hatte nun einen strengen Mittelscheitel und Locken oder Zöpfe über den Ohren. Ab Mitte der 30er Jahre schnüren sich die Damen nun noch enger, da statt einem engen Gürtel nun die Schnabeltaille forciert wird. Der immer weiter werdende Rock wird mit einem mit Roßhaar (Crin) durchwirkten Unterrock abgestützt (Krinoline). Die Ärmel hingegen werden nun klein und eng. Als Accessoire dient der Schutenhut. Diese Phase der Entwicklung der Damenmode zeigt das „Bildnis einer Unbekannten“ (1833) von Franz Seraph Stirnbrand.[8] Die Frau trägt einen Schutenhut, der mit einer Blume verziert ist und durch ein kariertes Band gehalten wird. Er hat die Wirkung von „Scheuklappen“. Die Frisur der unbekannten Dame besteht aus einem Mittelscheitel mit seitlichen Locken. Die tief angesetzten Ärmel ihres Kleides und die betonte Schulterwaagrechte lassen die Schultern der Frau stark abfallend erscheinen. Dadurch wirkt sie hilflos. Dieser Eindruck wird durch den weiten gekrausten Rock verstärkt. Die immer noch etwas höher sitzende Taille wird durch einen Gürtel betont.

Mit der beginnenden Unruhe im Bürgertum ab 1840, die in der Revolution 1848 gipfelt, werden die Kleider zunehmend nach den Gelegenheiten, zu denen sie getragen werden sollen, differenziert. Es gibt neben dem Tages- und Ballkleid nun auch Straßen-, Nachmittags-, Visiten- und Souperkleider. Die Materialien und Farben ändern sich gänzlich. Zum Ball werden zarte, helle Seidenatlas- und Baumwollmusselinkleider getragen. Am Tage werden satte, eher dunkle Farben, sowie Satin und Damast bevorzugt. Der beschwerende Eindruck der Stoffe wird durch den immer weiter werdenden cringesteiften Rock, der nun mit Voillants verziert wird, noch verstärkt. Dem entgegen sind die Oberteile klein und eng, die Schultern stark überschnitten. Die weiten Ärmel der Jahre 1828-1835 wiederholen sich. Mit Beginn der 50er Jahre des 19. Jahrhunderts, ist die Frau eine hilflos wirkende Anzieh-

[8] Welches ebenfalls im Kurpfälzischen Museum zu besichtigen ist.

puppe geworden. Auch für diese Entwicklungsstufe der Damenmode besitzt das Kurpfälzische Museum in Heidelberg ein Original-Beispiel. Es stammt aus dem Jahre 1840. Das Tageskleid aus schwerem dunklem Stoff hat ein hochgeschlossenes enges durchgeknöpftes Oberteil mit dreiviertellangen Ärmeln. Die an der natürlichen Stelle sitzende Taille wird durch einen Gürtel betont. Der bodenlange zweistufige Rock ist mit Blütenstickerei verziert.

Überblickt man die Entwicklungsstufen der Damenmode des Biedermeier, so stellt man fest, daß die jeweilige Mode die Stellung der Frau ausdrückt. Zu Jahrhundertbeginn war die Dame relativ frei und eigenständig, was sich im Fehlen von Korsett und einzwängender Kleidung ausdrückt. Während der napoleonischen Befreiungskriege wird diese Freiheit jedoch wieder eingeschränkt, man kehrt zum Korsett zurück. Verbunden damit ist die stärkere Unterordnung der Frau unter den Hausvorstand (den Ehemann oder Vater). Dies ist in der zeitgleich erfolgenden Trennung von Arbeit und Haushalt begründet. Hatten die Frauen zuvor Kontore und Handwerksbetriebe mitgeleitet, waren sie nun auf die Haushaltsführung beschränkt. So entsteht ein neues Frauenbild. Die Frau soll alle häuslichen Arbeiten erledigen, die Kinder erziehen, dem Mann gehorchen und ausgleichend auf ihn wirken. Diese neuen Anforderungen an die Frau finden in der zurückhaltenden, am Tage hochgeschlossenen Kleidung, und besonders im scheuklappenartig wirkenden Schutenhut ihren Ausdruck. Gegen Mitte des Jahrhunderts wird das Bürgertum immer reicher, was die Arbeit einer Hausfrau erübrigt, da man sich mehr Bedienstete leisten kann. Zu dieser Zeit wird die Frau durch die Entwicklung der Mode zur Anziehpuppe, die mehrmals täglich ihre Kleidung wechseln muß und ohne eigenen Wirkungsbereich ist. Ihre Aufgabe besteht lediglich im dekorativen Schmücken des Mannes.

Katharina
~~Sigrid~~ Spies

Literatur

Allgemein

Boehm, Max v., Biedermeier. Deutschland 1815-1847, Berlin 1910
Geismeier, Willi, Biedermeier, Kunst und Kultur, Leipzig o.J.
Goldschmidt-Jentner, Rudolf, Die Ahnherrn des Biedermeier, in: Ruperto Carola, o.O. [6]1954
Himmelheber, Georg, Kunst des Biedermeier 1815-1835, München 1988
Houben, Heinrich Hubert, Der gefesselte Biedermeier, Leipzig 1924
Norman, Geraldine, Die Maler des Biedermeiers, Freiburg i.Br. 1987
Schmidt, Paul Ferdinand, Deutsche Landschaftsmalerei von 1750 bis 1830, München 1922

Baden und Heidelberg

Baden Württemberg im Zeitalter Napoleons. Ausstellungskatalog, Stuttgart 1987
Beringer, Josef August, Badische Malerei im neunzehnten Jahrhundert, Mannheim 1913
Buselmeier, Michael, Heidelberger Lesebuch, Frankfurt a.M. 1986
Ders., Literarische Stadtführungen durch Heidelberg, Heidelberg [2]1996
Debon, Günther, Goethes Begegnung mit Heidelberg, Heidelberg 1988
Ders., Der Weingott und die Blaue Blume, Heidelberg 1995
Hofe, Gerhard vom und Klaus Manger, Heidelberg im poetischen Augenblick, Heidelberg 1980
Kunst in der Residenz. Karlsruhe zwischen Rokoko und Moderne. Ausstellungskatalog Staatliche Kunsthalle Karlsruhe 1990
Levin, Herbert, Die Heidelberger Romantik, München 1922
Lohmeyer, Karl, Die Heidelberger Maler der Romantik, Heidelberg 1935
Mittler, Elmar (Hrsg.), Heidelberg, Heidelberg 1996
Musik in Heidelberg 1777-1885. Ausstellungskatalog Kurpfälzisches Museum, Heidelberg 1985
Peltzer, Alfred, Heidelberg in der Kunstgeschichte des 19. Jahrhunderts, Heidelberg 1906
Romantiker und Realisten. Maler des 19. Jahrhunderts in Baden. Ausstellungskatalog, Karlsruhe 1965

Schneider, Arthur von, Badische Malerei des 19. Jahrhunderts, Karlsruhe ²1968
Strack, Friedrich (Hrsg.), Heidelberg im säkularen Umbruch, Stuttgart 1987
Weisert, Hermann, Geschichte der Universität, Heidelberg 1983
Winterberg, Thilo, Heidelberg im Wandel der Zeiten, Heidelberg 1996
Wolgast, Eike, Die Universität Heidelberg, Heidelberg 1985

Gedruckte Quellen

Boisserée, Sulpiz, Tagebücher 1-5, Darmstadt 1978ff.
Ders., Briefwechsel / Tagebücher, 2 Bde., Göttingen 1970
Kayser, Carl Philipp, Aus gärender Zeit, Karlsruhe 1923
Kußmaul, Adolf, Jugenderinnerungen eines alten Arztes, o.O. ³1899
Pagenstecher, Alexander, Als Student und Burschenschafter in Heidelberg, Leipzig 1913
Rudolphi, Caroline, Gemälde weiblicher Erziehung, Heidelberg 1811 (Reprint 1998)
Taube, Otto von, In Gutshäusern und Residenzen. Denkwürdigkeiten der Freifrau Sophie von Hahn, Hannover 1964
Weber, Georg, Heidelberger Erinnerungen, Stuttgart 1886
Ders., Jugendeindrücke und Erlebnisse, Leipzig 1887

Architektur

Arnold, Christoph, Practische Anleitung zur Bürgerlichen Baukunst, Heft 1-3, Karlsruhe / Freiburg i.Br. 1832/34
Arnold, Friedrich, Projekte der Höhern Bürgerlichen Baukunst, Karlsruhe 1831
Fahrbach, Ute, Marstall, Marstallstraße und Heuscheuer in Heidelberg, Heidelberg 1989
Gantner, Elda, Das ehemalige Jesuitenkolleg und das ehemalige Landgericht in Heidelberg, Heidelberg 1988
Gothe, Werner, Zur Geschichte der Klinik im 19. Jahrhundert, Heidelberg 1982
Hippel, Wolfgang von u.a., Eisenbahn-Fieber. Badens Aufbruch ins Eisenbahnzeitalter, Ubstadt-Weiher 1990
Höfken, Gerhard, Die Entwicklung des Gefängniswesens in Deutschland im 19. Jahrhundert, Heidelberg 1952
Hübsch, Heinrich, Die Architektur und ihr Verhältnis zur heutigen Malerei und Skulptur, Tübingen 1947
Lang, Heinrich, Das chemische Laboratoiurm an der Universität Heidelberg, Karlsruhe 1858

Müller, Bernd, Architekturführer Heidelberg, Mannheim 1998
Riedl, Peter Anselm (Hrsg.), Die Gebäude der Universität Heidelberg. Semper Apertus Band V, Berlin / Heidelberg 1985
Schirmer, Wulf, Die Architekten des 19. Jahrhunderts, Karlsruhe 1981
Schmieder, Ludwig, Das Heidelberger Stadtbild im Wandel der Jahrhunderte, Freiburg i.Br. 1939
Witting, Julian, Die Heidelberger Museums-Gesellschaft 1811-1911, Heidelberg 1911

Personenregister

Bildnachweis

Aschaffenburg, Privatbesitz: Abb. 25
Berlin, Staatliche Museen-Preussischer Kulturbesitz, Kupferstichkabinett: Abb. 8, 26f.
Berlin, Staatliche Museen-Preussischer Kulturbesitz, Nationalgalerie: Abb. 9, 72
Bertuch, F.J., „Journal“: Abb. 102f.
Biberach, Städtische Sammlungen: Abb. 35
Bonn, Stadtmuseum: Abb. 104
Brillat-Savarin: Abb. 99
Darmstadt, Hessisches Landesmuseum: Abb. 18, 21, 47-49
Derwein, H., Heidelberg im Vormärz: Abb. 1
Düsseldorf, Kunstmuseum: Abb. 38
Hamburg, Staatliche Kunsthalle: Abb. 32
Heidelberg, Kurpfälzisches Museum: Abb. 10, 81, 95
Heidelberg, Privatarchiv: Abb. 50-61
Heidelberg, Privatbesitz: Abb. 30, 76
Heidelberg, Stadtarchiv: Abb. 69
Heidelberg, Universitätsbibliothek: Abb. 67, 70f., 73, 77f., 82f., 96
Himmelheber, G., „Möbelformen“: Abb. 87-89
Karlsruhe, Badisches Landesmuseum: Abb. 90f., 94f.
Karlsruhe, Generallandesarchiv: Abb. 68, 80
Karlsruhe, Institut für Baugeschichte: Abb. 79
Karlsruhe, Oberfinanzdirektion: Abb. 85
Karlsruhe, Staatliche Kunsthalle: Abb. 12, 15, 24, 36, 39 und Titelbild
Klinger, I.: Abb. 63-66
Köln, Stadtarchiv: Abb. 43
Kreisel, H. / Himmelheber, G., „Kunst“: Abb. 84, 86
Lohmeyer, K., Heidelberger Maler der Romantik: Abb. 4-7, 11, 13f., 16f., 29, 33, 37, 41f., 45, 62, 74
München, Privatbesitz: Abb. 34, 75f., 105
Neuss, Clemens Sels Museum Kat.: Abb. 40
Ottomeyer, H. / Laufer, U., „Biedermeier“: Abb. 100f.
Privatbesitz: Abb. 92f., 104f.
Schweinfurt, Sammlung Schäfer: Abb. 31
Speyer, Historisches Museum der Pfalz: Abb. 28

Weinheim, Privatarchiv: Abb. 19-23
Würzburg, Martin von Wagner-Museum der Universität: Abb. 46
Zischka, U. / Ottomeyer, H., „Lust“: Abb. 92, 98
Zürich, Zentralbibliothek: Abb. 2f.